二十四史精华

二十四史是我国古代二十四部正史的总称

姜忠喆 / 主编

辽海出版社

壹

图书在版编目（CIP）数据

二十四史精华／姜忠喆主编．—沈阳：辽海出版社，2014.12（文化百科）
ISBN 978-7-5451-3234-2

Ⅰ．①二… Ⅱ．①姜… Ⅲ．①中国历史—古代史—纪传体 Ⅳ．① K204.1

中国版本图书馆 CIP 数据核字（2014）第 259284 号

二十四史精华

责任编辑：柳海松
责任校对：丁　雁
装帧设计：马寄萍
出　版　者：辽海出版社
地　　　址：沈阳市和平区十一纬路 25 号
邮政编码：110003
电　　　话：024-23284473
E - mail：dszbs@mail.lnpgc.com.cn
　　　　　http://www.lhph.com.cn
印　刷　者：北京一鑫印务有限责任公司
发　行　者：辽海出版社
开　　　本：787mm×1092mm　　1/16
印　　　张：80
字　　　数：1280 千字
出版时间：2015 年 1 月第 1 版
印刷时间：2020 年 3 月第 3 次印刷
定　　　价：498.00 元（全四册）

版权所有　翻印必究

《二十四史精华》编委会

主　任：姜忠喆　竭宝峰　王　爽　冯　林　周旭东　任雅静
副主任：季立政　吴建荣　张　桢　张　勇　李沁奇　韩天骄
编　委：蒋益华　刘利波　朱　健　江　涛　李玟静　汪　韧
　　　　左　佳　彭亚军　郭巩瑶　陈晓辉　霍艳竹　王志强
　　　　黄　欣　王子霖　安维军　刘金栋　徐忠坚　佐藤正
　　　　刘　舫　大桥晶　王国成　孙元坝　王　伟　艾　彪
　　　　刘俊杰　曾海霞　王　平　葛娟美　宫晓东　陈莉莉
　　　　董　娥　王红岩　杨　冰　姜甲善　宋　涛　刘洪涛
　　　　石　浩　张永洲　陈　枫　范巨灵　杨莉华　巴音都仁
　　　　马攀成　邹　军　林玉增　韦建荣　张　稳　张家瑞
　　　　付　丽　刘耀红　饶　辉　芦　斌　刘　畅　刘贤忠
　　　　徐　强　孙　敏　徐婉如　韩军征　张　铧　夏宇波
　　　　崔幼成　汤祚飞　王　婵　周　翔　焦念军　程国明
　　　　马云展　王诗宁　陈　喜　李金璐　黄思尧　黄诗宇
总编辑：朱　岩　张兰爽　郭伟伟　韩柠阑　姜东鑫　赵春红

前　言

中华民族在几千年生息、发展的清晰脉络中，留下了一部部浸透着人类心血和智慧的历史典籍，不仅记载了中华民族产生和发展的全部过程，也涵纳了中华民族的精神财富和智慧。可以说，中国是一个史籍浩如烟海、世无匹敌的文献之邦。在祖先留给我们的精神财富中，最优秀也最具代表性的就是二十四史。

二十四史是中国唯一一部完整的官修史总集，也是世界上唯一一部连续修造1800余年，记载4000余年悠久历史的辉煌巨著。主要包括：《史记》《汉书》《后汉书》《三国志》《晋书》《宋书》《南齐书》《梁书》《陈书》《魏书》《北齐书》《周书》《隋书》《南史》《北史》《旧唐书》《新唐书》《旧五代史》《新五代史》《宋史》《辽史》《金史》《元史》《明史》。它以统一的纪传体裁，完整、系统地记录了上起传说中的黄帝，下迄明崇祯十七年间历史各个时期的经济、政治、科技、军事、文化、艺术、外交等多方面内容，展示了数十个王朝的兴衰轨迹，是研究中国历史最具权威性的史料，也是考查我国周边国家历史的珍贵资料，堪称中华文明的"百科全书"。

二十四史具有深厚的文化积淀，不仅可作历史著作来读，亦可作为文学名篇或政治著作来读。但由于成书年代久远，文字艰深，典故生僻且随处可见,令广大读者望而却步。为了使这些史学巨著在现代社会中重放异彩,让读者从中体味博大精深的华夏文明和高深莫测的人生智慧,本书编委会倾尽心力为广大读者朋友选编了一部既可收藏又能读懂的《二十四史精华》。

本书对二十四史进行了精心的整理,既有文白对照,也有传世故事,集普及与研究、通俗与学术于一体,希望能够给喜欢史学的朋友以启迪与帮助。

目 录

史 记

《史记》概论 ·· 2

政 略 ·· 14
    秦轩辕黄帝定华夏 ··· 14
    尧禅让天下与舜 ··· 15
    秦国统一天下 ··· 16
    高祖封功臣 ··· 17
    张良谏阻复六国 ··· 18

御 人 ·· 21
    毛遂自荐 ··· 21
    五羖大夫百里奚 ··· 23
    萧何月下追韩信 ··· 24

法 制 ·· 26
    萧规曹随 ··· 26

军 事 ·· 28
    周亚夫治军 ··· 28
    司马穰苴军纪严 ··· 29
    孙武演兵 ··· 32

德 操 ·· 34
    舜帝以善报恶 ··· 34

张良拾履 ……………………………………………… 35
　　武帝兴农治水 …………………………………………… 37
传世故事 ……………………………………………………… 40
　　孔夫子教儿 ……………………………………………… 40
　　子贡富而不骄 …………………………………………… 41
　　杀猪诚信 ………………………………………………… 42
　　管子的"轻重学" ……………………………………… 43
　　管仲治国　国富民强 …………………………………… 45
　　管鲍相知 ………………………………………………… 47
　　秦穆公不以成败论英雄 ………………………………… 48
　　勾践灭吴 ………………………………………………… 49
　　围魏救赵 ………………………………………………… 50
　　赵武灵王变法 …………………………………………… 51
　　献姜固宠　身死非命 …………………………………… 53
　　赵王听谗不用廉颇 ……………………………………… 54
　　秦用商鞅　开始大治 …………………………………… 55
　　李斯为相 ………………………………………………… 56
　　韩信大败赵军 …………………………………………… 57
　　巨鹿之战 ………………………………………………… 59
　　刘邦封仇平怨 …………………………………………… 60
　　汉武帝分地削藩 ………………………………………… 61
　　卫青突袭匈奴 …………………………………………… 62
　　吕后专权亲政 …………………………………………… 63
　　汉景帝平乱 ……………………………………………… 64
人物春秋 ……………………………………………………… 67
　　千古奇才——孙武与孙膑 ……………………………… 67
　　纵横捭阖并六国——秦始皇 …………………………… 69
　　楚汉相争定天下——刘邦 ……………………………… 81

汉 书

《汉书》概论	98
政　略	107
防患于未然	107
王凤谏成帝赐书宜慎	108
世风日下	109
御　人	110
苏武牧羊	110
张骞出使西域	110
霍光评相	112
昭君出塞	113
法　制	114
真假太子	114
严延年审案	115
不敢窥长安	117
军　事	119
李陵无援降匈奴	119
穷寇莫追	122
理　财	124
卜式分财	124
勃海人卖剑买牛	125
德　操	129
王陵母以身教子	129
丙丞相大德不言	129
扬雄的品性与才德	131
前有召父　后有杜母	131

传世故事 ············ 133
　刘邦用叛将不疑 ············ 133
　邓通无能受宠　富而后贫 ············ 134
　汉武帝挥泪严执法 ············ 136
　霍光倡议废除昏王 ············ 137
　汉元帝不省法度 ············ 138
　牛衣对泣　夫妻共勉 ············ 139
　不言而责子 ············ 140
　东家枣完　妇去复还 ············ 141

人物春秋 ············ 143
　一代名将——淮阴侯韩信 ············ 143
　忍辱负重著《史记》——司马迁 ············ 151

后汉书

《后汉书》概论 ············ 164

政略 ············ 171
　贤德马皇后 ············ 171
　刘盆子称帝 ············ 174
　桥玄惩恶 ············ 176

御人 ············ 179
　光武不究通敌者 ············ 179
　汉明帝不任亲 ············ 181
　班超智勇降两国 ············ 182
　只愿生入玉门关 ············ 185
　徐璆严惩贪污犯 ············ 188

军事 ············ 189
　冯异大败行巡军 ············ 189
　刘秀赚谢躬 ············ 190

度尚烧营破敌 ·· 191
理　财 ··· 194
　　赵咨遗书俭葬 ·· 194
德　操 ··· 198
　　马援不做守财奴 ··· 198
　　贾逵确立《左传》学 ··· 199
　　严子陵归隐富春山 ·· 203
传世故事 ·· 205
　　樊重工于心计　勤劳持家 ·· 205
　　举案齐眉 ·· 206
　　隔篱听书　振古无伦 ··· 207
　　夫妻脱俗 ·· 208
　　吕布杀董卓 ··· 209
　　吕布反复无常被杀 ·· 210
　　官渡之战 ·· 211
　　曹孟德借刀杀人 ··· 213
　　刘秀忍辱负重 ·· 214
　　汉光武帝偃武修文 ·· 215
人物春秋 ·· 217
　　受命危难中兴汉室——刘秀 ··· 217
　　文章华美传千古——班固 ·· 239
　　神勇定西域　终身献汉室——班超 ··· 243

三国志

《三国志》概论 ·· 252
政　略 ··· 260
　　董卓乱天下 ··· 260
　　董昭献计 ·· 261

御　人 ... 263
  曹操论事 ... 263
  古之大教　在通人情 ... 263
  徐邈嗜酒　名见青史 ... 265

法　制 ... 267
  王修执法与为人 ... 267
  人能有改　乃至于斯 ... 268

军　事 ... 270
  曹操反间破马超 ... 270
  锦囊妙计　敌至乃发 ... 272

传世故事 ... 274
  曹操诈术世无双 ... 274
  曹操重用郭嘉 ... 275
  司马昭之心路人皆知 ... 276
  司马懿使诈骗曹爽 ... 277
  不言之教　父子清廉 ... 279
  著书教子　名垂青史 ... 280
  刘备隐晦 ... 281
  孔明废李严为民 ... 282
  母贤子孝 ... 283
  孙权论才 ... 284

人物春秋 ... 286
  命世之才济天下——曹操 ... 286
  鞠躬尽瘁　死而后已——诸葛亮 ... 303

史记

《史记》概论

司马迁是我国西汉时期杰出的史学家、思想家和文学家,他著的《史记》是中国第一部纪传体通史和第一部传记文学名著。《史记》一共130篇,52万余字,记人叙事上起传说中的黄帝,到西汉中期的武帝,囊括大约3000年的历史。"究天人之际,通古今之变,成一家之言",司马迁崇高的史德、卓越的史识、精湛的编纂体例,开创了中国的历史学的先河,并在中国思想史上留下了光辉的一章。

一

《史记》的最后一篇《太史公自序》是司马迁的自传。在这篇自传中,司马迁将其始祖追溯到颛顼时代的重、黎。颛顼任命南正重主管有关天的事务,任命火正黎主管有关地的事务。世代相传,历经唐、虞、夏、商,到周宣王时成为司马氏。司马氏世代任周朝史官,到东周惠王、襄王时去周适晋,此后便分散在卫、赵、秦等国,司马迁便是居秦一支的后裔。秦惠文王时,司马迁的八世祖司马错伐蜀有功,做过蜀郡守。秦昭王时,司马错之孙司马靳为武安君白起部将,与白起攻打赵国的长平,坑杀赵军,后与白起被逼迫自杀。秦始皇时,司马靳之孙司马昌曾任主铁官。至汉初,司马昌之子司马无泽做过长安街市的市长。司马无泽之子司马喜曾任五大夫。司马喜之子司马谈为汉太史令,掌天官,重操祖业,他便是司马迁的父亲。

司马谈"学天官于唐都,受《易》于杨何,习道论于黄子",精通天文历法、阴阳顺逆,崇尚黄老之学,谨奉太史职守。《自序》所载《论六家要旨》精辟阐述阴阳、儒、墨、法、名、道德六家学说的核心思想，对前五家既有肯定也有批判，唯独对道家推崇备至，试图以道家融合诸家。司马谈的学识、思想和修撰史书的宏愿对司马迁有着巨大的影响。司马迁追溯其"世序天地""世典周史"的古老家世，落脚点便在于父子重操祖业，以继承孔子修《春秋》自诩，这是他顽强著述的主要动力之一。

司马迁字子长，左冯翊夏阳（今陕西韩城）人。一般认为，他生于汉景帝中元五年（公元前145年），约卒于汉武帝征和三年（公元前90年），他的一生大致与汉武帝相始终。

司马迁的表字、生卒年俱不见于《太史公自序》和《汉书·司马迁传》，字"子长"见于扬雄《法言·寡见》，生年至今有两说。《自序》中说："（谈）卒三岁而迁为太史令"，司马贞《索隐》引《博物志》说："太史令茂陵显武里大夫司马迁，年二十八，三年六月乙卯除，六百石。"司马谈卒于元封元年（公元前110年），三年后为元封三年（公元前108年），由此上推28年，则司马迁生于汉武帝建元六年（公元前135年）。《自序》说"五年而当太初元年"，张守节《正义》案语说："迁年四十二岁。"太初元年（公元前104年）司马迁为42岁，由此上推42年，则司马迁生于汉景帝中元五年（公元前145年）。两种说法相差10年。近代的王国维《太史公行年考》提出中元五年说；1944年，李长之的《司马迁生年为建元六年辨》提出建元六年说；1955年，郭沫若的《太史公行年考有问题》也持建元六年说。此后两说并存，文史教科书多采用"中元五年说"。王国维认为司马迁的卒年难以考证，"然视为与武帝相终始，当无大误也"，便成了没有定论的定论。

《自序》云："迁生龙门，耕牧河山之阳，年十岁则诵古文。"据说龙门为大禹治水所凿，《尚书·禹贡》有"导河积石，至于龙门"之语，司马迁乐于自称。黄河龙门在今陕西韩城市与山西河津市交界之处，司马迁便诞生于陕西韩城市。少年司马迁曾在这里耕作放牧，诵读古文，禀受天地自然的精华。奇险灵秀的长江西陵峡畔产生了伟大的屈原，雄浑壮美的黄河龙门之滨孕育了伟大的司马迁。

司马迁诵读的古文（籀文），有《左传》《国语》《世本》《尚书》《春秋》等书。他既能诵读古文，今文（隶书）自当通晓。文中当有不少疑难，所以后来求教于孔安国、董仲舒。《汉书·儒林传》说："安国为谏大夫，授都尉朝，而司马迁亦从安国问故。"《自序》阐释《春秋》宗旨，称"余闻董生曰"，裴骃《集解》引服虔曰：董生"仲舒也"。这两处明文记载司马迁与董仲舒、孔安国的关系，不过求教问故而已，并非正式的师徒授受。《史记》《汉书》条列经学源流，并没有提到司马迁师承何人。所以，可以认为司马迁是自学成才，正如孔子之无常师。然《史记》阐释《春秋》多按照公羊派的释义，引用《尚书》多采古文家之说，表明董仲舒、孔安国对司马迁影响极深。

20岁的司马迁已是深养厚蓄的饱学之士，于是他"南游江、淮，上会稽，探禹穴，窥九疑，浮于沅、湘；北涉汶、泗，讲业齐、鲁之都，观孔子之遗风，乡射邹、峄，厄困鄱、薛、彭城，过梁、楚以归"。这次游历足迹遍及长江、黄河流域。此后，司马迁做了郎中，常常随驾巡行，游历颇多。元封元年（公元前110年）司马迁35岁，奉命出使巴、蜀以南，到过邛、笮、昆明。司马迁的游历对写作《史记》的影响极大。他实地考察，印证古籍的记载；搜集资料，弥补文献之不足；瞻仰古迹，凭吊前贤，引发对先哲的无限崇敬；接触现实，体察疾苦，激发对人民的深切同情；观览名山大川，奇景异物，陶冶性情，激发灵感，抒发胸怀而为文，形成雄深雅健、逸气纵横的风韵。所以后人以"行万里路，读万卷书"来赞誉司马迁的成就与渊源。

司马迁出使巴、蜀归来，便在洛阳接受了父亲的遗命。司马谈临死之前拉着司马迁的手谆谆告诫："余死，汝必为太史；为太史，无忘吾所欲论著矣！"并说，完成论著便尽了最大的孝道！司马迁俯首流涕回答说："小子不敏，请悉论先人所次旧闻，弗敢阙！"

司马谈逝世之后，38岁的司马迁果然继任太史令。于是"䌷史记石室金匮之书"，整理史书记载及国家藏书，准备写作。继任太史令的第五年为太初元年（公元前104年），42岁的司马迁倡议主持了太初改历，使用《太初历》。《太初历》很精确，后世除极少数王朝外，历代都沿用这一历法。此后，司马迁正式投入《史记》的著述。

司马迁并不是奉诏修史，无意为当朝粉饰太平，歌功颂德。他的著述是要"别嫌疑，明是非，定犹豫，善善恶恶，贤贤贱不肖"。司马迁抨击汉武帝的政治，揭露汉武帝迷信神仙方士的愚蠢，因而触怒汉武帝，所以汉武帝迟早都会迫害司马迁。《三国志·王肃传》云："武帝闻其述《史记》，取孝景及己本纪览之，于是大怒，削而投之，于今此两纪有录无书。后遭李陵事，下迁蚕室。"这与《西京杂记》《汉书旧仪注》记载相似，是汉魏学人的可信之说。今本《史记·孝武本纪》抄自《封禅书》，多写汉武帝迷信神仙方士，不失原意。

天汉三年（公元前98年）司马迁48岁，因李陵事件而遭受腐刑。李陵事件始末，详见于《汉书》的《李广传》和《司马迁传·报任安书》。汉名将李广之孙李陵随贰师将军李广利出击匈奴，独率500步卒，遭遇匈奴8万骑兵，浴血奋战，兵败投降，"全躯保妻子之臣随而媒蘖其短"。司马迁与李陵素无交往，观其为人，察其形势，认为李陵是不得已而降，"且欲得其当而报汉"，于是称说李陵之功，为之辩护。汉武帝大怒，以为司马迁诋毁李广利，授意狱吏定司马迁为诬罔君上的死罪。司马迁"家贫，财赂不足以自赎"。为了完成伟大的著述，被迫接受宫刑，肉体和精神被严重摧残。蒙受奇耻大辱，迫使司马迁重新审视现实。这灾难不仅磨砺了他发愤为作的意志，而且增强了著述的批判精神。

司马迁出狱后，被任命为中书令。他忍受着极端的痛苦与愤懑，完成了《史记》的创作。

二

《史记》产生于儒学独尊的西汉中期，起初"藏之名山，副在京师"，并未即时流传于世。杨恽为昭帝丞相杨敞之子，自幼喜读外祖父司马迁之书，他是《史记》的第一个传播者。

《史记》原名《太史公书》《太史公记》，或径称《太史公》。书中多次出现"史记"一词，都是泛指史书记载。直到唐朝编撰《隋书》时才正式把《史记》列为书名。

今本《史记》130篇，与《自序》相符。《汉书·司马迁传》云："十篇缺，有录无书。"三国魏人张晏注："迁没之后，亡《景纪》《武纪》《礼书》《乐书》《兵书》《汉兴以来将相年表》《日者列传》《三王世家》《龟策列传》《傅靳列传》。元、成之间褚先生补缺，作《武帝纪》《三王世家》《龟策》《日者传》，言辞鄙陋，非迁本意也。"《自序》文末司马贞《索隐述赞》亦云："惜哉残缺，非才妄续。"这位褚先生名少孙，是西汉元帝、成帝年间的博学之士。他崇拜司马迁，珍爱《史记》，为续补《史记》缺文，多方搜集资料，尽量揣测原意。凡续补之处大都标明"褚先生曰"，容易识别。续补内容基本符合原意，文辞笔法也有可观之处，如《滑稽列传》的"西门豹治邺"就颇为精彩。续补之文虽与原著存在差距，但也并非不可读。

《史记》的注释始于六朝而盛于唐。旧注流传至今者唯三家最为著名：刘宋裴骃的《史记集解》、唐司马贞的《史记索隐》、唐张守节的《史记正义》，合称《史记》三家注。三家注原本分别流传，北宋时合为一刻，将注释散列于正文之下。三家注虽然体例相近，但内容各有所长，《集解》广征博引，《索隐》探幽发微，《正义》详于地理，然而疏解正字始终是各家的重点。三家注补充了大量史料，纠正原著舛误，且《索隐》《正义》对《集解》《正义》对《索隐》，都有不少补充和纠正。三家注虽有不少缺点错误，但至今仍有重要意义。

《史记》的130篇，分为十二本纪、十表、八书、三十世家、七十列传。《史记》五体是一个完整系统，明确分类，彼此互补，相得益彰。十表是国家大事记，有世表、年表、月表之分，明确划分历史阶段，扼要概括历史内容，创立了统计学的历史文体。八书是文化、经济诸项的分类史，包括礼、乐、律、历、天官、封禅、河渠、平准，全面叙述了各种社会制度的发展变革。本纪、世家、列传属于人物传记。本纪记帝王，世家记诸侯，列传记帝王、诸侯以外的名人。司马迁重视客观事实，名号并非唯一的划分标准。项羽、吕后实际行使帝王之权，因而立为本纪；孔子定六艺垂仪后世，陈涉反暴秦首难有功，因而把孔子和陈涉并立为世家；汉惠帝仁弱如傀儡，虽在位7年，《史记》也不予专载。这是求实精神的体现，与爱憎褒贬没有必然的联系。《史记》五体以本纪和表为经，以书、世家和列传为纬，交织成疏密有致的历史网络，纵向贯通西汉以前各个历史时代，横向统摄各个领域、各个阶层、各个民族、各种行业,反映的社会面极其广阔,因而《史记》既是以人物为中心的通史巨著,又兼具百科全书性质。

先秦时代的史书有文诰、编年、国别、谱牒等体例,司马迁的《史记》不但广泛运用了先秦史书的材料,而且适当借鉴了先秦史书的体例。《史记》五体有创新有变革,创制多于因革。系统的纪传体显示出非凡的优越性,先秦史书诸体便相形见绌,效仿《史记》者遂日益增多。《汉书》《后汉书》《三国志》《宋书》《南齐书》《魏书》等,虽对《史记》五体有所变革,但全用纪传体。唐代国势强盛,文化繁荣,初唐时期就在禁中开设史馆,修撰前朝国史。所修晋、隋之间的8部史书,也全用纪传体,从此纪传体便成为历代正史的固定体例。《隋书·经籍志》设立史部,以《史记》为正史之首,自此宣告了《史记》对《春秋》的独立,确定了《史记》在史学史上的崇高地位。《史记》指导了中国2000千年来正史的修撰,史官不能易其法,学者不能舍其书。漫长的中国古代社会逐渐汇集成为洋洋大观的二十四史,近3800百卷,是世界史著海洋中最长的,而《史记》首开其先例。

三

司马迁生活于诸子思想大融合的氛围中,自幼深受儒、道思想的熏陶,他的"一家之言"具有非儒非道、亦儒亦道的特征,这一特征贯穿于整部《史记》的内容。司马迁的政治思想体现为儒道互补:向往大同世界,排斥小国寡民;推崇无为而治,摒弃繁文缛礼;融合儒道尚德精神,抨击汉武帝诸项弊政。

《春秋公羊传·隐公元年》说:"何谓乎王正月?大一统也。"《礼记·礼运》云:"大道之行也,天下为公。"《春秋》的宗旨是尊崇统一,儒家的理想是大同世界。战国晚期儒者基于封建宗法思想,为新的统一提供依据,遂记载自黄帝至周代诸侯姓氏世系,编成《帝系》《五帝德》。司马迁择其雅言,写入《史记》,用同一血统说将华夏各族统一于黄帝旗帜之下,热情描述尧舜禅让,以十二本纪为纲,统理上下3000年,扩充发扬了大一统精神。春秋五霸争夺盟主,战国七雄逐鹿中原,秦始皇兼并诸侯,汉武帝推恩削藩,是追求和维护统一,司马迁皆予以肯定；汉初功臣造反，惠帝时诸吕篡权，景帝时吴楚七国作乱，武帝时淮南衡山谋叛，是酝酿和制造分裂，《史记》皆予以谴责；揣测项羽为舜之苗裔，宣扬刘邦是龙的传人，表明他们都可以统一天下。

《货殖列传》序云："老子曰：'至治之极，邻国相望，鸡狗之声相闻，民各甘其食，美其服，安其俗，乐其业，至老死不相往来。'必用此为务，挽近世涂民耳目，则几无行矣！"道家小国寡民的政治理想，实质是分裂倒退到原始社会。司马迁指出这是堵塞人民的耳目，于当世行不通，显然是对道家政治理想的批判。

然而，司马迁却极力推崇黄老无为而治的政治方略：尚简易，黜繁缛；贵卑议，忌深文。《秦本纪》记载由余论治，将中国之乱归咎于诗书礼乐法度，赞赏戎夷之治简易："一国之政犹一身之治，不知所以治，此真圣人之治也！"《鲁周公世家》比较齐鲁之治，太公因俗简礼，伯禽变俗革礼，周公于是有"北面事齐"之叹。《齐太公世家》表彰太公之治，顺应自然，发展经济，人民归附，蔚为大国。《管晏列传》称誉管仲之治，论卑易行，因俗为政。"因祸而为福，转败而为功"。"知予之为取，政之宝也"。顺应自然规律，贯穿辩证思想，正是黄老特征。《汲郑列传》中的汲黯是黄老学派的典型，武帝时的持不同政见者，也是司马迁的代言人。汲黯正直少礼，清静无为，揭露公孙弘、张汤之流的奸诈残忍，面责汉武帝"内多欲而外施仁义"，切中要害，淋漓尽致。《孝文本纪》刻画理想的有德之君，文帝无为而治，兼具民本思想，是儒与道政治方略的结合。《孔子世家》充满高山仰止的崇敬之意，但却借助晏子批评孔子的繁文缛礼，谓"累世不能殚其学，当年不能究其礼"，恰与《货殖列传》批评老子相映成趣。这些显然是道家思想的体现。

《酷吏列传》序云："孔子曰：'导之以政，齐之以刑，民免而无耻；导之以德，齐之以礼，有耻且格。'老氏称：'上德不德，是以有德；下德不失德，是以无德。'法令滋章，盗贼多有。太史公曰：信哉是言也！法令者治之具，而非制治清浊之源也。"司马迁并引孔子、老子两家，求同存异，以尚德观点为理论依据，抨击汉武帝的四大弊政：尊儒、重法、兴战、争利。《循吏列传》中的循吏奉职循理，不尚威严，便民安民，惠爱百姓，恰与酷吏形成鲜明对比。《游侠列传》序引庄子放论："窃钩者诛，窃国者侯，诸侯之门仁义存。"撕去当朝虚伪的儒学装饰，推许闾巷布衣之侠，"捍当世之文网"，寄意深远。司马迁还将陈涉起义与汤武伐桀纣、孔子修《春秋》相提并论，显示出顺民心反暴政的儒家精神，即孟子所谓"闻诛一夫纣矣，未闻弑君也"。

司马迁的哲学思想体现为儒道互补：主导方面是道家的宇宙观和朴素辩证法，总体意识未能摆脱春秋公羊学。他融合儒道人生哲理，形成了更为进步的人生观。

《论六家要旨》认为自然万物起源于混混冥冥的元气，元气产生万物之前没有一定的名称。"凡人所生者神也，所托者形也。神大用则竭，形大劳则敝，形神离则死。死者不可复生，离者不可复返"。

《史记》力求用人事说明人事，力避用天道解释社会。《项羽本纪》引老子观点批评项羽"自矜功伐"，指出"天亡我"之说极其荒谬。《伯夷列传》对"天道无亲，常与善人"之说提出质问："傥所谓天道，是邪非邪？"《蒙恬列传》认为蒙恬错在阿意兴功，苦毒百姓，"何乃罪地脉哉"！《封禅书》和《货殖列传》是两篇闪烁着唯物主义光辉的杰作，前者以纪实的手法，揶揄的笔调，讽刺鬼神之道的荒诞和汉武帝迷信神仙方士的愚蠢，实则宣扬无神论；后者夹叙夹议，完全撇开有神论，单从经济发展的角度阐释社会现象，在社会历史观方面做出了积极贡献。

然而司马迁的哲学思想与儒家春秋公羊说有不解之缘，始终存在着唯心的一面。《天官书》常常将星象与人事相比附，认为某些星辰的出现和变化会造成人类的祸福。《史记》有不少神灵怪异的描述。《史记》每遇难以解释的历史现象，便归于天命："此非天哉！""此亦天授！""岂可谓非天乎！"表明司马迁虽然力图反对天道论，但始终未能摆脱天人之学。

司马迁鄙视汉儒的势利，不取庄子的消极，其人生观的主旋律是先秦儒家积极进取的阳刚精神，并以黄老抱朴守拙的阴柔特质为基调，讲究以进取为前提的谦让，是一种有机的结合。

司马迁的进取精神体现在崇尚儒家立德、立功、立言的"三不朽"，落脚为一个"名"字。陈涉首难，"死即举大名耳"；伯夷死义，"得夫子而名益彰"；范蠡"三迁皆有荣名，名垂后世"；伍员"隐忍就功名，名垂后世"；信陵君礼贤下士，"名冠诸侯"；蔺相如退让廉颇，"名重泰山"；刺客荆轲等"不欺其志，名垂后世"；游侠郭解等"修行砥名，名不虚立"。司马迁忍辱负重，发愤著书，也因为牢记着孔子遗训："君子疾没世而名不称焉！"

司马迁提倡谦虚退让，反对自矜功伐，注重于一个"让"字。《史记》五体开宗明义之篇俱以"嘉让"为主题。《五帝本纪》尧舜禅让，《吴太伯世家》太伯、仲雍、季札让位，《伯夷列传》中的伯夷、叔齐让国，《三代世表》《礼书》也以让为先，这就奠定了臧否人物的基调。《史记》表彰循吏"不伐功矜能"，游侠"不矜其能，羞伐其德"，肯定曹参、张良、陈平等人明哲保身，批判殷纣、秦始皇伐功矜能，指责项羽、韩信自矜功伐，都是这种基调的反响。

司马迁的生死观也体现为儒道互补。司马迁既重视生命的存在，又重视生死的意义，以实现人生价值为原则，不为节操而死，不为天年而生，主张生则顽强，能屈能忍，发愤为作；死则壮烈，死得其所，视死如归。这种生死观在评论伍子胥、蔺相如、魏豹、彭越、季布、栾布时阐述得精辟而透彻，而他自己更以西伯、仲尼、屈原、左丘明、孙膑、吕不韦、韩非及《诗经》作者发愤为作的事例鞭策自励，完成《史记》的创作，实现了他的人生价值。司马迁的生死观比儒、道两家的生死观更为进步。

四

秦汉时期文学的概念很笼统，或泛指学术或特指儒学。司马迁为文学家屈原、贾谊、司马相如等人立传，收录评论他们的文学作品，形成了卓越的文学观。他注意到文学具有讽喻、教化、怨刺等功用，认为作家的人格和作品的风格具有统一性，提出了著名的"发愤为作说"。司马迁以毕生精力创作了中国第一部传记文学名著，形成了明晰的美学意识和独特的审美情趣。《史记》具有阳刚、悲壮、朴拙、含蓄之美，富于浓郁的悲剧气氛和抒情色彩，其传记文学的艺术成就令人叹为观止，在中国文学史上享有崇高的地位和深远的影响。

司马迁的人生是一幕悲剧，人生悲剧促使他严肃地探求历史人物在社会中的处境和作用，面对灾难和死亡作出哲学和艺术的思考，提炼出深刻的悲剧主题。《史记》中的悲剧作品超过三分之二，悲剧人物达100多位，其余的作品和人物也程度不同地具有悲剧色彩，一些大规模屠杀和集体自杀虽着墨不多，却有力地点染了悲惨的历史背景，《史记》确是一部悲剧总汇。

《史记》中的悲剧以讴歌悲剧英雄为主，与司马迁人生哲学中崇尚"三不朽"的主旋律极为契合。这些人物都有悲剧性的人生经历和慷慨悲壮的英雄气质，而且都是悲惨的结局，或自杀，或被杀，或屡遭坎坷，抑郁而终，充分体现出悲壮之美。其中有的重在立德，坚守高风亮节，以某种道德理想支配生死，如伯夷、叔齐、孔子、屈原，以及下层社会的刺客、游侠；有的重在立功，才力超群，功劳盖世，遭受诬陷迫害或因自身某种失误而演成悲剧，如商鞅、吴起、韩非、李斯、白起、蒙恬、陈涉、项羽、韩信、黥布、李广、周亚夫等；重在立言者即《太史公自序》《报任安书》所列举的发愤为作的人物，有的兼具立德或立功，为司马迁引为楷模。这些悲剧的深刻意义在于留给人们的是壮烈、奋起、深思和升华，而并非悲哀和消沉。

《史记》中的悲剧，既刻画悲剧英雄，也描写平庸无奇的牺牲品。晋太子申生受骊姬之谮而自杀，卫公子寿与太子伋争死，吕太后时戚夫人受嫉恨而惨遭酷刑，赵王如意被毒死，赵王友被饿死，赵王恢被逼迫自杀，景帝时废太子临江王荣被逼迫自杀，武帝时田蚡弄权害死窦婴和灌夫，钩弋夫人因其子立为太子而遭杀害，等等，人物无奇而事有可悲。此类悲剧的深刻意义在于撕去温情脉脉的伦理面纱，充分揭示统治集团内部争权夺利，自相残杀的本质，以启迪人们的深思。《卫康叔世家》论赞云："或父子相杀，兄弟相灭，亦独何哉？"启迪深思之意溢于言表，并且具有悲剧的审美意义。

此外，《史记》具有浓厚的抒情色彩。司马迁是一位情感丰富的史学家，也是一位诗人；《史记》是震古烁今的史诗，也是愤激郁勃的抒情诗。情感是司马迁的本质，《史记》是情感的宣泄。

诗有诗的韵律，外在的韵律是抑扬和叶韵，内在的韵律是情绪的消长。激荡于《史记》的内在韵律，是渴望君臣相和、维是而安的理想美政，痛恨酷法淫威、蝇营狗苟的社会现实；《史记》是企慕礼贤下士、虚己求贤的君子风范，所以司马迁唾弃趋炎附势、尔虞我诈的小人行径；《史记》歌颂豪迈进取、不矜功伐的仁人志士，悲悯怀才不遇、惨遭厄运的英雄俊杰。感慨啸歌，大有燕赵烈士之风；愁郁幽思，则直与《离骚》媲美。《史记》外在的韵律表现为多种抒情方式。叙事议论与抒情相结合，为《史记》特点之一。寓论断于叙事，借助人物议论评判，字里行间显出作者鲜明的爱憎。寄寓较多的作品则夹叙夹议，直抒胸臆。《史记》中的"太史公曰"或为序或为赞，抒情性很强，往往是文眼龙睛所在，其他史著亦笑颦学步，却不能如太史公之匠心任气，言出肺腑。《史记》常引用楚辞似的短诗，描绘演唱的情景，声情并茂，情景交融，更增抒情色彩。伯夷、叔齐的《采薇歌》、荆轲的《易水歌》、项羽的《垓下歌》、刘邦的《大风歌》和《鸿鹄歌》、刘彻的《瓠子歌》、赵王刘友的《饿死歌》、朱虚侯刘章的《耕田歌》等，皆为此类。这些诗歌多为司马迁"笔补造化，代为传神"，也是一种抒情方式。

人物刻画是《史记》传记文学最为重要的艺术成就，也充分显示出司马迁的艺术天才。《史记》记载历史人物，必须本着历史的真实。司马迁慎重甄别史料，严格尊重史实，勤于实地考察，勇于秉笔直书，惩恶不避人主，扬善不遗匹夫，作品选材精当，剪裁合理，力求真实而生动地反映人物的本质性格。为统一主题和形象，兼顾避讳与疾恶，减少重复叙事，《史记》常使用"互见法"。利用各种事例进行对比，文笔凝练精彩。

实录中的虚构使《史记》具有小说因素，虚构的动作细节和人物语言增强了作品的故事性、戏剧性，同时也增强了人物形象的真实感。《史记》中细节虚构颇多，主要包括两种：一是小事特写，作为明题点睛；二是大事细写，使之生动传神。《李斯列传》观鼠论鼠，显其功名欲望；《酷吏列传》捕鼠劾鼠，见其酷吏本色。《留侯世家》写圯上进履，《陈丞相世家》写社宰分肉，《淮阴侯列传》写胯下之辱，皆以微事置传首，彰其志而明其性。《万石张叔列传》写石奋家风，石建书马，满脸惶恐；石庆数马，一身恭谨，都是点睛之笔。《高祖本纪》写广武对峙，刘邦数项羽十罪，项羽射刘邦一箭，"汉王伤胸，乃扪足曰：'虏中吾指！'"充分展现出刘邦的沉着老练。《淮阴侯列传》中韩信欲为假王一节，张良、陈平蹑足耳语，刘邦骂而悟，悟而复骂，将4人心机刻画得惟妙惟肖。这些都是大事件中的细腻描写，这种描写最能展示人物的个性。某些细节描写兼有夸张，如《项羽本纪》中写樊哙"瞋目视项王，头发上指，目眦尽裂"等，都写得极为生动。

细节描写常与个性化的人物语言密不可分。项羽看见秦始皇，脱口而出"彼可取而代也！"刘邦看见秦始皇，喟然长叹"大丈夫当如此也！"陈涉与人佣耕时叹息"燕雀安知鸿鹄之志哉！"意思一样，语言却有外露、含蓄、隐晦之别，细致地表现了人物的不同性格。刘邦曾与多人对话，有倨傲之语、谦卑之语、顿悟之语、狡辩之语，然一语始出，便知是刘邦之语，可见《史记》人物语言的个性化已臻至境。

《史记》善于揭示矛盾冲突，在激烈的矛盾冲突中展示人物性格。如《魏其武安侯列传》就揭示了四种矛盾：一是皇亲国戚之间的明争，二是皇帝与母后、祖母之间的暗斗，三是尊儒术与好黄老的统治思想对立，四是老百姓与统治者的阶级对立。总之，《史记》的每一个人物都是在尖锐激烈的矛盾冲突之中得到成功刻画的。

对比反衬是《史记》刻画人物的重要方法，其中隐含臧否，明确此法，便容易理解作品。如《万石张叔列传》，孤立地看似乎是表彰恭谨笃行，与《张释之冯唐列传》表彰犯颜直谏相比较，便知是嘲讽石奋之流尸位素餐。《平津侯主父列传》写公孙弘为伪饰儒术而苟合取容，《汲郑列传》写汲黯学黄老之术而面折庭争，两相比较便知是厌弃儒法合流的政治。《项羽本纪》与《高祖本纪》《循吏列传》与《酷吏列传》《游侠列传》与《儒林列传》，以及战国四公子列传等，俱见对比反衬之妙。这说明对比反衬之法使人物各显神韵，读时同样仍须比较，方能领略佳妙真意。以上说明《史记》以多种艺术手法刻画的历史人物栩栩如生，所以能够在过去、现在和将来，不断地与不同时代、不同国度的人们进行着对话，交流着感情。身为炎黄子孙，不读《史记》实为人生一大憾事。

政　略

秦轩辕黄帝定华夏

黄帝①者，少典②之子，姓公孙，名曰轩辕③。生而神灵，弱④而能言，幼而徇齐⑤，长而敦敏⑥，成而聪明。

轩辕之时，神农氏世衰。诸侯相侵伐，暴虐百姓，而神农氏弗能征。于是轩辕乃用干戈，以征不享⑦，诸侯咸来宾从。而蚩尤⑧最为暴，莫能伐。炎帝欲侵陵诸侯，诸侯咸归轩辕。轩辕乃修德振兵，治五气，艺五种，抚万民，度四方，教熊罴貔貅䝙虎⑨，以与炎帝战于阪泉之野。三战，然后得其志。蚩尤作乱，不用帝命。于是黄帝乃征师诸侯，与蚩尤战于涿鹿之野，遂禽杀蚩尤。而诸侯咸尊轩辕为天子，代神农，是为黄帝。天下有不顺者，黄帝从而征之，平者去之，披山通道，未尝宁居。

（《史记》五帝本纪）

【注释】

①黄帝：传说中的华夏及周边各族的共同祖先，以土德王，土色黄，故称黄帝。②少典：传说为有熊氏部落之首领。③轩辕：为黄帝所居之地（今河南新郑市西北），因亦以轩辕称黄帝。④弱：婴孩未满七旬。⑤徇齐：通"迅疾"，指黄帝思维敏捷。⑥敦敏：敦厚知理。⑦不享：不上朝贡物。⑧蚩尤：黄帝时代一个暴虐乱世的部落首领，后为黄帝擒杀。⑨熊罴(pí)貔(pí)貅(xiū)䝙(chū)虎：借六种猛兽图腾代指各部落。

【译文】

黄帝是少典的儿子，姓公孙，名号为轩辕。他一生来就神奇灵异，不到7旬就能说话，幼小时反应敏捷，长大后敦厚知理，成年后聪慧明达。

在轩辕时代，炎帝神农氏开始衰弱。各地诸侯互相争战，残害百姓，然而神农氏无力征伐平定。于是轩辕就动用武力，征讨不来朝贡的诸侯，四方诸侯都来归顺臣服于神农氏。但蚩尤最为暴烈，没有谁能讨伐他。后来，炎帝要侵犯诸侯，诸侯们纷纷归顺轩辕。轩辕于是修明德治，大振武功，研究五气，栽种五谷，安抚万民，平定四方，教化熊、罴、貔、貅、䝙、虎诸族，用来与炎帝决战于阪泉之野。三度交战，终于战胜炎帝，实现壮志。只有蚩尤为非作乱，不听从命令。于是黄帝向各诸侯征集大军，与蚩尤交战于涿鹿之野，终于擒杀蚩尤。诸侯们都尊拜轩辕为天子，以取代神农氏，这就是黄帝。天下有不顺从的，黄帝就前去征伐他。平定之后就舍弃而去。他率领天下人民披荆斩棘，开山通道，从没过过一天安宁舒适的日子。

尧禅让天下与舜

帝尧者，放勋。其仁如天，其知如神。就之如日，望之如云。富而不骄，贵而不舒①。黄收②纯衣，彤车乘白马。能明驯③德，以亲九族。九族既睦，便章④百姓。百姓昭明，合和万国。……

尧立七十年得舜，二十年而老，令舜摄行天子之政，荐之于天。尧辟位⑤凡二十八年而崩。百姓悲哀，如丧父母。三年，四方莫举乐，以思尧。尧知子丹朱之不肖，不足授天下，于是乃权授舜。授舜，则天下得其利而丹朱病⑥；授丹朱，则天下病而丹朱得其利。尧曰"终不以天下之病而利一人"，而卒授舜以天下。

（《史记》五帝本纪）

【注释】

①舒：骄傲，放肆。②收：冠冕，帽子。③驯：通"顺"，和顺。④便章：平判彰明。便，即辨，明确分辨。章，通"彰"。⑤辟位：避位，传让帝位。⑥病：痛苦。

【译文】

帝尧叫放勋。他的仁德如天一样浩荡，他的智慧如神一样高远。接近他如日和煦，远望他若锦云璀璨。他富有却不骄纵，显贵却不傲慢。他戴着黄帽，身着黑服，乘着白马，拉着红车。他能够倡明柔顺的美德，来亲和九族。九族既已和睦，又平判彰明百官诸姓的治绩。这样百官的治绩昭著显明，自然亲和团结万国为一体。……

尧在帝位70年得到舜为臣，又过了20年告老，让舜代行天子之职，把他推荐给上天。尧避位禅让给舜，28年后才崩驾。全国老百姓悲痛哀伤，如同丧失父母。如是3年，天下不奏乐，以示对尧的怀念。尧知道儿子丹朱不贤，不能把天下交给他，于是将权柄传给舜。将天下交给舜治理，那么天下之人获得他的好处而让丹朱痛苦；如果将天下传给丹朱，那么天下人就会痛苦不堪而让丹朱获得好处。尧权衡道"终究不能让全天下人痛苦而造福一个人"，所以，他终于决定把天下交给舜。

秦国统一天下

（秦始皇）分天下以为三十六郡，郡置守、尉、监。更名民曰"黔①首"。大酺②。收天下兵，聚之咸阳，销以为钟鐻③，金人十二，重各千石，置廷宫中。一法度衡石丈尺。车同轨，书同文字。地东至海暨朝鲜，西至临洮、羌中，南至北乡户，北据河为塞，并阴山至辽东。徙天下豪富于咸阳十二万户。诸庙及章台、上林皆在渭南。秦每破诸侯，写放其宫室④，作之咸阳北阪⑤上，南临渭，自雍门以东至泾、渭，殿屋复道周阁相属。所得诸侯美人钟鼓，以充入之。

（《史记》秦始皇本纪）

【注释】

①黔：黑色。②酺（pú）：聚会饮酒。③鐻（jù）：悬挂钟的架子的两侧之柱。④写放其宫室：模仿、依照其宫室制度。⑤阪：山坡。

【译文】

（秦始皇）把天下分成36个郡，每郡设郡守、丞尉、监御史。秦改称老百姓为黔首，让人民饮酒聚乐，没收天下的兵器，都聚集到咸阳，熔化后铸成窑钟等乐器，又造十二个铜人，每个有千石重，放置到宫廷里。同时制定法律制度以及长度、重量、容量的标准，车辆的轨距一律相同，废各国不同的文字，采用统一的文字。秦国疆域东到大海及朝鲜，西到临洮、羌中一带，南到北向户地区，北方以黄河作关塞，加上阴山直达辽东。把国内12万户权豪富贵家族迁移到咸阳。诸先祖庙及章台、上林苑都在渭河以南。秦每攻破一个诸侯国，就仿照该国的宫殿样子在咸阳北坡上建造一座，南临渭水，从雍门以东到泾水、渭水交汇之处，那里宫殿房屋林立，交错相接。所掳获的美女钟鼓都放入宫殿之中。

高祖封功臣

上已封大功臣二十余人，其余日夜争功不决，未得行封。上在洛阳南宫，从复道①望见诸将往往相与坐沙中语。上曰："此何语？"留侯曰："陛下不知乎？此谋反耳。"上曰："天下属②安定，何故反乎？"留侯曰："陛下起布衣，以此属取天下，今陛下为天子，而所封皆萧、曹故人所亲爱，而所诛者皆生平所仇怨。今军吏计功，以天下不足遍封，此属畏陛下不能尽封，恐又见疑平生过失及诛，故即相聚谋反耳。"上乃忧曰："为之奈何？"留侯曰："上平生所憎，群臣所共知，谁最甚者？"上曰："雍齿③与我故，数尝窘辱我。我欲杀之，为其功多，故不忍。"留侯曰："今急先封雍齿以示群臣，群臣见雍齿封，则人人自坚矣。"于是上乃置酒，封雍齿为什方④侯，而急趣丞相、御史定功行封。群臣罢酒，皆喜曰："雍齿尚为侯，我属无患矣。"

（《史记》留侯世家）

【注释】

①复道：楼阁间上下的通道。②属（zhǔ）：刚刚，近，适逢。③雍齿：沛（今江苏沛县）人，随刘邦起兵，一度叛去，后复归。④什方：今四川什邡市。汉高祖封此地为雍齿的侯国。

【译文】

高祖已封立了大功臣二十多人，其他的人日夜争功而没有结果，没能封赏。高祖在洛阳南宫，从复道上望见将领们常常聚坐在沙地上互相谈论。高祖问："这是在说什么呀？"留侯（指张良）说："陛下不知道吗？这是在谋反呀。"高祖说："天下才刚安定，为什么要谋反呢？"留侯说："陛下出身平民，依靠这些人取得天下，现在陛下成为天子，而所封赏的都是萧何、曹参这些亲信喜爱的故人，所诛杀的都是生平仇怨之人。现在军吏计算功劳，认为天下的土地不够封赐所有的功臣，这些人担心陛下不能全部封赐，又恐怕自己过去所犯的过错被陛下猜疑以至于遭到诛杀，所以便相聚谋反。"高祖于是担忧地说："该怎么办呢？"留侯问："皇上生平所憎恨，且为群臣共知的人中，谁是你最恨的？"高祖说："雍齿与我本有积怨，又曾几次侮辱我使我难堪。我本想杀他，因他功劳多，故此不忍下手。"留侯说:"现在赶紧先封赐雍齿以昭示群臣。群臣看见雍齿受封,就会心安了。"于是高祖便设宴,封雍齿为什方侯,并催促丞相、御史赶快论定群臣的功劳来进行封赐。群臣吃完酒宴,都高兴地说:"雍齿尚且被封为侯,我们不用担忧了。"

张良谏阻复六国

汉三年①,项羽急围汉王荥阳,汉王恐忧,与郦食其谋桡楚权②。食其曰:"昔汤伐桀,封其后于杞③。武王伐纣,封其后于宋④。今秦失德弃义,侵伐诸侯社稷,灭六国之后,使无立锥之地。陛下诚能复立六国后世,毕已受印,此其君臣百姓必皆戴陛下之德,莫不乡⑤风慕义,愿为臣妾。德义已行,陛下南乡称霸,楚必敛衽而朝。"汉王曰:"善。趣刻印,先生因行佩之矣。"

食其未行,张良从外来谒。汉王方食,曰:"子房⑥前!客有为我计桡楚权者。"具以郦生语告曰:"于子房何如?"良曰:"谁为陛下画此计者?陛下事去矣。"汉王曰:"何哉?"张良对曰:"臣请藉前箸为大王筹之。"曰:"昔者汤伐桀而封其后于杞者,度能制桀之死命也。今陛下能制项籍之死命乎?"曰:"未能也。""其不可一也。武王伐纣封其后于宋者,度能得纣之头也。今陛下能得项籍之头乎?"曰:"未能也。""其不可二也。武王入殷,表商容⑦之闾,释箕子⑧之拘,封比干⑨之墓。今陛下能封圣人之墓,表贤者之闾,式智者之门乎?"曰:"未能也。""其不可三也。发钜桥⑩之粟,散鹿台⑪之钱,以赐贫穷。今陛下能散府库以赐贫穷乎?"曰:"未能也。""其不可四矣。殷事已毕,偃革为轩,倒置干戈,覆以虎皮,以示天下不复用兵。今陛下能偃武行文,不复用兵乎?"曰:"未能也。""其不可五矣。休马华山之阳,示以无所为。今陛下能休马无所用乎?"曰:"未能也。""其不可六矣。放牛桃林之阴⑫,以示不复输积。今陛下能放牛不复输积乎?"曰:"未能也。""其不可七矣。且天下游士离其亲戚,弃坟墓,去故旧,从陛下游者,徒欲日夜望咫尺之地。今复六国,立韩、魏、燕、赵、齐、楚之后,天下游士各归事其主,从其亲戚,反⑬其故旧坟墓,陛下与谁取天下乎?其不可八矣。且夫楚唯无强,六国立者复桡而从之，陛下焉得而臣之？诚用客之谋，陛下事去矣。"汉王辍食吐哺，骂曰："竖儒，几败而公事！"令趣销印。

(《史记》留侯世家)

【注释】

①汉三年：公元前204年。②"与郦"句：郦食其（lì yì jī），高阳（今河南杞县）人，跟从刘邦，以游说立功，后被齐王田广烹杀。桡，通"挠"，削弱。③杞：今河南杞县。④宋：约今河南商丘。⑤乡：通"向"。⑥子房：张良字子房。古人称字以示尊敬。⑦商容：商纣王时大夫，因进谏被贬。⑧箕子：名胥余，纣的堂叔，任太师，进谏无效，为免祸佯狂，但仍被纣囚禁。⑨比干：纣的叔父，任少师，因屡次劝谏而被剖心。⑩钜桥：纣的粮仓，在今河北曲周县东北。⑪鹿台：又称南单台，是纣储存财物的地方，在今河南淇县。⑫"放牛"句：桃林，今河南灵宝市西。阴，山北水南为阴，山南水北为阳。⑬反：通"返"。

【译文】

汉三年，项羽紧紧地将汉王（指刘邦）包围在荥阳，汉王极度恐惧忧虑，和郦食其商议如何削弱楚国的力量。郦食其说："以前商汤讨伐夏桀，封夏的后人于杞。武王讨伐商纣，封商的后人于宋。现在秦失德弃义，侵伐诸侯各国，诛灭六国的后代，使他们没有安身之地。陛下如果真能重新封立六国的后代，让他们都接受印玺，那么，六国的君臣百姓必定都对陛下感恩戴德，无不向往陛下的威望而敬慕陛下的德义，甘愿为臣仆。德行恩义既已推行，陛下再南面称霸，楚王一定会恭敬地整敛衣襟来朝见你。"汉王说："很好。马上刻印，先生好把印玺带上起程。"

郦食其还没有动身，张良从外面回来拜见。汉王正在吃饭，说："子房你过来！有位客人为我谋划了削弱楚国力量的方法。"就将郦生的话全都告诉了张良，问："子房你看来如何？"张良说："谁为陛下出的这个计策？陛下的大事坏了。"汉王问："为什么？"张良回答说："请让我借大王面前的筷子，为大王算一算这条计谋的失误之处。"张良接着说："以前商汤伐灭夏桀，却封夏的后代于杞，是估计到能置桀于死地。现在陛下能置项籍于死地吗？"汉王答道："不能。""这是其计不可取的第一点理由。""周武王伐灭商纣，而封商的后代于宋，是估计到能取纣的头颅。现在陛下能取到项籍的头颅吗？"汉王答道："不能。""这是其计不可取的第二点理由。武王攻入商都后，旌表商容的里门，释放被囚的箕子，在比干墓上培土致敬。现在陛下能在圣人墓上培土，在贤士门前旌表，在智者门前致敬吗？"汉王答道："不能。""这是此计不可行的第三个理由。武王发放钜桥的储粮，散去鹿台的钱财，以之赐给贫穷的百姓。现在陛下能散发府库的钱粮赐给贫穷百姓吗？"汉王答道："不能。""这是此计不可行的第四个理由。武王在灭商的战争结束后，将战车改为平时乘用的车，倒放兵器并蒙上虎皮，向天下表示不再用兵。现在陛下能偃息武事施行文治，不再用兵吗？"汉王答道："不能。""这是此计不可行的第五个理由。武王放马于华山南麓，表示马匹不再用于战场。现在陛下能放养骏马不用于战场吗？"汉王答道："不能。""这是此计不可行的第六个理由。武王放牛于桃林山北麓，表示不再需要牛来运输粮草。现在陛下能放牛而不再运输粮草吗？"汉王答道："不能。""这是此计不可行的第七个理由。况且如今天下游士告别他们的亲人，舍弃祖先的坟墓，离开故交旧友，追随陛下南征北战，只是常常希望有尺土寸地的封赐。如果现在复立六国，册立韩、魏、燕、赵、齐、楚的后代为王，那么天下游士各自回国奉事他们的君王，跟从他们的亲人，返回故乡去供奉祖先的坟墓，重新结交旧时的朋友，那么陛下依靠谁来夺取天下呢？这是此计不可行的第八个理由。而且现在没有比楚国更强大的，六国复立的君主又会因国势削弱而顺从它，陛下又怎能控制大局，使他们俯首称臣？如果真采纳那位客人的计谋的话，陛下的大事就完了。"汉王停止进食，吐出口中的肉脯，骂道："这儒生小子，几乎败坏了老子的大事！"下令赶快销毁印玺。

御 人

毛遂自荐

秦之围邯郸，赵使平原君①求救，合从于楚②，约与食客门下有勇力文武备具者二十人偕。……得十九人，余无可取者……门下有毛遂者，前，自赞于平原君曰："遂闻君将合从于楚，约于食客门下二十人偕，不外索。今少一人，愿君即以遂备员而行矣。"平原君曰："先生处胜之门下几年于此矣？"毛遂曰："三年于此矣。"平原君曰："夫贤士之处世也，譬若锥之处囊中，其末立见。今先生处胜之门下三年于此矣，左右未有所称诵，胜未有所闻，是先生无所有也。先生不能，先生留。"毛遂曰："臣乃今日请处囊中耳。使遂蚤③得处囊中，乃脱颖而出，非特其末见而已。"平原君竟与毛遂偕。十九人相与目笑之而未废也。

毛遂比至楚，与十九人论议，十九人皆服。平原君与楚合从，言其利害，日出而言之，日中不决。十九人谓毛遂曰："先生上。"毛遂按剑历阶而上，谓平原君曰："从之利害，两言而决耳。今日出而言从，日中不决，何也？"楚王谓平原君曰："客何为者也？"平原君曰："是胜之舍人也。"楚王叱曰："胡不下！吾乃与而君言，汝何为者也！"毛遂按剑而前曰："王之所以叱遂者，以楚国之众也。今十步之内，王不得恃楚国之众也，王之命悬于遂手。吾君在前，叱者何也？且遂闻汤以七十里之地王天下，文王以百里之壤而臣诸侯，岂其士卒众多哉？诚能据其势而奋其威。今楚地方五千里，持戟百万，此霸王之资也。以楚之强，天下弗能当。白起，小竖子耳，率数万之众，兴师以与楚战，一战而举鄢、郢，再战而烧夷陵，三战而辱王之先人④。此百世之怨，而赵之所羞，而王弗知恶焉。合从者为楚，非为赵也。吾君在前，叱者何也？"楚王曰："唯！唯！诚若先生之言，谨奉社稷而以从。"毛遂曰："从定乎？"楚王曰："定矣。"毛遂谓楚王之左右曰："取鸡狗马之血来。"毛遂奉铜槃而跪进之。楚王曰："王当歃血⑤而定从，次者吾君，次者遂。"遂定从于殿上。……

平原君已定从而归，归至于赵，曰："胜不敢复相士。胜相士多者千人，寡者数百，自以为不失天下之士，今乃于毛先生而失之也。毛先生一至楚，而使赵重于九鼎大吕⑥。毛先生以三寸之舌，强于百万之师。胜不敢复相士。"遂以为上客。

（《史记》平原君列传）

【注释】

①平原君：名赵胜，赵武灵王的儿子，赵惠文王的弟弟，战国四公子之一。②"合从（zòng）"句：即推楚国为盟主，约定东方国家联合起来，共同抵抗秦国。从，通"纵"。③蚤：通"早"。④"一战"三句：公元前279年，秦将白起取楚之鄢、郢。第二年，白起烧夷陵（楚之先王坟墓，在今湖北宜昌市东）。实际上是两次战役。⑤歃血（shà xuè）：古人盟誓时一种仪式，宰杀牲畜，将血涂在嘴上（亦说饮血）表示诚意。⑥"而使"句：九鼎，古代象征国家政权的9个大鼎，相传是夏禹所铸。大吕，大钟，亦是传国宝器。

【译文】

秦国包围了邯郸，赵国派平原君出外求援，去楚国定合纵之约，平原君准备挑选门客中有勇有谋、文武双全的20人陪同前往。……选出19人，剩下的人没有合格的……门客中有个叫毛遂的，向平原君自荐说："我听说你将要到楚国去订合纵之约，打算在门客中挑选20人陪同前往，不求外人。现在还少一人，希望你让我毛遂充数前往。"平原君问："先生到我门下有几年了？"毛遂说："3年了。"平原君说："贤能的人生活在世上，好比锥子装在口袋里，它的尖端马上就会显露出来。先生来到我门下3年，左右的人没有称颂你的，我也从未听到过称颂你的话，这说明先生你并没有什么长处。先生没有才能，还是留下来吧。"毛遂说："请你将我装在口袋里。如果让我毛遂早点被装在口袋里，那么锥柄都会露出来，而不仅仅是它的尖端露出来而已。"平原君最终同意毛遂同行了。19个人都嘲笑他，但没有阻止他去。

毛遂将要到达楚国时，和同行的19人交谈辩论，19个人都折服了。平原君与楚王商议合纵之约，说明这事的利害关系，从早晨到下午一直商讨。19个人对毛遂说："先生你上去吧。"毛遂按剑拾级而上，对平原君说："合纵的利害关系，几句话就可以说得明白。现在从清晨开始商讨合纵之约，到中午还不能决定，不知为什么？"楚王问平原君："这人是干什么的？"平原君说："是我的门客。"楚王呵斥道："还不下去！我和你的主人谈话，你来干什么！"毛遂手按着剑走上前来说："大王你呵斥我毛遂，无非是仗着楚国人多势众。现在十步之内，大王无法倚仗楚国的强大，你的性命掌握在我的手里。我的君长在场，你凭什么呵斥我？况且我听说商汤以70里的地盘而称王天下，周文王以百里的疆域而使诸侯臣服，难道是因为他们的军队多吗？实在是能依据有利的形势而奋发威勇。现在楚国方圆5000里，军队百万，这是称霸为王的凭借。凭楚国的强大，应该是天下无敌。白起，不过是个小人，率领数万人的军队，发兵来攻打楚国，一战而攻取鄢、郢两城，二战烧毁了夷陵，三战而侮辱了大王的祖先。这是世世代代的深仇，连赵国都以此为羞耻，大王却不知羞耻痛恨。合纵是为了楚国的利益，不只是为了赵国。当着我君长的面，你凭什么呵斥我！"楚王说："是的！是的！实在应当像先生所说，谨以国家的名义订立合纵盟约。"毛遂问："合纵的事可以决定了吗？"楚王说："决定了。"毛遂对楚王身边的人说："拿鸡、狗、马血来。"毛遂自己捧着盛血的铜盘，跪着献给楚王，说："大王应当首先歃血订立合纵之约，接着是我的君长，再是我毛遂。"于是在殿堂上订立了合纵盟约。……

平原君订立了合纵盟约，返回到赵国，说："我不敢再品评士人了。我品评的士人多说有上千，少说也有几百，自以为没有埋没天下的贤能之人，这次却将毛先生漏掉了。毛先生一到楚国，便使得赵国的地位比九鼎大钟还重要。毛先生的三寸之舌，强于百万之众的军队。我不敢再品评士人了。"于是待毛遂为上宾。

五羖大夫百里奚

五年，晋献公灭虞、虢，虏虞君与其大夫百里奚，以璧马赂于虞故也。既虏百里奚，以为秦穆公夫人媵于秦。百里奚亡秦走宛，楚鄙人执之。穆公闻百里奚贤，欲重赎之，恐楚人不与，乃使人谓楚曰："吾媵臣百里奚在焉，请以五羖羊皮赎之。"楚人遂许与之。当是时，百里奚年已七十余。穆公释其囚，与语国事。谢曰："臣亡国之臣，何足问！"穆公曰："虞君不用子，故亡，非子罪也。"固问，语三日，穆公大悦，授之国政，号曰五羖大夫。百里奚让曰："臣不及臣友蹇叔，蹇叔贤而世莫知。臣常游困于齐而乞食铚人，蹇叔收臣。臣因而欲事齐君无知，蹇叔止臣，臣得脱齐难，遂之周。周王子颓好牛，臣以养牛干之。及颓欲用臣，蹇叔止臣，臣去，得不诛。事虞君，蹇叔止臣。

臣知虞君不用臣，臣诚私利禄爵，且留。再用其言，得脱；一不用，及虞君难：是以知其贤。"于是穆公使人厚币①迎蹇叔，以为上大夫。

（《史记》秦本纪）

【注释】

①厚币：很贵重的财物。

【译文】

秦穆公五年，晋献公用璧玉骏马贿赂虞国借道，从而灭掉虞、虢两国，并俘获虞国国君和他的大夫百里奚。晋献公把百里奚俘获后，将他作为秦穆公夫人的陪嫁仆役送到秦国。百里奚离开秦国逃到宛，被楚国乡下人捉到。秦穆公听说百里奚有贤才，想用重金赎回他，怕楚国不放过他，于是派人对楚国人说："我国陪嫁仆役百里奚，正在楚国，请允许让我们用五张黑公羊皮来赎回他。"楚国人就答应了。这时候，百里奚已经70多岁了。秦穆公亲自释放了他，并和他讨论国家大事。百里奚辞谢说："我是亡国之臣，哪还值得问呢？"秦穆公说："虞君不任用你，所以亡国，这并非你的罪过呀。"一定要向他请教，这样谈了3天，秦穆公非常高兴，交给他国家政事，号封为五羖大夫。百里奚谦让道："我不及我友蹇叔，蹇叔贤能却无人知道他。我常游历，困窘在齐国并向铚人乞讨，蹇叔收留了我。我原想替齐王无知做事，蹇叔阻止我，我因之而脱免于齐国内乱到周室。周王子颓喜欢牛，我用养牛术取悦王子谋官职。等到颓想用我时，蹇叔阻止我，我离开周室，幸免于难。我服侍虞君，蹇叔阻止我。我知道虞君不任用我，我的确贪图私利禄爵，就留下来了。我一再听其善言，结果脱离危害灾难；一旦不听其建议，就遭逢了虞君之难：由此我知道蹇叔贤惠。"于是秦穆公派人用厚重礼物迎接蹇叔，封为上大夫。

萧何月下追韩信

信数与萧何语，何奇之。至南郑，诸将行道亡者数十人，信度何等已数言上，上不我用，即亡。何闻信亡，不及以闻，自追之。人有言上曰："丞相何亡。"上大怒，如失左右手。居一二日，何来谒上，上且怒且喜，骂何曰："若亡，何也？"何曰："臣不敢亡也，臣追亡者。"上曰："若所追者谁？"何曰："韩信也。"上复骂曰："诸将亡者以十数，公无所追；追信，诈也。"何曰："诸将易得耳，至如信者，国士无双。王必欲长王汉中,无所事信;必欲争天下,非信无所与计事者。顾王策安所决耳。"王曰:"吾亦欲东耳,安能郁郁久居此乎?"何曰:"王计必欲东,能用信,信即留;不能用,信终亡耳。"王曰:"吾为公以为将。"何曰:"虽为将,信必不留。"王曰:"以为大将。"何曰:"幸甚!"于是王欲召信拜之。何曰:"王素慢无礼,今拜大将如呼小儿耳,此乃信所以去也。王必欲拜之,择良日,斋戒,设坛场①,具礼,乃可耳。"王许之。诸将皆喜,人人各自以为得为大将。至拜大将,乃韩信也,一军皆惊。

(《史记》淮阴侯列传)

【注释】

①坛场:高台广场。举行盛大仪式典礼时所用。

【译文】

韩信和萧何交谈过多次,萧何很赏识他。到了南郑,将领们在半路上逃亡的有几十人,韩信想萧何等人已多次向汉王推荐自己,汉王仍不重用自己,也跟着逃走了。萧何听说韩信逃走,来不及报告汉王,就亲自去追赶他。有人对汉王说:"丞相萧何逃走了。"汉王大怒,好像失去了左右手。过了一两天,萧何回来拜见汉王,汉王又气又乐,骂萧何说:"你逃走,为的什么?"萧何说:"我不敢逃跑,我是追赶逃跑的人。"汉王问:"你追的人是谁?"萧何说:"韩信。"汉王又骂道:"将领们逃走的有数十人,你没有追,却追赶一个韩信,不过是借口。"萧何说:"那样的将领容易得到,至于像韩信这样的人,是举国无双的奇才。大王一定要长久地在汉中为王,那就没有什么地方用得着韩信;如果一定要争夺天下,那么除了韩信就没有能共商大计的人。这要看大王如何定夺了。"汉王说:"我也想东进夺取天下啊,怎么能郁郁不乐地长久住在这儿呢?"萧何说:"大王决计一定要东进,要是能重用韩信,韩信便会留下来;不能,他终究还是会逃走的。"汉王说:"我就看在你面上任他为将领吧。"萧何说:"虽然被任命为将领,韩信必定也不会留下来。"汉王说:"任他为大将。"萧何说:"那太好了!"于是汉王要召来韩信拜他为大将。萧何阻止说:"大王一向傲慢无礼,现在任命大将就像叫小孩一样,这就是韩信离去的原因。大王若真要任用他为大将,应当选择良辰吉日,斋戒之后,设立坛场,完备礼节,那才可以。"汉王同意了。将领们听到这个消息都很高兴,人人都自以为会担任大将之职。到拜大将时,却是韩信,全军都很吃惊。

法 制

萧规曹随

参①始微时，与萧何善，及为将相，有郤②。至何且死，所推贤唯参。参代何为汉相国，举事无所变更，一遵萧何约束。

择郡国吏木讪于文辞，重厚长者，即召除为丞相史。吏之言文刻深，欲务声名者，辄斥去之。日夜饮醇酒。卿大夫已下吏及宾客见参不事事，来者皆欲有言。至者，参辄饮以醇酒，间之，欲有所言，复饮之，醉而后去，终莫得开说③，以为常。

相舍后园近吏舍，吏舍日饮歌呼。从吏恶之，无如之何，乃请参游园中，闻吏醉歌呼，从吏幸相国召按之④。乃反取酒张坐饮，亦歌呼与相应和。

参见人之有细过⑤，专掩匿覆盖之⑥，府中无事。

惠帝怪相国不治事……参免冠谢曰："陛下自察圣武孰分高帝？"上曰："朕乃安敢望先帝乎？"曰："陛下观臣能孰与萧何贤？"上曰："君似不及也。"参曰："陛下言之是也。且高帝与萧何定天下，法令既明，今陛下垂拱⑦，参等守职，遵而勿失，不亦可乎？"惠帝曰："善。君休矣！"

参为汉相国，出入三年。卒，谥懿侯。子窋代侯。百姓歌之曰："萧何为法，顜若画一⑧；曹参代之，守而勿失。载其清净⑨，民以宁一。"

（《史记》曹相国世家）

【注释】

①参：曹参，西汉开国功臣，继萧何为第二任相国。②有郤(xì)：有隔阂，指论功行封时产生了隔阂。③开说：开口说话进言。④召按之：召传他们来，处置他们。⑤细过：细小过错。⑥"专掩"句：一律包揽遮掩起来。⑦垂拱：垂衣

拱手，形容无为而治的安然神态。⑧颢若画一：一一明白公正，官民标准一致。颢若，皎然，平直明白。⑨载其清净：感戴其清静无为而治。

【译文】

　　曹参当初微贱时，与萧何友好，等到各自为将相后，有了隔阂。待到萧何即将死去时，所推举的贤士唯有曹参。因此曹参代萧何任汉相国，一切事都没有变更，一律遵从萧何的规约。

　　曹参选择的郡国吏都是质朴而不善言辞的。厚重长者，又将他们拜官授职作为丞相史。那些死扣法令条文、对人语言苛刻严峻的，以及那些追求能吏名声的则马上开除他。他日夜饮浓酒。卿大夫以下吏及宾客见曹参不兴革多事，来见他时想说几句。有来访的人，曹参就与他一起饮浓酒，过了一会儿，他想说什么时，曹参又给他酌酒，直到他饮醉后离去，始终没能开口说话，这样就成了习惯。

　　丞相府后园有官吏宿舍，吏舍里每日有人饮酒歌唱欢闹。幕僚属员厌恶这件事，没有办法，因此请曹参在园中游玩，听到了官吏酒醉的歌唱欢闹声，幕僚属员希望曹参召来他们一一处置。曹参反而取过酒摆开筵席与他们共坐聚饮，也一起歌唱欢闹互相应和。

　　曹参发现属下人有小错误，总是一律包揽遮掩起来，因此丞相府没有出什么事。

　　惠帝怪相国不治理什么国事……曹参脱帽谢罪说："陛下自己察觉圣明英武与高帝比谁强些？"皇上说："我怎敢与先帝相比呢？"曹参说："陛下看我与萧何比，谁更贤良？"皇上说："你好像不及萧何。"曹参说："陛下言之极对。况且高祖与萧何定天下，法令已经明确，如今陛下垂衣拱手，无为而治，曹参等谨守职责，遵守前法不失职，不是很好吗？"惠帝说："好。你不要说了。"

　　曹参担任汉相国，共有3年。他死后被封赐懿侯。儿子曹窋代袭其侯爵。老百姓这样歌唱道："萧何制定好法律，一一明确公正，官民标准统一；曹参代之为相，坚守善法，毫不失职。天下感戴他清静无为而治，人民得以安宁享太平。"

军 事

周亚夫治军

　　文帝之后六年①,匈奴大入侵。乃以宗正②刘礼为将军,军霸上③;祝兹侯徐厉为将军,军棘门④,以河内守亚夫为将军⑤,军细柳,以备胡。

　　上自劳军。至霸上及棘门军,直驰入,将以下骑送迎。已而之细柳军,军士吏⑥披甲,锐兵刃,彀⑦弓弩,持满。天子先驱至,不得入。先驱曰:"天子且至。"军门都尉曰:"将军令曰:'军中闻将军令,不闻天子之诏。'"

　　居无何,上至,又不得入。于是上乃使使持节诏将军:"吾欲入劳军。"亚夫乃传言开壁门。壁门士吏谓从属车骑曰:"将军约,军中不得驱驰。"于是天子乃按辔徐行。至营,将军亚夫持兵揖,曰:"介胄⑧之士不跪,请以军礼见。"天子为之动,改容,式车,使人称谢:"皇帝敬劳军。"成礼而去。

　　既出军门,群臣皆惊。文帝曰:"嗟乎,此真将军矣!曩⑨者霸上、棘门军,若儿戏耳,其将固可袭而虏也。至于亚夫,可得而犯耶?"称善者久之。月余,三军皆罢,乃拜亚夫为中尉⑩。

(《史记》绛侯周勃世家)

【注释】

　　①文帝:名恒,高祖刘邦之子,公元前179—公元前156年在位。后六年,即后元六年,公元前157年。②宗正:掌管皇族事务的官员。③霸上:地名,在今陕西省西安市东。④棘门:地名,在今陕西省咸阳市东北。⑤"以河"句:河内,郡名,在今河南省北部。守,即太守,郡的长官。亚夫,姓周,为西汉开国功臣绛侯周勃之子,西汉名将,平定吴楚七国之乱,后因得罪景帝,又被诬谋反,绝食自杀。⑥吏:军中掌事务的官。⑦彀(gòu):张开。⑧胄(zhòu):头盔。⑨曩

(nǎng)：从前；过去的。⑩中尉：负责京城治安的武官。

【译文】

汉文帝后元六年，匈奴人大举入侵边境，宗正刘礼为将军，驻军霸上；祝兹侯徐厉为将军，驻军棘门；河内太守周亚夫为将军，驻军细柳，以防备匈奴。

文帝亲自去慰问驻军。到了霸上和棘门两军，车驾径直驰入军营，毫无阻拦，自将军以下的军官都骑着马迎接和欢送。之后来到细柳军营外，见军官和士兵都披着盔甲，刀枪擦得锋利雪亮，张满了弓，严阵以待。天子的先行队伍来到军营外，进不了营门。先行队伍说："天子将要到了。"守卫营门的军官说："将军有令：'军中只听军令，不听皇帝的命令。'"

不久，文帝到来，还不能进军营。于是文帝派使者拿着符节下诏令给将军："我要进营慰劳军队。"周亚夫才传令打开营门。守卫营门的军官对文帝随从的车驾和骑兵说："将军有规定，军营中不许让车马快跑。"于是文帝收住缰绳让马慢慢地前行。到了营中，将军周亚夫手持兵器拱手行礼，说："戴甲之士不便跪拜，请允许我以军中的礼节相见。"文帝震动，脸色严肃起来，靠在车前的横木向他答礼，派人前去致意："皇帝慰劳将军！"劳军礼节完毕后离去。

出了军门，大臣们纷纷惊叹。文帝说："啊，这才是真正的将军！前面的霸上、棘门两处军队，不过像儿戏罢了，他们的将领，容易被偷袭和俘获。至于周亚夫，怎么可以侵犯呢？"夸奖了许久。过了一个月后，三支军队都撤除了，便任命周亚夫为中尉。

司马穰苴军纪严

司马穰苴①者，田完②之苗裔也。齐景公③时，晋伐阿、甄，而燕侵河上④，齐师败绩。景公患之，晏婴乃荐田穰苴，曰："穰苴虽田氏庶孽⑤，然其人文能附众，武能威敌，愿君试之。"景公召穰苴与语兵事，大说之，以为将军，将兵扞燕晋之师。

穰苴曰："臣素卑贱，君擢之闾伍之中⑥，加之大夫之上，士卒未附，百姓不信，人微权轻。愿得君之宠臣，国之所尊，以监军，乃可。"于是景公许之，使庄贾往。穰苴既辞，与庄贾约曰："旦日日中会于军门。"穰苴先驰至军，立表下漏⑦，待贾。贾素骄贵，以为将己之军而己为监，不甚急。亲戚左右送之，留饮。日中而贾不至，穰苴则仆表决漏，入行军勒兵，申明约束。约束既定，夕时，庄贾乃至。

穰苴曰："何后期为？"贾谢曰："不佞⑧，大夫亲戚送之，故留。"

穰苴曰："将，受命之日，则忘其家；临军约束，则忘其亲；援枹鼓⑨之急，则忘其身。今敌国深侵，邦内骚动，士卒暴露于境，君寝不安席，食不甘味。百姓之命，皆悬于君，何谓相送乎？"召军正问曰："军法期而后至者云何？"对曰："当斩。"庄贾惧，使人驰报景公，请救。既往，未及反，于是，遂斩庄贾以徇三军。三军之士皆振栗。久之，景公遣使者持节⑩赦贾，驰入军中，穰苴曰："将在军，君令有所不受。"问军正曰："军中不驰，今使者驰，云何？"正曰："当斩。"使者大惧。穰苴曰："君之使不可杀之。"乃斩其仆、车之左驸、马之左骖⑪，以徇三军，遣使者还报，然后行。

士卒次舍，井灶、饮食、问疾、医药，身自拊循之。悉取将军之资粮享士卒，身与士卒平分粮食，最比其羸弱者。三日而后勒兵，病者皆求行，争奋出为之赴战。

晋师闻之，为罢去；燕师闻之，度水而解。于是追击之。遂取所亡封内故境而引兵归。未至国，释兵旅，解约束，誓盟而后入邑。景公与诸大夫郊迎劳师，成礼而后反归寝。既见穰苴，尊为大司马。

（《史记》司马穰苴列传）

【注释】

①司马穰（ráng）苴（jū）：本姓田，因为任过大司马（掌军政的职官），后人称他为司马穰苴。②田完：春秋时人，后田氏取代齐国旧王族，尊他为始祖。③齐景公：名杵臼，公元前547—公元前590年在位。④"晋伐"句：阿，今山东省东阿县。甄，今山东鄄城，都是齐国的地名。⑤庶孽：众贱子。庶：众多。孽，婢妾所生的儿子。⑥"君擢"句：擢（zhuó），提拔。闾伍，即闾里，平民所居之处。⑦"立表"句：表和漏都是古代计时的仪器。立表即立木为表，以测日影，其作用同日冕仪（俗称日晷）。下漏是用铜壶盛水，底穿一孔，壶中立箭，上刻度数，壶中水因漏出渐减，箭上刻的度数，依次显露，即可知时，其作用同钟表。⑧不佞：不才或不敏，一种自谦的称呼。⑨援枹（fú）鼓：指击鼓进军。援，拿、执。枹，击鼓的棒。⑩节：即符节，国君的信物，剖成两半，出兵时，将军和国君各持其一。国君派使者去军中时，常持国君的半个符节以示信。⑪骖（cān）：古代用三匹马驾车时，左边的马叫骖。

【译文】

司马穰苴是田完的后代。齐景公时，晋国攻打齐国的阿、甄地方而燕国侵犯到黄河边上，齐军大败。景公很忧虑，晏婴就推荐田穰苴，说："穰苴虽然只是田家的庶子，但他这个人，文能使大家亲附他，武能使敌人慑服于他，希望大王试用他。"景公召见穰苴，与他谈论军事，大为高兴，任他为将军，统率军队抵御燕、晋两国的军队。

穰苴说："我素来卑贱，大王将我自平民中提拔出来，使我位居大夫，士兵还不亲附我，百姓也不信服我，人微权轻。希望得到大王宠信的臣子，国中所尊信的人，来做监军，方才可以。"于是景公答应了他，派庄贾前往。穰苴既已辞别，和庄贾约好："明天正午时，在军营的大门外相会。"穰苴次日乘车到了军中，立表下漏，等待庄贾。庄贾向来骄贵。认为统领自己的军队而且自己监军，不大着急。亲戚和左右亲近的人为他送行，他留下来一起喝酒。正午时庄贾不到，穰苴便放倒木表，放空漏中的水，进入军营内巡视整饬部队，发布号令申明纪律。发令已完，太阳下山时，庄贾才来到。穰苴问："为什么迟到？"庄贾谢罪说："有大夫亲戚送行，所以留下来饮酒。"

穰苴说："担任将领的人，一旦接到命令，便不再过问家事；临军申明纪律，便不再考虑亲人；击鼓进军的紧急时候，便不再顾及自身安危。现在敌国入侵境内很深，国内骚动不安，士卒在边境上露宿守卫，国君寝不安席，食不甘味。百姓的性命，都掌握在你的手中，还谈什么饯别？"于是召来军中的司法官问："按军法，约好时间却后到的人该当何罪？"司法官回答说："当斩。"庄贾害怕了，派人乘车去报知景公，请求解救。那人去了，还未返回，穰苴已处斩了庄贾，巡行三军前而宣告之。三军士兵都为之战栗畏惧。很久以后，景公派使者拿着符节来赦免庄贾，驾车奔入军营中。穰苴说："将领在军中时，国君的命令有的可以不接受。"又问军中司法官："军营中不许驾车快奔，现在使者做了，怎么处置？"司法官说："当斩。"使者非常害怕。穰苴说："国君的使者不能杀。"便杀了他的仆人，斩断了左边车厢外立着的一根木头，还杀了左边驾车的马，以警戒三军，派使者回去报告，然后出发。

士兵宿营，打井、垒灶、饮食、疾病医药，穰苴都亲自过问抚慰。将自己作为将军应得的物资粮食都拿出来给士兵享用，自己和士兵平分粮食，汇总排列后自己只得到了瘦弱者的粮食数。3天后整饬部队，生病的人都要求随同行军，争先恐后要为国作战。

晋军听说了，因此而退走；燕军听说了，北渡黄河解围而去。于是齐军追击，收复了境内曾经沦陷的国土，然后回师归来。未到国都，先解除武装和战时法令，立誓严守纪律、效忠君王而后入都城。景公和诸位大夫到郊外迎接，加以慰劳，完成这隆重的礼节后才回去休息。见了穰苴后，尊他为大司马。

孙武演兵

孙子武①者，齐人也。以兵法见于吴王阖庐。阖庐曰："子之十三篇②，吾尽观之矣，可以小试勒兵乎？"对曰："可。"阖庐曰："可试以妇人乎？"曰："可。"于是许之，出宫中美女，得百八十人。孙子分为二队，以王之宠姬二人各为队长，皆令执戟。令之曰："汝知而心与左右手背乎？"妇人曰："知之。"孙子曰："前，则视心；左，视左手；右，视右手；后，即视背。"妇人曰："诺。"约束既布，乃设铁钺③，即三令五申之。于是鼓之右，妇人大笑。孙子曰："约束不明，申令不熟，将之罪也"复三令五申而鼓之左，妇人复大笑。孙子曰："约束不明，申令不熟，将之罪也；既已明而不如法者，吏士之罪也。"乃欲斩左右队长。吴王从台上观，见且斩爱姬，大骇。趣使使下令曰："寡人已知将军能用兵矣。寡人非此二姬，食不甘味，愿勿斩也。"孙子曰："臣既已受命为将，将在军，君命有所不受。"遂斩队长二人以徇。用其次为队长，于是复鼓之。妇人左右前后跪起皆中规矩绳墨④，无敢出声。于是孙子使使报王曰："兵既整齐，王可试下观之，唯王所欲用之，虽赴水火犹可也。"吴王曰："将军罢休就舍，寡人不愿下观。"孙子曰："王徒好其言，不能用其实。"于是阖庐知孙子能用兵，卒以为将。西破强楚，入郢⑤，北威齐晋，显名诸侯，孙子与有力焉。

（《史记》卷六十五，孙子吴起列传）

【注释】

①孙子武：即孙武。子是古代对人的尊称。②十三篇：即《孙子兵法》十三篇。③铁钺（fū yuè）：大斧，军中行刑所用的工具。④规矩绳墨：本义指工匠所用的工具，这里借指规章制度。⑤郢：楚国都城，在今湖北江陵东南。

【译文】

孙武，齐国人。因为精通兵法而被吴王阖庐接见。阖庐说："你的兵法十三篇，我都已看过了，可以试用来操练一小部分士兵吗？"孙子回答说："可以。"

阖庐问："可以试着操练妇人吗？"孙武回答说："可以。"吴王于是同意了，召集宫中180名美女。孙子将她们分为两队，以吴王的两名宠姬为每队的队长，命令她们都拿着战戟。孙子问："你们知道你的心和左右手、后背吗？"宫女们回答说："知道。"孙子说："向前，则朝着心的方向；向左，朝左手的方向；向右，朝右手的方向；向后，就朝后背的方向。"宫女们说："知道了。"规定完后，就布设一钺为刑具，随即反复交代上述规定。于是命令击鼓向右，宫女们大笑。孙子说："规定不明白，交代不清楚，是将领的过错。"再反复交代后命令击鼓向左，宫女们又大笑。孙子说："规定不明白，交代不清楚，是我将领的过错；但已交代清楚了却不按规定做，就是士兵们的过错了。"于是要斩杀左右队长。吴王在台上观看，见要斩杀自己的爱姬，大为惊骇。急忙派使者传令："我已知道将军能用兵了。我若没有这两位爱姬，连饭也吃不香，希望将军不要杀她们。"孙子说："我既已被任命为将，将在军中，君命有所不受。"于是杀了两名队长以示众。提拔排在她们后面的人为队长，再击鼓传令。宫女们向左、向右、向前、向后、跪下、站起都合乎规定，没人敢出声。于是孙子派使者向吴王报告："士兵已操练好，大王可以下来检阅，任凭大王随意使用，就是让她们赴汤蹈火也行。"吴王回答说："将军就此而止，回房休息吧，我不想下来检阅。"孙子说："大王只喜欢谈论兵法，却不能运用兵法的实际内容。"于是阖庐知道了孙子善于用兵，终于任命他为将军。吴国后来向西攻破强大的楚国，占领郢都，向北威震齐、晋两大强国，在诸侯中名声大震，孙子在其中起的作用很大。

德 操

舜帝以善报恶

舜父瞽叟顽，母嚚①，弟象傲，皆欲杀舜。舜顺适不失子道，兄弟孝慈。欲杀，不可得；即求，尝在侧。

舜年二十以孝闻。三十而帝尧问可用者，四岳咸荐虞舜，曰可。于是尧乃以二女妻舜以观其内，使九男与处以观其外。舜居妫汭，内行弥谨。尧二女不敢以贵骄事舜亲戚②，甚有妇道。尧九男皆益笃。舜耕历山，历山之人皆让畔；渔雷泽，雷泽上人皆让居；陶河滨，河滨器皆不苦窳③。一年而所居成聚，二年成邑，三年成都④。尧乃赐舜絺衣⑤，与琴，为筑仓廪，予牛羊。瞽叟尚复欲杀之，使舜上涂廪⑥，瞽叟从下纵火焚廪。舜乃以两笠自扞而下，去，得不死。后瞽叟又使舜穿井，舜穿井为匿空旁出。舜既入深，瞽叟与象共下土实井，舜从匿空出，去。瞽叟、象喜，以舜为已死。象曰："本谋者象。"象与其父母分，于是曰："舜妻尧二女，与琴，象取之。牛羊仓廪予父母。"象乃止⑦舜宫居，鼓其琴。舜往见之。象愕不怿⑧，曰："我思舜正郁陶⑨！"舜曰："然，尔其庶矣⑩！"舜复事瞽叟爱弟弥谨⑪。于是尧乃试舜五典百官，皆治。

（《史记》卷一，五帝本纪）

【注释】

①嚚：言不及义。②亲戚：公婆兄弟。③苦窳：粗劣。④聚、邑、都：聚，村落。邑，大于村落；都，大于邑。⑤絺衣：细葛布做的衣服。⑥上涂廪：上粮仓顶部涂泥。⑦止：移到舜的宫室而止。⑧愕不怿：惊愕不自在。⑨郁陶：忧伤的样子。⑩尔其庶矣：你像个弟弟了。⑪弥谨：更加谨慎。

【译文】

舜的父亲瞽叟顽劣不善，母亲言不及义，弟弟象狂傲不羁，都想杀死舜。舜顺从父母不失子道，待兄弟友善，想杀他，却找不到借口；他则一心只是希望常侍候在父母的身边。

舜年方20即以孝闻名于世。30岁时，帝尧询问可用之材，四位诸侯领袖都推荐虞舜，说他可以。于是尧把两个女儿嫁给他做妻子，观察他怎样治家；又派9个儿子与舜共处，观察他怎样处世。舜住在妫水湾一带，家居行为更加谨慎认真。尧的两个女儿不敢因为身份高贵而骄纵自己，侍奉舜的家人，能恪遵善良妇女之道。尧的9个儿子都更加笃实。舜在历山耕种，历山的人都让出自己的土地；在雷泽捕鱼，雷泽上的人都为他让出自己的住所；在黄河沿岸做陶器，黄河沿岸出产的陶器没有一件是粗劣的。一年之后，他所住的地方成了村落，两年后成为城邑，3年后便成都市。尧于是赏赐给舜细葛布衣和琴，又为他建筑仓廪，并送给他牛羊。瞽叟还是想杀死他，要舜到仓廪上去涂合缝隙，瞽叟从下面放火焚烧仓廪；舜利用两个斗笠护住身子，跳下来逃走了，终于不死。后来瞽叟又命令舜去挖井，舜挖井时留心开挖了一个隐秘小孔道，便于从旁出来。待舜已深掘入井底，瞽叟与象合力倾倒泥土入井想活埋舜，把井填实，殊不知舜却从隐秘小孔道潜逃出来得以脱险。瞽叟和象非常高兴，以为舜已死。象说："主谋的是象。"象愿意把舜的财物分赠父母一份。接着说："舜的妻子——尧的两个女儿，以及琴，象取来享用。牛羊仓廪都给父母。"象就来到舜的宫室住下，弹他的琴。舜回来见到象。象惊愕不已，极不自在，说："我思念舜正忧伤不已！"舜说："这样好啊，你像个弟弟！"舜仍然孝顺地侍奉瞽叟，友待弟弟，比以前更加谨慎小心。于是，尧用五种伦理和各种官职来考察舜的才能，结果都办得十分满意。

张良拾履

留侯①张良者，其先韩人也。大父开地，相韩昭侯、宣惠王、襄哀王②。父平，相釐王、悼惠王③。悼惠王二十三年，平卒。卒二十岁，秦灭韩。良年少，未宦事韩。韩破，良家僮三百人，弟死不葬，悉以家财求客刺秦王，为韩报仇，以大父、父五世相韩故。

良尝学礼淮阳④。东见仓海君。得力士，为铁椎重百二十斤。秦皇帝东游，良与客狙击秦皇帝博浪沙中⑤，误中副车。秦皇帝大怒，大索天下，求贼甚急，为张良故也。良乃更名姓，亡匿下邳⑥。

良尝闲从容步游下邳圯⁷上,有一老父,衣褐,至良所,直堕其履圯下,顾谓良曰:"孺子,下取履!"良愕⁸然,欲殴之。为其老,强忍,下取履。父曰:"履我!"良业为取履,因长跪履之。父以足受,笑而去。良殊大惊,随目之。父去里所,复还,曰:"孺子可教矣。后五日平明,与我会此。"良因怪之,跪曰:"诺。"五日平明,良往。父已先在,怒曰:"与老人期,后,何也?"去,曰:"后五日早会。"五日鸡鸣,良往。父又先在,复怒曰:"后,何也?"去,曰:"后五日复早来。"五日,良夜未半往。有顷,父亦来,喜曰:"当如是。"出一编⁹书,曰:"读此则为王者师矣。后十年兴。十三年孺子见我济北⑩,谷城山⑪下黄石即我矣。"遂去,无他言,不复见。旦日,视其书。乃《太公兵法》⑫也。良因异之,常习诵读之。

……

后十三年从高帝过济北,果见谷城山下黄石,取而葆⑬祠之。留侯死,并葬黄石冢,每上冢⑭伏腊,祠黄石。

(《史记》卷五十五,留侯世家)

【注释】

①留侯:张良的封号。侯,侯爵。留,地名,今江苏沛县东南。②"相韩"句:韩昭侯,名武,公元前358—公元前333年在位。宣惠王,昭侯之子,公元前332—公元前312年在位,韩国君称王自他始。襄哀王,即襄王,名仓,公元前311—公元前296年在位。③釐(xī)王:名咎,襄王之子,公元前295—前273年在位。悼惠王,又称桓惠王,釐王之子,公元前272—前239年在位。④淮阳:今河南淮阳县。⑤"良与"句:狙(jū),猿猴之类的动物。狙击,意即像狙扑击猎物一样,暗中埋伏,突然袭击。博浪沙,在今河南原阳县东南。⑥下邳:今江苏邳州市南。⑦圯(yí):桥梁。东楚称桥为"圯"。⑧愕:惊讶,发愣。⑨编:造纸术发明之前,古人以竹简木牍书写,用绳子将其编在一起成为一本书。一编书,犹后世所谓一卷书或一本书。⑩济北:今山东茌(chí)平县。⑪谷城山:一名黄山,在今茌平、东阿两县之间。⑫《太公兵法》:相传是周代周文王之师吕尚留下来的兵书,共3卷。⑬葆:同"宝",珍爱。⑭上冢:扫墓。伏腊:伏为夏季祭日,腊为冬季祭日。

【译文】

留侯张良,祖先是韩国人。祖父名叫开地,在韩昭侯、宣惠王、襄哀王时任韩国之相。父亲名平，在韩釐王、悼惠王时任国相。悼惠王二十三年，张平死去。死后20年，秦灭了韩国。当时张良年轻，没有在韩国当官任职。韩国灭亡后，张良尚有300奴仆，弟弟死了也不安葬，而将家资全都用来访求刺客以刺杀秦王，为韩国报仇，这都是因为他的祖父、父亲历任5位韩国国君的相位。

张良曾在淮阳学礼仪。游历到东夷，见到了当时有名的隐士仓海君。招募到一个大力士，铸造了重达120斤的大铁椎。秦始皇东巡，张良和刺客在博浪沙伏击他，误中随从的车辆。秦始皇大怒，在全国大肆搜捕，急于抓到刺客，就是因为张良的缘故。张良于是改名换姓，逃到下邳隐藏起来。

张良曾经悠闲从容地在下邳一座桥上散步，有一位老人，穿着粗布短衣，走到张良身边，故意将脚上的鞋子丢到桥下，看着张良说："小子，下去捡鞋！"张良很吃惊，想殴打他。见他年老，才强忍住怒气，下去捡上鞋子。老人说："给我穿上鞋！"张良既已为他捡了鞋子，便恭敬地挺身上前跪着，为他穿鞋。老人伸出脚让张良替自己穿好鞋子，笑着走了。张良非常惊异，目送他离去。老人走了一里来路，又回来了，说："小子值得教导啊。5天后天刚亮时，和我在此处相会。"张良因此觉得奇怪，跪下回答说："是。"5天后天刚亮时，张良前往桥上。老人已经先到了，生气地说："和老人相约，却后到，为什么？"转身就走，说："5天后早点来。"5天后鸡刚叫时，张良便前往桥上。老人又先到了。又生气地说："迟来了，为什么？"离去时说："5天后再早来一点。"5天后，还不到半夜张良就前往桥上。过了一会，老人也来了，高兴地说："应该是这样。"取出一卷书，说："熟读此书，就可以做帝王的老师了。10年以后发迹。13年后，小子到济北来见我，谷城山下的黄石就是我。"于是离去，没有其他话，不再出现。天亮时看这本书，竟是《太公兵法》。张良因此而诧异，常诵读它。

……13年后，张良跟随汉高祖经过济北，果然见到了谷城山下那块黄石，便取回来，珍重地供奉祭祀。张良死后，黄石与他同葬，每逢扫墓和冬夏祭日，也祭祀那块黄石。

武帝兴农治水

自河决瓠子①后二十余岁，岁因以数不登②，而梁楚之地尤甚。天子既封禅巡祭山川，其明年，旱，乾封少雨。天子乃使汲仁、郭昌发卒数万人塞瓠子决。于是天子已用事万里沙③，则还自临决河，沈白马玉璧于河④，令群臣从官自将军已下皆负薪寘⑤决河。是时东流郡烧草，以故薪柴少，而下淇园之竹以为楗⑥。

天子既临河决，悼功之不成，乃作歌曰："瓠子决兮将奈何？皓皓旰旰⑦兮闾殚为河！殚为河兮地不得宁，功无已时兮吾山平。吾山平兮钜野溢，鱼拂郁兮柏⑧冬日。延道弛兮离常流，蛟龙骋兮方远游。归旧川兮神哉沛⑨，不封禅兮安知外！为我谓河伯兮何不仁，泛滥不止兮愁吾人？啮桑浮兮淮泗满，久不反兮水维缓。"一曰："河汤汤兮激潺湲，北渡污兮浚流难。搴⑩长茭⑪兮沈美玉，河伯许兮薪不属。薪不属兮卫人罪，烧萧条兮噫乎何以御水！颓林竹兮楗石菑⑫，宣房塞兮万福来。"于是卒塞瓠子，筑宫其上，名曰宣房宫。而道河北行二渠，复禹旧迹，而梁楚之地复宁，无水灾。

自是之后，用事者争言水利。朔方、西河、河西、酒泉皆引河及川谷以溉田；而关中辅渠、灵轵引堵水⑬；汝南、九江引淮；东海引钜定；太山下引汶水；皆穿渠为溉田，各万余顷。佗⑭小渠披山通道者，不可胜言。然其著者在宣房。

（《史记》卷二十九，河渠书）

【注释】

①河决瓠子：黄河在瓠子口一带于汉武帝元光三年发生决口事件。②不登：收成不好。③用事万里沙：在万里沙巡祭西岳。④"沈白马"句：将白马及玉璧沉于河中，来礼水神。沈，通"沉"。⑤寘（zhì）：搁，放。⑥楗：用以堵决口的木桩。⑦皓皓旰旰（xū）：浩浩瀚瀚，河水泛滥广漠无边。⑧柏：通"迫"。⑨沛：福盛。⑩搴（qiān）：牵拉。⑪茭：通"筊"，是用苇竹编成的拦泥石堵决口的用具。⑫菑：柱。⑬引堵水：导引积滞的水。⑭佗：通"他""它"。

【译文】

自从黄河在瓠子口一带决口以来20多年里，连年收成不好，多次出现灾荒，尤其在梁楚一带格外严重。天子已经告祭巡祀山川天地，次年，发生大旱，因为少雨，农民封干土下种。天子于是派汲仁、郭昌征发数万士卒前去填塞瓠子口一带的决口。天子在万里沙巡祭西岳之后，返回途中亲往决口处，沉下白马及玉璧到黄河中，以敬祀水神，并命令群臣随从官自将军以下都背薪木填塞黄河决口。当时，因为填薪木太多，东郡一带只好烧草，淇园的竹子也被用来代做木桩。

天子面对黄河决口，感伤于治河不成功，就作歌吟道："瓠子决口啊怎么办呢？水势浩瀚无边啊村镇全成河！全成河啊不得安宁，成功遥遥无期啊吾山才平。吾山才平啊钜野泽又泛滥，到处都是鱼的乐园啊时节近冬日。故道废弛啊洪水离开了常流之域，蛟龙驰骋啊正向远方游去。洪水归旧川吧愿神赐福丰沛，若不外出封禅啊怎知宫墙之外有此等灾患！替我报知河伯水神吧，他为何如此不慈，如此泛滥不息啊，真是愁煞人？啮桑已被浮起啊，只因淮水、泗水溢满泛滥，洪水长久不返退啊，水势是如此难以维拘。"又唱道："黄河激荡啊潺湲不已，向北渡滞积的水域啊浚疏水道真难。牵动长筊堵决口啊下沉美玉，祈望河伯神应许赐福啊却乏塞河之薪。堵河决口之薪不继啊让卫人频频遭罪，草已烧尽四野萧条啊，用什么来抵御浩浩洪水！木材竹子已尽颓光一片啊，只好以石为柱，建宣房宫来镇卫所塞之口啊，唯愿万福到来。"于是君臣上下一齐终于堵塞了瓠子口，并在上面建宣房宫。因而引导浚疏黄河以北所延伸的两条干渠，让黄河水重新回到大禹所开通的河道，这样梁楚一带复得安宁，不再发生水灾。

　　自此，负责的大臣们争先恐后地劝说天子兴修水利。朔方、西河、河西、酒泉一带都引来黄河及其他河川的水来灌溉田亩；关中地区由辅渠、灵轵等人工渠道来引积滞的淤水；在汝南、九江引导淮水；在东海郡引出巨定湖水；在泰山下引出汶水；所有一切都凿渠引水为灌溉农田，各有万顷多。其他小渠劈断山势、导水使通的，难以数尽。然而其中最显著的工程就是瓠子口宣房宫。

传世故事

孔夫子教儿

我国春秋末期的大圣人,著名的思想家、教育家、儒家学说的创始人孔子。50多岁时,曾一度任过大司寇,但不久就因政见不合,愤而离开鲁国,周游齐、卫、宋、陈、蔡、楚等列国。他的一生主要是以讲学培养人才为主,其入门的弟子达3000人,可说是桃李满天下。其中"受业身通",能够深刻领会其思想、学术的弟子有70余人。现存的《论语》20篇,就是记其师徒问答的实况,其中留下了孔子许多宝贵的教育思想,是他留给后人的一笔宝贵遗产。

孔子一生从事教育,又非常重视教育。他的教育思想,很多都包含着朴素的唯物辩证法思想,闪耀着睿智的光芒。而他在辛勤培育桃李时,也没有忘记对自己的儿子孔鲤随时加以教育。

有一天,孔子正站在庭院中,儿子伯鱼从他旁边快步走过。孔子叫住伯鱼,关切地问道:"你学习过《诗经》了吗?"伯鱼停下脚步,恭恭敬敬地回答父亲道:"还没学过。"孔子听儿子说没有学过,便教育他道:"一定要好好学习《诗经》,不学习《诗经》,你连说话都不知道该怎么讲。"在父亲的启发下,伯鱼开始学习《诗经》。

还有一次,孔子恰好又站在庭院中,伯鱼像上次一样,也是快步从旁边走过。孔子顺便叫住儿子,问他道:"你学习过《礼记》吗?"伯鱼当时尚没有读过《礼记》,便恭敬地照实回答父亲:"还没读过。"孔子语重心长地开导儿子说:"《礼记》是教人行为规则的,你不学习《礼记》,就不知道应该怎样做,也就无法立足于社会。"伯鱼听了父亲的话,便又认认真真地学习起《礼记》来。

后来,孔子特意又抽了个空,教导伯鱼说:"我听说能够跟人整天孜孜不倦地谈论的,只有学问这样东西。外貌、身体不足观,勇力也不值得害怕。倘若一个人既没有可以炫耀的祖先,又没有值得一提的宗族姓氏,而最终却能够名播四方,并且传之后世,不也是做学问的结果吗?因此,君子是不能够不学习的!……"

孔子教育儿子的话十分深刻,直到今天,对我们仍有很大启发。从孔子教育儿子的话语以及要求伯鱼所读的书籍中，可以看出孔子是十分重视传统文化、十分重视知识的。可惜的是，伯鱼活的年岁并不太长，刚满50岁，便早于孔子而先去世了。

子贡富而不骄

人们都知道，大思想家大教育家孔丘，有"三千弟子七十二贤人"。在这"七十二贤人"中，颜回、子路、子贡等10多个弟子，是他最得意的门生，总是跟随在他的左右。但人们未必知道，这里边的子贡原来还是个大富豪。其实，这也不奇怪，因为孔子实行的是"有教无类"的教育方针，就是不论贵贱贤愚都要给以教育。

"子贡"是他的字。他姓端木，名赐，公元前526年出生在卫国，比孔子小31岁。他一面学习，一面经商，一面从政。

关于他怎样经商致富，史籍中的记载不多，只说到他"家累千金"。但从字里行间和其他人的一些注释当中，还是可以看出一点线索。

《史记·仲尼弟子传》说，"子贡好废举，与时转货赀"。宋朝人裴骃（yīn）在给这段文字作的《集解》中解释说，"废举"就是贮藏的意思。这两句话的意思是，如果什么货物贱了，他就把它贮藏起来，价格涨了以后，再把它卖出去。这就是说，他很善于掌握价格的发展趋势，因此能够做到贱买贵卖，从中渔利。他还善于掌握各地的货物差价，因而能够把货物从贱的地方买来，再转运到贵的地方卖掉。这就是他得以经商致富的秘诀。

子贡就是在谈论学业的时候，也有时用经商来比喻。有一次，他问孔子："如果我有一块美玉，我是用漂亮的盒子把它收藏起来呢，还是等待好价钱卖掉它呢？"

孔子高兴地回答说："沽之哉！沽之哉！我待贾者也。"意思是说：当然要等有好价钱的时候卖掉它了。我就是一个等待好价钱出卖的人。"待价而沽"即源于此。

根据史料记载，子贡经常往返于曹国与鲁国之间，贩运各种货物。同时，他的政务活动，对于他了解各地的行情也是很有益处的。为了帮助老师孔子实现保护鲁国的目的，子贡曾经多次往返于鲁国、齐国、吴国、越国与晋国这5个诸侯间，纵横捭阖，斡旋调解，威胁恫吓，终于保住了弱小的鲁国。这些政治活动，对于他掌握各国的经济情报，也是很有好处的。

他还担任过鲁国和卫国的国相。

子贡不仅富有，政治上的成绩也很骄人的，但他并不盛气凌人，也不敢骄傲。他曾对孔子说："贫而无谄，富而无骄，何如？"贫穷而不谄媚，富贵而不骄傲，怎么样？就是说，他的心里，还是时时在警惕自己的骄傲的。

他说："君子的过失，就像是日蚀。有了过失，大家都能看得到。而如果你改正了过失，大家就都很敬仰你了。"

孔子曾问子贡："你与颜回比，谁更强一些？"

子贡答道："我怎敢与颜回相比！颜回听到一件事，就可以从中知道10件事。而我听到一件事，只能从中知道两件事。"

原宪，非常贫穷。原宪家那土筑的墙上，长满了茅草；用草编成的屋门，用一根桑树枝作门轴；把没底的瓦罐筑到墙里，就算是窗户，再用破布堵上挡风雨；屋顶是漏的，屋地是湿的。要知道，那时人们是在地上坐在地上睡的！子贡听说原宪有病了，便特意在外面套上比较朴素的衣服，到他家里探望他。子贡的车，在原宪家的小巷里都走不开。没想到，原宪对子贡却很是傲慢。当子贡问他是不是有病了的时候，原宪冷冷地说：

"我听说，无财叫作贫，学不能用才叫作病。我没有病，而只是贫。"

子贡面带愧色地退了回来。

子贡的富有，对孔子也是很有帮助的。因为各国诸侯嫌贫爱富，所以他们对子贡都另眼相看。子贡到哪个国家去，那里的君王都与他"分庭抗礼"，就是用平等的礼节来接待他，他去办事就比较容易。救鲁的故事，就是一个例子。

孔子对子贡也是有一定的评价的。有一次子贡问孔子：

"先生觉得赐是怎样的人？""赐"是子贡自称。

孔子说："女器也。"用今天的话来说，就是：你是一个人才。"器"，就是可以成器的意思。"女"是"汝"，就是你的意思，是第二人称代词。

杀猪诚信

孔子弟子三千，而特别贤能的，有72人。他的学生大多于学问之外，又十分注意修身养性，恪守礼仪，行为高尚。曾参，字少舆，小孔子46岁，为孔子70余贤弟子之一。《韩诗外传》载，曾参早时曾经为吏，俸禄微薄，但仍高高兴兴，不减其乐。后来他的职位高了，俸禄很多，却反而北向而泣，丝毫不觉其乐。曾参自己解释说："俸禄少时，因为我的双亲在堂上，可以用薄俸奉养双亲，所以很快乐；后来我双亲都不在了，虽位高禄多，却已经无亲可以奉养，所以悲伤而泣。"因为这件事，其老师孔子认为曾参"能通孝道""故授之业，作孝经"。

曾参品行端正,是因为自我约束。据他自己说,他每天的必修课是:"吾日三省吾身,为人谋而不忠乎?与朋友交而不信乎?传不习乎?"(《论语·学而》)意思是说,他每天都要3次反省,从忠、信、习3个方面对照检查自己:为别人办事忠诚不忠诚,与朋友交往诚信不诚信,老师传授的知识复习没复习。不光如此,曾参还受其老师孔子的影响,十分注重对子女的教育,从平时的言行中,培养子女的良好品德。

有一次,曾参的妻子要到市场上去买东西,不懂事的儿子,跟在母亲后面吵闹着要一道去。因为带着一个年幼的孩子毕竟不方便,做妈妈的不愿带他去,孩子便哭了起来。曾参的妻子被儿子纠缠得没有办法,便随口哄骗儿子道:"你在家里好好待着,等我从市场上回来,把我们家的猪杀了给你肉吃。"曾参的儿子一听这话,非常高兴,便不再哭闹,真的乖乖地待在了家里。

曾参的妻子,便将此事丢在了脑后。不料曾参听到妻子对儿子的许诺,真的将家中养的猪捆绑起来,准备宰杀。曾参妻子急忙拦住丈夫,说:"我不过是随便哄哄孩子罢了,你怎么还真的要杀猪?难道为了这么一句哄孩子的话,就真的把一头大肥猪杀掉吗?"曾参听妻子这样说,便语重心长地回答道:"孩子是不能欺骗的!你想想,孩子本来是没有知识的,他接触到的,是他的父母亲,所以什么都跟父母亲学。你现在哄骗他,实际上等于是在教他欺骗。再说,你做妈妈的欺骗了孩子,孩子以后自然也就不相信你了,你以后还怎么教育孩子呢?"

曾参的话语虽然浅显,道理却中肯而深刻,说得妻子再也不阻拦他杀猪了。曾参把猪杀掉,真的让儿子吃到了猪肉。

示人以信,信守诺言,这是人际交往中最起码的原则。孔子曾经说过:"人而无信,不知其可。"古人提倡"仁义礼智信",将"信"列为人生的一条重要的、必备的品格,是很有道理的。曾参的妻子认为一句话是小事,杀一头猪是大事,因而不愿因小失大。曾参的价值观恰恰与妻子相反,他认为杀一头猪是小事,失信于孩子倒是大事,曾参的做法无疑是对的。曾参的妻子很快明白了其中的道理,从善如流,也不失为一个聪明人。

管子的"轻重学"

在西方的古罗马,大约生活在公元前二三世纪的法学家鲍鲁斯,曾经谈及了货币的理论问题;在古代印度,大约也是在同一时间,出现了谈论货币问题的法典,最早也不会早于公元前6世纪。

而在中国,生活在公元前7世纪的管子,就提出了比较完整的金融货币理论。齐桓公元年是公元前685年，管仲同年为相。管子正是应用了这一理论来指导国家的经济活动，从而使得齐国的经济迅速发展并实现了称霸诸侯的目的。所以司马迁在《史记》中说："桓公既得管仲，与鲍叔、隰朋、高傒修齐国政，设轻重鱼盐之利，以赡贫穷，禄贤能，齐人皆悦。"

管仲的著作《管子》。书中有《轻重》甲、乙、丙3篇，比较集中地谈论了货币、金融、物价等问题，在其他很多篇目中，也有这方面的论述。"轻重"一词的本意，有增减、权衡等意义，但作为一门学说，则是一种有关调节商品、货币流通和控制物价等方面的理论了。清朝末年，当政治经济学刚刚传入中国的时候，就曾被译为《轻重学》。

管子认为，货币是君王为了帮助百姓解决交换中的困难而创造的。他说，汤的时代，遇到了7年大旱，禹的时代，遇到了5年大水，百姓没有东西吃，以至于卖儿鬻女。于是，汤和禹便分别用庄山和历山产的铜铸造货币，帮助百姓赎回他们的孩子。

他还阐述货币的作用，说，玉产在禹氏，金产在汝汉，珠产在赤野，产地分布在东西南北，相距甚远，得来很难，所以都很值钱，也就是管子所说的"重"。君王就是利用了它们的重，才以珠玉为上币，以黄金为中币，以刀布为下币。"刀布"就是货币，那时的铜币铸得像一把刀，称为"刀币"。他还特别说明，这3种东西本身，不能保暖，不能解饥，不过是"先王"用来保守财物、管理百姓、平衡天下的手段而已。书中说，"黄金刀币，民之通施也""黄金刀布者，民之通货也"。这里的"通"，是沟通的意思，"通施""通货"，都是交换媒介的意思。这里虽然没有使用"一般等价物"这一现代语言来表达，但还颇有一点这个意味。

在2600多年以前，管仲就认识到了货币流通与商品价格之间的关系。他说，如果百分之九十的货币由国家收回停止流通，则"币轻而万物重"，币值就会下跌，而物价就会上涨。

鉴于货币对物价有着决定性的作用，管子主张由国家垄断铸币权。他建议齐桓公说：大王应该用铜来铸币。如果听任民间铸币，货币的数量无法控制，就会使得物价失去控制，使得百姓遭受盘剥，难以生活。

前面已经介绍过，管子认为珠玉是上币，黄金是中币，刀布是下币，他指出，国家可以通过变动中币黄金的价格，来平衡3种货币的价格关系，从而控制物价。例如，国家向有钱人家借黄金，就可以使黄金的价格上涨。国家支出俸禄等费用的时候，如果使用货币，也可以使货币的价格下跌，而物价上涨。

对于物价的控制，管子也提出了一套办法。他认为，"衡无数也"，物价不可能总是一个样子的。只是在物价过低的时候，国家收购商品，就可以使物价上扬；相反，在物价腾贵的时候，国家就可以售出一些库存，这可以促使物价回落。这样，物价就可以稳定在一定的范围之内。

管子甚至提出一些国际贸易的价格政策。他举了一个例子。周武王曾经在巨桥设立谷仓，并且设立专门的金库收买天下的粮食。由于他囤积了大量的粮食，使民间粮食减少，谷价上涨了20倍，结果他仓中的粮食也增值20倍。他用这些增值的钱购买自己需要的绸缎和军需，一辈子也用不着向百姓敛钱。我们齐国虽然没有那么多的粮食，我们却有盐。一个10口之家，就得有10个人吃盐。人不吃盐，就会浮肿。如果国家把盐控制起来，不准私人煮盐，国家贮存的盐就会涨价40倍，把这些盐运到楚国、宋国、赵国、卫国等不产盐的国家去卖，我们齐国不是就有足够的钱用了吗？我因此可以认为，管子是最早提出国际经济垄断政策的人。同时，他提出的盐的专卖政策，成了以后中国历代统治者坚持的政策。

为了避免物资外流，他还提出"天下高则高，天下下则下"的国际价格政策。就是说，国外某种货物价格高，我国也应该提高它的价格，否则，"天下高我下，则财利税于天下矣！"如果国外价格高国内价格低，就会造成物资外流，让外国得到好处而损害了自己。

由于管仲充分利用了齐国的"轻重鱼盐之利"，使得齐国的经济得到了很大的发展，百姓得到了实惠，所以会出现齐国大治、九合诸侯的局面。

管仲治国　　国富民强

管仲又名夷吾，后世称为管子。他虽是周朝王族的后裔，但年轻时贫穷，只好以经商为业，与自己的朋友鲍叔牙一起贩贱卖贵。因为他穷，所以在与鲍叔牙分配利润的时候，他总是得的多一些。鲍叔也不与他计较。

那时，人们把经商视为"末业"，商人是很受歧视的。管仲和鲍叔牙也不甘心一辈子经商。当时，齐国正处在政治危机之中。齐襄公与自己的妹妹、鲁桓公的夫人私通，并谋害了鲁桓公。因此，与鲁国的矛盾很尖锐。并且，襄公又与自己的堂兄公孙无知争夺王位，两人之间的矛盾一触即发。在这种情况下，襄公的两个异母弟弟公子纠和公子小白纷纷逃往外国。管仲和鲍叔牙觉得这是个机会，便想投奔他们两个人中的一个。鲍叔牙觉得，从当时的实力和排行位次上看，公子纠是次子，如果长兄襄公死了，公子纠即位的可能性则更大一些，因此建议他们去投奔公子纠。管仲说，小白虽然是三子，为王的可能性也不是没有，他建议脚踩两只船。经过商议，鲍叔牙投奔了公子小白，同小白一起逃到莒国。管仲投奔了公子纠，同公子纠一起逃到了鲁国。

不久，襄王被杀，自立为王的公孙无知也死于内乱。

鲁和莒都得到了公孙无知被杀的消息，都派兵护送他们回国争夺王位。鲁国还派管仲带兵堵截小白。管仲迎到小白后，一箭射去，正击中小白的衣带钩，小白应声倒下装死。管仲以为小白已经被射死，便派人送信给公子纠，公子纠觉得没了竞争对手，也就放慢了速度。小白抢先一步到达首都临淄，被支持他的人拥立为齐王，就是后世所说的齐桓公。不久，齐国又打败了鲁国，逼使鲁国杀了公子纠。

齐桓公当然也想杀管仲，特别是还有那一箭之仇。但鲍叔牙对他说，如果想称霸诸侯，没有管仲是不行的。桓公求贤若渴，不计前嫌。声称要亲自处死管仲，要求鲁国把管仲送到齐国。

当管仲被押回齐国的时候，齐桓公亲自迎到郊外，给他解下刑具，非常谦恭地向他请教说："我国先君襄公耽于享乐不问国政，搞得国家无法发展。这样下去，我们国家就会危险，不知先生有什么良策？"

管仲说，周昭王、穆王的时候，曾经遵从文王、武王的办法，把老人们请到一起，让他们选拔出类拔萃的人才，还把律令写到高高的门阙上，让百姓都能知道。他们注意发展农业这样的根本，也注意发展工商这样的末业。用奖励来鼓励百姓的积极性，用刑罚来纠正他们的过错。还使长幼有序，纲纪分明。

桓公又急着问他：我到底该怎么办呢？

管仲说，士、工、商、农这4种人，不能混杂。士是做官的人，就要让他们有一个安静的环境；工都是官奴，他们都得到官府来干活；商人就得在市场上交易；农民就要在田野中劳作。这样才能保证他们不见异思迁。

为工的人在一起，他们就能从早到晚钻研技术，教导子弟，使他们的孩子也永远务工。让经商的人经常在一起，他们就可以观察四时的变化，了解市场行情，调动人力车马，调剂四方的物产，用他们的所有换取他们的所无，买贱卖贵，并且从早到晚让他们的子弟学习赢利的方法，使他们的后代永远经商。让务农的人集中在一起，他们就可以注意节令的变化，注意维护和合理地使用他们的各种农具，不误农时地播种耕耘，精耕细作。他们从早到晚劳作在田野，不怕脏累辛苦，尽心尽力。他们的孩子也会在口教目染之中学会农耕，世世务农，不会萌生恶习。

为了使自己的这一主张得以实现，管子还向桓公提出了建立城乡居民组织和军事组织的建议。

桓公愉快地接受了管子的建议。并任他为齐国的国相,从而使管仲的主张得以实现。

管仲利用齐国在海边的自然条件,充分发展渔业和盐业,又大力发展商业流通,注意对铸造货币的规划和管理。这样,齐国的经济飞快地发展起来。他还注意听取民间的意见,广大百姓愿意的事,就积极地办下去;广大百姓不愿意的事,就改掉。从而使得百姓乐于听从国家的命令。

经济实力的增强,也带来了军事实力的增强,齐国终于在桓公的时代发展成天下最富足的国家,齐桓公也成了历史上有名的霸主。

管仲自己的家也成了同公室一样富有的家族。

管鲍相知

管仲少年时常与鲍叔牙一起游玩,鲍叔深知他贤能。管仲贫困,常欺骗鲍叔钱财,鲍叔始终善待于他,不拿此事当话柄。后来鲍叔事奉齐公子小白,管仲事奉公子纠。齐国内乱,为了避祸公子纠投奔鲁国,公子小白则投奔了莒国。后两公子抢夺王位,莒国派兵护送公子小白回齐国夺位,管仲带兵埋伏在莒国通往齐国的路上,企图阻止公子小白回国,他用箭射中了小白的带钩,小白装死,管仲将这消息带回鲁国,公子纠一行不紧不慢地回齐国,而公子小白早已抢先回齐,继承了王位,就是齐桓公。

桓公对管仲恨之入骨,鲍叔牙对桓公进言说:"臣有幸能跟从君王您,您最终立国即位,君尊臣贵。臣无以给您增添荣耀,国君要治理齐国,仅高傒和我鲍叔牙就够了。但国君若想要成就霸业,非得要管仲不可。管仲在哪个国家哪个国家就会强盛,不能失去这个人。"齐桓公听从了鲍叔牙的劝告,于是对鲁国假称要回他以治他的罪,实际则是准备起用他。管仲已知道其中的缘由,所以要求前往齐国。鲍叔牙亲自前往迎接管仲,到堂阜这地方就卸下了他身上的枷锁,让他沐浴后去见齐桓公,桓公赠他以厚礼,并延聘他做大夫,管理国家政务。

齐桓公得到管仲,与鲍叔牙、隰(xí)朋、高傒一同治理齐国政务,建立五家相连的群众军事组织,增收渔、盐之利,赡养贫困之人,嘉禄贤能之士,齐人都很高兴。据此理,齐国"九合诸侯,一匡天下",成为春秋五霸之一。

管仲自己说:"我开始时贫穷已极,曾与鲍叔一起做买卖,分钱财时经常给自己多一些,鲍叔不认为我贪婪,认为是由于贫穷造成的。我曾经给鲍叔做事,可是弄得他更贫困,鲍叔不认为我愚笨,知道这是时机不利造成的。我曾做过

3次官，3次都被罢免，鲍叔不认为我无能，知道我没有逢到好时机。我曾经打过3次仗，3次都败走了，鲍叔不认为我怯懦，知道是由于我有老母在上。公子纠在与公子小白的争斗中失败，召忽自杀，而我受辱被囚，鲍叔不认为我没有廉耻，他知道我不拘小节而以功名不显著天下为耻。"管仲感叹道："生我者父母，知我者鲍叔也。"

鲍叔牙向桓公推荐了管仲之后，他自己却身处管仲之下，官位比管仲低。天下人称赞管仲贤能，更赞鲍叔牙能知人。

秦穆公不以成败论英雄

鲁僖公三十三年（公元前627），秦穆公不听蹇叔的劝谏，命令孟明视、西乞术、白乙丙3位将军率领大军，不远千里东袭郑国。结果没有得手，在归途中却遭到晋军的拦截，秦军在崤山全军覆没，三帅被俘。

晋襄公的嫡母文嬴是秦穆公的同宗之女，她看到娘家秦国的3员大将被儿子襄公活捉，便出面讲情。晋襄公见母亲求情，只好放走了孟明视等人。晋国重臣先轸入朝时，询问秦国3个囚徒的情况，襄公道："夫人求情，我把他们放走了。"先轸一听说道："武夫费尽九牛二虎之力从战场上把他们抓来，妇人在朝廷上用几句花言巧语就把他们放了！真是毁弃我军的战果而长敌人的气焰，晋国的灭亡指日可待了！"气愤地唾了一口。晋襄公也有些后悔，便叫阳处父去追赶。阳处父赶到河边时，孟明视等已坐在船中了。阳处父解下兵车上的边马，谎称是襄公派他来赠送马匹，想骗他们上岸，可孟明视却在船中行礼道："大王施恩于我等，不杀我等，让我等回国接受制裁。敝国国王如杀我等，则虽死犹生。倘若承蒙大王的福佑而免于一死，我等3年后将回报大王的恩惠。"

孟明视等3人在秦国都城的郊外受到了秦穆公的迎接。穆公身着素服向3人哭道："我未听蹇叔之言，让你们几位蒙受了耻辱。罪过在我啊！"事后，仍让孟明视等担任原来的职务，并不因为他们有败兵之罪而施加惩罚。秦国大夫及穆公左右的近侍都认为穆公赏罚不当，进谏道："这次兵败，罪责全在孟明视，必须对他处以极刑！"穆公却替孟明视开脱道："罪责在我。周芮良夫诗云：'大风有隧，贪人败类。听言则对，诵言如醉。匪用其良，覆俾我悖。'这是说原因在于贪婪，说的就是我。我的确是因贪婪而使孟明视蒙受了祸患。他哪有什么罪！何况，我也不会因为一次过错而埋没了他们的忠诚。"

两年后，秦穆公再次派孟明视等率兵攻伐晋国，晋国将军先且居领兵迎敌。双方在彭衙激战，最后孟明视又败。秦穆公不但不加责罚，而且待他越发尊重。

孟明视感恩戴德，更加勤勤恳恳地治理朝政，施恩于民，秣马厉兵，准备再战。

一年后，秦穆公又派孟明视领兵攻伐晋国。秦军渡过黄河后，烧掉了乘船，奋勇进击，打得晋军落荒而逃。秦军一举攻陷了王官及鄀，晋军吓得死守城中不敢应战。于是，秦穆公从茅津渡过黄河，重新封埋好死于崤山的秦军将士的尸骨，为他们发丧致哀，痛哭了3日。然后，秦穆公又告誓全军道："将士们，你们听着，不要喧哗！我告誓你们：古时候的人，有事都向年长者请教，所以不犯错误。当初我不听蹇叔之言，以致兵败崤山。现在作此告誓，让后世之人记住我的过失！"君子听到了这件事，都流着泪说："唉！秦穆公看人不片面，不因一恶而弃其善，所以终于得到了孟明视这样的贤臣啊！"

勾践灭吴

春秋末年，长江中下游的吴、越两国经过10余年的相互讨伐，越国渐有吞吴之势。

周敬王三十八年，越国乘吴王夫差率军北上与晋争霸、国内空虚之机攻入吴都，因夫差急率大军来救，乃暂与之议和而罢。

时过4年，吴国大旱，人民纷纷移居海边捕捞鱼蚌以就食，国势益亏，这使一直念念不忘灭吴报仇的越王勾践感到，灭吴的机会终于来到了！

是年三月，勾践令大夫文种留守国内，他亲自与大将军范蠡统领5万越军伐吴，吴王夫差忙率6万吴军迎敌，两军在笠泽江两岸扎营对峙，谁也不敢轻易渡江主动进攻。

入夜后，"越子为左右句卒，使夜或左或右，鼓噪而进。""卒"即左右两队相互配合、相互接应，于夜深之时，两队鼓噪而进，杀声震天，渡至江中而止。

吴王夫差突闻越军乘夜来攻，见越军分左右两路渡江，不敢怠慢，也分兵两路沿岸列阵以待之。

勾践的"左右句卒"不过是诱敌之兵，越之三军却在吴军忙着列阵应付鼓噪而进的"左右句卒"的时候，偷偷地从另一地点衔枚渡江，至江北后，潜至吴军营前。吴军正全神贯注地计划迎击呼喊着渡河的越兵，一点没有发觉越军的主力已偷偷渡江逼近了自己的营地。

越军潜至吴中军营地，猛然发动了进攻，吴之中军措手不及，阵脚大乱，一败而不堪收拾。吴之左右军也顾不得防御正面渡河的越军，调头来救中军，又遭到了越军主力与已渡河参加战斗的左、右两队越军的夹击，马上也落败了，夫差只得带着残兵败将退至20里外的没溪。

越军在范蠡的率领下追至此地，夫差忙奔向吴都，一路上在越兵的追击下伤亡无数，残兵退入吴都，越军则穷追至此，展开了对吴都的攻坚战。

因为吴都城防甚固，越军改变战术，将吴都围困起来，筑越城于吴都的西门外，计划长期围困吴都，使之不战自破。

这一围即是两年多。直至公元前476年，越军才设计使夫差突围，在姑苏山将其歼灭，夫差自杀，至此，越终得灭吴。

而笠泽之战，实为越灭吴之关键一役。勾践一面派少数兵力作为正兵，从正面喊叫着进攻，以引起吴军的注意。而以主力部队作为奇兵，乘夜悄悄渡江，潜至吴军阵地，出其不意，攻其不备，一战即将吴军击败，并乘胜追击，将穷寇围困于吴都城内，再徐徐图之，直至将吴国灭掉。由此可见，勾践与范蠡深得"兵者诡道也"的真谛，以少数兵力为正兵，却以主力为奇兵，奇正结合，卒成大功。

值得指出的是，越王勾践虽卧薪尝胆、励精图治，但终非雄才大略之君主，灭吴之战的所有谋略，实乃尽出之于范蠡。范蠡看出勾践"可与共患难，不可与共乐"，便像孙武那样，功成之后飘然引退，泛舟五湖，成了一代富商。

围魏救赵

公元前354年，魏惠王令庞涓举兵伐赵，并包围了赵都邯郸，赵成侯大惊，急忙遣使赴齐求援，以中山之邑为礼，请求齐国发兵相救。

当时齐国大臣分为两派，一派以相国邹忌为首，主张不救赵；一派以大夫段干朋为首，主张应救赵。段干朋认为，魏灭赵，对齐国没有丝毫好处。三晋中，魏国最为强大，一旦灭赵，必会危及韩、齐，所以，救赵势在必行。而且，此时救赵有个有利条件，即魏之精锐部队皆在外与赵作战，国内必然空虚。齐军倘若避实击虚，进攻魏之襄陵（今河南睢县），可得渔人之利。

齐威王因此决定发兵，令田忌为将，孙膑为军师，率军救赵。

孙膑与魏将庞涓原在一起学习兵法，后庞涓出山仕魏为将军。孙膑潜至齐，受到齐威王的器重。此次发兵，本欲以孙膑为将，孙膑以残疾固辞，威王遂任之为军师，使坐于车中，为田忌出谋划策。田忌想率军直赴邯郸与魏军决战，孙膑道："今魏赵相攻，轻兵锐卒必竭于外，老弱疲于内。子不若引兵疾走魏都，据其衢路，冲其方虚，彼必释赵以自救，是我一举解赵之围而收弊于魏也。"意思是，魏赵相攻，精锐部队在外，老弱疲兵在内，齐军不如疾速向魏都大梁进发，占其要道，击其虚弱，庞涓必解邯郸之围以自救，如此一来不仅可以解救赵国，还能乘虚而入，而得袭魏之利。

孙膑的谋略与段干朋的避实击虚的主张基本上是一致的，只是孙膑认为，齐军应径攻大梁，攻魏之必救，这比段干朋主张攻魏之襄陵更为合理。

庞涓正麾军围攻赵都邯郸，突闻齐兵向大梁进发，而留守大梁的尽是老弱残兵，大梁若被齐兵攻取，魏国根本即失，后果不堪设想。倘若此时回军相救，便会功亏一篑，这使庞涓陷入进退两难之境。

赵国君臣因迟迟不见齐国救兵，见魏攻城愈急，渐失信心，在关键时刻向魏投降，庞涓担心大梁有失，接受邯郸守将投降后便匆匆撤兵，直奔大梁以自救。

齐军此时尚未至大梁，闻知魏军回师，便掉头后撤，撤至桂陵驻扎。

庞涓退兵后，见齐军亦撤退，勃然大怒，遂率军追击齐军，欲与齐军决一死战以泄愤。齐军探知魏军来追，便在桂陵设好埋伏，以逸待劳。庞涓因攻邯郸得胜，未及进入邯郸城便急急回军。既骄狂又恼怒，骄兵悍将，一路上气势汹汹，毫无防备地进入了齐兵的伏击圈，理所当然地被打得大败，庞涓率领残兵败将狼狈而逃。

赵武灵王变法

赵武灵王，为了富国强兵，想进行改革。这一年的春天，他出游各地，考察形势。他去北方勘察了中山的边境，走到了房子县，顺便抵达代，又到北边的无穷和西部的黄河边，登上黄华山。然后，他召见大臣楼缓，谈起先王未完的帝业、赵国局势和改革的打算，他说道："如今中山位于我国的心腹之地，北边有燕，东边有胡，西部又邻近林胡、楼烦、秦、韩的边界，而我国却无强兵守护，这样下去会断送江山的，怎么办？凡是要立下惊世骇俗的功名的，一定会被谴责为背离时风世俗。我打算改穿胡服。"楼缓认为赵武灵王的主意不错，但遭到群臣的反对。

赵武灵王认为要想取得群臣的拥护，必须首先得到在群臣中有影响力的元老重臣的支持。一次，先王肃侯宠信的重臣肥义正在赵武灵王身旁待坐，赵武灵王便向他求教："先王简子、襄子的功业就在于谋取胡、翟的利益。为人臣子的，懂得孝悌长幼顺从明理才会得到信任，能够建立有益于百姓君主的功业才会发迹显达，这两条是作为臣子的本分。如今我想踵迹先王襄子的步伐，向胡、翟之地开疆拓土，只怕终生看不到为民忠君的贤臣。我如改穿胡服，必然会使我国强盛敌国衰弱，这样做花费的气力少而取得的功效大，可以不极尽百姓的辛劳而继续完成先王的大业。凡是立下惊世骇俗的功业的，就得承受违背时风世俗的谴责。"

而今我要用胡服骑射来训导百姓，而举世之人定然会批评我，怎么办才好呢？"肥义却听出了话里的压力，他似乎想做个为民忠君的贤臣，便鼓励道："为臣听说做事举棋不定就不会成功，犹疑不决就不会得到好评。大王既然抱定承受世俗谴责的念头，就不要考虑天下的讥议了。讲论大德的人不取媚于世俗，成就大业的人不求教于民众。从前舜为有苗而舞蹈，禹光膀子进入裸国，他们并非为了纵欲欢心，而是专心致力于讲论大德而期望成就大业。愚者对成功的事也无从理解，而智者在事情发生以前就已了如指掌。大王何必犹疑不决。"赵武灵王说道："我不是对改穿胡服犹疑不决，而是担心天下之人笑话我。狂人高兴的事，智者感到可怜；愚人讥笑的事，贤者却详加审察。世间如有人顺从我，改穿胡服的功效就未可限量了。即使举世之人全都笑话我，我也一定要占领胡地中山。"

取得了重臣肥义的支持后，赵武灵王决定亲自穿上胡服，朝见群臣。为了减少阻力，赵武灵王又派王继传话给自己的叔父公子成，希望他也带头穿上胡服。未料公子成不赞成赵武灵王的主张，他对赵武灵王的使者王继振振有词地说："臣已经听说大王穿胡服之事。为臣不佞，染病卧床，未能奔走效力时时晋见。既然大王有令，为臣斗胆略述愚忠。臣听说中国是聪明睿智之人居住的地方，是万物财货聚集的地方，是圣贤教化的地方，是施行仁义的地方，是实践诗书礼乐的地方，是试验杰出技艺的地方，是远方国民前来参观的地方，是蛮夷甘愿效法的地方。如今大王置此不顾，仿效远方蛮夷的服饰岂不是改变古来的教化、更动古人的方式、违背民众的心理？况且可能激怒学习中国的人，使他们远离中国。所以为臣请大王认真决断。"

王继回来把公子成的意见报告给赵武灵王，赵武灵王便借探病之机，亲自登公子成家门做说服工作。他结合各国实例，讲述了服饰、礼俗的实用性和圣人为利民富国而因地制宜、因事制法和"儒者一师而俗异，中国同礼而教离"的实际情况，讲述了自己意在改革风俗、富国强兵、继承先王基业和向中山报仇雪恨，公子成终于受了感动，转而拥护改革。赵武灵王马上赐给他胡服。第二天，公子成便穿上了胡服上朝。赵武灵王这才正式颁布了改穿胡服的政令。

但是，政令下达后，赵文、赵造、赵俊等一些大臣还是劝谏赵武灵王不要改穿胡服。赵武灵王便费尽周折开导他们："先王们的风俗都不一样，效法哪一个老方式？帝王们的礼法互不承袭，遵循哪一位的礼法？伏羲、神农教而不诛，黄帝、尧、舜诛而不怒，到了夏、商、周时代，又随时制法，因事制礼。法规政令各自怎么合适就怎么制订，衣服器械各自如何方便就如何制造。因此，礼法不必只有一种方式，方便国家也不一定要泥古。圣人出现时，不因袭前朝也可称王；

夏、殷衰亡时,未变更礼法也会灭亡。既然如此,那么反古革新未可厚非,因循守旧无须赞赏。而且,如果说穿奇装异服的其心淫邪,那么邹、鲁好长缨,就该没有高风亮节了;如果说风俗僻陋之地的人不开化,那么吴、越地远俗陋,就该没有俊才高士了。更何况,圣人认为利于身体的叫服饰,便于行事的叫礼法。进退的礼节,衣服的创制,都是用来统一平民的,不是用来品评贤人的。所以平民随着风俗而浮沉,而贤者却与变革而同在。有句话说得好:'靠书本驾车的,不能尽晓马的脾性;拿古法治今的,不能通晓事物的变化。'因循守旧的功绩,不足以惊世骇俗;食古不化的学问,治理不了今天。你们都想不到这些呀。"赵文等都哑口无言。于是,胡服骑射便在赵国全境推行开来。

胡服骑射的直接结果便是提高了赵国军队的战斗力。中山在赵军的进攻下连连败北,赵惠文王三年(公元前296年)终为赵国所灭。

献妾固宠 身死非命

战国时期的黄歇起先与楚国的太子完一起在秦国做人质,他设计让太子完逃归楚国之后,秦昭王在应侯的劝说下也放黄歇回国。3个月后,楚顷襄王死去,太子完继位为楚考烈王。考烈王元年,黄歇被任命为相国,封为春申君。他与当时齐国的孟尝君、赵国的平原君、魏国的信陵君一起并称"四大公子",都争相礼贤下士,招延宾客,辅助本国,把持政权。

楚考烈王没有儿子,春申君极为忧虑,为此寻访、贡献了很多宜于生育的妇人,但始终不见成效,没有生下儿子。这时,赵国人李园妹妹貌美,很想把她进献给楚王而自己获利,又听说考烈王没有生育能力,担心时间长了会失去宠信。所以李园另打主意,来春申君处请求做他的门下食客,不久请假归乡,又故意耽误了回来的期限。他回来拜见时春申君问他原因,他回答说:"齐王派人来求聘臣下的妹妹,因与使者饮酒,所以延误了时期。"春申君问:"已经送了聘礼吗?"李园说:"还没有。"春申君问:"可以见见她吗?"李园回答:"可以。"于是李园就向春申君进献了自己的妹妹,并受到春申君的宠信。李园知道她怀孕后,便与她妹妹进行了周密的谋划。李园妹妹寻机向春申君劝说道:"楚王尊重信任君,就连兄弟之间也赶不上。而今君在楚做宰相20多年,可是楚王无后,那么楚王去世之后,必然改立他的兄弟继位。新的楚王必然会亲信显贵他们原来的亲故,君怎么可能还受宠呢?这并不是杞人之忧。因为君在楚王面前显贵太久,对楚王的兄弟失礼的地方一定很多,如果楚王的兄弟真的被立为王,灾祸就要降临到您身上了,又怎样保全您的封地呢?现在妾已自知身怀有孕,可是别人还不知道,妾得到君的身幸还并不太久，如果君能以您的威望将妾进献给楚王，楚王一定会宠爱妾，如果有赖天助能够生下一个男孩，那就是您的儿子被立为楚王了。这时整个楚国都可以归您所有，谁还能加罪于您呢？"春申君认为有理。

于是春申君又为李园之妹专门修筑了一个馆舍，让她妹妹居住其中并严加守护，然后报告给楚考烈王。楚王把她召入宫内，极加宠信，不久便生了一个儿子，被立为太子。母以子贵，李园的妹妹便成了王后。楚王对李园也更加信任重用，李园便开始干预政事。

李园之妹入宫立为王后，春申君的儿子被立为太子之后，李园害怕春申君语言泄露秘密，便暗中畜养亡命之徒，准备杀春申君灭口，当时有些人知道此事。

后来楚考烈王病重，春申君的门客朱英建议他杀掉李园，春申君没有采纳这一意见。17天后，楚考烈王病死，李园果然抢先入宫带领亡命之徒埋伏在棘门以内，春申君刚走入就被死士从两边刺杀，割下了他的头投掷到棘门外面。随即派遣吏卒杀光了春申君的全家。而李园的妹妹与春申君生下的孩子终于被立为王，这就是楚幽王。

赵王听谗不用廉颇

廉颇是赵国一名英勇善战的名将，他的英雄声名在诸侯间传扬。长平之战，赵惠文王中了秦人的反间计，以纸上谈兵的赵括换下廉颇做将军，结果一败涂地，牺牲了45万人，令赵国损失惨重。

赵悼襄王继位以后，以乐乘代替廉颇的位子，廉颇十分生气地攻击乐乘，乐乘离职出走。廉颇也投奔到魏国大梁。第二年，赵国任李牧为将攻打燕国，攻克武遂、方城二地。

廉颇在大梁待了很久，魏国并不重用他。赵国因屡次被秦军围困，赵王想重新启用廉颇。廉颇也想重新被任用。赵王派使者去查看廉颇是否能用。廉颇的仇敌郭开是一个谄媚的小人，此时正受赵王宠信，为了置廉颇于死地，他就给使者很多钱，要他陷害廉颇。赵国使者会见廉颇时，廉颇故意吃得很多，一顿饭吃下一斗米、10斤肉，披甲上马威风凛凛的样子表示还可以为国家效力。赵使者回来向赵王编造说："廉颇将军虽然老了，却很能吃饭，然而，一会儿工夫就去大解3次。"赵王因此认定廉颇老了，就不召还他。这就是那个著名的典故："廉颇老矣，尚能饭否？"

楚国听说廉颇在魏国，就暗地里派人迎接他。廉颇做了楚国的将军，说："我还是想统率赵国的军队。"最后廉颇抑郁地死于楚国。

郭开在赵国做恶甚多，后来他还曾受到秦国的巨资贿赂，为秦人充当间谍，离间赵王与赵国名将李牧的关系，造谣说李牧、司马尚谋反，赵王信以为真，派赵葱和齐将颜聚代替李牧。秦国的王翦趁势率兵攻破赵国，活捉了赵王，赵国自此而灭。

秦用商鞅　开始大治

公孙鞅从魏国奔秦，秦昭王3次会晤后决定任用他实行变法。

法令规定百姓五家为保，十保相连，相互纠发、连坐。不告奸者腰斩，告奸者与斩敌首一样受赏，藏匿奸者与降敌一样受罚。百姓有二男以上而不分居的，赋税加倍。有军功的按标准受爵，为私事争斗的，按轻重受刑。努力本业，耕织收获粮食、帛布多出的一部分加在他的身上。从事工商末利而怠惰致贫的，收为官奴。宗室没有军功者，不给爵位。明尊卑爵位等级，各按等次享有田宅，有功的显赫荣耀，无功的虽富足却无光彩。

法令已经完备，怕百姓不信，就立一根3丈长的木头在国都街市的南门，招募百姓中能将它搬到此门的，奖励10金。百姓对此很奇怪，不敢搬。又说："能搬的给予50金。"有人试着搬了木头，果然就给予50金，以表明不是欺骗。在此之后才颁布法令。

法令在百姓中实行了一年，秦国都的百姓说不便的数以千计。正逢太子犯法，公孙鞅说："法之不行，是从上违犯的。"要法办太子。而太子是君王的子嗣后代，不能施行，就对其师傅公子虔用刑，将其师傅公孙贾黥面。第二天，秦国人害怕就都服从法令了。此法令实行了10年，秦国百姓大悦，道不拾遗，山无盗贼，家家富裕，人人充足。百姓勇于公战，不敢私斗，乡邑大治。对于秦国百姓开始说法令不好后来又说法令便利的人，鞅说："这都是扰乱教化的百姓。"把他们都迁到边城去了，以后百姓再也不敢议论法令了。

于是昭王任公孙鞅为大良造，率兵围魏国安邑，使之投降。过了3年，在咸阳筑门阙宫廷，秦国把都城从雍迁到这里。下令禁止百姓父子兄弟同室休息，聚集小乡邑为县，置令、丞，共31县。开挖田间阡陌疆界，而平赋税，统一量衡。执行了4年，公子虔又违犯禁令，而被行劓刑。过了5年，秦人富强，周天子赐给孝公祭祀用的肉，各诸侯都来祝贺。

第二年，齐国在马陵打败魏兵，俘虏其太子申，杀了将军庞涓。又过了一年公孙鞅游说孝公说："魏对于秦，就像人的心腹之患，不是魏吞并秦，就是秦吞并魏。原因何在？魏处于险恶之地，国都安邑，与秦国以黄河为界而独占山东之利，有便则向西略秦，不利就会向东收地。现在以君王之贤能圣德，国家赖以昌盛。而魏去年为齐大败，诸侯都向它挑衅，可趁此时讨伐魏国。魏不敌秦，一定向东迁徙。那么秦占据山河之固，向东以制约诸侯，这是帝王之业啊！"孝公以为对，派公孙鞅为将讨伐魏国，魏派公子卬为将迎击。两军相拒，鞅给魏将公子卬送信说："我一开始与公子关系和善，现在都做两国的将，不忍相攻，可与公子相见，誓盟，乐饮而罢兵，以安秦魏。"魏公子卬认为可以这样。会盟饮酒时，鞅埋伏披甲兵士发动袭击俘虏了公子卬，趁机攻打他的军队，尽破之以收归秦国。魏惠王的军队多次被齐、秦攻破，国内空虚，势力不断削弱。魏惠王害怕国家因此灭亡，于是派使者割让河西土地献给秦国以求和。而魏国离开安邑，迁都大梁。魏惠王说："我悔恨当初不听公叔痤的进言。"鞅攻破魏国以后班师回国，秦国国君把於、商两地15邑分封给他，号称商君。

李斯为相

李斯是楚国上蔡（今河南上蔡西南）人。年幼时跟随荀卿学习帝王之术，学成后他认为楚王不足以成就事业，便决心到西方秦国。他到秦国后正遇上秦庄襄王去世，秦王嬴政即位，李斯谋求当了秦相国吕不韦的食客，吕不韦赏识他，任他为郎官。他于是得到游说秦王的机会，秦王被他的游说打动，任命他做了长史（丞相的属官）。秦王听从了他的计策，派遣谋士带着金玉到各地游说诸侯，各国内凡可以用财帛收买的就用厚礼暗中拉拢他，那些不肯被收买的就用利剑暗杀他。用计离间各国的君臣之后，秦王就用兵马良将去攻取它。这样，李斯因其功劳被拜为客卿。

这时有个叫作郑国的韩国人来到秦国做间谍，他教民开渠灌溉以消耗秦国的财力物力，不久被发觉。秦国的宗室大臣于是借机向秦王上书说："诸侯国凡来秦国做官的，大多是为他们的国君来游说秦国，或实为间谍。请大王把各国来的客卿全部逐出秦境。"李斯也在被要驱逐出去的客卿之列，于是李斯上书说：

"我听说大臣们议论要驱逐客卿，我私下以为是错误的。从前秦穆公求贤士，从西戎得到由余，从东面宛地得到百里奚，从宋国迎来蹇叔，从晋国招来了丕豹和公孙支。此5位贤才，都不是秦国人，然而穆公重用他们，于是兼并20个诸侯国，秦在西方强霸起来。秦孝公采用卫人商鞅的变法主张，改变旧俗，民富国强，百姓乐用，诸侯臣服，俘获楚、魏军队，攻地千里，国家至今仍强盛。秦惠王用魏人张仪之计，攻占三川，西并巴、蜀，北收上郡，南取汉中，吞并九夷，控制鄢、郢，东占成皋险要之地，割据肥沃的良田，于是瓦解了六国的合纵联盟，迫使他们向西臣服秦国，功绩延续到今天。秦昭王得到范睢，罢免丞相穰侯，驱逐了华阳君，强化公室，杜塞私门，蚕食诸侯，成就了秦国的帝业。这4位国君都是借助客卿的功劳而成就大业，由此看来，客卿有什么对不起秦国的地方？当初，如果这4个国君拒绝客卿而不接纳他们，疏远贤才而不重用他们，就不会使国家有强大的名声和富裕。

"现在陛下有昆山之玉、隋侯之宝、和氏之璧，佩着明玉之珠，悬着太阿之剑，骑着纤离之马，树立的是翠凤之旗，摆设的是灵鼍之鼓，这些宝物没有一样产于秦国。可陛下喜欢，为什么呢？……如今选用人才却不是这样，凡是客卿都一律驱赶。既然如此，那么陛下看重的是美女、音乐、珍珠、宝玉，而轻视的就是人才了。这不是统一天下、制服诸侯所应有的方略啊。

"我听说土地辽阔，粮食就富足；国家强大，人口就众多；军队强大，士兵就勇敢。泰山不舍弃泥土，就能成就它的高大；河海不舍弃细小的溪流，就能造就它的深广；国君不拒绝百姓的归附，所以能显示他的高尚品德。因此，地不分南北东西，人不分本国他乡，一年四季充满美好，连鬼神也会降福。这就是三皇五帝无敌于天下的原因。现在您却抛弃老百姓去资助敌国，驱走客卿而去帮助诸侯各国成就功业，使天下的贤才退避而不敢向西走，停止住脚步不敢进入秦国，这种做法就是人们所说的'借武器给敌寇，送粮食给盗贼'啊。

"物产不产于秦国，值得珍爱的很多；贤才不出生于秦国，而愿意效忠的也很多。现在陛下驱逐客卿去资助敌国，减少本国人民去增强敌人的力量，在国内使自己虚弱，在国外与各诸侯国结成怨仇，这样做，要想使国家没有危险，是根本办不到的。"

秦王于是废除驱逐客卿的命令，恢复了李斯的官职，继续使用他的计谋，后来又调升他当廷尉（秦国掌刑狱的最高官吏）。李斯辅佐秦王共20多年，秦终于统一天下。李斯尊嬴政为"皇帝"，秦王拜李斯为丞相。

韩信大败赵军

公元前205年秋，韩信平定魏地后，即令曹参的步卒为前军，转而袭代，兵锋直指井陉口，势在吞灭赵国。

井陉，历来被视为"天下九塞"之一，乃河北之战略要地。其地四面皆山，中间如井，故名曰"井陉"，井径口即进入井陉之口。

赵王歇闻汉兵吞魏灭代，下一步即将击赵，忙与赵之成安君陈余、广武君李左车自信都发兵20万，先至井陉口要塞，大筑营垒防守。

此时，韩信亦想先夺取井陉，闻赵军20万众已至井陉要塞，于是在娘子关以西驻军不发。

韩信不愧是名将，在敌情不明的情况下，他绝不会贸然进军。他此时做的，便是了解敌情，以做到"知彼知己"。

韩信先派出间谍至赵营中了解情况。是时，赵军中，广武君李左车劝成安君陈余坚守不战，自请率奇兵断汉军粮道。汉兵远来，时间一长，粮草不继，必不战自溃。陈余本是一个儒生，与常山王张耳同时从戎，后与张耳反目，将雄踞赵地的张耳驱逐出去，迎立赵王歇回国。赵王歇感激陈余，立之为代王，陈余见赵王歇年幼，乃留赵辅佐之，掌握赵国的军政大权。陈余自恃有20万众，当在汉军远来疲敝之时与之决战。

听到间谍的汇报，韩信闻陈余之策而喜。盖韩信远道而来，志在速战速决，早日为刘邦平定三晋之地，使刘邦在与项羽对峙时有一个稳定的后方。而倘若迁延时间一长，汉之后方战乱不休，楚汉之战局实难预料。因此，韩信得知陈余志在决战，正中下怀，于是开始调兵遣将，准备与赵军决战。

应该说，汉军寡，赵军众，陈余主动与韩信决战的指导思想也并非不合理。而战争的胜负，往往决定于多方面的因素，陈余忽略了一点，即汉军的统帅，是能征善战、用兵如神的军事奇才韩信。

到了深夜，韩信精选轻骑2000，使之乘夜潜上萆山，令他们在赵军倾巢而出追击大部队时，立即出山攻占赵军营垒，拔赵旗，立汉旗，截断赵军退路。

2000奇兵行后，韩信遣一万士兵先行，至井陉水东岸背水结阵。

黎明时分，韩信令将士们略吃了一点早饭，道："今日破赵军后我们再饱餐一顿！"

一日间，竟想击败20万赵军？众将士闻言都将信将疑，只得表面上答应："是！"

韩信于是率大军进攻赵壁。韩信唯恐赵军不会空壁而出与他决战，特意树起大将军旗，向井陉口鼓噪而进。

陈余见汉军主动进攻，乃率军出击，与汉军展开激战。许久，韩信方才引兵佯败而走，向汉军万人背水阵方向撤退。赵军见汉军败退，于是倾巢出动进行追击，直追至井陉水东岸。

在井陉水东岸背水结阵的汉兵与退至此地的汉兵见前有追兵，后无退路，只得拼命死战，赵军尽管人多势众，竟不能击败汉军。

正当两军在井陉水岸边血战之际，赵军的后方却已被汉之2000骑兵攻取，换上了汉军的红旗。赵军在遇到了汉军的坚强抵抗后，士气正渐懈怠，忽闻营垒已落入汉兵之手，顷刻大惊，乱成一团，认为汉之援兵到达，已将赵国后方占领，皆无斗志，纷纷掉头而逃。韩信乘机麾军追击，20万赵军顿时大溃，陈余等亦不能节制，虽杀了几个乱逃的士兵，终不能集合败军以图再战。此战以赵军的大败而告终。

巨鹿之战

公元前208年，秦将章邯击败赵军之后兵临邯郸，赵王歇与丞相张耳大恐，仓皇逃到巨鹿，并遣使求楚、燕、齐发兵援助。

此时若不发兵救赵，势必给秦以各个击破之机会，由陈胜首倡的亡秦之举将会灰飞烟灭。故无论是楚怀王，还是燕、齐两国，都马上发兵以击秦救赵。

是时，章邯派王离等率军包围了巨鹿城，自己则率主力在巨鹿城南列阵，与赶来相救的赵国大将军陈余对峙。

楚怀王则任命宋义为上将军，并赐其号曰"卿子冠军"，意思是"公子上将"，以示尊崇。项羽为次将军，范增为末将，率军10余万至巨鹿击秦救赵。

宋义率军至安阳后，得知章邯大军势猛，不由得大为恐慌，不敢向巨鹿进军，一驻就是46天。

项羽认为，赵军目前十分危急，应引军渡漳水猛击秦军，楚击其外，赵应于内，内外合击，定能破秦。于是据理向宋义进谏。

而宋义却以等秦、赵两败俱伤后再发兵收渔人之利为由，拒不接受项羽的意见，并下令说："有猛如虎，狠如羊，贪如狼，强不可使者，皆斩之！"这无疑是针对项羽而言。恰好天寒大雨，士卒饥馁，怨声不绝，但宋义却置酒高会，不思进取，项羽乃杀宋义，代宋义统领大军，称"假将军"。

楚怀王闻报，没有办法，干脆任命项羽为上将军。项羽乃引兵渡漳水。"皆沉船，破釜甑，烧庐舍，持三日粮，以示士卒必死，无一还心。"

项羽之所以破釜沉舟，烧毁营寨，仅带3天的粮草，是由于当时秦军人多势众，若不使将士们抱必死之决心，恐怕难以击败秦军。若将士们见归路已绝，身陷死地，必会拼死以战，以一当十。

项羽率军渡漳水后，马上猛烈冲击秦军阵地，九战之，九胜之，杀秦将苏角。

此时，燕、齐等诸侯军10余支皆驻扎于巨鹿附近，因各自兵少力单，都不敢主动向秦军进攻。及见项羽率军突入敌阵，杀声震天，锐不可当，无不生敬畏之心。秦军溃败后，诸侯军才敢协助项羽的楚军追击秦军，活捉秦将王离，烧死秦将涉间，章邯率败军退至棘原。

项羽的楚军在巨鹿大战中，以少胜多，打出了威风，故战后项羽召见诸侯将领时，众将"无不膝行而前，莫敢仰视"。项羽从此勇冠天下，威震诸侯，为后来成为"西楚霸王"打下了基础。

刘邦封仇平怨

汉王五年（公元前202），刘邦的汉军与项羽的楚军在垓下展开了最后的决战。西楚霸王项羽兵败逃亡，饮恨自刎，而汉王刘邦则登上了皇帝的宝座。

一年后，汉高祖刘邦论功行赏，大封群臣。群臣追随刘邦浴血奋战多年，都盼着这一天，但是要明确地分出诸臣功劳的高下，给以相应的官位，并非轻而易举的事。刘邦心目中最看重的是运筹帷幄之中、决胜千里之外的张良，镇守关中大本营、保证粮草供应的萧何，总领百万大军、战必胜而攻必取的韩信，攻城略地斩将夺关、身受70处创伤的曹参等文臣武将，所以首先对这20余名劳苦功高、战绩卓著的大臣封王的封王，封侯的封侯。而剩下的那些臣子都怕刘邦小觑了自己的功劳，日夜争论，一时也得不出个结论，于是，行赏封功便拖延了下来。

一次，汉高祖刘邦正在洛阳南宫之中。他从阁道上望见不少将领坐在沙地上，交头接耳，窃窃私语，感到有些奇怪，便问身边的留侯张良："他们在议论什么呢？"留侯故意答道："难道陛下还不知道吗？他们是在商议造反呢！"汉高祖不解地问道："天下刚刚安定下来，他们为什么要造反？"留侯说出了事情的原委："陛下以一个布衣平民的身份起家，依靠这伙人争战杀伐，夺得了天下。而今陛下当上了天子，可是受到封赏的，却都是萧何、曹参等陛下亲近的故交；而受到诛罚的，则都是陛下平素怨恨的仇家。如今军中的有关官吏正在统计战功，天下的土地到底有限，不能封赏所有的人。这伙将领担心陛下不能全部封到，又怕陛下追究他们平素的过失，施以诛罚，所以才聚集到一起商议造反。"刘邦忧心忡忡地说："怎么办才好呢？"留侯道："陛下平生最憎恨的，且人人都知道的，是哪一个？"刘邦脱口而出道："那就是雍齿。他与我结下了旧仇，曾经几次令我难堪受辱。我想杀掉他，但因为他立了不少战功，所以才不忍心下手。"留侯给他出了个主意，道："现在请陛下马上降旨，先封雍齿，让群臣看看。群臣见到雍齿受到封赏，个个都会产生自信，就没有谁想造反了。"

原来，当初刘邦在沛揭竿而起时，曾命雍齿率兵守卫丰邑，雍齿本不情愿做刘邦的部下，后来魏周市策反他时，他便投降了魏国，反过来替魏守卫丰邑。刘邦得知后，气得要命，几次引兵攻打丰邑都未攻下。从此，刘邦对雍齿记恨心头。这次，他采纳了留侯张良的建议，摆下酒宴，招待群臣，当场封雍齿为什方侯。同时，他又催促丞相、御史加紧评功封赏。群臣赴宴归来后，都非常高兴地说："陛下连雍齿这样的对头都封以为侯，我们这些人还有什么可担心的！"

汉武帝分地削藩

汉武帝刘彻刚即位时，前朝吴楚七国之乱就在眼前，他不能不担心周边诸侯的强盛对中央朝廷的威胁。所以，朝中大臣鉴于吴楚七国作乱的教训，大都为屈死的晁错翻案，认为他提出的削藩之策是正确的，要求对连城数十、地大势强的诸侯国给予压制削弱。不少大臣还在行动中实践了这一主张，积极揭发披露诸侯国王的过错、罪行，奏请武帝给以严惩。

然而，这些大臣的主张招致了诸侯的强烈反感。建元三年（公元前138），代王登、长沙王发、中山王胜、济川王明入京朝拜武帝，武帝摆酒设宴招待他们。君臣边听音乐边饮酒，气氛比较融洽，然而中山王刘胜却忽然哭了起来。武帝摸不着边际，问他缘故，他便说道："为臣听说社中即使有鼷鼠，也不用水灌它；屋里纵然有耗子，也不用烟熏它。怎么能这样呢？就是因为它们寄身的地点所使然。为臣虽然薄才，却得蒙封赏；虽然位卑，却得为东藩；在皇亲中又幸列为帝兄。但今天，群臣与宗室毫不沾亲带故，权位又都轻如鸿毛，但他们却呼朋引类，共倡谬说，使宗室受到排挤，骨肉被离散。这种情形同尹吉甫之子伯奇逃亡在外、殷纣王之叔比干横遭杀戮是一样的啊！《诗经》所谓'我心中忧伤，似被捣筑一样；不眠长叹，使我变得衰老；心中的痛苦，好似患了头痛病一般'，就像在说为臣。"

原先，诸侯们都认为：自己是宗室的骨肉至亲，先帝之所以封给他们广阔的土地和众多的城邑，使他们成犬牙交错之势，为的是使宗室坚如磐石；如今他们本无过失，却受到臣子的侵凌、侮辱，有司故意吹毛求疵，鞭笞他们的臣属，让这些臣属出面伪证他们有罪。中山王刘胜便有这种遭遇，所以才有了上述的一番哭诉。

汉武帝对藩国虽然不甚放心，只是想到一笔写不出两个刘字，对执行苛责藩国削弱诸侯的政策并不怎么坚决，这次听了中山王的陈情，便决定对诸侯厚加礼遇，命令有司不要多过问诸侯之事，借此来表示自己亲其所亲的皇恩。

后来，当中大夫主父偃再次提出削弱诸侯时，武帝不得不重新审视自己对这个问题的处理策略。主父偃认为："古时候诸侯的封地不过百里，他们的势力很容易控制。如今的诸侯有的占有数十个城邑，土地面积有1000平方里。他们觉得太平时，就骄奢放纵，很容易做出淫乱之事；他们感到危急时，就凭借险地强兵，狼狈为奸，反抗朝廷。如今要是按照法律分割削减他们的封地，就会酿成叛乱，前朝的晁错就是例子。现在的诸侯有的子弟以十来计数，除了嫡子继承王位外，别的虽然也是亲生子弟，却得不到一尺半寸的封地。这样的话，仁孝之道就难以全面贯彻。愿陛下命令诸侯，准许他们推广皇恩给自己的子弟，拿出土地封子弟为侯。这些子弟得地为侯，自然为欲望满足而高兴，并且感戴圣上的洪恩。这样，陛下既做到了施恩布德，而实际上分割的又是诸侯的国土。不必削减他们的封地，却同样收到了削弱他们势力的效果。"汉武帝琢磨了这个建议后，觉得这是个一石二鸟的好办法，可以使"汉有厚恩，而诸侯地稍自分析弱小"。于是，准备采用主父偃的计谋，命令诸侯按自己的意愿裂地分封子弟，但是要由中央朝廷定制封号，并且让这些新侯另属于汉郡。元朔二年（公元前127），"藩国始分，而子弟毕侯矣"。

卫青突袭匈奴

西汉初年，北方的匈奴部落屡屡犯边，对汉王朝构成了极大的威胁。汉武帝元朔三年、四年两年之间，匈奴大举攻汉，攻占汉之代郡、雁门郡、定襄郡、上郡等广大地区，屠杀汉之边民数千人。汉武帝命车骑将军卫青统率3万骑兵，并统一指挥游击将军苏建、强弩将军李沮、骑将军公孙贺、轻车将军李蔡等部，会同将军李息、张次公两部，共10余万人，对匈奴进行大规模的反击。

卫青字仲卿，是西汉抗击匈奴的名将。元朔二年曾率军大破匈奴军，控制了河套地区，因而深得汉武帝刘彻的信任。此次汉武帝委任卫青为统帅，苏建、李沮、公孙贺、李蔡部皆归卫青节制，亦可见他对卫青寄予厚望。

元朔五年春，李息、张次公率本部兵马出右北平进攻匈奴单于和左贤王，卫青则率主力悄悄从高阙出发，疾行六七百里以袭击匈奴右贤王。

关于李息、张次公的进军情况，无史料可稽，极可能是用来牵制匈奴单于之兵，以保证卫青偷袭成功。时匈奴右贤王屯军地点可能在今内蒙古狼山之北数百里，卫青率军疾行至右贤王营地时正值深夜，"右贤王以为汉兵不能至，饮酒醉"，突闻汉兵乘夜袭击，"大惊"，以为神兵天降，匆忙和他的一个爱妾在数百匈奴骑兵的掩护下冲出汉军重围，向北逃窜。汉轻骑校尉郭成等追之数百里，不及而返。

卫青突袭成功，歼灭了右贤王的主力，俘虏其裨王10余人，男女5000余人，牲畜数十万头，给予匈奴以沉重打击。

汉武帝闻讯十分高兴，遣使持大将军印北上，至军中拜卫青为大将军，北边诸将皆归其管制。还增封卫青8700户，卫青的3个儿子也都被封侯。此时卫青的3个儿子尚在襁褓之中，因父功竟得封侯，使卫青大为不安，因此，卫青上书汉武帝，说明大军之所以取得辉煌胜利，皆是众将士奋勇杀敌之功，请求武帝封赏众将士。武帝于是大封诸将。

卫青袭击匈奴右贤王之役，堪称远距离奇兵偷袭之范例。李息与张次公从右北平出发，距右贤王屯军地遥遥数千里，故右贤王毫不防备，不意卫青的主力却从高阙进发，疾行军达六七百里，利用深夜包围右贤王所部，突然发动进攻，一举聚歼之。

吕后专权亲政

汉惠帝七年（公元前188）八月，23岁的惠帝驾崩。发丧时，吕后哭而无泪。留侯张良的儿子张辟疆只有15岁，当时任侍中，他对丞相说道："太后只有惠帝这一个儿子，如今他驾崩了，太后哭而不痛，您知道是什么原因吗？"丞相问道："为什么？"张辟疆解释道："惠帝的儿子都未成年，太后惧怕你们这些大臣。您现在不妨提议拜太后的亲侄子吕台、吕产、吕禄为将，让他们统领南军、北军。等到诸吕都进入宫中任职，太后才会安下心来，你们这些人也就免于祸患了。"丞相按计行事后，吕后果然心中高兴起来，她再哭惠帝时就流下了悲痛的泪水。吕氏专权从此开始了。

吕后听政后，打算立诸吕为王。她向右丞相王陵征询意见时，王陵说道："当年高祖宰白马为盟时曾说：'非刘姓而称王的，天下人可群起而攻之。'如今封吕氏为王，是违反前约的。"吕后见王陵反对心中不悦，她又询问左丞相陈平、绛侯周勃，周勃等则答道："高祖平定天下后，封刘姓子弟为王；如今太后听政，封兄弟及吕姓子弟为王，没有什么不可以的。"吕后听了很高兴。不久，她想废掉右丞相王陵，借口任命王陵为少帝的太傅，剥夺了他丞相的权力，王陵一气之下告病还乡。吕后又让左丞相陈平出任右丞相，让辟阳侯审食其出任左丞相。审食其不理政事，专管宫中，就像郎中令一样。因此，他颇受吕后宠幸，常借吕后的权势行事，公卿办事都得求他。吕后调整了领导班子后，就追封自己的已故长兄吕泽为悼武王，开了封诸吕为王的先例。

少帝元年（公元前187）四月，吕后实施了封诸吕为王的第一步——封诸吕为侯。为表明公平，她先封非吕姓的人，如封汉高祖时的功臣郎中令冯无择为博城侯，封齐悼惠王的儿子刘章为朱虚侯，封齐相齐寿为平定侯，封少府阳成延为梧侯。此后，她才封侄吕种为沛侯、甥吕平为扶柳侯，加上以前封的郦侯吕台、交侯吕产、建成侯吕释之，诸吕中已有五侄。

第一步迈出后，封吕姓王的第二步也就并非难事。吕后沿袭前法，先立刘姓子弟为王，如淮阳王刘强、常山王刘不疑等。与前番不同的是，吕后先把封吕姓王的意思暗示给大臣，再让大臣作为建议奏请自己。大臣们心领神会，马上请封郦侯吕台为吕王，吕后体察下情，自然恩准，吕王吕台便成了吕后本家的第一位王爷。此外，又封吕禄为胡陵侯。少帝四年，又封吕婴为临光侯、吕他为俞侯、吕更始为赘其侯、吕忿为吕城侯。少帝七年二月，吕后让吕王吕产（吕台弟，袭吕王号）另作梁王，留在京师作少帝的太傅，另封其子平昌侯吕太为吕王。这一年的秋天，太傅吕产等进言吕后，说武信侯（即胡陵侯）吕禄在列侯中功高位显，当封赵王，吕后降旨照准。九月，燕王刘建死去，刘建的美人生有一子，吕后怕他继承王位，派人把他杀掉，然后宣称刘建没有后嗣，燕国自然废除。翌年十月，吕后立东平侯吕通为燕王，封吕通弟吕庄为东平侯。连同后来封的祝兹侯吕荣，吕后听政期间，先后在本家一门中册封了四王十三侯。经过吕后这样一番惨淡经营，诸吕权倾朝野，使汉高祖刘邦"以布衣提三尺剑"打下的江山面临了易姓的严重挑战。

汉景帝平乱

汉高祖刘邦打下江山后，分封刘姓子弟为王，希望他们成为天子的屏藩。然而，新封的各国诸侯经过多少年惨淡经营，势力日渐强大起来，有些诸侯王便不再怎么恪守臣礼，有的甚至对天子宝座产生了觊觎之心。

汉高祖的哥哥刘仲的儿子刘濞（bì）曾经跟随高祖平定淮南王英布的叛乱，因而被封为吴王。吴国地方广阔，统辖3郡53城；辖内物产丰富，鄣郡铜山蕴藏的铜，沿海地带出产的盐都很有名。刘濞便招聚天下亡命之徒，暗中偷偷地搞起铸钱制盐的勾当，这种隐瞒不报的行业不必交纳赋税，因而吴国的财政非常富足。

汉文帝时，吴国太子刘贤入朝，得以侍奉皇太子饮酒博弈。刘贤为人骄横强悍，博弈时态度不恭，居然和皇太子争执起来。皇太子提起棋盘击打刘贤，失手把他打死。汉文帝命人把刘贤的遗体送回吴国安葬，吴王刘濞生气地说道："天下同姓一家，死在长安葬在长安就是，何必送回来下葬！"接着又把遗体送回去葬在了长安。此后，刘濞日益不守藩臣的礼节，以有病为借口不去京师朝觐。文帝知道他因刘贤事心怀芥蒂，称病不朝，常常责问吴国的入京使节。刘濞害怕文帝杀他，开始积极策划谋反。文帝也怕把他逼上梁山，便赏赐他倚几和手杖，恩准他年老不朝。刘濞这才放缓了谋反的步子。可是他在吴国内仍奉行施恩于民、收买人心的政策：因其地盛产铜、盐，故免去了百姓的赋税；对于自己出钱戍守的兵卒，给以相当于他应出的份额的金钱；每年还时常慰问有才能的人士，到他们的故里颁行恩赏；对从其他郡国逃过来的罪犯，一律收容并加以保护。如此40余年，民众都愿意接受驱使。

太子家令晁错看到吴国势力日渐强大，几次上书文帝，劝说削弱藩国的势力，都未被采纳，而吴国日益横行无忌。汉景帝即位后，晁错升任御史大夫，他又劝谏景帝道："当年高祖刚定天下时，兄弟不多，儿子弱小，大封刘姓子弟，所以才封庶子悼惠王为齐王，下辖70余城，封庶弟元王为楚王，辖40余城，封其兄之子刘濞为吴王，辖50余城。仅封此3人，就割去了天下的一半。现在的吴王以前因太子事怀恨在心，装病不朝，依法应予诛杀，但文帝不忍惩治，恩赐给他倚几和手仗。皇恩如此浩荡，他本应该改过自新。没想到他居然愈发傲慢骄横，到山中铸钱，煮海水为盐，引诱收容天下逃犯，图谋不轨。而今是削弱他，他也反，不削弱他他也反。如削弱他，他就反得快，祸患也就小些；如不削弱他，他就反得慢，但危害也就更大。"景帝采纳了他的主张，找了些借口，削除了楚王的东海郡、吴王的豫章郡和会稽郡、赵王的河间郡以及胶西王的6个县。

吴王刘濞怕景帝不断削除他的封地，就联合楚王戊、赵王遂、胶西王昂、济南王辟光、淄川王贤、胶东王雄渠，以清君侧为名，发兵反叛。景帝听说七国造反的消息后，派遣太尉条侯周亚夫率领36位将军，发兵攻打吴、楚，派遣曲周侯郦寄领兵攻伐赵国，派遣将军栾布攻打齐地叛军，又派大将军窦婴屯荥阳，监视齐、赵。

曾经当过吴国相国的袁盎与晁错关系极其恶劣，2人未曾在一个房间里说过话。晁错想趁七国作乱之机，逮捕袁盎，丞史以为不妥，晁错一时没有做出决断。有人密告了袁盎，袁盎惊恐不安，连夜去见老朋友窦婴，通过他面谒了景帝，劝景帝道："听说吴、楚互相写信道：'高祖分封子弟为王，给他们应有的土地，如今贼臣晁错却擅自迁过诸侯，削夺他们的土地。'所以他们才以造反为名，发兵西向，共诛晁错，恢复原有的封地才肯罢休。如今之计，可只斩晁错一人，再派使臣赦免吴楚七国，恢复削夺的土地。这样的话，则兵不血刃而使双方罢兵。"景帝沉默了半天，终于做出了牺牲晁错的决定。过了10多天，景帝派中尉去召见晁错，中尉把晁错骗上车，拉到东市。结果晁错穿着朝服，在东市被砍掉了脑袋。

但是，清君侧不过是吴王刘濞的借口而已，杀死晁错并没有使吴楚七国罢兵，正如刘濞对前去劝说他罢兵的袁盎所说的："我已经成了东帝，还要跪拜谁？"于是他继续指挥军队，加紧攻打梁国。景帝设法以兵戎相见，让大将军窦婴、太尉周亚夫领兵反击七国。经过两个多月的战斗，七国败北，七个国王被杀的被杀，自尽的自尽。晁错奉行的尊主卑臣、强干弱枝的策略在他死后取得了成功。

在此之后，谒者仆射邓先对景帝说道："晁错担心诸侯强大，难以驾驭，所以请陛下削夺诸侯的地盘，借以提高天子的地位，这是有利于千秋万代的计策。然而计策刚刚开始实行，晁错却突然被处以极刑。这种做法在朝内堵塞了忠臣的嘴巴，在朝外则替诸侯报了仇，下臣以为陛下不应该这样做啊。"景帝听后，沉默良久，然后才说："您说得对，我对此事也感到悔恨。"

人物春秋

千古奇才——孙武与孙膑

孙武，齐国人，拿所著兵法十三篇求见吴王阖闾庐。阖闾对孙武说："你写的十三篇兵法，我都全部看过了，是否可以演练一下操兵的阵法？"孙武答道："可以。"阖闾又问："可以用妇人试验一下吗？"孙武说："可以。"于是阖闾为了试验孙武，从后宫挑选美女180人交给孙武。孙武把美女分成两队，叫吴王最宠爱的两个美姬分别充当队长，每人都手持长戟一把。孙武下令说："你们知道前心与后背以及左右手的位置吗？"妇女们说："知道。"孙武说："向前，你们就朝心口看；向左，你们就朝左手看；向右，你们就朝右手看；向后，你们就转身朝背看。"妇人说："行。"规定既已宣布清楚，又陈设斧钺，当即三令五申重复了几次，于是敲响向右的鼓声，妇人们听了都笑得前仰后合。孙武说："规定不清，号令不严，这是将领的罪过。"于是又三令五申，把规定讲了几遍，然而敲响向左的鼓声，妇人们仍大笑不止。孙武说："规定不清楚，号令不熟悉，这是将领的罪过；现在既已讲清规定而仍不按规定的去做，那就是吏士的罪过了。"当即下令要斩左右队长。吴王在台上观看演习，见要斩他爱姬，大为吃惊，急忙派使者下令说："我已经知道将军能用兵了。我没有这两美姬，食不甘味，希望不要斩首。"孙武说："臣既已受命为将，将在军中，对君王的命令可以不予接受。"说完就下令将二人斩首示众。用地位稍次的美姬担任队长，于是又敲起了鼓声。妇人左右前后、跪下起立，都符合规定要求，不敢出声。然后孙武派使者回报吴王说："士兵已演习整齐，君王可下台来试试看，任凭君王如何调用，哪怕是赴汤蹈火也一样能行。"吴王说："将军回居舍休息，我不愿下台观看。"孙武说："君王只不过喜欢我兵书上的话，而不能用它去做。"因此阖闾知道孙武能用兵，终于任他为将军。西破强楚，攻入楚国国都郢，北威齐、晋，显名于诸侯，孙武在其中出过不少力。

孙武死后100多年出了个孙膑。孙膑生于阿、鄄一带，是孙武的后世子孙。孙膑曾与庞涓同学兵法。后来庞涓出事魏国，成为魏惠王的将军，而觉才能不及孙膑，便派人召来孙膑。孙膑到了魏国，庞涓唯恐孙膑优胜于自己而嫉妒他，于是以刑法割断他的两脚并在他脸上刺刻涂墨，使其隐居而不能与魏王见面。

齐国的使者出使到魏国的大梁，孙膑以刑徒身份私下会见，与齐使交谈。齐国使者看孙膑是个奇才，于是偷偷地用车把他载送到齐国。齐国的将军田忌欣赏孙膑的才能而以客礼接待他。田忌与齐国的诸公子多次赛马重金赌胜，孙膑见到他们的马奔跑能力都相差不多，并且把马分为上、中、下三等。于是孙膑与田忌说："您尽管下大赌注，臣下能使您大胜。"田忌对孙膑的话深信不疑，与齐王及诸公子以千金赌胜。到临比赛时，田忌问计于孙膑，孙膑说："今以您的下等马与他们的上等马比赛，请用您的上等马与他们的中等马比赛，请用您的中等马与他们的下等马比赛。"三等马比赛完毕，结果田忌胜两场负一场，终于赢得齐王的千金。由此田忌把孙膑推荐给齐威王。威王问孙膑兵法，并封他为军师。

后来魏国攻赵，赵国危急，向齐国请求救援。齐威王想任命孙膑为将，孙膑推辞谢绝说："受过刑的残疾人不可为将。"于是任田忌为将，而孙膑为军师，坐于辎车之中筹划计谋。田忌要引兵到赵国，孙膑对田忌说："解除杂乱纠纷不能用拳头；解救争斗不能以手搏人。避实击虚，利用形势来牵制敌人，才能不救而自可解除。现在魏国与赵国正相互攻战，精兵锐卒必定全部用于国外作战，老弱病残留在国内。您还是引兵迅速前往大梁，占据街路交通要道，攻击敌人弱点，他们必然会放弃进攻赵国而回兵自救。这是我们一举解除赵国之围而同时又收到攻击魏国弊弱的效果。"田忌接受了孙膑的计谋。魏国果然离开了赵国的邯郸，回军与齐军战于桂陵。结果大败魏军。

十三年后，魏国联合赵国进攻韩国。韩国向齐国告急求援。齐国任命田忌为将前去，直攻大梁。魏国将军庞涓闻讯，急忙从韩国赶回，但齐军已越过西部边境攻入魏国。孙膑对田忌说："他们三晋的魏、赵、韩军队，素来剽悍勇武而轻视齐军，称齐军为怯懦。善于战斗者要因势而利导。兵法上说，行军百里与敌争利者损上将，行军50里与敌争利者只有一半的军队才能赶到。齐军攻入魏地时先造10万个灶，第二天为5万灶，再过一天为3万灶。"庞涓行军追赶了3日，见齐军炊灶日益减少，心中大喜，说："我本来就知道齐军怯懦，进入我国境内3天，士卒就逃亡了一大半。"于是只率轻骑锐卒日夜加速追赶。孙膑估计庞涓的行军速度，天黑即可赶到马陵。马陵道路狭窄，旁多阻险，可埋伏兵马。于是命人削去一棵大树的树皮，在露出的白木上写了："庞涓死于此树下。"然后命令齐军中善于射箭者拿了一万张弓弩，埋伏在道路两旁，预先与他们说好："夜里见到有人举火就万箭俱发。"庞涓果然夜晚来到削去树皮的大树下，见白木上写着字，便钻火照明。字未读完，齐军万箭俱发，魏军大乱而互相顾此失彼。庞涓自知智穷兵败，便说："成全了孙膑这小子之名吧！"说完自刎而死。齐军乘胜全歼魏军，俘虏了魏国太子申回国。孙膑以此名显天下，世人传习他的兵法。

纵横捭阖并六国——秦始皇

秦始皇帝，是秦庄襄王的儿子。庄襄王在赵国为秦国人质时，见吕不韦的姬妾，很喜欢，就娶了她，生了始皇。始皇于秦昭王四十八年正月生于邯郸。待到出生后，取名为政，姓赵氏。13 岁，庄襄王死了，政继位为秦王。当时，秦国已经兼并了巴、蜀、汉中，越过宛占有了郢，设置了南郡；往北取得了上郡以东，占有了河东、太原、上党郡；东边到达荥阳，消灭了西周、东周，设置了三川郡。吕不韦做丞相，封邑十万户，号为文信侯。招揽宾客游士，意欲吞并天下。李斯为舍人，蒙骜、王齮、麃公等为将军。秦王年幼，即位初期，国家政事交由大臣处理。

秦王政元年，晋阳反叛，将军蒙骜平定了叛乱。二年，麃公率军攻打卷邑，杀死了 3 万人。三年，蒙骜攻打韩国，夺取了城邑 13 个。王齮死了。十月，将军蒙骜攻打魏国的畼邑、有诡。当年粮食大歉收。四年，攻克畼邑、有诡。三月，撤回了军队。秦国的人质从赵国返回，赵国太子离开秦国回国。十月庚寅，蝗虫从东方飞来，遮蔽了天空。天下瘟疫。百姓缴纳 1000 石粟米拜爵一级。五年，将军蒙骜进攻魏国，用武力攻克酸枣、燕邑、虚邑、长平、雍丘、山阳城，共夺取了 20 个城邑，开始设置东郡。冬天打雷。

六年，韩国、魏国、赵国、卫国、楚国一起进攻秦国，夺取了寿陵。秦国出兵，五国的军队撤了回来。秦国攻克卫国，进逼东郡，卫君角率领他的支属迁居野王，凭藉山险保卫魏国境内的河内地区。七年，彗星先出现在东方，又出现在北方，五月出现在西方。将军蒙骜死了。是因为攻打龙邑、孤邑、庆都，又回军攻打汲邑（而死去的）。彗星又在西方出现了 16 天。夏太后死。八年，秦王的弟弟长安君成蟜率领军队攻打赵国，举兵反叛，亡于屯留，他的军吏都被斩首处死，把屯留民众迁徙到临洮。将军壁死了，士卒屯留人蒲鶮反叛，斩戮他的尸体。河鱼被大量冲到平地上，秦国人轻车重马地到东边来就地食用。嫪毐封为长信侯。赐给他山阳地区，让他居住。宫室、车马、衣服、苑囿、游猎对嫪毐一律不加限制。事无大小都由嫪毐决断。又把河西、太原郡改为嫪毐的封国。

九年，彗星出现，有时光芒满天。攻打魏国的垣邑、蒲阳。四月，秦王住宿在雍地。己酉，秦王举行冠礼，佩带宝剑。长信侯嫪毐作乱阴谋被发觉了，就诈用秦王印信和太后印信调动县邑的军队和警卫士卒、国家骑兵、戎翟首领、舍人，打算进攻蕲年宫，发动叛乱。秦王闻知，派相国昌平君、昌文君调遣士卒，进攻嫪毐。在咸阳交战，杀死了数百人，（斩首有功的人）都得到了爵位，宦者参加战斗的，也得到一级爵位。嫪毐等人战败逃跑了。秦王就在全国下令：有活捉的，赏钱100万；杀死嫪毐的，赏钱50万。全部抓获了嫪毐等人。卫尉竭、内史肆、佐弋竭、中大夫令齐等20人都被斩首悬挂。又把他们五马分尸，巡行示众，夷灭了他们的宗族。嫪毐的舍人，罪轻的服刑3年。削除爵位迁徙蜀地的有4000多家，居住在房陵。这个月天寒地冻，有被冻死的。杨端和攻打衍氏。彗星出现在西方，又出现在北方，跟随北斗向南移动了80天。

十年，相国吕不韦由于嫪毐的牵连，被免去了相国职务。桓齮为将军。齐国、赵国的使者来了，摆酒设筵。齐国人茅焦上谏秦王说："秦国正在打算经营天以，并以之为己任，而大王有迁徙母太后的名声，恐怕各国诸侯听到这件事，由此引起背叛秦国。"秦王就去雍地迎接太后，回到咸阳，又重新居住在甘泉宫。

秦王大规模地进行搜索，驱逐诸侯国宾客。李斯劝阻，秦王就废除了驱逐宾客的命令。他乘机建议秦王，首先攻取韩国，使其他诸侯国感到恐惧。于是秦王派李斯攻打韩国。韩王很忧虑，和韩非商量削弱秦国的力量。大梁人尉缭来到秦国，劝告秦王说："以秦国的强大力量，（与诸侯相比）诸侯就像一个郡县的君主，但是我担心诸侯联合起来，声色不露，出其不意地攻打秦国，这就是智伯、夫差、湣王所以灭亡的原因。希望大王不要吝惜财物，贿赂他们有权势的大臣，破坏他们的计划，失去的不过30万斤黄金，而诸侯则可以全部消灭。"秦王听从了他的建议，每次都以平等的礼节接见尉缭，衣服、饮食也与尉缭一样。尉缭说："秦王，高鼻梁，细长的眼睛，鸷鸟一样的胸膛，豺狼一样的声音，刻薄寡恩，心如虎狼，处于穷困时容易谦卑下人，得志时也容易吞噬人。我是一个平民百姓，然而接见我时，常常甘居我下。如果秦王得志于天下，天下人都要成为他的俘虏了。不能和他长期相处。"尉缭就逃走了。秦王发觉了，坚决地挽留他，让他做秦国国尉，终于接受。而这时李斯主持朝政。

十一年，王翦、桓齮、杨端和攻打邺邑，夺取了9个城邑。王翦攻打阏与、橑阳，把全部士卒合并成一支军队。王翦统率全军，过了18天，遣返军队中斗食以下的无功人员，10人中推选2人从军，攻下邺邑、齮阳，是桓齮领兵攻克的。

十二年，文信侯吕不韦死，偷偷地埋葬了他的尸体。吕不韦的舍人，来哭吊的，如果是晋人就驱逐出境；如果是秦人，俸禄在六百石以上的就削除爵位，迁离旧居，五百石以下没有来哭吊的，也迁离旧居，不削除爵位。自此，治理国家政事，像嫪毐、吕不韦一样为逆不道的，抄没他的全家，按照这个样子处理。秋天，嫪毐的舍人应该迁徙蜀而予以赦免。当时，天下大旱，从六月到八月才下雨。

十三年，桓齮攻打赵国的平阳，杀死了赵国将领扈辄，斩首10万。赵王逃往河南。正月，彗星出现在东方。十月，桓齮攻打赵国。十四年，在平阳进攻赵国的军队，夺取了宜安，打垮了赵国军队，杀死了它的将军。桓齮平定了平阳、武城。韩非出使秦国，秦国采纳李斯的计策，留韩非在秦国，韩非死在云阳。韩王请求作为秦国的臣属。十五年，秦国大举出兵，一支军队到达邺邑，一支军队到达太原，攻下了狼孟。有地震发生。十六年九月，派兵接收韩国的南阳地区，腾暂时代理郡守。开始下令男女登记年龄。魏国向秦国献纳土地。秦国设置丽邑。十七年，内史腾攻打韩国，抓获了韩王安，兼并了全部韩国领土，把它的领土设置了一个郡，命名为颍川。发生地震。华阳太后死了。民间百姓出现严重的饥饿。十八年，大举出兵进攻赵国，王翦统率上地士卒，攻下井陉。杨端和统率河内士卒，羌瘣率军攻打赵国，杨端和围攻邯郸城。十九年，王翦、羌瘣全部攻占和平定了赵国东阳地区，抓获了赵王。率兵准备攻燕，军队驻扎在中山。秦王来到邯郸，凡是他生活在赵国时曾与母亲有家仇的，全部坑杀。秦王返回秦国，是从太原、上郡回来的。始皇帝的母亲皇太后去世。赵国公子嘉带领他的宗族几百人前往代地，自立为代王，向东与燕国的军队联合起来，驻扎上谷。这一年发生严重饥荒。

二十年，燕国太子丹担忧秦国的军队来到燕国，心里惶恐不安，派遣荆轲刺秦王。秦王察觉了。肢解了荆轲巡行示众，派王翦、辛胜进攻燕国。燕国、代国出兵攻击秦国军队，秦国军队在易水西边打败了燕国军队。二十一年，王贲进攻荆地。调遣更多的士卒前往王翦军队，于是打垮了燕太子的军队，攻下燕国的蓟城，得到了太子丹的首级。燕王向东聚集辽东兵力，在那里称王。王翦推托有病，告老还乡。新郑反叛。昌平君迁徙到郢地。下大雪，雪有二尺五寸深。二十二年，王贲进攻魏国，挖沟引河水淹灌大梁，大梁城墙毁坏，魏王请求投降，秦国占领了全部魏国领土。二十三年，秦王又征召王翦，坚持要起用他，派他率军攻打荆国。攻下陈地以南至平舆一带，俘虏了荆王。秦王巡游到达郢陈。荆将项燕立昌平君为荆王，在淮水南边起兵反秦。二十四年，王翦、蒙武进攻荆地，打败了荆军，昌平君战死，项燕也就自杀了。二十五年，大举出兵，派王贲为将，率军进攻燕国辽东地区，抓获了燕王喜。回军攻伐代国，俘虏了代王嘉。王翦平定了荆国江南地区；降服了越君，设置会稽郡。五月，天下欢聚宴饮。二十六年，齐王建和齐相后胜调遣军队防守西部边界，不与秦国来往。秦国派将军王贲从燕国南下进攻齐国，俘虏了齐王建。

秦国刚刚兼并天下，下令丞相、御史说：“前些时候韩王交出上地，奉献国王的印章，请求成为藩臣。不久背约，与赵国、魏国联合起来背叛秦国，所以我兴兵讨伐，俘虏了韩国的国王。我认为这是件好事，大概可以偃兵息革了。赵王派他的丞相李牧来签订盟约，所以送回了他的做人质的儿子。不久赵国背叛了盟约，在我国太原起兵反抗，所以我兴兵讨伐，抓获了它的国王。赵国公子嘉自立为代王，所以我又发兵消灭了他。魏王最初说定臣服秦国，不久与韩国、赵国阴谋袭击秦国，秦国吏卒前往讨伐，摧毁了魏国。荆国献纳青阳以西的土地，不久违背约定，进攻我国南郡，所以我发兵讨伐，捕获了荆国国王，平定了荆地。燕王头昏脑乱，他的太子丹暗中指使荆轲做贼，秦国吏卒前去讨伐，灭亡了他的国家。齐王采用后胜的计策，不让秦国使者进入齐国，打算兴兵作乱，我派吏卒去讨伐，俘虏了齐国国王，平定了齐地。我微不足道，发兵诛暴讨乱，靠着祖先宗庙的威灵，六国国王已各服其罪，天下完全平定了，现在不改换名字，就不能颂扬建立的功业，流传后世。希望议论一下帝王的称号。"丞相王绾、御史大夫冯劫、廷尉李斯等都说："过去五帝管辖千里见方的地区，在这个地区之外的侯服、夷服，有的诸侯朝贡，有的诸侯不朝贡，天子不能控制。现在陛下调遣义军，诛暴讨贼，平定天下，四海之内，设置郡县，统一法令，这是从上古以来所没有过的，五帝也望尘莫及。我们谨慎地和博士讨论，都说：'古代有天皇，有地皇，有泰皇，泰皇最高贵。'我们冒着死罪献上尊号，王称为'泰皇'。天子之命称为'制'，天子之令称为'诏'，天子自称叫'朕'。"秦王说："去掉'泰'字，留下'皇'字，采用上古表示地位称号的'帝'字，叫作'皇帝'。其他按照议定的意见。"下达制命说："可以。"追尊庄襄王为太上皇。皇帝下达制命说："我听说远古有称号，没有谥号，中古有称号，死后根据生前行迹确定谥号。这样做，就是儿子议论父亲，臣子议论君主，意义微小，我不采取这种做法。自此，废除谥法。我是始皇帝。子孙后代用数计算，从二世、三世至于万世，传袭无穷。"

　　始皇根据五德终始的嬗递次序进行推演，认为周朝得到了火德，秦朝代替周朝的火德，遵循五行相胜的法则，现在是水德的开端。改变一年的首月，十月初一日君臣入朝庆贺。衣服、旄旌、节旗都崇尚黑色。数目用六作标准，符、法冠都6寸，舆车宽6尺，6尺为步，驾车用6匹马。把河改名德水，作为水德的开始。为政强硬果决，暴戾苛细，事情都依法决断，刻薄严峻，没有仁爱恩德，没有温情道义，认为如此才符合五德演变的原则。于是急迫地加强法制，囚禁时间已经很长的罪犯也不赦免。

　　丞相王绾等建议说："各国诸侯刚被消灭，燕、齐、荆地辽远，不在那里立王，就没有人来安定燕、齐、荆。请把皇帝的几个儿子立为王，希望得到皇帝的赞成。"始皇把王绾等人的建议交给群臣讨论，群臣都认为很适宜。廷尉李斯建议说："周文王、周武王所封立的同姓子弟很多，然而后来族属疏远，互相攻击，如同仇敌，诸侯交相讨伐，周天子不能控制。现在依靠陛下的神灵统一了天下，都划分成为郡县，皇帝的子弟和功臣，都用国家的赋税重加赏赐，（这种局面）很容易治理。天下没有二心，这就是国家安定的方法。封立诸侯是不适宜的。"始皇说："天下苦于无休止的战争，是因为有诸侯王的缘故。依靠宗庙之灵，刚刚平定了天下，再去建立诸侯国，这是自我树敌，而要求得安宁，岂不是很困难的吗！廷尉的建议是正确的。"

划分全国为36郡，郡设守、尉、监。百姓改称"黔首"。天下欢聚宴饮，收集天下兵器，集中在咸阳，熔铸成钟；又铸造了12个铜人，每一个重1000石，安置在宫廷中。统一法律制度和度量衡标准。规定车子两轮距离相同。书写采用统一的文字。全国地域东至大海和朝鲜，西至临洮、羌中，南至门朝北开的地区，北据黄河为屏障，顺着阴山直至辽东。把天下豪富12万户迁徙到咸阳。秦国各王的陵庙和章台、上林苑都在渭水南岸。秦国每消灭一个诸侯国，就描摹它的宫殿，在咸阳北坡上仿效建造，南临渭水，从雍门以东到达泾水、渭水汇流地区，宫殿室宇、空中栈道和缭绕回旋的阁道连续不断。从诸侯国掳掠来的美女、钟鼓，都安置在里面。

二十七年，始皇巡行陇西、北地，来到鸡头山，（返回时）路过回中。于是在渭水南面建造信宫，不久把信宫改名为极庙，象征天极星。从极庙修路通往骊山，又建造了甘泉宫前殿，修筑甬道，从咸阳和它相连。这一年，赐予全国民爵一极。修建驰道。

二十八年，始皇向东巡行郡县，登上邹峄山。树立石碑，和鲁地儒生商议，刻写石碑颂扬秦朝的功德，又讨论封禅和望祭山川的事情。于是就登上泰山，树立石碑，积土成坛，祭祀上天。下山时，忽然风雨来临，始皇停留在树下（躲避风雨），因此封这棵树为五大夫。又到梁父辟地为基，祭祀了大地。在所立的石碑上进行刻辞，碑辞说：

皇帝即位，创立制度，申明法令，臣下修治严整。二十六年，开始兼并了天下，没有不顺从的。亲自巡视远方的百姓。登上这座泰山，遍览最东边的疆域。随从的臣属回忆走过的道路，探求事业的来龙去脉，恭敬地颂扬秦朝的功德。治国的方法得到贯彻执行，各项生产安排适宜，都有一定的规则。伟大真理美好而又光明，要流传后世，继承下来，不要改变。皇帝神圣，平定天下，仍坚持不懈地治理国家。早起晚睡，谋求长远的利益，特别重视对臣民的教导。有关治国的教诲和法则传播四方，远近都得到治理，完全接受了皇帝的圣意。贵贱等级分明，男女依礼行事，谨慎地遵守各自的职责。明显地使内外有别，无不感到清静而纯洁，这种情况要延续到子孙后代。教化所到之处，无穷无尽，遵循遗留下来的诏令，永远继承这重要的告诫。

于是沿着渤海东行，经过黄县、牟平，攀上成山的最高点，登上之罘的顶峰，树立石碑，颂扬秦朝的德业，然后离去。

向南登上琅邪，非常高兴，逗留了3个月。把3万户百姓迁徙到琅邪台下，免除十二年徭役。修建琅邪台，立碑刻辞，颂扬秦朝的功业，表明符合天下的意志。刻辞说：

二十八年，刚开始做皇帝。制定了公正的法律制度，这是天下万物的准则。以此来明确人们之间的关系，使父子同心协力。皇帝神圣明智而又仁义，明白一切事物的道理。向东巡视东部地区，检阅士卒。巡视已经完全结束，就来到了海边。皇帝的功勋，在于辛勤地操劳国家的根本大事。重农抑商，百姓富裕。举国上下，一心一意。器物标准一致，统一书写文字。凡是日月所照，舟车所至，都能完成皇帝的使命，他所作所为没有不符合天下意志的。只有皇帝，根据适当的时机来办理事情。整顿不良的风俗，跨山越水不受地域的限制。优恤百姓，早晚都不懈怠。消除疑虑，制定法令，大家都知道避免触犯刑律。郡守分别管理地方政务，各项政务的处理方法简单易行。采取的措施都很恰如其分，没有不整齐划一的。皇帝圣明，亲自到四方巡视。尊卑贵贱，不逾越等级。奸诈邪恶的现象不许存在。百姓都力求做一个正直善良的人。大小事情都尽全力，不敢懈怠荒忽。不论远近，还是偏僻的地方，都一心做到严肃庄重，正直忠厚，办事有一定的规则。皇帝的德泽，安定了四方。讨伐暴乱，消除祸患，兴办好事，带来福祉。根据时令来安排事情，各种产品不断增多。百姓安宁，不再战争。六亲相安，终身没有盗贼。高兴地遵守国家的教化，人人通晓法律制度。天上地下，四面八方，都是皇帝的领土。西边到达流沙，南边以门朝北开的地方为极限。东边有东海，北边越过了大夏。人们足迹所至，没有不臣服的。功勋超越五帝，恩惠施及牛马，人人得到皇帝的德泽，生活安定平和。

秦王兼并全国，确定了皇帝这一称号，于是出巡东部地区，到达琅邪。列侯武城侯王离、列侯通武侯王贲、伦侯建成侯赵亥、伦侯昌武侯成、伦侯武信侯冯毋择、丞相隗林、丞相王绾、卿李斯、卿王戊、五大夫赵婴、五大夫杨樛随从，他们和始皇在海边谈论秦朝的功德说："古代称帝的人，领土不过纵横千里，诸侯各自固守自己的疆域，有的朝贡，有的不朝贡，互相侵伐，为暴作乱，残杀无已，然而还是刻金勒石，记载自己的功业。古代五帝、三王，实行的智术教化不一样，法律制度不明确，借助鬼神的威力，来欺骗远方的百姓，实际情况和称号不相符，所以国家命运不长久。人还没有死去，诸侯就背叛了，法令不得推行。如今皇帝统一了四海之内，把全国分为郡县，天下安宁而和谐。发扬光大宗庙的威灵，服膺真理，广布恩德，名副其实地得到了皇帝这一尊号。群臣一起颂扬皇帝的功德，铭刻在金石上，作为后世的楷模。"

立石刻辞结束后，齐人徐市等上书，说海中有3座神山，名叫蓬莱、方丈、瀛洲，仙人居住在那里。希望斋戒沐浴，和童男童女去寻求3座神山。于是派遣徐市挑选童男童女数千人，到海中寻找仙人。

始皇返回之时，路过彭城，斋戒祈祷，想要从泗水打捞周鼎。让成千人潜入水中寻找，没有找到。于是就向西南走去，渡过淮水，前往衡山、南郡。泛舟江上，来到湘山祭拜。途遇大风，几乎不能渡水上山。始皇问博士说："湘君是什么神？"博士回答说："听说是尧的女儿，舜的妻子，死后埋葬在这里。"于是始皇非常生气，让刑徒3000人把湘山上的树木全部砍光，全山露出红色的土壤。始皇从南郡取道武关回到咸阳。

二十九年，始皇向东巡游。到了阳武博浪沙，被强盗惊吓了一场。追捕强盗，没有抓获，就命令全国大肆搜查10天。始皇登上之罘，镌刻石碑。碑文说：

二十九年，春季第二个月的时候，天气暖和起来。皇帝去东方巡游，登上了之罘，面对着大海。随从的臣属看到这美好的景色，回忆皇帝的丰功伟绩，追念统一大业的始末。伟大的皇帝开始治理国家，制定了法律制度，彰明纲纪。对外教诲诸侯，普施教化，广布惠泽，阐明道理。六国诸侯奸回邪僻，贪婪乖戾，欲壑无厌，残虐杀戮，永无休止。皇帝哀怜民众，就调遣征伐大军，奋武扬威。进行正义的讨伐，采取诚信的行动，武威光耀，远播四方，没有不降服的。消灭了强暴的势力，拯救了百姓，安定了天下。普遍推行严明的法律制度，治理天下，成为永久的准则。真伟大！普天之下，都遵循皇帝的神圣意志。群臣颂扬皇帝的功勋，请求镌刻在石碑上，记载下来，作为永垂后世的法则。

二十九年，皇帝在春天巡游，视察远方。到了海边，就登上之罘，面对着初升的太阳，观望辽阔而又秀丽的景色，随从的臣属都怀念往事，回忆走过的道路是非常光明的。英明法治最初施行的时候，就对国内的坏人坏事进行了清理，对外讨伐强暴的敌人。军威远扬，四方震动，消灭了六国，俘获了他们的国王。开拓领土，统一天下，消除战乱祸患，永远停止战争。皇帝圣德明智，治理国家，处理政务，毫不懈怠。创立重大的法律制度，明确设置统一的标准器用，都有规则。有职之臣都遵守本分，知道自己该做些什么，事情没有疑猜之处。百姓发生了变化，远处近处都统一制度，自古以来是最好的时代。每人已经确定了固定的职务，子孙后代循守旧业，永远继承这英明的政治。群臣颂美皇帝的恩德，恭敬地赞扬他的伟大功业，请求在之罘山上立碑刻辞。不久，就前往琅邪，从上党回到咸阳。

三十年，没有发生重大的事情。三十一年十二月，把腊祭改名叫"嘉平"。赏赐百姓每里6石米、两只羊。始皇易服出行咸阳，4个武士随从。夜间出来时，在兰池遇上盗贼，为盗贼所困逼。武士杀死了盗贼，在关中大肆搜查了20天。粮价一石达到1600钱。三十二年，始皇前往碣石，派燕地人卢生访求羡门、高誓。在碣石城门上刻辞。摧毁城郭，挖通堤防。城门上的刻辞说：

于是调遣军队，诛伐无道，为暴作逆的人被消灭了。用武力平息暴乱，用文治保护无罪的人，全国上下人心归服。加恩论叙有功人员的功劳，连牛马都得到了赏赐，恩惠润泽了大地。皇帝扬威，依靠正义的战争兼并了诸侯，第一次统一了全国，天下太平。拆毁六国的城郭，挖通河堤，铲平险阻。地面上各种军事障碍已经夷平，百姓不再服事徭役，天下安定。男乐于耕种他的土地，女的从事她的家庭手工业，各项事业井井有条。各项生产都蒙受皇帝的惠泽，当地的农民和外来的农民，无不安居乐业。群臣颂扬皇帝的功绩，请求镌刻这一石碑，为后世垂示规范。

派韩终、侯公、石生寻访仙人求取长生不死的灵药。始皇巡行北方边境，从上郡回到咸阳。燕地人卢生被派入海中寻找仙人回来了，因为向始皇报告鬼神之事，就借机献上抄录的图书，上面说："灭亡秦朝的是胡。"始皇就派将军蒙恬发兵30万人，向北攻打胡人，并取河南地带。

三十三年，征发曾经逃亡的罪犯，入赘女家的男子、商人攻取陆梁地区，设置桂林郡、象郡、南海郡，把有罪应当流徙的人派去戍守。在西北方驱逐匈奴。从榆中沿着黄河往东，直至阴山，（在这一地区）设置34个县，在黄河附近修筑要塞。又派蒙恬渡过黄河攻占高阙、阳山、北假一带，修筑亭障来驱逐戎人。迁徙罪犯，安排到刚刚建立的县邑中。禁止民间祭祀。彗星出现在西方。

三十四年，贬斥听讼断狱不公平的官吏，让他们去修筑长城和戍守南越地区。

始皇在咸阳宫摆酒设宴，70个博士上前敬酒祝寿。仆射周青臣颂扬说："秦国从前的地域不超过1000里，依靠陛下神灵圣明，平定了天下，驱逐了蛮夷，太阳和月亮所能照到的地方，没有不降服的。把各国诸侯的领土置为郡县，人人安居乐业，没有战争之忧，这功业可以流传万世，从远古以来没有人能赶得上陛下的威德。"始皇很高兴。博士齐人淳于越进谏说："我听说殷周称王天下1000多年，分封子弟和功臣，作为自己的辅助势力。现在陛下拥有天下，而子弟却是平民百姓，偶然出现田常、六卿一样的臣属，无人辅佐，靠什么来挽救呢？事情不效法古代而能长久不败的，我还没听到过。如今青臣当面阿谀，来加深陛下的过错，实在不是忠臣。"始皇把他们的建议交下去讨论。丞相李斯说："五帝的制度不互相重复，三代的制度不互相因袭，各自都得到治理，不是后代一定要与前代相反，这是时代变化的原因。如今陛下开创了伟大的事业，建立了万世不朽的功勋，本来不是愚蠢的读书人能理解的。况且淳于越说的又是三代的事情，有什么可效法的？从前诸侯竞争，用优厚的待遇招揽游学之士。现在天下已经平定，颁布统一的法令。如今这些读书人不学习现实，而去模仿古代，指责现行的社会制度，惑乱百姓。我李斯冒着死说：古代天下分散混乱，不能统一，所以诸侯同时兴起，人们的言论都称道古代，损害现行的政策，文饰虚言空语，搅乱事物的本来面貌，每人都以为自己的学说是最完善的，非议君主所建立的制度。现在皇帝统一天下，分辨是非，确立了至高无上的地位。（而人们仍在）私自传授学问，一起批评国家的法令教化，听到法令下达，就各用自己的学说去议论，回家时在心里非难，出来时街谈巷议，在君主面前自我吹嘘，沽名钓誉，标新立异，认为超人一等，带着下面一群信徒编造诽言谤语。这种情况不加以禁止，上则君主的权威下降，下则形成党徒互相勾结。禁止出现这种情况才是合适的。我希望史官把不是秦国的典籍全部烧掉。不是博士官所主管的，国内敢有收藏《诗》《书》、诸子百家著作的，都要送到郡守、郡尉那里焚毁。有敢私语《诗》《书》的，在闹市处死示众。以古非今的要杀死全族。官吏知情而不检举的和他同罪。命令下达30天不烧掉书籍，就在脸部刺上字、成为刑徒城旦。所不烧毁的，有医药、卜筮、农林方面的书籍。如果想要学法令，可以到官吏那里学习。"始皇下达命令说："就照此办理。"

　　三十五年，开辟道路，通过九原，直达云阳，挖山填谷，修建一条笔直的大道连接起来。始皇认为咸阳人口众多，先王的宫廷狭小，听说周文王建都丰，武王建都镐，丰镐之间，是帝王的都城所在。于是就在渭水南岸的上林苑中兴建朝宫。首先建造前殿阿房宫，东西500步，南北50丈，殿堂上可以坐一万人，殿堂下面竖立5丈高的旗帜。周围环绕着架起阁道，从殿下直达南山。在南山的山顶上修建标识，作为门阙。在空中架设道路，从阿房宫渡过渭水，与咸阳相连接，以此象征天上阁道越过天河直至营室。阿房宫尚未完工；完工后，想另外选择一个好的名字称呼它。在阿房建造宫殿，所以天下称它阿房宫。隐宫刑徒70多万人，分成几批营造阿房宫，或修建骊山工程。挖运北山的石头，输送蜀地、荆地的木材，都集中到这里。关中共计宫殿300座，关外400多座。于是在东海附近朐县境内树立石碑，作为秦国的东门。迁徙3万户居住郦邑，5万户居住云阳，免除10年的徭役。

　　卢生劝始皇说："我和其他人寻找灵芝奇药以及仙人，常常遇不上，好像有东西伤害它们。仙方中要求，君主时时隐蔽行迹来躲避恶鬼，只有如此，真人才能来到。君主居住的地方，臣属知道了，就会妨碍神仙。真人没入水中不会被水浸湿，进入火中不感到热，凌云驾雾，与天地一样长寿。现在您治理天下，不能恬静无欲。希望您居住的宫殿不要让人知道，然后长生不死的仙药大概可以找到。"于是始皇说："我羡慕真人，自称'真人'，不称'朕'。"命令咸阳附近200里内的270座宫殿，用空中架设的道路和地面上的甬道连接起来，把帷帐、钟鼓、美人安置在里面，各种布置不得移动。所临幸之处，如果有人把地点说出去，罪当处死。始皇临幸梁山宫，从山上看见丞相随从车骑众多，很不以为然。宫中侍从把这件事告诉了丞相，后来丞相减少了随从的车骑。始皇帝非常生气地说："这是宫内的人泄漏了我的话。"审问后没有人认罪。这时，下令逮捕当时在他身边的人，全部杀掉。从此以后没有人知道他的行迹在什么地方了。听理国政，群臣受命决断事情，都在咸阳宫。

侯生、卢生一起商量说："始皇为人刚愎暴戾，自以为是，从诸侯中兴起，吞并了天下，万事称心如意，为所欲为，认为自古以来没有人能赶上自己。专门任用治狱的官吏，治狱的官吏受到宠幸。虽然有博士70人，只是充数人员，并不信用。丞相和大臣都是接受已经决断的公事，一切依赖皇帝处理。皇帝喜欢采用刑罚杀戮来确立自己的威严，天下人害怕获罪，只想保持禄位，没有敢竭尽忠诚。皇帝不能听到自己的过失，日益骄横，臣下恐惧而屈服，用欺骗来取得皇帝的欢心。根据秦朝的法律，一人不能兼有两种方伎，方伎不灵验，就处以死刑。然而观察星象云气预测吉凶的人多至300人，全都学问优秀，（但对皇帝）畏忌阿谀，不敢正面指出他的过错。天下之事不论大小均取决于皇帝，皇帝甚至用秤来称量文书，一天有一定的额数，不达到额数不能休息。贪恋权势到了这种地步，不能给他寻找仙药。"于是就逃走了。始皇听说侯生、卢生逃走的消息，就非常气愤地说："我以前收取天下书籍，不合时用的全部烧毁，召集了很多文学方术之士，想要使国家太平，这些方士打算炼丹得到奇药。现在听说韩众离去后一直不来复命，徐市等人耗费巨万，最后还是没得到仙药，只是每天传来一些为奸谋利之事。我对卢生等人很尊敬，赏赐丰厚，如今诽谤我，来加重我的不仁。在咸阳的一些儒生，我派人查问，有的制造怪诞邪说来惑乱百姓。"于是派御史审问儒生，儒生辗转告发，就能免除自己的罪过。解犯法禁的460多人。全部在咸阳活埋，使全国都知道这件事，借以警诫后人。更多地调发徒隶去戍守边境。始皇长子扶苏劝告说："天下初定，远方百姓尚未安辑，儒生都学习和效法孔子，现在您用严厉的刑罚绳治他们，我担心天下动乱。希望您明察。"始皇很生气，派扶苏到北方的上郡监视蒙恬。

三十六年，荧惑接近心宿。一颗星坠落东郡，到了地面变为石头，百姓中有人在这块石头上刻写说"始皇帝死而地分"。始皇听到了,派御史挨个审问,没有人认罪,便把在石头附近居住的人全部抓起来处死,并用火烧毁这块石头,始皇闷闷不乐,让博士创作《仙真人诗》,和记述出行巡游天下的情况,传令乐工弹唱。秋天,使者从关东来,夜里经过华阴平舒,有人拿着璧玉拉住使者说:"替我送给滈池君。"并趁机说:"今年祖龙死去。"使者问他什么原因,这个人忽然消失,留下他的璧玉走开了。使者向始皇献上璧玉,讲述了事情的全部经过。始皇很长时间沉默无语,后来说:"山野的鬼怪只知道一年之内的事情。"退朝后又说:"祖龙是人们的首领。让御府看这块璧玉,竟然是二十八年出行渡江时沉入水中的那块璧玉。于是始皇使人占卜吉凶,卦象是巡游迁徙就会吉利。迁徙到北河、榆中3万家。赐给爵位一级。

三十七年十月癸丑,始皇出外巡游。左丞相李斯随从,右丞相冯去疾留守。始皇的小儿子胡亥很羡慕,要求跟着去,始皇答应了他。十一月,走到云梦,朝九疑山方向望祀虞舜。浮江而下,观览籍柯,渡过江渚。途经丹阳,到达钱塘。在浙江岸边,看见波涛汹涌,就向西走了120里,从江面狭窄的地方渡了过去。登上会稽山,祭祀大禹,又望祭南海,树立石碑,刻辞颂扬秦朝功德。碑文说:

皇帝丰功伟绩,统一了天下,德惠深远。三十七年,巡行全国,周游观览遥远之地。于是登上会稽山。视察风俗习惯,百姓都很恭敬。群臣颂扬皇帝的功德回顾创业的事迹,追溯决策的英明。秦国伟大的皇帝君临天下,开始确定了刑法制度,明白地宣布过去的规章。首次统一了处理政务的法则,审定和区分官吏的职掌,借以建立长久不变的制度。六国诸侯王独断专行,违谬无信,贪婪乖张,傲慢凶猛,拥众称霸。他们暴虐纵恣,倚仗武力,骄狂自大,屡次挑起战争。做间谍的使者暗中互相联系,进行合纵抗秦,行为邪僻放纵。在内伪饰阴谋诡计,对外侵略秦国边境,因而带来灾难,皇帝出于正义,用武力去讨伐他们,平息了暴乱,消灭了乱贼。圣德宏大而深厚,天地四方,蒙受了无限的恩泽。皇帝统一天下,听理万机,远近都政清民静。运筹和治理天地间万物,考察事物的实际情况,分别记载它们的名称。不论是贵人还是贱人,都洞察他们的活动,好事坏事都摆在面前,没有隐瞒的情况。纠正过错,宣扬大义,有了儿子而改嫁他人,就是背弃死去的丈夫,不守贞操。隔离内外,禁止纵欲放荡,男女要洁身诚实。做丈夫的和别人妻子通奸,杀死他也没有罪,这样,男人才能遵守道德规范。做妻子的跑掉另嫁,儿子不准认她做母亲,这样人们都会被廉洁清白的风气所感化。进行大规模地整顿,荡涤不良的风俗习惯,天下百姓接受文明的社会风尚,受到了一种良好的治理。人们都奉规守法,和睦平安,敦厚勤勉,没有不服从国家法令的。百姓德修品洁,人人高兴地遵守统一的规定,欢乐地保持着太平的局面。

后世认真地奉行法治，就会无限期地长治久安下去，车船不倾（国家安稳）。随从的大臣颂扬皇帝的功业，请求镌刻这一石碑，使这美好的记载永垂后世。

返回时经过吴县，从江乘渡江。沿着海边北上，到达琅邪。方士徐市等人到海中寻找神药，几年都没有找到，耗费了很多钱财，怕受到谴责，就欺骗始皇说："蓬莱的神药是可以得到的，然而常常苦于鲨鱼的袭击，所以不能到达蓬莱，希望派一些擅长射箭的人和我们一起去，鲨鱼出现就用连弩射死它。"始皇梦中与海神交战，海神像人一样的形状。询问占梦的博士，博士说："水神是看不到的，（它的到来）是以大鱼和蛟龙为征兆。现在陛下祷告和祭祀周到而又恭谨，却出现了这个凶恶的海神，应当把它铲除，然后善良的神物就能到来。"于是让到海中去的人携带捕获大鱼的用具，而自己使用连弩，等待大鱼出现时射死它。从琅邪往北到达荣成山，没有见到大鱼。到了之罘，看见了大鱼，射死了一条。于是沿海西行。

到了平原津始皇生病。始皇厌恶说死，群臣没有人敢提到死的事情。始皇的病日益加重，于是就写了一封盖有皇帝玺印的诏书送给公子扶苏，说："回来参加我的丧礼，一起在咸阳埋葬我。"诏书已经加封，放在中车府令赵高办理诏书文件盖印和送发事宜的地方，还没有送给负责传递的使者。七月丙寅，始皇死于沙丘平台。因为始皇死在外面，丞相李斯怕始皇那些儿子以及国内百姓有人造反，就封锁消息，不举丧。把棺材装在辒凉车中，由原来亲近的宦官陪乘，所到之地，照旧送上饭食。百官和过去一样上奏国事，宦官从车辒凉中批准他们所奏之事。只有始皇的儿子胡亥、赵高和五六个亲近的宦官知道始皇已经死去。赵高过去曾经教胡亥学习文字和刑狱法律，胡亥对他很亲近。赵高就同公子胡亥、丞相李斯搞阴谋诡计，毁掉了始皇封好送给公子扶苏的诏书，而另外诈称丞相李斯在沙丘接受始皇遗诏，立儿子胡亥为太子。又加写了诏书送给公子扶苏、蒙恬，列举他们的罪状，将他们赐死。胡亥等人继续前进，于是从井陉到九原。正赶上暑天，始皇的辒凉车散发出臭味，就命令随从官员每车装载一石鲍鱼，用来混淆始皇尸体的臭味。

胡亥等人从直道回到咸阳以后，宣布了始皇死亡的消息。太子胡亥承帝继位，为二世皇帝。九月，把始皇埋葬在骊山。始皇刚刚即位时，就在骊山开山凿洞，等到统一了全国，把天下各方的70多万刑徒送到骊山，把隧洞挖到见水的地方，用铜封洞，然后把棺材安放在里面，仿制的宫殿、百官和各种珍奇宝物都徙置其中，藏得满满的。让工匠制造带机关的弩箭，有人掘墓接近墓室时就会自动射向目标。拿水银做成千川百溪和江河大海，使用机械互相灌注流通，墓中上面各种天象齐备，下面有地上景象万千。利用人鱼的脂肪做蜡烛，估计很长时期不会熄灭。二世说:"先帝后宫的姬妾没有儿子的,不适于放出宫去。"(于是)都让她们殉葬,死去的非常多。已经把始皇埋葬了,有人说工匠制造机关,奴隶们都知道,奴隶人数众多就会泄漏出去。葬礼结束以后,已经封藏了墓室的随葬品,又把当中的墓道封闭起来,放下了最外面一段墓道的大门,把工匠奴隶全部关死在里面,没有一个人能够逃出去的。在墓的外面种植草木,好像山一样。

太史公说:秦国的祖先伯翳,曾在唐、虞之际建立功勋,获得了土地,被赐予嬴姓。到了夏、殷之间,势力衰微。及至周朝没落,秦国兴起,在西陲建筑了城邑。从缪公以来,渐渐蚕食诸侯,统一事业最后由始皇完成了。始皇自认为功劳超越五帝,疆域比三王还广阔,耻于和三王五帝相提并论。

楚汉相争定天下——刘邦

高祖,沛县丰邑中阳里人。姓刘,字季。父亲叫太公,母亲称刘媪。刘媪曾经休息于大湖岸边,睡梦中与神交合。这时雷电交作,天昏地暗。太公去看刘媪,见到一条蛟龙伏于她身上。后来刘媪身怀有孕,就生了高祖。

高祖,高鼻梁,像龙一样丰满的额角,漂亮的须髯,左腿上有72颗黑痣。仁厚爱人,喜欢施舍,胸襟开阔。常怀远志,不从事一般百姓的生产作业。壮年,试做官吏,当了泗水亭亭长,衙门中的官吏,没有一个不混得很熟,受他戏弄。爱好喝酒,喜欢女色。常常向王媪、武负赊酒,喝醉了卧睡,武负、王媪看见他上面常有一条龙,感到很奇怪。高祖每次来买酒,留在酒店中饮酒,酒店的酒比平常多卖几倍。等到发现了奇怪的现象,年终时,这两家酒店常折毁账目,放弃债权。

高祖曾经到咸阳服徭役,有一次秦始皇车驾出巡,任由人们观看,他看到了秦始皇,喟然长叹说:"啊,大丈夫应当像这个样子!"

单父人吕公与沛县县令是好朋友,为了躲避仇人到县令家做客,因而迁家到沛县。沛县中的豪杰官吏闻知县令有贵客,都去送礼祝贺。萧何为县里的主吏,主管收礼物,对各位贵客说:"礼物不满1000钱的,坐在堂下。"高祖做亭长,向来轻视那些官吏,于是欺骗地在名刺上说"贺万钱",其实未出一钱。名刺递了进去,吕公大惊,站起来,到门口迎接高祖。吕公这个人,好给人相面,看见高祖状貌,就特别敬重他,领他到堂上入座。萧何说:"刘季本来大话很多,很少成事。"高祖戏辱堂上的客人,自己坐在上座,丝毫不予谦让。酒席就要散尽,吕公以目示意高祖不要走。高祖喝完了酒,留在后面。吕公说:"我少年就好给人相面,相过的人多了,没有一个像你刘季这样的贵相,希望你保重。我有一亲生女儿，愿意作为你执帚洒扫的妻子。"酒席结束后，吕媪生吕公的气，说："你最初常想使女儿与众不同，把她嫁给贵人。沛县县令与你相友好，求娶女儿，你不答应，为什么自己妄作主张许配给了刘季？"吕公说："这不是妇孺之辈所能懂得的。"终于把女儿嫁给了刘季。吕公的女儿就是吕后，她后来生了孝惠帝、鲁元公主。

高祖做亭长时，曾经请假回家。吕后与两个孩子在田间除草，一位老人路过，要些水喝，吕后就请他吃了饭。老人家给吕后相面，说："夫人是天下的贵人。"吕后让他给两个孩子看相。老人看了孝惠，说："夫人所以显贵，就是这个孩子的缘故。"看了鲁元，也是贵相。老人已经走了，高祖正好从别人家来到田间，吕后告诉他一位客人从这里经过，给我们母子看相，说将来都是大贵人。高祖问老父在哪儿，吕后说："走出不远。"高祖追上了老人，向他询问。老人说："刚才相过夫人和孩子，他们都跟你相似，你的相貌，贵不能言。"高祖便道谢说："如果真像老父所说，决不忘记对我的恩德。"等到高祖显贵，竟然不知老人之所终。

高祖做亭长，用竹皮为帽，这帽子是他派部下到薛县制做的，经常戴着它，等到显贵时，仍然常常戴着，所谓"刘氏冠"，就是指这种帽子。

高祖因身任亭长，为县里送徒役去骊山，徒役多在途中逃亡。他估计，等走到骊山，大概都逃光了。到丰邑西面的沼泽地带，停下来喝酒，夜间高祖就释放了所押送的徒役。高祖说："各位都走吧，我也从此一去不返了！"徒役中有10多个年轻力壮的愿意跟随高祖。高祖带着酒意，当夜抄小路通过这片沼泽，派一人前行探路。前行探路的人回来报告说："前面有条大蛇横在路当中，请回去吧。"高祖醉醺醺地说："好汉走路，有何畏惧！"于是，就走上前去，拔剑击蛇，斩为两段，道路打通了。走了几里地，酒性发作，便躺下睡觉。后面的人来到斩蛇的地方，见有一个老太太夜里哭泣。人们问为什么啼哭，老太太说："有人杀了我的儿子，所以我哭。"人们又说："老太太，你的儿子为什么被杀了？"老太太说："我儿子，是白帝的儿子，变为蛇，横在路当中，现在被赤帝的儿子杀了，所以我才哭。"人们认为老太太不诚实，想要给她点苦头吃，老太太忽然不见了。落在后面的人到了高祖休息的地方，高祖已经醒了。他们把刚才发生的事告诉了高祖，高祖听了暗自高兴，暗觉自命不凡。跟随他的人对他日益敬畏。

秦始皇帝常说："东南有天子气。"因而巡游东方，借以镇伏东南的天子气。高祖怀疑与自己有关，就逃跑藏了起来，隐身在芒山、砀山一带的山泽岩石之间。吕后和别人寻找，常常一去就找到了高祖。高祖感到奇怪，就问吕后。吕后说："你所处的地方上面常有云气。向着有云气的地方去找，常常可以找到你。"

高祖心中高兴。沛县子弟有的听到这件事，很多人都想归附他了。

秦二世元年秋天，陈胜等在蕲县起义，到了陈县自立为王，号称"张楚"。各郡县大多都杀死长官，响应陈胜。沛县县令恐惧，想要以沛县响应陈胜。主吏萧何、狱掾曹参对他说："你身为秦朝的官吏，如今要背秦起事，率领沛县子弟，恐怕他们不肯听命。希望您召集逃亡在外面的人，可以得到几百人。利用这股力量胁持群众，群众不敢不听您的命令。"县令就派樊哙去召唤刘季，刘季的队伍已经近百人了。

于是樊哙跟着刘季来到沛县。沛县县令又后悔了，恐怕刘季生变，就关闭城门，派人防守，不让刘季进城，打算杀掉萧何、曹参。萧何、曹参恐惧，翻过城墙依附刘季。刘季用帛写信，射到城上，告诉沛县父老说："天下苦于秦朝的暴政已经很久了。现有父老为沛令守城，但各国诸侯都已起事，城池一旦被攻破，就要屠戮沛县。如果沛县父老共同起来杀死沛令，选择子弟中可以立为首领的做领导，以响应诸侯军，那就能保全自家性命。要不然，父子全遭杀害，死得毫无意义。"父老们就率领子弟共同杀了沛令，打开城门，迎接刘季，想让他做沛县县令。刘季说："当今天下大乱，诸侯都已起事，如果推选的将领不胜任，就会一败涂地。我不是吝惜自己的生命，只怕才劣力薄，不能保全父兄子弟。这是件大事，希望另外共同推选一位能够胜任的人。"萧何、曹参都是文官，看重身家性命，怕事情不成，秦朝会诛灭全族，所以都推刘季。父老们都说："我们平时听到刘季许多奇异的事情，看来刘季是该显贵的。而且又经过占卜，没有比刘季更吉利的。"这时刘季再三谦让，大家都不敢担任，最后还是立刘季为沛公。在沛县衙门的庭院里祭祀黄帝和蚩尤，又用牲血祭鼓旗。旗子一律红色，因为刘季所杀蛇是白帝的儿子，杀蛇的是赤帝的儿子，所以崇尚红色。于是少年子弟和有势的官吏，如萧何、曹参、樊哙等人，都为沛公征集兵员，集合了两三千人，攻打胡陵、方与，回军固守丰邑。

秦二世二年，陈胜的部将周章的军队西至戏水而还。燕、赵、齐、魏都自立为王。项梁、项羽起兵于吴。秦泗水郡郡监平率兵围丰，两天后，沛公出兵应战，打败了秦军。沛公命令雍齿守卫丰邑，自己引兵赴薛，泗水郡郡守壮在薛战败，逃到戚。沛公左司马擒获泗水郡郡守壮，杀死了他。沛公回军亢父，到了方与，没有交战。陈王陈胜派魏人周市攻城略地。周市使人对雍齿说："丰，原来梁王曾迁徙到这里。如今魏地已经攻占的有数十城，你雍齿如果降魏，魏封你雍齿为侯，仍然驻守丰邑。不投降的话，就要血洗丰邑。"雍齿本来不愿隶属沛公，等到魏国招降他，就背叛沛公，为魏防守丰邑。沛公引兵攻丰，没有攻下。沛公病了，回到沛县。沛公怨恨雍齿和丰邑子弟都背叛他，听说东阳宁君、秦嘉立景驹为假王，住在留县，就去依附他们，想借兵攻打丰邑。这时，秦将章邯在追击陈王，别将司马尼率军向北，攻占楚地，在相屠城，到了砀县。东阳宁君、沛公引兵西进，与司马尼在萧县西面交战，没有占着便宜。退回来收集散兵，屯聚留县，引兵攻砀，3天攻取了砀邑。收编砀县降兵，得到五六千人，进攻下邑，打了下来。回军丰邑。听说项梁在薛县，带了随从骑兵100多人去见项梁。项梁给沛公增拨士兵5000人，五大夫一级的将领10人。沛公回来，引兵攻丰。

沛公跟随项梁一个多月，项羽已经攻克襄城回来。项梁把各路将领都召集到薛县，听说陈王已死，就立楚国后人楚怀王的孙子心为楚王，建都盱台。项梁号为武信君。停了几个月，向北攻打亢父，救援被围的齐军，打败了秦军。齐军回齐，楚军单独追击败兵。派沛公、项羽另率军队攻打城阳，大肆杀戮城中军民。沛公、项羽驻军濮阳东面，与秦军接战，击破了秦军。

秦军重新振作，固守濮阳，决水自环。楚军离去，转攻定陶，定陶没有攻下。沛公和项羽向西攻城略地，到了雍丘城下，与秦军交战，大破之，杀了李由。回军攻打外黄，外黄没有攻克。

项梁再次打败了秦军，有骄傲的神色。宋义劝诫他，他不听。秦派兵增援章邯，夜间衔枚偷袭项梁，大破项梁于定陶，项梁战死。沛公和项羽正在攻打陈留，听说项梁已死，带兵和吕将军一块向东进发。吕臣驻扎在彭城东面，项羽驻扎在彭城西面，沛公驻扎在砀。

章邯已经打垮了项梁的军队，认为楚地的敌人不用担心了，就渡过黄河，北进攻打赵地，大破赵军。这个时候，赵歇为赵王，秦将王离围困赵歇于钜鹿城。被围在钜鹿的军队，就是所谓的"河北之军"。

秦二世三年，楚怀王看到项梁的军队被打垮了，心里恐惧，迁离盱台，建都彭城，合并吕臣、项羽的军队，亲自统率。以沛公任砀郡长，封为武安侯，统领砀郡的军队。封项羽为长安侯，号为鲁公，吕臣任司徒，他的父亲吕青做令尹。

赵多次请求援救，楚怀王就以宋义为上将军，项羽为次将，范增为末将，北上救赵。命令沛公西出略地，打入关中。同将领们约定：先攻入关中的，就封在关中做王。此时，秦军强盛，常常乘胜追击，众将领没有认为先入关是有利的。唯独项羽痛恨秦打垮了项梁的军队，心中愤激，愿和沛公西进入关。怀王的老将都说："项羽为人轻捷而凶猛，狡诈而残忍。项羽曾经攻打襄城，襄城没有留下一个活人，全都活埋了。所经过的地方，无不残杀毁灭。况且楚军多次进兵攻取，没有获胜，以前陈王、项梁都失败了。不如另派宽厚长者，以正义为号召，向西进发，向秦父老兄弟讲清道理。秦父老兄弟苦于他们君主的统治很久了，现在如果真能得到宽厚长者去关中，不加欺凌暴虐，应该能够拿下关中。而今项羽剽悍，不可派遣。"终于没有答应项羽，而派遣沛公西进攻取秦地。收集陈王、项梁的散兵，路经砀，到达成阳，与杠里的秦军对垒，打败了秦军的两支部队。楚军出兵攻击王离，把他的军队打得大败。

　　沛公引兵西进，在昌邑遇见彭越，就和他一起攻打秦军，这一仗没有打赢。回到栗县，遇到刚武侯，夺了他的军队，大约4000多人，（与沛公原来的队伍）合并在一起。沛公与魏将皇欣、魏申徒武蒲的军队联合攻打昌邑，昌邑没有攻下，西进路过高阳。郦食其为里监门，说："将领们路过这里的很多，我看沛公是一个大人物，有仁厚长者的风度。"就去求见游说沛公。沛公正坐在床上，伸着两腿，让两个女子给他洗脚。郦生不下拜，深深地作了个揖，说："足下一定要消灭残暴无道的秦朝，就不应该伸着两腿接见长者。"于是沛公站了起来，整理好衣服，向他道歉，请入上座。郦食其劝沛公袭击陈留，获得陈留积聚的粮米。沛公就以郦食其为广野君，郦商为将领，统率陈留的军队，和沛公一起攻打开封，开封没有攻下。向西与秦将杨熊在白马打了一仗，又接战于曲遇的东面，大破杨熊军。杨熊逃往荥阳，秦二世派使斩首示众。沛公向南攻打颍阳，屠了颍阳城。依靠张良攻占了韩国的辕辕。

　　这时，赵将司马卬正要渡过黄河进入函谷关，沛公就北进攻打平阴，切断黄河渡口。向南进发，在雒阳东面交战。战斗不利，回到阳城，集中军中的骑兵，与南阳郡郡守齮战于犨，打败了齮军。攻取南阳郡的城邑，南阳郡郡守齮逃走，退守宛县。沛公引兵绕过宛城西进。张良进谏说："沛公你虽然急于攻入函谷关，但秦兵众多，又据守险要。如今不拿下宛城，宛城守军从背后攻击，强大的秦军在前面阻挡，这是一种危险的战术。"于是沛公在夜间率兵从另外一条道路返回，换旗易帜，天亮时，把宛城包围了3层。南阳郡郡守打算自杀。他的舍人陈恢说："死的还早。"他就翻过墙去见沛公，说："我听说阁下接受楚怀王的约定，先攻入咸阳的称王关中。现在阁下停留守在宛城。宛城是大郡的治所，连城数十，人多粮足，官吏和民众认为投降肯定被处死，所以都登城固守。如果您整天地留在这里攻城，士卒死伤的一定很多；如果引兵离开宛城，宛城守军自然跟踪追击。您向前则失去先入咸阳的约定，后退又有强大的宛城守军为患。为您设想，不如明约招降，封南阳郡守官爵，让他留守，您带领宛城士卒一道西进。许多没有攻下的城邑，听到这个消息，争先打开城门，等待您，您可以通行无阻。"沛公说："好。"就以南阳郡守为殷侯，封给陈恢1000户。引兵西进，尽皆臣服。到达丹水，高武侯鳃、襄侯王陵在西陵投降。回军攻打胡阳，遇到番君的别将梅鋗，与他一起，迫使析县、郦县投降。派遣魏人宁昌出使秦关中，使者没有回来。这时章邯已经带领全军在赵地投降项羽。

开始时，项羽和宋义北进援救赵，等到项羽杀死宋义，代替他为上将军，许多将领和黥布都从属项羽。打垮了秦将王离的军队，使章邯投降，诸侯都归附了他。等到赵高杀了秦二世，派人来见沛公，想要定约瓜分关中称王。沛公认为是诈骗，就采用张良的计策，派郦生、陆贾去游说秦军将领，用甜头引诱，趁机袭击武关，攻破关口。又和秦军在蓝田南面交战，增设疑兵，多树旗帜，所经过的地方不许掳掠。秦地的群众高兴，秦军懈怠，因此大破秦军。又在蓝田北面接战，再次击败秦军。乘胜追击，彻底打垮了秦军。

汉元年十月，沛公的军队先于各路诸侯到达霸上。秦王子婴素车白马，用丝带系着脖子，封了皇帝的印玺和符节，在轵道旁投降。将领们有的主张杀死秦王。沛公说："当初楚怀王派遣我，本来是因为我能宽大容人。况且人家已经降服，又杀死人家，不吉利。"于是把秦王交给了官吏，西进咸阳。沛公想要留在宫殿中休息，樊哙、张良劝说后，才封闭了秦宫的贵重珍宝、财物和库房，回军霸上。召集各县的父老、豪杰说："父老们苦于秦朝的严刑峻法已经时间很长，诽谤朝政的要灭族，相聚议论的要在街市上处斩。我和诸侯们约定，先入关的在关中称王，我应当称王关中。同父老们约定，法律只有三章：杀人的处死，伤人和抢劫的处以与所犯罪相当的刑罚。其余的秦朝法律全都废除。官吏和百姓都要安居如故。我所以到这里来，是为父老们除害，不会有欺凌暴虐的行为，不要害怕。我所以回军霸上，是等待诸侯们到来制定共同遵守的纪律。"沛公派人与秦朝官吏巡行县城乡间，告谕百姓。秦地的百姓大为高兴，争先恐后地拿出牛羊酒食款待士兵。沛公又谦让不肯接受，说："仓库的谷子很多，不缺乏，不愿破费百姓。"百姓更加高兴，唯恐沛公不做秦王。

有人劝沛公说："秦地比天下富足10倍，地势好。如今听说章邯投降了项羽，项羽就给了雍王的封号，称王于关中。现在即将来到关中就国，恐怕不能占有这个地方了。应赶快派兵把守函谷关，不让诸侯军进来，逐渐征集关中兵，以加强实力，抵抗诸侯兵。"沛公赞成，照着做了。十一月间，项羽果然率领诸侯军西进，想要入关，而关门闭着。听说沛公已平定关中，大怒，派黥布等攻破函谷关。十二月间，到达戏水。沛公左司马曹无伤听说项王发怒，要攻打沛公，派人告诉项羽说："沛公想要称王关中，令子婴为相，珍宝被他全部占有了。"打算以此求得封赏。亚父劝项羽进攻沛公。当时项羽饱餐士卒，准备第二天会战。这时项羽兵40万，号称百万。沛公兵10万，号称20万，兵力敌不过项羽。恰巧项伯要救张良，夜间去见他。回来后，用道理劝说项羽，项羽取消了进攻沛公的计划。沛公带来了100多骑兵，驰至鸿门，来见项羽，表示歉意。项羽说："这是你沛公左司马曹无伤向我说的。不然，我项羽怎么能做这样的事。"后来沛公在樊哙的帮助下，得以脱身返回。回来后，立刻杀了曹无伤。

项羽向西进军，屠杀无辜，焚毁咸阳秦宫室，所过之处，无不遭到摧残破坏。秦地的百姓大失所望，心里恐惧，不敢不服从。

项羽派人回去报告楚怀王，楚怀王说："按照原来的约定办。"项羽怨恨楚怀王不肯让他与沛公一起西进入关，而派他北上救赵，在天下诸侯争夺称王关中的约定中落在后面。他就说："怀王这个人，我家项梁所立，没有什么功劳，凭什么主持约定。本来安定天下的，是诸位将领和我项籍。"就假意推尊楚怀王为义帝，事实上不听从他的命令。

正月，项羽自立为西楚霸王，在梁、楚地区的9个郡称王，建都彭城。背弃原来的约定，改立沛公为汉王，在巴、蜀、汉中称王，建都南郑，把关中瓜分为三，封立秦朝的3个将领：章邯为雍王，建都废丘，司马欣为塞王，建都栎阳，董翳为翟王，建都高奴。封楚将瑕丘申阳为河南王，建都洛阳。封赵将司马卬为殷王，建都朝歌。赵王歇迁徙代地称王。封赵将张耳为常山王，建都襄国。封当阳君黥布为九江王，都六县。封楚怀王柱国共敖为临江王，建都江陵。封番君吴芮为衡山王，建都邾县。封燕将臧荼为燕王，建都蓟县。原来的燕王韩广迁徙辽东称王。韩广不服从，臧荼攻杀韩广于无终。封成安君陈余河间三县，住在南皮。封给梅鋗十万户。四月，在项羽麾麾之下罢兵散归，诸侯各自回到封国。

汉王回国，项王派兵3万跟随，楚国和其他诸侯国的士卒仰慕汉王而追从的有几万人。他们从杜县南面进入蚀中，离开后就烧断栈道，以防备诸侯军和匪徒的袭击，也向项羽表明没有东进的意图。到达南郑，那些将领和士卒很多在中途逃亡回去，士卒都唱歌表示思念回到东方。韩信劝汉王说："项羽封诸将有功的为王，而大王独自被封在南郑，这实际上是贬徙。军中官吏和士卒都是崤山以东的人，日夜跂踵盼望回家乡。乘他们气势旺盛时加以利用，可以建立功业，等到天下已经平定，人人都自然安下心来，就不能再利用了。不如向东进军，争夺天下大权。"

项羽出了函谷关，派人迁徙义帝。说："古代做帝王的统辖千里见方的土地，必须居住上游。"就派使者把义帝迁徙到长沙郴县，催促义帝快走。群臣渐渐地背叛了义帝，项羽就暗地里让衡山王、临江王袭击他，把义帝杀死在江南。项羽怨恨田荣，封齐将田都为齐王。田荣恼怒，于是自立为齐王，杀死田都，反叛项楚，把将军印给予彭越，让他在梁地起兵反楚。楚派萧公角攻打彭越，彭越大败萧公角。陈余怨恨项羽不封自己为王，派夏说游说田荣，借兵攻打张耳。齐借兵给陈余，击败了常山王张耳，张耳逃跑归附了汉王。陈余从代接回赵王歇，又立为赵王，赵王就封陈余为代王。项羽大怒，出兵北向击齐。

八月，汉王用韩信的计策，从故道回军，袭击雍王章邯。章邯在陈仓迎击汉军，雍王兵败退走，在好畤停下来接战，又失败了，逃到废丘。汉王随即平定了雍地。向东到达咸阳，率军围困雍王于废丘，而派遣将领攻占了陇西、北地、上郡。派将军薛欧、王吸出武关，借助王陵驻扎在南阳的兵力，迎接太公、吕后于沛县。楚听到这一消息，出兵在阳夏阻挡，汉军不能前进。楚让原吴县县令郑昌为韩王，抵抗汉军。

二年，汉王东出略取城邑，塞王司马欣、翟王董翳、河南王申阳都投降了。韩王郑昌不愿归附，汉王派韩信打败了他。于是设置了陇西、北地、上郡、渭南、河上、中地各郡，关外设置了河南郡。改立韩太尉信为韩王。将领中以一万人或一郡投降的，封给一万户。整修河上郡内的长城。各处原来的秦朝苑囿园池，都让百姓开垦耕种。正月，俘虏了雍王的弟弟章平。大赦有罪的人。

汉王出函谷关到达陕县，抚慰关外父老，回来后，张耳来见，汉王给了他优厚的待遇。

二月，下令废掉秦社稷，改立汉社稷。三月，汉王从临晋关渡过黄河，魏王豹率兵跟从，攻下河内，俘虏殷王，设置河内郡。向南渡过平阴津，到达雒阳。新城三老董公拦住汉王，用义帝死这件事游说汉王。汉王听了，袒臂大哭，为义帝发丧，哭吊3天。派遣使者通告诸侯说："天下共同拥立义帝，对他北面称臣。现在项羽把义帝放逐，击杀于江南，大逆不道。我亲自为他发丧，诸侯都要穿白色丧服。全部调发关内的兵力，征集三河的士卒，浮江汉南下，愿意跟随各诸侯王讨伐楚国杀害义帝的人。"

当时项王正北进攻打齐国，与田荣在城阳交战。田荣兵败，逃到平原，平原的百姓杀了他，齐地都投降了楚国。楚兵焚烧齐人的城郭，掳掠他们的子弟和女人，齐人又反叛楚国。田荣的弟弟田横立田荣的儿子田广为齐王，齐王在城阳反楚。项羽虽然闻知汉军东进，但既然已与齐军交战，就想击垮齐军之后再迎击汉军。汉王利用这个机会劫取了五诸侯的兵力，进入彭城。项羽听到这一消息，就带兵离开齐，由鲁地出胡陵，抵达萧县，与汉军在彭城灵壁东面的睢水上激战，大败汉军，杀死了很多士卒，由于尸体的堵塞，睢水都不能流动了。楚军从沛县掳取了汉王的父母妻子，放在军中作为人质。这个时候，诸侯看到楚军强盛，汉军败退，又都离汉归楚。塞王司马欣也逃到楚国。

吕后的哥哥周吕侯为汉带领一支军队，驻扎在下邑。汉王到他那里，渐渐收集士卒，驻军于砀县。汉王西行经过梁地，到了虞县，派谒者随何到九江王黥布那里，汉王说："你能让黥布举兵叛楚，项羽必定留下来攻打他。如能滞留几个月，我一定可以取得天下。"随何去说服九江王黥布，黥布果然背叛楚国，楚国派龙且去攻打他。

汉王兵败彭城向西撤退，行军中派人寻求家属，家属也逃走了，互相没有碰见。战败后就只找到了孝惠帝，六月，立他为太子，大赦罪人。命令太子驻守栎阳，诸侯国人在关中的都集中在栎阳守卫。引水灌废丘，废丘投降，章邯自杀。把废丘改名为槐里。于是命令祠官祭祀天、地、四方、上帝、山川，以后按时致祭。征发关内士卒登城守卫边塞。

这时九江王黥布与龙且作战，没有取胜，和随何潜行归汉。汉王渐渐地征集了一些士卒加上各路将领和关中兵的增援，因此军势大振，在京、索之间击破了楚军。

三年，魏王豹请假回去省视父母的疾病，到了魏地就断绝了黄河渡口，叛汉归楚。汉王使郦生劝说魏豹，魏豹不听。汉王派遣将军韩信进攻魏豹，大破魏军，俘虏了魏豹，于是平定了魏地，设置了3个郡，名叫河东、太原、上党。汉王命令张耳和韩信向东攻下井陉，进击赵地，杀了陈余、赵王歇。第二年，封张耳为赵王。

汉王驻军在荥阳南面，修筑甬道与黄河相连，以便取用敖仓的粮食。与项羽对峙了一年多。项羽多次夺取了汉军甬道，汉军缺少粮食，项羽于是围攻汉王。汉王请求讲和，划分荥阳以西的土地归汉。项王没有同意。汉王忧虑，就采取陈平的计策，给陈平黄金4万斤，离间楚国君臣。于是项羽对亚父产生了怀疑。亚父这时劝项羽乘势攻下荥阳，等到他知道已被怀疑，就很生气，推托自己年老，要求引退，回家乡当老百姓。项羽答应，亚父没有到达彭城就死了。

汉军绝粮后，就在夜间从东门放出女子2000多人，披戴铠甲，楚军便四面围击。将军纪信乘坐汉王的车驾，伪装成汉王，欺骗楚军。楚军都高呼万岁，争赴城东观看，因此汉王能够与几十骑兵出西门潜逃。汉王命令御史大夫周苛、魏豹、枞公留守荥阳，将领和士卒不能随从的，都留在城中，周苛、枞公商量说："魏豹这个叛国之王，和他共守城池很难。"于是杀死了魏豹。

汉王逃出荥阳进入函谷关，收集士卒，想再次东进。袁生劝汉王说："汉楚在荥阳相持了几年，汉军常处于困境，希望君王从武关出去，项羽肯定引兵向南行进，君王深沟高垒，让荥阳、成皋之间得到休息。派韩信等安辑黄河以北的赵地，联合燕、齐，君再赴荥阳，也为时不晚。这样，楚军多方设防，军力分散，汉军得到休整，再与楚军作战，一定可以打破楚军了。"汉军采纳了他的计策，出兵宛县、叶县之间，与黥布在进军中收集兵马。

项羽听说汉王在宛县，果然带兵南下。汉王坚壁固守，不和他交战。这时彭越渡过睢水，与项声、薛公战于下邳，彭越大败楚军。于是项羽率军向东攻打彭越，汉王也引兵向北驻军成皋。项羽已经取胜，赶走了彭越，得知汉军又驻扎在成皋，就又领兵西进，攻克荥阳，杀了周苛、枞公，俘虏了韩王信，于是进围成皋。

汉王逃亡，单身一人与滕公同乘一辆车出了成皋玉门，向北渡过黄河，驰至修武住了一夜。自称为使者，早晨驰入张耳、韩信的营中，夺取了他们的军队，就派张耳去北边赵地更多地收集兵力，派韩信东进攻齐。汉王得到韩信的军队，军威再振。率军来到黄河岸边，向南进发，在小修武南面让士卒吃饱喝足，打算与项羽再一次交战。郎中郑忠劝阻汉王，让他深沟高垒，不要和项羽交锋。汉王采用了郑忠的计策，派卢绾、刘贾率兵两万人和几百个骑士，渡过白马津，进入楚地，与彭越在燕县城西又打败了楚军，随后又攻下梁地10多座城邑。

淮阴侯接受命令向东进军，在平原没有渡过黄河。汉王派郦生去说服齐王田广，田广叛楚，与汉讲和，一起攻打项羽。韩信采用蒯通的计策，突然袭击，打败了齐国。齐王烹杀了郦生，向东逃到高密。项羽听到韩信已经全部利用黄河以北的兵力打垮了齐、赵，而且要攻打楚军，就派龙且、周兰前去阻击。韩信与楚交战，骑兵将领灌婴配合出击，大败楚军，杀了龙且。齐王田广投奔彭越。此时，彭越领兵驻扎梁地，往来骚扰楚军，断绝了它的粮食。

四年，项羽对海春侯大司马曹咎说："谨慎防守成皋。如果汉军挑战，千万小心，不要应战，只要阻止汉军东进就行了。我15天一定平定梁地，再与将军会合。"于是就进军攻打陈留、外黄、睢阳，都拿了下来。汉军果然屡次向楚军挑战，楚军不肯出战。汉军派人辱骂了五六天楚军，大司马十分气愤，让士卒渡过汜水。士卒渡过一半，汉军出击，大败楚军，全部缴获楚国的金玉财宝。大司马曹咎、长史司马欣都自刎在汜水上。项羽到达睢阳，听到海春侯兵败，就带兵返回。汉军正在荥阳东面围攻钟离眜，项羽一到，全部撤走到险阻地带。

韩信打垮齐国之后，派人对汉王说："齐国靠近楚国，如果权力太小，不立为暂时代理的国王，恐怕不能安定齐地。"汉王想要攻打韩信。留侯说："不如就此封他为王，让他自己防守齐地。"汉王便派遣张良带着印绶立韩信为齐王。项羽听到龙且的军队战败了，心里很恐惧，派盱眙人武涉前去游说韩信。韩信不肯听从。

楚、汉长期相持，胜负未决，年轻力壮的苦于当兵打仗，年老体弱的疲于转运粮食。汉王、项羽一同站在广武涧两边对话。项羽想跟汉王单身挑战。汉王历数项羽的罪过说："最初我和你项羽都受命于怀王，说是先入关平定关中的，就在关中做王。违背约定，让我在蜀、汉做王，这是第一罪。假借怀王的命令，杀了卿子冠军，而自尊为上将军，这是第二罪。已经援救了赵地，应当返回复命，而你擅自胁迫诸侯的军队进入函谷关,这是第三罪。怀王约定到了秦地不要残暴掠夺,火烧秦朝宫室,挖掘始皇帝的坟墓,私聚秦朝财物,这是第四罪。杀掉了秦朝投降的国王子婴,这是第五罪。在新安,用欺骗的手段坑杀秦朝子弟20万,而封他们的将领做王,这是第六罪。让自己的将领都在好地方做王,而迁走原来的诸侯王,使臣下争为叛逆,这是第七罪。项羽把义帝驱逐出彭城,自己建都彭城,夺取韩王的土地,合并梁、楚称王,多划给自己土地,这是第八罪。派人在江南暗杀义帝,这是第九罪。为人臣下而杀害君主,屠杀已降之人,执政不公允,主持约定不守信用,为天下人所不容,大逆不道,这是第十罪。我带领正义之师随从诸侯来诛除残暴的贼人,派受过刑的罪人杀死你项羽,我何苦与你挑战!"项羽大怒,埋伏的弓弩射中了汉王。汉王胸部受伤,却摸着脚说:"这个贼人射中了我的脚趾!"汉王身受创伤,卧床不起,张良请汉王勉强起来巡行慰劳士卒,以安定军心,不让楚军乘机攻打汉军。汉王出来巡视军队,伤势加重,就驱车进入成皋休养。

汉王病愈,向西进入函谷关,来到栎阳,慰问父老,设酒招待。砍了塞王司马欣的脑袋,挂在栎阳街市上示众。停了4天,又回到军中,驻扎在广武。关中的兵力大举出动。

当时,彭越带兵驻扎梁地,来来往往地骚扰楚军,断绝它的粮食。田横前往依附彭越。项羽多次攻打彭越等人,齐王韩信又进攻楚军。项羽恐惧,就与汉王约定,平分天下,割鸿沟以西归汉,鸿沟以东归楚。项王送回汉王的父母妻子,汉军高呼万岁,楚军告别汉军回到了驻地。

项羽解兵东归。汉王想要领兵西还,后来采用留侯张良、陈平的计策,进兵追击项羽,到达阳夏南面收兵驻扎。与齐王韩信、建成侯彭越约定时间会合攻打楚军。到了固陵,韩信、彭越不来会合。楚军出击汉军,大败汉军。汉王又进入营垒,深挖壕沟进行防守。使用了张良的计策,于是韩信、彭越都前来会合。又有刘贾进入楚地,围攻寿春。汉王在固陵战败,就派使者去召大司马周殷,用全部的九江士卒迎接武王黥布,黥布、周殷在进军中攻下城父,大肆屠杀。他们随从刘贾和齐、梁的诸侯大会垓下。汉王封武王黥布为淮南王。

五年,高祖和诸侯军一起攻打楚军,与项羽在垓下决一胜负。淮阴侯率兵30万独当正面,孔将军布兵在左面,费将军布兵在右面,皇帝居后,绛侯、柴将军跟随在皇帝后面。项羽的士兵大约10万。淮阴侯首先会战,没有取胜,向后退却。孔将军、费将军纵兵出击,楚军不利,淮阴侯又乘势反攻,大败项羽于垓下。项羽的士兵听到汉军中的楚歌声,以为汉军全部占领了楚地,项羽就败退逃跑,因此楚兵全军溃败。汉王派骑兵将领灌婴追击项羽,在东城杀了他,斩首

8万，于是平定了楚地。鲁县为楚国坚守城池，汉军没有攻下，汉王带领诸侯军北上，把项羽的头给鲁县父老们看，鲁县才投降了。于是就用鲁公的封号在谷城埋葬了项羽。汉王回到定陶，驰入齐王营垒，夺了军队。

正月，诸侯和将相一起请求尊崇汉王为皇帝。汉王说："我听说皇帝这一尊号，属于有贤德的人，虚言浮语，空有其名，不能占有，我不敢承受皇帝之位。"群臣都说："大王起于贫寒，诛暴讨逆，平定四海，有功的就割地封王侯。大王不尊崇名号，大家对自己的封号都要疑虑，不敢信以为真。臣等誓死坚持大王尊称皇帝。"汉王再三谦让，迫不得已地说："大家一定以为这样吉利，是因为有利于国家，我只好做皇帝了。"甲午，在汜水北面即皇帝位。

皇帝说："义帝没有后代。齐王韩信熟悉楚地风俗，迁徙为楚王，建都下邳。封建成侯彭越为梁王，建都定陶。原来的韩王信仍为韩王，建都阳翟。迁徙衡山王吴芮为长沙王，建都临湘。番君的将领梅鋗立有战功，跟随进入武关，皇帝感谢番君的恩德。淮南王黥布、燕王臧荼、赵王张敖都保持旧封。"

于是，天下基本平定。高祖建都雒阳，诸侯都成为高祖的属臣。原来的临江王共驩为了项羽起兵叛汉，命令卢绾、刘贾围攻共驩，没有攻克。几个月后投降了，在雒阳杀了共驩。

五月，士卒都解甲回家。诸侯国的士卒留在关中的免除徭役12年，那些回家乡的免除徭役6年，发给粮食供养一年。

高祖在雒阳南宫摆设酒席。高祖说："各位诸侯和将领不要隐瞒我，都要说心里话。我之所以能够得到天下是什么原因？项氏所以失去天下是什么原因？"高起、王陵回答说："陛下傲慢而侮辱人，项羽仁慈而爱护人。然而陛下派人攻城略地，所招降攻占的地方就封给他，与天下人利益相共。项羽嫉贤妒能，陷害功臣，怀疑贤能，打了胜仗而不论功行赏，取得了土地而不与分利，这就是失去天下的原因。"高祖说："你们知其一，不知其二。说到那在帷帐中运筹划策、决胜于千里之外，我不如子房。镇守国家，安抚百姓，供给军粮，畅通粮道，我不如萧何。连兵百万，战必胜，攻必克，我不如韩信。这3个人，都是人中俊杰，我能任用他们，这是我所以取得天下的原因。项羽有一个范增却不能任用，这是他所以被我擒杀的原因。"

高祖想长期建都雒阳，齐人刘敬劝阻高祖，等到留侯说服高祖入都关中，当天高祖命驾起身，进入关中建都。六月，大赦天下。

十月，燕王臧荼反叛，攻下代地。高祖亲自统率军队攻打他，擒获燕王臧荼，随即立太尉卢绾为燕王。派丞相樊哙领兵攻代。这年秋天，利几反叛，高祖亲自带兵攻打他，利几逃走了。利几这个人，是项氏的将领。项氏失败时，利几为陈县县令,没有跟随项羽,逃走投降了高祖,高祖封他在颍川为侯。高祖到达雒阳,根据全部通侯名籍遍召通侯,利几也被召。利几很慌惧,因此起兵反叛。

六年,高祖5天朝见一次太公,跪拜如同一般百姓的父子礼节。太公家令劝诫太公说:"天无二日,地无二主,如今高祖虽然是你的儿子,但他是万民的君主;太公虽然是高祖的父亲,但属于臣下。怎么能让君主拜见臣下!这样,就使君主失去了威严和尊贵。"后来高祖朝拜太公,太公抱着扫帚,在门口迎接,倒退着行走。高祖大惊,下车搀扶太公。太公说:"皇帝是万民的君主,怎么能因为我的缘故破坏了天下的法纪!"于是高祖就尊奉太公为太上皇。高祖内心赞美家令的话,赏赐给他黄金500斤。

十二月,有人上书告发楚王韩信谋反。高祖询问左右大臣,大臣们争着要去攻打韩信。高祖采用陈平的计策,假装巡游云梦泽,在陈县会见诸侯,楚王韩信去迎接,就乘机逮捕了他。这一天,大赦天下。田肯来祝贺。就劝高祖说:"陛下抓到韩信,又建都关中。秦地是地理形势优越的地方,有阻山带河之险,与诸侯国悬隔千里,持戟武士100万,秦比其他地方好上100倍。地势便利,从这里出兵诸侯,犹如高屋建瓴。要说那齐地,东有琅邪、即墨的富饶,南有泰山的险固,西有浊河这一天然界限,北有渤海鱼盐之利,地方两千里,持戟武士100万,与各诸侯国悬隔千里之外,齐比其他地方好上10倍。所以这两个地方是东秦和西秦。不是陛下的亲子弟,不要派他在齐地做王。"高祖说:"好。"赏赐黄金500斤。后来10多天,封韩信为淮阴侯,把他的封地分作两个国。高祖说将军刘贾屡建战功,封为荆王,称王淮东。弟弟刘交为楚王,称王淮西。儿子刘肥为齐王,封给70余城,百姓中能讲齐地语言的都归属齐国。高祖论定功劳大小,与列侯剖符为信,封侯食邑。把韩王信迁徙到太原。

七年,匈奴在马邑攻打韩王信,韩王信就与匈奴在太原谋反。白土曼丘臣、王黄立原来的赵国将领赵利为王,反叛汉朝,高祖亲自前往讨伐。正遇上天气寒冷,士卒10人中有两三个都冻掉了手指头,终于到达了平城。匈奴在平城围困高祖,7天之后才撤兵离去。命令樊哙留下来平定代地。立哥哥刘仲为代王。

二月,高祖从平城经过赵地、雒阳,到了长安。长乐宫已经建成,丞相以下迁到新都长安。

八年,高祖率军东进,在东垣攻打韩王信的残余叛贼。萧丞相修筑未央宫,建立东阙、北阙、前殿、武库、太仓。高祖回来,看见宫阙壮丽,非常生气,对萧何说:"天下喧扰不安,苦战数年,成败尚未可知,现在为什么要修建宫室豪华过度呢?"萧何说:"正是因为天下没有安定,所以才乘这个时机建成宫室。况且天子以四海为家,宫室不壮观华丽,就不足以显示天子的尊贵和威严,并且也是为了不让后世的宫室超过。"于是高祖高兴了。高祖去东垣，经过柏人，赵相贯高等谋杀高祖，高祖心动异常，因而没有在柏人停留。代王刘仲弃国逃跑，自己回到雒阳，被废为合阳侯。

九年，赵相贯高等策划谋杀高祖的事，处死了他们的三族。废赵王张敖为宣平侯。是年，把楚国贵族昭氏、屈氏、景氏、怀氏和齐国贵族田氏迁徙到关中。

未央宫建成后，高祖大朝诸侯和群臣，在未央宫前殿摆设酒宴。高祖手捧玉制酒杯，起身给太上皇祝寿，说："当初大人常常认为我是无以谋生的二流子，料理不了产业，不如仲勤劳。如今我成就的事业与仲相比，谁的多呢？"殿上群臣都高呼万岁，大笑取乐。

十年十月，淮南王黥布、梁王彭越、燕王卢绾、荆王刘贾、楚王刘交、齐王刘肥、长沙王吴芮都来长乐宫朝见。春夏无事。

七月，太上皇崩于栎阳宫，楚王、梁王都来送葬。赦免栎阳的囚犯。郦邑改名新丰。八月，赵相国陈豨反叛。高祖说："陈豨曾经做过我的使者，遵守信用。代地是我所看重的地方，因此封陈豨为列侯，以相国名义守卫代地，如今竟和王黄等劫掠代地。代地的官吏和百姓并非有罪。赦免代地的吏民。"九月，高祖亲自攻打陈豨。到达邯郸，高祖高兴地说："陈豨不南去据守邯郸，而凭借漳水为阵，我知道他没有本事。"听说陈豨的将领都是过去的商人，高祖说："我知道该如何对付他们了。"于是就用黄金引诱陈豨的将领，陈豨的将领有很多投降的。

十一年，高祖在邯郸讨伐陈豨等人还没有结束，陈豨的将领侯敞带领一万多人流动作战，王黄驻军曲逆，张春渡过黄河进攻聊城。汉派将军郭蒙与齐国的将领出击，把他们打得大败。太尉周勃从太原进军，平定代地。到了马邑，一时未能攻克，后来就把它攻打得城破人亡。

陈豨的将领赵利防守东垣，高祖攻打东垣，没有攻下。一个多月后，赵利士卒辱骂高祖，高祖非常气愤。东垣投降了，命令交出辱骂高祖的人斩首处死，没有辱骂高祖的就宽恕了他们。于是划出赵国常山以北的地方，封儿子刘恒为代王，建都晋阳。

春天，淮阴侯韩信谋反关中，处死了他的三族。

夏天，梁王彭越谋反，废除他的封号，迁徙蜀地。他又要反叛，于是就处死三族。封儿子刘恢为梁王，儿子刘友为淮阳王。

秋天七月，淮南王黥布反叛，向东兼并了荆王刘贾的土地，北进渡过淮水。楚王刘交跑到薛县。高祖亲自前往讨伐他，封儿子刘长为淮南王。

十二年十月，高祖在会甄已经击败黥布的军队，黥布逃走。高祖命令将领追击他。

高祖率军归还，路过沛县，停留下来。在沛宫摆设酒宴，把过去的朋友和父老子弟全部召集来纵情畅饮。挑选沛中儿童，得到了120人，教他们唱歌。酒喝到酣畅，高祖击着筑，自己作了一首诗，唱起来："大风起兮云飞扬，威加海内兮归故乡，安得猛士兮守四方！"让儿童都跟着学唱。高祖跳起舞，感慨伤怀，泪下数行，对沛县父兄们说："远游的人思念故乡。我虽然建都关中，千秋万岁后，我的魂魄还是牵绕沛县。我从做沛公开始，诛暴讨逆，终取天下。用沛县作为我的汤沐邑，免除沛县百姓的徭役，世世代代不用服徭役。"沛县父老兄弟、长辈妇女、旧日朋友，天天开怀畅饮，极为欢欣，说旧道故，取笑作乐。过了10多天，高祖想要离去，沛县父老兄弟执意挽留高祖。高祖说："我的随从人员众多，父兄们供养不起。"于是高祖就动身了。沛县百姓倾城而出，都到城西贡献牛酒。高祖又停留下来，搭起帐篷，饮宴3天。沛县父兄们都叩头请求说："沛县幸运地得到免除徭役，丰邑还没有获准免除。请陛下哀怜丰邑。"高祖说："丰邑是我生长的地方，绝不会忘记，我只是因为丰邑以雍齿的缘故反叛我而去帮助魏国，所以才不免除它的徭役。"沛县父兄们坚持请求，于是免除了丰邑的徭役，和沛县相同。封沛侯刘濞为吴王。

汉军将领在洮水南北两路追击黥布的军队，都大破黥布军，在鄱阳追获杀死了黥布。樊哙另带一支部队平定代地，在当城杀死了陈豨。

十一月，高祖从征讨黥布的军队中回到长安。十二月，高祖说："秦始皇帝、楚隐王陈涉、魏安釐王、齐缗王、赵悼襄王都绝嗣无后，分别给予10户人家看守坟墓，秦始皇20家，魏公子无忌5家。"代地官吏和百姓被陈豨、赵利所胁迫的，全部赦免。陈的降将说陈豨反叛时，燕王卢绾派人去陈豨那里参与了阴谋策划。高祖派辟阳侯去接卢绾，卢绾称病不来。辟阳侯回来，详细说明了卢绾反叛已有征兆。二月，派樊哙、周勃率军出击燕王卢绾。赦免燕地官吏和百姓参加反叛的人。封皇子刘建为燕王。

高祖攻打黥布时，被流矢射中，途中得了病。病情严重，吕后请来好医生。医生进去见高祖，高祖询问医生，医生说："病可以治好。"于是高祖谩骂医生说："我以一布衣平民，手提三尺剑取得天下，这不是天命吗？命运在天，虽有扁鹊，又有什么用处！"高祖不让医生治病，赏赐黄金50斤，叫他离去。不久吕后问高祖："陛下百年以后，萧相国如果死了，让谁接替他？"高祖说："曹参可以。"又问其次，高祖说："王陵可以。然而王陵稍为憨直，陈平可以帮助他。陈平智慧有余，然而难以独任。周勃稳重厚道，缺少文才，但能安定刘氏天下的一定是周勃，可以让他做太尉。"吕后又问其次，高祖说："这以后不是你我所能知道的。"

卢绾和数千名骑兵停留在边塞等候，希望高祖病好了，自己去向高祖请罪。

四月甲辰，高祖崩于长乐宫。过了4天不发丧。吕后和审食其商量说："将领们和皇帝同为编户平民，如今北面称臣，为此常怏怏不乐。现在事奉年轻的皇帝，心里会更不高兴，不全部族灭这些人，天下不会安定。"有人听到这个消息后，告诉了郦将军。郦将军去见审食其，说："我听说皇帝驾崩，4天不发丧，想要诛杀将领们。如果真是这样，天下就危险了。陈平、灌婴统率10万士卒驻守荥阳，樊哙、周勃统率20万士卒平定燕、代，这时他们听到皇帝驾崩，将领们全都被杀，必定连兵回来向关中进攻。大臣叛乱于内，诸侯造反于外，天下覆灭可以翘足而待了。"审食其进宫把这些话告诉了吕后，于是就在丁未发丧，大赦天下。

卢绾听说高祖驾崩，就逃入匈奴。

丙寅，安葬高祖。己巳，立太子为皇帝，来到太上皇庙。群臣都说："高祖起于细微平民，拨乱反正，平定天下，是汉朝的开国始祖，功劳最高。"上尊号为高皇帝。太子袭号为皇帝，这就是孝惠帝。命令各郡和各国诸侯建立高祖庙，按照每年的时节祭祀。到了孝惠帝五年，孝惠帝思念高祖回沛时的悲乐情景，就把沛宫作为高祖原庙。高祖所教唱歌的儿童120人，都让他们做高祖原庙中演奏音乐的人员，以后有缺额，就立刻补上。

高皇帝8个儿子：长子是庶出的齐悼惠王肥；其次是孝惠帝，吕后所生；再次是戚夫人生的赵隐王如意；再次是代王恒，已立为孝文帝，薄太后所生；再次是梁王恢，吕太后时徙为赵共王；再次是淮阳王友，吕太后时徙为赵幽王；再次是淮南厉王长；再次是燕王建。

汉

书

《汉书》概论

《汉书》是我国史学史上第一部纪传体断代史，也是第一部专记一代政权兴亡的皇朝史。《汉书》由汉代班固编撰而成，全书共100卷，分十二纪、八表、十志、七十列传，记述上起公元前206年汉高祖元年，下迄公元24年整个两汉一代的230年史事。

一

班固（公元32—92年），字孟坚，东汉扶风安陵（今陕西咸阳市东）人。班固出生在一个家资豪富、有外戚身份，并有正统家学传统的家庭。这个家庭，首先为他提供了良好的教育环境，其次，为他著述《汉书》提供了思想上、编撰上的基础。从建武二十三年（公元47年）到建武三十年（公元54年）的8年时间里，他不仅学习了儒家的经典著作，而且对于诸子百家学说，也进行了广泛的探讨。学习上，班固并不拘泥于一家之言，也不去死抠章句，而是着重领会其大义。他非常熟悉西汉故事，在父亲的影响下，又逐渐转向汉史的研究。

公元54年，父亲班彪去世，班固离开太学回家居丧。居丧期间，潜心阅读其父的遗作。读完《史记后传》之后，他认为该书的记叙很不详尽，决心在其基础上搜集资料，改定体例，重新撰写一部记述汉代史实的书籍。但是，在汉明帝永平五年（公元62年）有人向朝廷上书，告发他私自改作"国史"，于是班固被捕入京城监狱，书稿也被抄去。

班固的弟弟，东汉名将班超听说此事，赶到京城，上书为兄辩白。明帝看了书稿，非常赞赏他的史学才能，召他到京师任兰台令史，掌管朝廷的藏书,并进行校勘工作。第二年,又被提升为秘书郎,典校秘书。这期间,班固与令史陈宗、尹敏、孟异等写成《世祖本纪》,其后,又撰成功臣、平林、新市、公孙述等列传和载记28篇奏上。这些著述,后来都成了《东观汉记》的重要组成部分。

班固因文章写得好,深得皇帝喜欢,章武帝建初三年(公元78),班固升为玄武司马,负责守卫玄武门。在皇帝面前的他,不仅是史臣而且成为近臣。永元四年(公元92年),窦宪以外戚专政,和帝利用宦官的势力夺取了窦宪的权力。由于和窦宪关系密切,班固也被免除官职。洛阳令种兢因曾受班家奴仆的侮辱,遂乘机报复,将班固罗织入狱,不久班固便死在狱中。班固一生不仅以《汉书》扬名后世,还著有许多诗文。其中的文采名扬于世。

班固所处的特定时代背景,使他的史学面临着这样的任务:以儒家正统思想为准绳,总结西汉王朝在政治、经济、文化上的成败得失,为东汉政权提供经验教训;以"皇权神授""天人感应"为指导,从历史上论证"汉承尧运",承天"正统",而且"天祚未改",从而证明西汉王朝存在的唯一性,也为自称刘氏政权"中兴"的东汉王朝提供维护政权的神化了的历史依据。班固以这样的任务为目标,发展并完善了父亲的著述思想,提出了著述《汉书》的宗旨:

首先,在体裁上,班固摒弃了纪传体通史的形式,也不像父亲那样为《史记》作续编,而是"起元高祖,终于王莽之诛,十有二世,二百三十年",断代为史,从而在著述形式上改变了刘汉"编于百王之末,厕于秦、项之列"的历史地位。其次是在指导思想上,明确地提出要"旁贯《五经》",即要用《五经》的道义,把刘汉200多年的历史讲清楚。这与司马迁的"一家之言"大异其趣。

《汉书》经4人之手,历三四十年之久,才最后编撰完成。班彪的《史记后传》为班固的写作打下了坚实的基础。在明帝永平元年(公元58年),开始了《汉书》的编撰工作。任兰台令史之后,班固"专笃志于博学,以著述为业"(《汉书·叙传》)。在与同僚一起完成部分国史的撰述之后,明帝下诏令他在兰台继续撰写未完成的《汉书》,"自永平中始受诏,潜精积思二十余年,至建初中乃成"(《后汉书·班彪传》)。全书基本完成后,仍对其中一些篇章进行增补。

班固著述《汉书》以前，有关西汉的史书已有多种。《史记》是一部通史，但对汉初的历史用力甚厚。《史记》问世以后，从西汉后期到东汉初年，补续该书的人很多。先是有诸少孙的"补阙"，接着又有刘向、冯商、扬雄等15人的撰述。东汉初年，班彪把刘向等人的续《史纪》汇聚一起，称为《别录》，同时又写成《史记后传》。身为兰台令史的班固，充分利用前人已有的成果，《汉书》一书，武帝以前的历史记载，大都采用《史记》，约有50篇，当然，他并不是完全照搬《史记》原文，加工整理修改补充的工作做了很多。武帝以后的记载，以其父的《后传》为蓝本，综合各家著述，缀集而成。这样，班固在前人撰述的基础上，以自己独特的宗旨为主线，把各种关于西汉的史实加以排列组合，基本上编撰完成《汉书》。

班固去世以后，仍有八表及《天文志》未完成。汉和帝又令其妹、我国第一位女历史学家班昭继作八表，马续补作《天文志》。终于，《汉书》得以最后完成。

二

《汉书》沿用了《史记》的纪传体，但它改《史记》的纪传体为断代史，从而成为后世纂修王朝史的典范。《汉书》原本100卷，但一些较长的篇目被后来的人分割开，流传于世的就有今本120卷的面貌。全书共80余万言。

十二本纪，记述了高、惠、高后、文、景、武、昭、宣、元、成、哀、平十二世的大事，编年记事，为全书总纲。

八表，前六表分别谱列王侯世系；后二表，一为《百官公卿表》，记录秦汉官制及汉代公卿的迁、免、死，一为《古今人物表》，实际上只记"古"而不记"今"，是对汉代以前历史人物的评价。

十志，《律历志》叙述汉代声律、度量衡、历法及其与农业和日常生活的关系。

《礼乐志》叙述历代礼制、乐制的变化。

《刑法志》记述上古以来至东汉初年军制和刑法的变化。

《食货志》记述了远古至王莽时期社会财政经济的演变。

《郊祀志》记述先秦至汉代的郊祀、封禅情况。

《天文志》记录天象及其变化。

《五行志》记录了从古到汉的自然现象及与人事参验情况,罗列了董仲舒、刘向、刘歆等人的五行灾异说。

《地理志》以《禹贡》《周官》为据,记载了汉以前的地理沿革、九州状况;又记述了汉郡县封国建置由来和变革,它们的山川和户口,各地区的风土及海外交通。

《沟洫志》叙述了秦汉兴修水利,治理黄河及各地灾害的情况。

《艺文志》依据刘歆《七略》,加上班固自己的见解,按照六艺、诸子、诗赋、兵书、术数、方技的顺序,著录了西汉末年皇家藏书的名称、卷数、作者、存轶情况,并论其学术的派别源流、是非得失。

七十列传,大部分是西汉重要人物的传记;《匈奴列传》《西南两越朝鲜列传》《西域列传》是对汉代边疆各民族历史的记载。

(一)《汉书》的主要特点有:

第一,创立了"正史模式"。作为第一部断代史,《汉书》作者班固改变了司马迁的本意。把司马迁考察"王迹所兴"的意图变为以帝王为中心,一帝一纪,确立了纪传体本纪"书君上以显国统"(刘知已《史通·本纪》)的"正史"模式。司马迁创立本纪,主要记录在历史上确实左右天下大势的政权兴衰,以编年纪事为全书总纲,而不是专记一姓一帝政权的得失。所以《史记》在秦汉之际列《项羽本纪》,而不为秦二世立纪;列《吕后本纪》虽用惠帝纪年,但不为惠帝立纪,《汉书》则在高、文之间,专立《惠帝本纪》;对西汉末年徒有虚名的成帝、哀帝、平帝也分别立纪,对元后、王莽则立传以记之。

《汉书》对列传的编撰也作了重大变动。首先,去掉《世家》,以《世家》入传。司马迁立《世家》是为了记载诸侯、勋贵和对社会起过比较突出贡献的人物及大事。经过汉代不断的"削藩""推恩"、夺侯等消除诸侯势力的措施,王国势力渐渐变得与富室无异,因此,班彪与班固以"世家"入"传"是符合历史实际的。其次,《汉书》一改《史记》的合传、专传、类传的次序杂乱为一律以时间先后顺序为主,先专传、合传,次类传,再次以边疆各族传,以"贼臣"《王莽传》居末，避免了《史记》或以时代相同，或因事迹相关给读者带来的不便。其三，《汉书》整齐了列传标目。《史记》列传标目，或是姓标，或以名标，或为字标，或是官标目，体例不统一；《汉书》除诸王传外，一律以姓或姓名标目。其四，适当地运用了合传的形式，较好地收到了行简、知类的效果。如"魏豹、田儋、韩信"以"皆六国之人"合传；公孙、刘、田、王、杨、蔡、陈、郑都因其为"武帝时丞相御史大夫"而合传；张苍、周昌至申屠嘉等以"诸为御史大夫者"而合传；眭弘、两夏侯、京房、翼奉、李寻则以"皆通术数说灾异者"而合传等等。这些合传把人品相近或事迹相类的人物合记到一起，使人物传记各具特色，人物特性相得益彰。

《汉书》的《表》新创了《外戚恩泽侯表》《古今人表》和《百官公卿表》，增补了《史记》不能表及的昭、宣、元、成间功臣存亡续绝。

《汉书》还把《史记》的八书改为十志，从而比《史记》的八书，有了重大发展，增立的《刑法志》《地理志》《艺文志》《五行志》，使"志"包容了更多的社会内容，扩大了历史学的领域。

第二，灵活的纪传体例。一是寓通于断。班固断代为史，从思想根源上说，是为了加强刘氏王朝并非由秦、项的历史发展而来，而是直接从尧那里，继承"天统"而兴。这样，《汉书》在论证了刘氏王朝掌握天下大权的合法性的同时，却割断了历史运动进程的客观连续性。另外，班固虽然将秦、项、陈胜排出了神意规定的"宣统"程序，却并不湮没他们作为历史存在的事实。在表列中，虽然班固以汉为首栏，突出了汉的地位，但它仍是如实地记述了汉元年一月至文帝后元七年，项羽所封异姓八王的置废兴亡；列陈胜、项籍为首传，以叙述"上嫚下暴，惟盗是伐，胜、广熛起，梁、籍扇烈。赫赫炎炎，遂焚咸阳……诛婴放怀，诈虐以亡"的整个过程。全书以《外戚传》《元后传》《王莽传》为终曲，表现出西汉末年，外戚干政，王氏弄权，最终王莽篡位的历史发展趋势。《王莽传》又是以传代纪，王莽摄政以后，即编年纪事，实际是帝纪的一种变体。又把孺子婴的3年间事，编入其中。全传长达4万字，实际就是一部新朝史。这样《汉书》在处处以刘氏王朝占主导地位，用多种体例相互配合，详尽地记载了西汉一代兴衰的历史脉络。班固立旨神化刘氏王朝，同时又兼顾历史发展的真实的"潜研精思"。二是因事命篇。封建专制制度的一个致命弱点，是权力高度集中于帝王之手。于是造成了外戚后妃、宦官、宗室等接近权力中枢，挟主专权，乃至倾覆皇权的必然后果。西汉一代，外戚欲霸皇权以及因此而出现的统治阶级内部矛盾，始终存在，至王莽篡位到极点。班固把散见于《史记》3个侯表中的外戚、恩泽侯集中起来，专立一表，不仅表列丞相献媚以受封之事，更著明西汉一代外戚的失势、封侯、势力渐增的发展脉络，为统治者提供了急需的驾驭政权的钥匙。

（二）《汉书》以十志为主干，翔实、系统地描述了西汉王朝规模宏大、地域辽阔的大一统气象。具体说来，《汉书》博大的历史内容可概括为以下几点：

第一，详细地记载了西汉封建专制政体的国家职能。以《地理志》为例。《地理志》通过对西汉行政区划及其风土人情、地理环境的详细记载，描述了封建国家的版图、人口、自然资源状况，具体地体现了汉代统治的具体效果。《地理志》主要写西汉地理，它以郡国为条，用本文加注的形式，依次写各郡、国及其下属县、道、侯国的地理概况，诸如郡县的民户、人口、郡县废置、并分、更名的历史，各地特产，都尉、铁官、盐官、工官等治所，山川湖泽，关塞要隘，名胜古迹，道里交通，等等情况。并总计了西汉平帝时郡、国、县、道、侯国的总数，全国的幅员，土地面积，定垦田、不可垦地、可垦不可垦地，民户，人口总数等。班固自司马氏立《货殖列传》之后，特立《地理志》，不仅发展了《货殖列传》的内容，更把郡县设置、人口多寡、垦田数目纳入历史记载的范围，这标志着我国古代史家对于客观历史认识的深入和提高，标志着我国史学史在编纂方法和历史观点上的重大发展。

第二，详细地记载了汉代的社会经济状况。这集中体现在《食货志》和《货殖列传》中。《货殖列传》是对先秦及汉代经贸活动的总体及个别介绍，其史实基本取材于《史记·货殖列传》，没有太多的补充。但《食货志》却在《平准书》的基础上，作了相当大的增补和调整。一是分门别类，改变了《平准书》农政、财政混杂叙述的方式，先言"食"，记农业生产和农业政策，后言"货"，记货币、商业和财经政策，脉络清晰，次序井然。二是大大扩展了记叙的范围。《平准书》以汉代前期经济为叙述范围，《食货志》则补充秦以前和武帝以后的史实，全面反映了自古至汉的社会经济状况，也使汉代的经济措施有了对比鉴戒的参数。三是材料搜集更为齐全，内容超出《平准书》一倍多。对于先进的生产技术、有价值的理论观点及重要的经济政策，都做了记载。

第三，详细地记载了中国边疆内外各少数民族的历史。班固的《西域传》，对新疆各民族城邦以及安息、大月氏、大夏、梨朴鞮、条支等国的风土物产、道里远近、户口人数、自然环境以及社会发展等作了比较完整的记录，还叙述了汉朝与匈奴在西域进行争夺战争的历史以及汉朝与西域各国经济文化交流的历史。无论在国内民族史，还是在中亚、西南亚古民族史研究上，《西域传》都占据了重要的文献地位。

第四，记述了先秦至西汉的学术发展史，总结了其成就。《汉书》对学术史的记载极为丰富。班固把《天文志》《五行志》《律历志》的内容，作为国家政权建设不可缺少的政治措施看待，其地位仅次于帝王和百官，远甚于州域建制和地理环境的影响。并大大地超出了他倍为推崇的郊祀和儒学《六经》的作用。

班固很推崇儒家学说，他总结儒学的发展史，以及儒学与阴阳五行学说相互杂糅，逐渐形成了一套神学理论的发展过程。《儒林传》概述了儒家学说的起源、宗旨，以及从春秋经战国至秦汉的传播情况。特别是详细地记录了西汉各经师的活动和经学各种典籍在西汉一代的传授历史。将此与董仲舒、公孙弘等传联系起来看，可以清楚地理出儒家思想在汉代逐步取得支配地位的原因和过程。

《艺文志》则是对东汉以前我国学术史的集中总结。《艺文志》将图书分为6大类，称为《略》，每一大类下又分若干小类。《六艺略》有易、书、礼、诗、乐、春秋、论语、孝经、小学诸类。《诸子略》有儒、道、阴阳、法、名、墨、纵横、杂、农、小说诸类。《诗赋略》有屈原赋、陆贾赋、孙卿赋、杂赋、歌诗诸类。《兵书略》有兵权谋、兵形势、兵阴阳、兵技巧诸类。《数术略》有天文、历谱、五行、著龟、杂占、形法各类。《方技略》有医经、经方、房中、神仙各类。每一《略》又都有对这一学派发展史及特点的总结。这是对西汉末年皇家藏书的集中著录和总结。也是我们现在研究先秦秦汉学术派别的重要依据。

第五，《汉书》的实录精神。班固敢于秉笔直书，揭露汉代统治的阴暗面。《武帝纪》中，班固大力称赞武帝的雄才大略，说他"宪章立方学、统一圣真""兴太学，修郊祀，改正朔，定历数，协音律，作诗乐，建封禅，礼百神。绍周后，号令文章"的同时，又在其他篇章中，指出武帝的奢侈和大兴功利对社会造成的严重损害。《昭帝纪》云："孝武奢侈余敝，师旅之后，海内虚耗，户口减半。"至于其他地方对上至皇帝，下至官吏、士人的批评大都是基于现实写作的。

（三）《汉书》对后代史学具有重要的影响。

第一，《汉书》是我国史学史上第一部纪传体断代史。班固《汉书》断代为史，可以说是对纪传体的扬长避短之举。断代史与纪传体比较，虽不易写出历史的古今发展，却能写清一代之始末，也易于译写近代史和当代史。故《汉书》一出，就成为断代体史书的鼻祖。

第二，《汉书》是我国史学史上第一部以封建正统思想为指导思想的史书。班固的《汉书》明确提出要在叙说历史演变的过程中，"旁贯《五经》，上下洽通"。班固以先验的正统史观说明历史的发展变化，以正统思想评论、总结历史的存亡得失，这一方面是为维护和巩固东汉封建统治提供了历史依据，另一方面则正好说明正统思想已在史学领域中确立了它的统治地位。

第三，《汉书》在编撰上的成就和浓厚的正统封建史观，对后世史学产生了深远的影响。二十四史中，除《南史》和《北史》为纪传体通史外，其余都是纪传体断代史；各史的纪、表、志、传的编制，也多沿用《汉书》体例而有所损益。从这一点上说，《汉书》的影响大大超过了纪传体的开山之作《史记》的影响。遗憾的是，隋唐之后，许多史家不察班固的"整齐其文""方以藏智"之外，更有别出心裁贯穿其中，而是一味模仿《汉书》体例严谨的特点。

班固开始将封建正统思想作为编撰史书的指导思想，在以后2000年的封建史学发展史上，正统思想一直成为史学领域的指导思想。从西晋末年起，各个封建王朝修撰历史，都宣称自己是正统，指斥敌对政权为僭伪。正统思想强烈地左右着史学的方向。

《汉书》中载有许多阴阳灾异之说，并特创《五行志》以记载。汉隋之际的纪传体史书，凡有志者，都必有《五行志》，有的更名为《瑞应志》《符瑞志》。其他篇章中，也充斥了鬼神怪异、道本佛法的记述。这种有意识的神学目的论的宣扬，增加了史学著作不应有的鬼神气氛，但也在不经意之中保存了较多的科技史、思想史、宗教史的材料。

《汉书》以其巨大的成就，在中国史学史上占据了除《史记》之外的最高地位。它以其编纂上的巨大成就和浓厚的正统思想，领袖了正统史学。

三

《汉书》一书，为历代学者所讽诵，并为历代史学墨客称道不绝。这不仅因为它在内容上的翔实赅富，体例上的严整有序，而且还要归结于它在历史文学方面所具有的独特魅力。《汉书》叙述则有条不紊，错落有致；写人则刻画细致，个性鲜明，整书语言准确、凝练、典雅富丽。如：《苏武传》中，班固倾注了满腔的爱国热情，着力表彰苏武坚贞不屈的民族气节和视死如归的高贵品质，塑造了一个精诚爱国，利诱不为之动，威武不使之屈的英雄形象。"北海牧羊"一段，集中描写了苏武"历尽难中难，心如铁石坚"的英雄气概。"（卫）律知武终不可胁，白单于。单于愈益欲降之，乃幽武置大窖中，绝不饮食。天雨雪，武卧啮雪与旃毛并咽之，数日不死，匈奴以为神。乃徙武北海上无人处，使牧羝，羝乳乃得归。……武既至海上，廪食不至，掘野鼠去草食而食之。杖汉节牧羊，卧起操持，节旄尽落……"当李陵劝其投降时，苏武毅然说："自分已死久矣！王必欲降武，请毕今日之欢，效死于前。"苏武为国家宁愿肝脑涂地的大无畏精神永垂青史。

政　略

防患于未然

初，霍氏①奢侈，茂陵徐生曰："霍氏必亡。夫奢则不逊，不逊必侮上。侮上者，逆道也。在人之右，众必害之。霍氏秉权日久，害之者多矣。天下害之，而又行以逆道，不亡何待！"乃上疏言："霍氏泰②盛，陛下即爱厚之，宜以时抑制，无使至亡。"书三上，辄报闻。其后霍氏诛灭，而告霍氏者皆封。人为徐生上书曰："臣闻客有过主人者，见其灶突直，傍有积薪，客谓主人，更为曲突，远徙其薪，不者且有火患。主人嘿然不应。俄而家果失火，邻里共救之，幸而得息③。于是杀牛置酒，谢其邻人，灼烂者在于上行，余各以功次坐，而不录言曲突者。人谓主人曰：'向使听客之言，不费牛酒，终亡④火患。今论功而请赏，曲突徙薪亡恩泽，焦头烂额为上客邪！'主人乃寤而请之。今茂陵徐福数上书言霍氏且有变，宜防绝之。向使福说得行，则国无裂土出爵之费，臣无逆乱诛灭之败。往事既已，而福独不蒙其功，唯陛下察之，贵徙薪曲突之策，使居焦发灼烂之右。"上乃赐福帛十匹，后以为郎⑤。

(《汉书》卷六十八，霍光传》)

【注释】

①霍氏：指霍光的家族。②泰：通"太"。③息：通"熄"。④亡：通"无"。⑤郎：官名，侍从皇帝左右。

【译文】

当初，霍光族人骄横奢侈，茂陵徐福说："霍氏一定会灭亡。因为骄奢的人不懂得谦让，不谦让就会对皇上不尊敬。不尊敬皇上，这是大逆不道。位居众人之上，人们一定会嫉恨他们。霍家人掌权时间如此长，嫉恨他们的人自然也多。

天下人嫉恨他们，而他们的行为又违反礼仪，不灭亡，更待何时！"于是上书说："霍家太兴盛了，陛下既然很宠爱霍家，就应该加以抑制，不使它灭亡。"上书3次，只回答说知道了。后来霍家诛灭，而告发霍家的人都受到封赏。有人为徐福鸣不平，上书说："我听说有一位客人看望主人，看见主人家的灶上的烟囱是直的，旁边堆着柴，客人告诉主人，应该将烟囱改为弯曲的，将柴移远，不然会有火灾。主人很不高兴，没有回答。不一会儿家里果然失火，邻居共同来救火，幸好被熄灭了。于是主人家杀牛摆酒，向邻里道谢，被烧伤的人坐在上席，其余的以功劳大小依次坐下，而不请建议将烟囱改弯的人。有人对主人说：'当初要是听从了那位客人的话，就可以不破费牛酒，而且没有火灾。现在论功行赏，建议改弯烟囱移走柴堆的人没有得到好处，烧得焦头烂额的反而坐在上席！'主人醒悟，请来那位客人。现在茂陵徐福几次上书说霍氏将有阴谋，应该防备制止他们。当初如果徐福的建议得以实行，那么国家没有裂土封赏和赐给爵位的费用，臣子没有因叛乱被诛灭的灾祸。事情既然已经过去，但徐福却不曾因功受赏，请陛下细察，应该看重徙薪曲突防患于未然的策略，让他居于焦头烂额的救火功劳之上。"宣帝于是赐给徐福10匹帛，后来封他为郎官。

王凤谏成帝赐书宜慎

后年来朝，上疏求诸子及《太史公书》，上以问大将军王凤①，对曰："臣闻诸侯朝聘，考文章，正法度，非礼不言。今东平王幸得来朝，不思制节谨度，以防危失，而求诸书，非朝聘之义也。诸子书或反经术，非圣人，或明鬼神，信物怪；《太史公书》有战国纵横权谲之谋，汉兴之初谋臣奇策，天官灾异，地形阨塞，皆不宜在诸侯王。不可予。不许之辞宜曰：'五经②圣人所制，万事靡不毕载。王实乐道，傅相皆儒者，旦夕讲诵，足以正身虞意。夫小辩破义，小道不通，致远恐泥，皆不足以留意。诸益于经术者，不爱于王。'"对奏，天子如凤言，遂不与。

(《汉书》卷八十，东平王传)

【注释】

①王凤：成帝舅父。②五经：即《诗》《书》《礼》《易》《春秋》五部经书。

【译文】

东平王刘宇来京都朝见，上奏求赐诸子书及《太史公书》，成帝拿这事问大将军王凤,王凤回答说:"我听说诸侯朝见问安,应当依据儒家的礼仪和国家的章程,端正法度,非礼不言。现在东平王有幸能来朝见,不思谨守法度,以免走入邪道,却求赐诸子书和《太史公书》,这不是朝见的正道啊。诸子书或者反对儒家的经术,批评圣人,或者阐述鬼神,信从鬼怪;《太史公书》里记载有战国纵横权变的谋略和汉兴之初谋臣的奇计妙策,以及天象、自然灾异、地形险要。这些书都不应当在诸侯王手中。不可给他。不答应的话应当这样说:'儒家的经典《五经》,乃圣人所制定,上面事事有所记载。东平王你爱好儒家的道义,辅佐的国相都是儒者,每天讲诵经书,已经足够端正自身的行为和思想了。琐细的辩论损害大义,狭小的道术难通高处,用来谋求高远的目标,恐怕难以达到,都不足以用心学习。那些对儒家经术没有用处的东西,希望东平王你不要顾惜。'"当东平王面见成帝时,成帝就按王凤所说的话回答了他的请求,终究不曾赐给他那些书。

世风日下

是时①,有日蚀地震之变,上问以政治得失,衡②上疏曰:"……今天下俗贪财贱义,好声色,上③侈靡,廉耻之节薄,淫辟之意纵,纲纪失序,疏者逾内,亲戚之恩薄,婚姻之党隆,苟合徼④幸,以身设利。不改其原,虽岁赦之刑,犹难使错而不用也。……"

(《汉书》卷八十一匡衡传)

【注释】

①是时:指宣帝崩、元帝初即位时。②衡:匡衡,汉大臣。③上:同"尚"。④徼(jiǎo):求。

【译文】

当时,出现日食和地震,皇上问政治上与之相应的得失,匡衡上奏折说:"……如今天下风气贪财贱义,喜好歌舞女色,崇尚奢侈铺张,廉耻的气节淡薄,邪恶的思想放纵,礼法颠倒错乱,妻妾之家的地位超过了同姓骨肉,父母本家的恩情淡薄,妻妾外家的人受到尊崇,苟且结合,投机取巧,借以谋求私利。这种风气如果不从根本上加以消除,虽然每年下一次赦令,也不能放弃刑法。……"

御 人

苏武牧羊

律知武终不可胁①,白单于。单于愈益欲降之,乃幽武置大窖中,绝不饮食。天雨雪,武卧啮雪与旃②毛并咽之,数日不死,匈奴以为神,乃徙武北海③上无人处,使牧羝④,羝乳⑤乃得归,别其官属常惠等,各置他所。

武既至海上,廪食不至,掘野鼠去中实而食之⑥。杖汉节牧羊,卧起操持,节旄尽落。

(《汉书》卷五十四,苏武传)

【注释】

①"律知"句:律,卫律,西汉长水胡人,投降匈奴后被封为丁灵王。武,即苏武,西汉名臣,公元前100年奉命出使匈奴,被扣。②旃:通"毡",毛织物。③北海:今西伯利亚的贝加尔湖。④羝(dī):公羊。⑤乳:生育。⑥"掘野"句:去(jǔ),通"弃",收藏。中(cǎo),今作"草"。

【译文】

卫律知道苏武不会因威胁而屈服,就报告了单于。单于越发想招降苏武,于是把苏武囚禁在一个空地窖里,断绝他的饮食。天下着雪,苏武躺在地上,咬着雪和毡毛一起吞咽,过了好多天都没死。匈奴以为有神保佑,便把苏武流放到荒凉的北海边上,令他放牧公羊,声言待公羊生育之后才许他归来。又将苏武的其他随员常惠等分别隔开,囚禁在别的地方。

苏武到了北海边上,匈奴不供给粮食,他只好挖野鼠所藏的草籽充饥。他每天都挂着汉朝的符节牧羊,因为经常握在手中,连符节上的毛都脱落光了。

张骞出使西域

张骞,汉中①人也,建元②中为郎。时匈奴降者言匈奴破月氏③

王，以其头为饮器，月氏遁而怨匈奴，无与共击之。汉方欲事灭胡，闻此言，欲通使，道必更匈奴中，乃募能使者。骞以郎应募，使月氏，与堂邑氏奴甘父俱出陇西。径匈奴，匈奴得之，传诣单于。单于曰："月氏在吾北，汉何以得往使？吾欲使越，汉肯听我乎？"留骞十余岁，予妻，有子，然骞持汉节④不失。

居匈奴西，骞因与其属亡乡月氏，西走数十日至大宛⑤。大宛闻汉之饶财，欲通不得，见骞，喜，问欲何之。骞曰："为汉使月氏而为匈奴所闭道，脱亡，唯王使人道送我。诚得至，反汉，汉之赂遗王财物不可胜言。"大宛以为然，遣骞，为发译道，抵康居⑥。康居传致大月氏。大月氏王已为胡所杀，立其夫人为王。既臣大夏⑦而君之，地肥饶，少寇，志安乐，又自以远远汉，殊无报胡之心。骞从月氏至大夏，竟不能得月氏要领。

留岁余，还，并南山，欲从羌中归，复为匈奴所得。留岁余，单于死，国内乱，骞与胡妻及堂邑父⑧俱亡归汉。拜骞大中大夫⑨，堂邑父为奉使君。

骞为人强力，宽大信人，蛮夷爱之。堂邑父胡人，善射，穷急射禽兽给食。初，骞行时百余人，去十三岁，唯二人得还。骞身所至者，大宛、大月氏、大夏、康居，而传闻其旁大国五六，具为天子言其地形所有。……

(《汉书》卷六十一，张骞传)

【注释】

①汉中：今陕西汉中东。②建元：汉武帝年号（公元前140—公元前135年）。③月氏（ròu zhī）：古代西域国名。秦汉时，居住在敦煌与祁连山之间。汉文帝时被匈奴击败，大部分人西迁到今新疆伊犁河上游，称大月氏；少数人进入祁连山，称小月氏。本文中指大月氏。④节：古代使臣所持表明身份的凭证。⑤大宛（yuān）：古代西域国名，东北邻匈奴，西南邻大月氏，盛产名马。⑥康居：古代西域国名，在大宛以西，月氏以北。⑦大夏：中亚细亚古国名，在今阿富汗北部一带，西汉时被大月氏攻灭。⑧堂邑父：即堂邑氏的姓与甘父之名的合称。⑨大中大夫：掌议论的官员。

【译文】

张骞，汉中人，武帝建元年间任郎官。当时，投降汉朝的匈奴人说，匈奴攻杀了月氏王，用他的头骨做饮器，月氏逃走，怨恨匈奴，但没人与他们共同攻击匈奴。汉朝正想亲手消灭匈奴，闻讯，就想派使臣和月氏联系。因为沿路必须经过匈奴地面，便招募能出使的人。张骞以郎官的身份应募，出使月氏，和堂邑氏的家奴甘父一起从陇西出发。经过匈奴时，匈奴截获了他们，将他们押送到单于那儿。单于说："月氏在我北面，汉朝怎能前往通使？假如我要派人出使南越，汉朝肯让我的使臣通过吗？"于是把张骞扣留了10多年，给他娶妻，并生了儿子，但张骞始终保存着汉朝的使节。

张骞的住地后来迁到了匈奴西部，于是他和随员乘机向月氏逃走，往西走了几十天，到达大宛。大宛王早就听说汉朝财物富饶，想通使却没能办到，见到张骞，很高兴，问他们要去哪儿。张骞说："我们为汉朝出使月氏，然而被匈奴阻截扣留，现在逃出，希望大王派人引路并护送我们。如果能到达月氏，等我们返回汉朝后，汉朝赠送给大王的财物将不可胜数。"大宛王以为然，便送张骞出境，并派译员为向导，到达康居，康居再将他们转送到大月氏。大月氏王已被匈奴所杀，他的夫人被立为王。既已征服大夏，做了大夏的君主，再加土地肥沃富饶，境内少有盗寇，大月氏人都感到满足安乐，且又自以为地处偏远而疏远汉朝，根本就没有向匈奴报复的意念了。张骞从月氏到达大夏，竟始终摸不清月氏的真正意图。

张骞在大夏居留了一年多，启程返回，傍着天山南麓行走，想经过羌人居住的地方回汉朝，不料又被匈奴截获。在匈奴待了一年多，碰上单于去世，国内大乱，张骞便带着匈奴妻子和堂邑父一起逃归汉朝。武帝任命张骞为大中大夫，封堂邑父为奉使君。

张骞为人坚强有力，待人宽厚守信用，西域人都爱戴他。堂邑父本是匈奴人，善于射猎，穷困窘迫时，他就射猎禽兽作为食物。当初，张骞出发时同行有100多人，出使13年，只有两人得以归来。

霍光评相

义为丞相时年八十余，短小无须眉，貌似老妪，行步俛偻①，常两吏扶夹乃能行。时大将军光秉政，议者或言光置宰相不选贤，苟用可颛制者。光闻之，谓侍中左右及官属曰："以为人主师当为宰相，何谓云云？此语不可使天下闻也。"

（《汉书》卷六十六，蔡义传）

【注释】

①俛偻：即"俯偻"。

【译文】

蔡义担任丞相时已有80多岁，身材矮小，且无胡须和眉毛，相貌像一个老妇人，走路时身子佝偻，常常需要两名小吏左右扶持着才能行走。当时大将军霍光掌管朝政，议论的人有的说霍光任命宰相不选贤能，只用那些他可以控制的人。霍光听说了，对皇帝的侍从官和自己的属官说："我认为皇帝的老师应当任宰相，怎么有那种说法呢？这话不能让天下百姓听到。"

昭君出塞

郅①支既诛，呼韩邪单于且喜且惧，上书言曰："常愿谒见天子，诚以郅支在西方，恐其与乌孙俱来击臣，以故未得至汉。今郅支已伏诛，愿入朝见。"竟宁②元年，单于复入朝，礼赐如初，加衣服锦帛絮，皆倍于黄龙③时。单于自言愿婿汉氏以自亲。元帝以后宫良家子王嫱字昭君赐单于。单于欢喜，上书愿保塞上谷以西至敦煌，传之无穷……王昭君号宁胡阏氏④，生一男伊屠智牙师，为右日逐王。

(《汉书》卷九十四，匈奴传下》)

【注释】

①郅（zhì）支：指郅支单于，呼韩邪（yé）之兄，当时在匈奴东边自立为单于，后被汉所诛。②竟宁：元帝年号，公元前33年。③黄龙：元帝年号，公元前49年—公元前44年。④阏氏（yān zhī）：汉代匈奴王妻妾的称号。称单于母亲为母阏氏。

【译文】

郅支单于被杀后，呼韩邪单于惊喜交加，上书说："我一直想拜见天子，实在是因为过去郅支单于在西边，只恐他和乌孙国一起来袭击我，所以没能到汉朝来。现在郅支单于已经伏法，我愿到汉朝来朝见。"元帝竟宁元年，单于又来朝见，朝廷像以前一样给以礼遇和赏赐，增赐的衣服锦缎帛絮，都比宣帝黄龙年间加倍。单于主动说愿意做汉朝的女婿，以亲近汉朝。元帝把后宫良家女子王嫱字昭君赐给单于。单于欢喜，上书说愿意守卫上谷以西至敦煌的边塞，世世代代传下去。……王昭君号宁胡阏氏，生了一个儿子名伊屠智牙师，后来成为右日逐王。

法　制

真假太子

　　始元五年，有一男子乘黄犊车，建黄旐①，衣黄襜褕②，著黄冒③，诣北阙，自谓卫太子④。公车⑤以闻，诏使公卿将军中二千石杂识视。长安中吏民聚观者数万人。右将军勒兵阙下，以备非常。丞相、御史中丞、中二千石至者立，莫敢发言，京兆尹不疑⑥后到，叱从吏收缚。或曰："是非未可知，且安之。"不疑曰："诸君何患于卫太子！昔蒯聩违命出奔，辄距而不纳，《春秋》是之。卫太子得罪先帝，亡不即死，今来自诣，此罪人也。"遂送诏狱。……廷尉验治何人，竟得奸诈。本夏阳⑦人，姓成名方遂，居湖，以卜筮为事。有故太子舍人⑧尝从方遂卜，谓曰："子状貌甚似卫太子。"方遂心利其言，几得以富贵，即诈自称诣阙。

(《汉书》卷七十一，隽不疑传)

【注释】

　　①旐（zhào）：旗子。②襜褕（chān yú）：一种短的便衣，即直裾禅衣。③冒：下裙。④卫太子：即戾太子，因母家姓卫，以"卫"称之。⑤公车：负责接受并传递奏章的机构。⑥不疑：即隽不疑，善治《春秋》，武、昭二帝时能吏。⑦夏阳：治所在今陕西韩城南。⑧舍人：侍从官。

【译文】

　　昭帝始元五年，一男子乘坐黄牛车，车上插黄旗，穿着黄色宽大的单衣和黄色的下裙，来到皇宫北门，自称是汉武帝时的卫太子。公车上报此事给皇帝，皇帝命令公、卿、将军和中二千石的官吏都来辨认。长安城中的下级官吏和百姓聚集来观看的有数万人。右将军统率军队守在宫门外，以防备变故。丞相、御史、中二千石的官吏来到的都不敢发言。京兆尹隽不疑后到，大声命令随行属吏将自称卫太子的人绑起来。有人说："真假都不知道，且由他去吧。"隽不疑说："各位何必惧怕卫太子！春秋时卫国太子蒯聩违背父命逃出卫国，当他回来时他的儿子蒯辄（卫出公）拒不接纳，《春秋》肯定了这种做法。卫太子对先帝犯下罪，不肯服死而逃亡在外，现在自行前来，这是个罪人啊！"于是把他押送到朝廷的监狱。……廷尉审讯他终于弄清其原委。他原是夏阳人，姓成名叫方遂，住在湖县，以占卜算卦为业。曾有原太子舍人到他那儿占卦，对他说："你的相貌很像卫太子。"成方遂听后认为有利可图，希望能因此得到富贵，于是就假称自己是卫太子，来到宫门。

严延年审案

时郡比得不能太守，涿人毕野白等由是废乱。大姓西高氏、东高氏，自郡吏以下皆畏避之，莫敢与忤①，咸曰："宁负二千石，无负豪大家。"宾客放为盗贼，发，辄入高氏，吏不敢追。浸浸日多，道路张弓拔刃，然后敢行，其乱如此。延年至，遣掾蠡吾赵绣按②高氏得其死罪。绣见延年新将③，心内惧，即为两劾，欲先白其轻者，观延年意怒，乃出其重劾。延年已知其如此矣。赵掾至，果白其轻者，延年索怀中，得重劾，即收送狱。夜入，晨将至市论杀之，先所按者死，吏皆股弁，更遣吏分考两高，穷竟其奸，诛杀各数十人。郡中震恐，道不拾遗。

三岁，迁河南太守，赐黄金二十斤。豪强胁息④，野无行盗，威震旁郡。其治务在摧折豪强，扶助贫弱。贫弱虽陷法，曲文以出之；其豪桀侵小民者，以文内之。众人所谓当死者，一朝出之；所谓当生者，诡杀之。吏民莫能测其意深浅，战栗不敢犯禁。按其狱，皆文致不可得反。

延年为人短小精悍，敏捷于事，虽子贡、冉有⑤通艺于政事，不能绝也。吏忠节者，厚遇之如骨肉，皆亲乡之，出身不顾，以是治下无隐情。然疾恶泰⑥甚，中伤者多，尤巧为狱文，善史书⑦，所欲诛杀，奏成于手，中主簿亲近史不得闻知。奏可论死，奄忽如神。冬月，传属县囚，会论府上，流血数里，河南号曰"屠伯⑧"。令行禁止，郡中正⑨清。

（《汉书》卷九十，酷吏传）

【注释】

①牾（wǔ）：同"忤"，违逆，抵触。②按：同"案"，查究，查考。③新将：新为郡将。称郡守为郡将，是因郡守也兼掌兵权。④胁息：胁，收敛。息，气息。⑤子贡、冉有：孔子的学生，都做过官。冉有，即"冉求"。⑥泰：通"太"。⑦史书：指汉代通行的隶书。⑧伯：魁首。⑨正：通"政"。政事。

【译文】

那时，接连派到涿郡去的太守都无能，涿郡人毕野白等因此得以横行不法。而豪强大族西高氏和东高氏，更是连郡府的官吏都畏避他们，不敢顶撞他们，都说："宁可得罪太守，不能得罪豪门。"两家的门客在外放肆地偷盗抢劫，案发了，就躲进主家，官吏不敢追捕。这样，日久天长，行人都要张弓拔刀才敢在路上行走，郡中盗贼作乱，竟到这等程度。严延年到任后，即派郡府的属官蠡吾人赵绣去调查高家的罪行，核定他们犯有死罪。赵绣见严延年是新来的郡将，心中惧怕，就起草了两份劾罪书，准备先禀告那轻的，如果严延年发怒，就把那份重的劾罪书拿出来。严延年早已知道他的这种做法。赵绣来了，果然禀告那份轻的。严延年在赵绣怀里搜出了那份重罪检举书，立刻将他送进了监狱。头天夜里入狱，第二天早晨就被押赴市中定罪斩首，死在他所查究的高氏之前，吓得官吏们都两腿发抖。严延年再派人分头查究两个高家，彻底追查他们的罪恶，每家诛杀几十人。郡中民众大为震惊害怕，从此境内路不拾遗。

3年后，严延年调任河南太守，赏赐黄金20斤。河南郡中豪强都收敛自己的行为，郊野也没有行劫的盗贼，严延年的声威震动了邻近几郡。他治理地方的要旨是摧抑制服豪强，扶助贫弱。贫弱者犯法，也要回护掩饰以解脱他们；对那些欺压百姓的豪强，他就加重案文词语把他们抓进监狱。大家认为一定会被处死的犯人，不定什么时候就被释放出狱，而那些被认为没有犯死罪的，严延年却又出乎意料地将他杀死。官吏和百姓都猜不到严延年什么时候执法严厉，什么时候宽松，都十分惶恐，不敢触法犯禁。而核查严延年所处理的案件，又都文案缜密，无可翻改。

严延年身材短小，精明能干，办事灵活迅速，虽然子贡、冉有精通政务，但也未必能超过他。郡府官员忠诚奉公的，严延年待他们就优厚如自家人，并亲近、一心向着他们，居官办事不顾个人得失，因此在他管辖的区域之内没有他不知道的事。但严延年疾恶如仇太过，被伤害的人很多，尤其是他善于写狱辞，又善于写官府文书，想杀某人，就亲手写成奏折，连掌管文书的中主簿，以及最接近他的属吏，都无从得知。奏准判定一个人的死罪，迅速得就像神明。冬天行刑时，严延年命令所属各县把囚犯解送来郡。集中在郡府判处死刑，血流数里，河南郡的人因此称严延年为"屠伯"。在他管辖的地域内，有令则行，有禁则止，一郡之内政治清明。

不敢窥长安

永始①、元延②间，上怠于政，贵戚骄恣，红阳长仲兄弟交通轻侠，藏匿亡命。而北地大豪浩商等报怨，杀义渠长③妻子六人，往来长安中。丞相、御史遣掾求逐党与，诏书召捕，久之乃得。长安中奸滑浸多，闾里少年群辈杀吏，受赇报仇，相与探丸为弹，得赤丸者斫武吏，得黑者斫文吏，白者主治丧；城中薄暮尘起，剽劫行者，死伤横道，枹④鼓不绝。赏以三辅高第选守长安令⑤，得壹切便宜从事。赏至，修治长安狱，穿地方深各数丈，致令辟为郭，以大石覆其口，名为"虎穴"。乃部户曹掾史，与乡吏、亭长、里正、父老、伍人⑥，杂举长安中轻薄少年恶子，无市籍商贩作务，而鲜衣凶服被铠扜⑦持刀兵者，悉籍记之，得数百人。赏一朝会长安吏，车数百两⑧，分行收捕，皆劾以为通行饮食群盗。赏亲阅，见十置一，其余尽以次内⑨虎穴中，百人为辈，覆以大石。数日壹发视，皆相枕藉死，便舆出，瘗寺门桓东，楬著其姓名，百日后，乃令死者家各自发取其尸。亲属号哭，道路皆歔欷。长安中歌之曰："安所求子死？桓东少年场。生时谅不谨，枯骨后何葬？"赏所置皆其魁宿，或故吏善家子失计随轻黠愿自改者，财⑩数十百人，皆贳⑪其罪，诡令立功以自赎。尽力有效者，因亲用之为爪牙，追捕甚精，甘耆⑫奸恶，甚于凡吏。赏视事数月，盗贼止，郡国亡命散走，各归其处，不敢窥长安。

（《汉书》卷九十，酷吏传》）

【注释】

①永始：成帝年号。②元延：成帝年号。③长：比县低一级的行政机构的长官。④枹：通"桴（fú）"，鼓槌。⑤"赏以"句：赏，尹赏，成帝时著名酷吏。三辅，西汉以京兆、冯翊、扶风为三辅。⑥伍人：汉制五家为伍。⑦扜：通"捍"。⑧两：通"辆"。⑨内：通"纳"。⑩财：通"才"。⑪贳（shì）：赦免。⑫耆：同"嗜"。

【译文】

　　成帝永始、元延年间，皇帝疏于政事，显贵与外戚骄横不法，为所欲为，红阳人长仲兄弟交结游侠，藏匿逃犯。而北地大豪强浩商等人为了报怨，杀了义渠长的妻子和儿女共6人，公然往来长安城中。丞相御史派属官追捕他们的同党，甚至以皇帝的名义下诏书缉拿，也过了很久才捕获。长安城中奸猾之徒日渐增多，市井间少年结为团伙杀害官吏以接受贿赂或报私仇。少年们共同制作弹丸来探取，摸到红丸的杀武官，摸得黑丸的杀文官，摸到白丸的为死去的同伴办理丧事。城中每到晚间，便有盗贼抢劫行人，路上常有死伤者，劫案频繁有如鼓点不绝。尹赏以出身于三辅地区高门大第的身份，被选拔为长安令，可以依据情势处理一切事情。尹赏到任，即刻修缮整理长安监狱，在地上挖坑，每个坑长宽与深度都有几丈，四壁以砖瓦砌好，用巨石覆盖坑口，起名叫"虎穴"。于是率领属官，召集乡吏、亭长、里正、父老、伍人，指出长安城中轻薄无行的少年和不听父母教诲的恶子，以及没有长安户口的商贩，衣饰华丽或身披铠甲而带刀佩剑的，都登记下来，共有几百人。尹赏于一天早上召集长安官吏，乘数百辆车，分头按名册收捕，都加上勾结接济盗贼的罪名。尹赏亲自检视犯人，每10人里放出一人，其余的都一个接一个地推入虎穴中，每100人推入一个坑中，盖上巨石。几天后打开检查，都重叠而死，便用车拖出，埋在寺门桓的东面，标明死者姓名，百天以后，才让死者家属各自掘取尸首。家属号哭。行人都叹息流泪。长安城中歌谣传唱说："到哪儿寻找孩子的尸首？去那桓东少年的坟地。他们活着时行为不谨，死后连好的葬地都没有！"尹赏释放的都是那些为首的和旧案累累的人，或者是从前下属和好人家子弟、因为一时失去主见被诱惑犯罪、愿意改正的，只有数十人，不超过100。尹赏都赦免了他们，责令他们立功赎罪。凡是尽心效力有成就的，就收用为心腹属下，这些人追捕犯人十分精明，对奸恶之徒的憎恨超过了一般官吏。尹赏上任没有几个月，盗贼便销声匿迹了，郡国亡命之徒四散奔逃，各回本地，不敢再对长安有非分之想。

军　事

李陵无援降匈奴

陵①……将其步卒五千人，出居延②，北行三十日，至浚稽山③……与单于相值，骑可三万，围陵军。军居两山间，以大车为营，陵引士出营外为阵，前行持戟盾，后行持弓弩，令曰："闻鼓声而纵，闻金声而止。"虏见汉军少，直前就营。陵搏战攻之，千弩俱发，应弦而倒，虏还走上山，汉军追击，杀数千人。单于大惊，召左右地兵八万余骑攻陵。陵且战且引南，行数日，抵山谷中。连战，士卒中矢伤，三创者载辇，两创者将车，一创者持兵战。……行四五日，抵大泽葭苇中，虏从上风纵火，陵亦令军中纵火以自救。南行至山下，单于在南山上，使其子将骑击陵。陵军步斗树木间，复杀数千人，因发连弩④射单于，单于下走。是日捕得虏，言："单于曰：'此汉精兵，击之不能下，日夜引吾南近塞，得毋有伏兵乎？'诸当户、君长⑤皆言：'单于自将数万骑击汉数千人，不能灭，后无以复使边臣，令汉益轻匈奴。复力战山谷间，尚四五十里得平地，不能破，乃还。'"是时陵军益急，匈奴骑多，战一日数十合，复杀伤虏二千余人。虏不利，欲去。会陵军侯管敢为校尉所辱，亡降匈奴，具言陵军无后救，射矢且尽，独将军麾下及成安侯校各八百人，为前行，以黄与白为帜，当使精骑射之，即破矣。……单于得敢大喜，使骑并攻汉军，疾呼曰："李陵韩延年趣降！"遂遮道急攻陵。陵居谷中，虏在山上，四面射矢如雨下。汉军南行……百五十万矢皆尽，即弃车去，士尚三千余人，徒斩车辐而持之，军吏持尺刀。……入峡谷，单于遮其后，乘隅下垒石，士卒多死，不得行。昏后，陵便衣独步出营，止左右："毋随我，丈夫一取单于耳。"良久，陵还，太息曰："兵败死矣。"军吏或曰："将军威震匈奴，天命不遂，后求道径还归，如浞野侯⑥为虏所得，后亡还，天子客遇之，况于将军乎！"陵曰："公止！吾不死，非壮士也！"于是尽斩旌旗，及珍宝埋地中。陵叹曰："复得数十矢，足以脱矣。今无兵复战，天明坐受缚矣，各鸟兽散，犹有得脱归报天子者。"令军士人持二升粮，一半冰……夜半时，击鼓起士，鼓不鸣，陵与韩延年俱上马，壮士从者十余人，虏骑数千追之。韩延年战死。陵曰："无面目报陛下。"遂降。军人分散脱至塞者，四百余人。……群臣皆罪陵。上以问太史令司马迁。迁盛言："陵事亲孝，与士信，常奋不顾身，以殉国家之急……有国士之风。……且陵提步卒不满五千，深輮戎马之地，抑数万之师，虏救死扶伤不暇，悉举引弓之民，共攻围之，转斗千里，矢尽道穷，士张空弓，冒白刃，北首争死敌。得人之死力，虽古之名将不过也。身虽陷败，然其所摧败，亦足暴于天下。彼之不死，宜欲得当以报汉也。"……上以迁诬罔欲沮贰师⑦为陵游说，下迁腐刑。久之，上悔陵无救……乃遣使劳赐陵余军得脱者。陵在匈奴岁余，上遣因杅将军公孙敖⑧将兵深入匈奴，迎陵。敖军无功还，曰："捕得生口，言李陵教单于为兵以备汉军，故臣无所得。"上闻，于是族陵家……陇西士大夫以李氏为愧。其后汉遣使使匈奴，陵谓使者曰："吾为汉将步卒五千人，横行匈奴，以亡救而败，何负于汉，而诛吾家？"使者曰："汉闻李少卿教匈奴为兵。"陵曰："乃李绪⑨，非我也。"……陵痛其家以李绪而诛，使人刺杀绪。大阏氏⑩欲杀陵，单于匿之北方。大阏氏死，乃还。单于壮陵，以女妻之，立为右校王。……昭帝立，大将军霍光、左将军上官桀辅政，素与陵善，遣陵故人陇西任立政等三人，俱至匈奴招陵。……陵曰："丈夫不能再辱。"陵在匈奴二十余年，元平元年病死。

（《汉书》卷五十四，李陵传）

【注释】

①陵：即李陵，字少卿，陇西郡名将李广之孙。②居延：汉县名，在今甘肃酒泉。③浚稽山：在今蒙古喀尔喀境内。④连弩：将两张弓并在一起，以加强弓力延长射程。⑤当户、君长：都是匈奴官名。⑥浞野侯：名赵破奴，九原人，武帝时为骠骑将军司马，后为匈河将军，因击楼兰有功，封浞野侯。⑦贰师：名李广利，武帝所宠爱的李夫人的哥哥，武帝遣其伐大宛，因大宛境内有贰师城，故号为贰师将军。无功而还。后因其兄李延年犯罪被诛，害怕连坐而降匈奴。⑧公孙敖：义渠人，景帝时任郎官，武帝时为骑将，出击匈奴，因部属逃亡太多，当

斩，逃隐民间五六年，后被发现，入狱，因其妻卷入巫蛊案而被杀。⑨李绪：原任塞外都尉，居住在奚侯城，匈奴攻城时投降。⑩大阏氏（yān zhī）：单于的母亲。

【译文】

　　李陵……率领步兵5000人，从居延郡出发，向北行军30天，到达浚稽山……和匈奴单于相遇，匈奴骑兵大约3万人，围住李陵的军队。李陵的军队驻扎于两山之间，以大车为营，李陵带领士兵在营外结阵，前面的拿着戟和盾，后面的拿着弓和箭。李陵下令说："听到鼓声出战，听到锣声撤退。"匈奴看到汉军人数少，径直逼到营前。李陵下令攻击，千弩俱发，匈奴人应弦而倒，其他的退向山上，汉军追击，斩杀了数千人。单于大为震惊，召集附近兵力8万余骑一同进攻李陵。李陵且战且退，向南边走了几天，到达一个山谷中，连续作战，士兵大多中了箭伤，受伤3次的载在车上，受伤两次的管理车辆，受伤一次的仍拿着武器作战。……走了四五天，到了一个大湖的芦苇丛中，匈奴人在上风放火，李陵便也下令士兵放火，烧掉附近的草木，使匈奴人放的火无法延及自己。再向南行到了一座山下，单于在南山上，派他的儿子带领骑兵攻击李陵，李陵的军队徒步与他们在树林中格斗，又杀死匈奴几千人，趁胜发连弩射单于，单于向山下逃避。这一天捕得的匈奴人说："单于说道：'这是汉朝的精兵，攻打他不能取胜，日夜引我们向南接近边塞，难道有伏兵？'各位当户、君长都说：'单于你亲自带领数万骑兵，攻击汉军几千人，却不能消灭掉他们，后来再怎么驱使边臣呢？这分明是让汉朝更加轻视匈奴。只可再尽力战于山谷之中。若再走四五十里路，到了平地，仍不能攻破他，才可引兵回去。"当时李陵军中越发危急，匈奴骑兵很多，一天作战几十次，又杀伤匈奴两千多人，匈奴认为形势于己不利，打算退兵，恰逢李陵麾下的哨探管敢被校尉羞辱，逃降到匈奴军中，详细地陈述说："李陵军没有后援，箭将要用完了，只有将军麾下和成安侯韩延年军校各800人，在前为先锋，用黄旗、白旗为记认，应当派精骑去射他们，立刻就可以攻破。"……单于得了管敢，非常高兴，马上派骑兵去攻打汉军，大呼道："李陵、韩延年快快投降！"于是阻住去路加紧攻击。李陵所部在山谷中，匈奴人在山上，四面箭如雨下，汉军向南退。……一天之内，50万枝箭都射尽了，就抛掉车辆行军，士兵还有3000多人，都空手握了斩断的车轮直木作为武器，军吏才有短刀。……进入一个峡谷中，单于抄袭了他们的后路，顺着山势滚下石块，士卒很多都被砸死，不能前行，只有就地扎营。夜里，李陵便衣出营，制止左右人说："不要随着我，大丈夫当一身独取单于！"过了许久，李陵回来，叹息说："兵已败，只有死了！"军吏有的说："将军威震匈奴，失败是因为天意，不要死，以后可以寻路回去，像以前浞野侯被匈奴擒获，后来逃归，天子尚且以宾礼待他，何况将军你呢！"李陵说："你不要说了！我李陵若不死，便不是壮士！"于是将旗帜全都斩断，连同珍宝埋藏在地下。李陵叹息说："如果每人还有几十枝箭，就可以脱身了。可惜如今没有兵器作战，等到天亮，只有坐而受缚了。你们各自逃生，作鸟兽散，或者还有人能逃脱，得以归报天子。"于是命令军吏士卒每人带二升干粮，一大块冰……半夜时分，准备击鼓起兵，鼓却不响，李陵和韩延年便都上马，壮士跟从他们的有10多人，匈奴数千骑在后追击。韩延年战死。李陵说："我没有面目回报陛下了！"于是投降。军人分散逃脱到边塞的有400余人。……大臣们都归罪于李陵。武帝以这事问太史令司马迁。司马迁极力辩护说道："李陵孝顺父亲，与士人交往又有信义，常奋不顾身，以赴国家的急难……有国士的气概。……况且李陵带领不满5000步兵，深入北方，抵挡敌人数万军队，匈奴救死扶伤的应接不暇，尽起可以征战之民，一同来围攻他，转战千里，箭尽路绝，士兵们还张起空弩，冒着白刃，北向争先和敌人死战。能得许多人为之尽死效力，就是古代的名将也不过如此。自身虽失败而陷于敌中，但是他所杀死击伤的匈奴军士，也足以向天下表白自己了。李陵之所以不死，应当是想将来立功赎罪，报答汉室的恩德吧。"……武帝认为司马迁信口胡说，是想压低一同出兵而无功劳的贰师将军，为李陵游说辩护，便给司马迁施以腐刑。过了很久，武帝后悔当初李陵没有救兵……便派人犒劳赏赐李陵军中逃回来的人。李陵在匈奴待了一年多后，武帝派因杅将军公孙敖带兵深入匈奴境内，迎接李陵。公孙敖之军无功而还，说："捕获俘虏，说李陵教单于练兵来防备汉军，所以我没有战功。"武帝听说了，便族灭李陵全家。……陇西郡的士大夫自此以李氏为愧。后来汉朝派使者出使匈奴，李陵对使者说："我为汉朝带领步兵5000人，横行匈奴，因为没有救兵而兵败，有什么对不起汉室的地方，竟诛灭我全家？"使者说："汉朝听说李少卿教匈奴练兵。"李陵说："那是李绪，不是我。"……李陵痛恨自己全家因李绪而被杀，派人刺杀了李绪。大阏氏要处死李陵，单于将他藏到北方去。大阏氏死后，才回来。单于认为李陵是壮士，将女儿嫁给他，封他为右校王。……昭帝册立，大将军霍光、左将军上官桀辅政，他们两人一向与李陵友好，便派李陵旧时好友陇西人任立政等3人，一同到匈奴召李陵回来。……李陵说："大丈夫不能再受羞辱了。"李陵在匈奴待了20多年，元平元年因病而死。

穷寇莫追

充国引兵至先零在所①。房久屯聚，解②弛，望见大军，弃车重，欲渡湟水③，道隘狭，充国徐行驱之。或曰逐利行迟，充国曰："此穷寇不可迫也。缓之则走不顾，急之则还致死。"诸校④皆曰："善。"虏赴水溺死者数百，降及斩首五百余人，卤马牛羊十万余头，车四千余辆。

（《汉书》卷六十九，赵充国传）

【注释】

①"充国"句：充国，即赵充国，西汉著名大将，在武、昭、宣三帝时，先后率军反击匈奴攻扰，平定羌贵族叛乱，平羌时首开"寓兵于农"的屯田制度。②解：通"懈"。③湟水：黄河上游支流，以北是汉地。④校：古代军队编制单位，汉武帝设八校，每校少者700人，多者1200人，军官为校尉。

【译文】

赵充国率领大军到达首叛的先零羌的驻地。先零羌族的官兵由于聚集时间太长，意志松弛，望见汉朝大军，纷纷丢弃车辆辎重奔逃，打算渡过湟水回去，前行道路狭窄，赵充国就率部慢慢地追赶羌人。有人说，要消灭敌人，我们的行动太慢了，赵充国说："这是处于绝境的敌人，不能追得太急。我们慢慢追赶，他们就会一味奔逃，追得急了，就会回过头来和我们决一死战。"各校的军官们都说："对呀！"羌虏逃窜中，挤入水里淹死的有几百人，投降和被杀的500多人，掠回马牛羊10余万头，车马4000余辆。

理 财

卜式分财

卜式,河南①人也。以田畜为事,有少弟。弟壮,式脱身出,独取畜羊百余,田宅财物尽与弟。式入山牧,十余年,羊致千余头,买田宅。而弟尽破其产,式辄复分与弟者数矣。

时汉方事匈奴,式上书,愿输家财半助边。上使使问式:"欲为官乎?"式曰:"自小牧羊,不习仕宦,不愿也。"使者曰:"家岂有冤,欲言事乎?"式曰:"臣生与人亡所争,邑人贫者贷之,不善者教之,所居,人皆从式,式何故见冤!"使者曰:"苟,子何欲?"式曰:"天子诛匈奴,愚以为贤者宜死节,有财者宜输之,如此而匈奴可灭也。"使者以闻。上以语丞相弘。弘曰:"此非人情。不轨之臣不可以为化而乱法,愿陛下勿许。"上不报,数岁②乃罢式。式归,复田牧。

岁余,会浑邪等降,县官费众,仓府空,贫民大徙,皆仰给县官,无以尽赡。式复执钱二十万与河南③太守,以给徙民。河南上富人助贫民者,上识式姓名,曰:"是固前欲输其家半财助边。"乃赐式外繇④四百人,式又尽复与官。是时富豪皆争匿财,唯式尤欲助费。上于是以式终长者,乃召拜式为中郎,赐爵左庶长,田十顷,布告天下,尊显以风⑤百姓。

(《汉书》卷五十八,卜式传)

【注释】

①河南:西汉县名,今河南洛阳市辖内。②数岁:此处指过了很长时间。③河南:此处指河南郡,治所在今洛阳市东北。④外繇:指戍边。古时役使百姓戍守边境,一人出300钱,由官方雇人代役,叫过更。赐卜式外繇400,意即使卜式一年得1.2万钱。⑤风(fèng):用含蓄的话语来劝告。

【译文】

　　河南人卜式，以种田放牧为职业，双亲死后抚养一个小弟弟。弟弟长大后，卜式就和弟弟分家，自己只要了100多头羊，田地住宅和其他财物统统留给了弟弟。卜式进山放羊10多年，羊繁殖到1000多头，买了田地和住宅，而他的弟弟却彻底破产了，卜式就又分给他许多东西。

　　这时汉朝正在对匈奴作战，卜式向武帝上书，愿意捐献自己家财的半数，以供边防战争之用。武帝于是派使者去问他："你是想做官吗？"卜式回答说："我自小牧羊，不懂做官，不愿。"使者又问："家里难道有什么冤情，想申诉解决吗？"卜式回答说："我一生与人没有纷争，对同县的人，家贫的就借给他财物，不学好的就劝他改邪归正，住地周围的人都乐意听从我，我哪有什么冤屈！"使者又问："既然如此，你究竟需要什么呢？"卜式说："如今皇上正在讨伐匈奴，我认为有才德的人应当为了边境的安全去守节义而死，有钱财的人应当慷慨捐献以供边防之用，如此一来，匈奴就能被彻底打败不再侵扰了。"使者将他的话报告给武帝，武帝又将这些话告诉丞相公孙弘。公孙弘说："这不合乎人之常情。不遵守仁义规范的人，不能让他捐献布施，以免乱了法度。希望陛下不要允许。"因此武帝没有答复卜式，过了很久，打发了卜式。卜式回家后仍旧种田牧羊。

　　一年后，正逢匈奴所属的浑邪王等投降，朝廷消耗了大量的财物，粮仓府库空虚，而贫民大量迁移，都需要官府救济供给，官府无力供养。这时卜式又拿出20万钱给河南太守，用以供养移民。河南郡向朝廷呈送救济穷人的富人名单，武帝看到卜式的姓名，就知道他，说："这就是本要献纳一半家财助边的人啊！"因此赏赐他外繇400人，卜式将这些外繇又统统交给了官府。当时，富豪之家都争相隐藏财产，只有卜式乐意捐献家资以供国家之用。武帝因此认为卜式终究是为善之人，并非虚伪之徒，就召见他，授职中郎，赐爵左庶长，赐田10顷，并布告天下，对他推崇显扬，借此以劝告百姓。

勃海人卖剑买牛

　　宣帝①即位，久之，勃海②左右郡岁饥，盗贼并起，二千石不能禽制③。上选能治者，丞相、御史举遂可用④，上以为勃海太守。时遂年七十余，召见，形貌短小，宣帝望见，不副所闻，心内轻焉。谓遂曰："勃海废乱，朕甚忧之。君欲何以息其盗贼，以称朕意？"遂对曰："海濒⑤遐远，不沾圣化，其民困于饥寒而吏不恤，故使陛下赤子盗弄陛下之兵于潢池中耳⑥。今欲使臣胜之耶，将安之也？"上闻遂对，甚说⑦，答曰："选用贤良，固欲安之也。"遂曰："臣闻治乱民犹治乱绳，不可急也；唯缓之，然后可治。臣愿丞相、御史且无拘臣以文法，得一切便宜从事。"上许焉，加赐黄金赠遣。乘传⑧至勃海界，郡闻新太守至，发兵以迎，遂皆遣还。移书敕属县："悉罢逐捕盗贼吏，诸持锄钩田器者皆为良民，吏无得问，持兵者乃为盗贼。"遂单车独行至府，郡中翕然⑨，盗贼亦皆罢。勃海又多劫略相随，闻遂教令，即时解散，弃其兵弩而持钩锄，盗贼于是悉平，民安土乐业。遂乃开仓廪⑩假贫民，选用良吏，尉安⑪牧养焉。

遂见齐⑫俗奢侈，好末技，不田作，乃躬率以俭约，劝民务农桑，令口种一树榆⑬、百本薤⑭、五十本葱、一畦韭，家二母彘⑮、五鸡。民有带持刀剑者，使卖剑买牛，卖刀买犊⑯，曰："何为带牛佩犊！"春夏不得不趋田亩，秋冬课收敛，益蓄果实菱芡⑰。劳来循行，郡中皆有畜积，吏民皆富实。狱讼止息。

数年，上遣使者征遂，议曹⑱王生愿从。功曹以为王生素耆酒⑲，亡⑳节度，不可使。遂不忍逆，从至京师。王生日饮酒，不视太守。会遂引入宫，王生醉，从后呼，曰："明府㉑且止，愿有所白。"遂还问其故，王生曰："天子即问君何以治勃海，君不可有所陈对，宜曰：'皆圣主之德，非小臣之力也。'"遂受其言。既至前，上果问以治状，遂对如王生言。天子说其有让，笑曰："君安得长者之言而称之！"遂因前曰："臣非知此，乃臣议曹教戒臣也。"上以遂年老不任公卿，拜为水衡都尉，议曹王生为水衡丞，以褒显遂云。水衡典上林禁苑㉒，共张㉓宫馆，为宗庙取牲㉔，官职亲近，上甚重之，以官寿卒。

(《汉书》卷八十九，循吏传)

【注释】

①宣帝：刘询，公元前73—前49年在位。②勃海：汉郡，治所在今河北省沧州市东南。③"二千"句：二千石（dàn），指官俸每月为两千石（120斛）的官吏，一般代称太守。禽，通"擒"。④"丞相"句：御史，即御史大夫，最高监察长官。遂，即龚遂，昭、宣二帝时名臣。⑤濒：即"滨"，水边。⑥"故使"句：赤子，婴儿，代指百姓。潢（huáng）池，积水的池塘。⑦说：通"悦"。⑧传（zhuàn）：传车，古代驿站专用车。⑨翕（xì）然：协和一致的样子。⑩廪

(lǐn)：粮仓。⑪尉安：安慰。⑫齐：今山东省泰山以北黄河流域及胶东半岛地区。⑬"令口"句：口，每口人。榆，榆树，皮和叶荒年可充饥。⑭薤（xiè）：形似韭菜。⑮彘（zhì）：猪。⑯犊（dú）：小牛。⑰茨（cí）：茨实，又名鸡头米。⑱议曹：太守的属吏。⑲"功曹"句：功曹，太守的重要助手，掌管人事，并过问一郡政务。耆，通"嗜"。⑳亡：通"无"。㉑明府：对太守的尊称。㉒上林禁苑：在今陕西省西安市长安区西及周至、鄠（hù）县界，是皇帝游猎的场所。㉓共张：陈设。共，同"供"。㉔"为宗"句：宗庙，古代国君或士大夫祭祀祖宗的处所。牲，供祭祀用的家畜。

【译文】

宣帝即位，几年后，勃海周围郡县灾荒，盗贼四起，太守制服不了。宣帝想用一位能治理勃海的人，丞相和御史举荐龚遂可用，宣帝便任命他为勃海太守。当时龚遂已70多岁，宣帝召见时，见他形貌矮下，与自己听到的不相符合，心里有点轻视他，问他说："勃海法纪废弛，饥民作乱，我十分担忧。您打算用什么方法平息郡中盗贼，让我放心呢？"龚遂回答说："勃海郡远在海边，没能受到圣朝的教化感染，郡中百姓饥寒交迫，而地方官又不加体惜，因此逼得皇上的子民盗了皇上的兵器在池塘中戏耍罢了。如今是要我去镇压他们，还是去安抚他们？"宣帝听了龚遂的回答，非常高兴，说："选用贤良，本就为了安抚百姓。"龚遂说："我听说治乱民就像理乱绳一样，是不能操之过急的。只有慢慢来，然后才能治理。我请求丞相和御史暂且不要用一般的法令条文来约束我，让我按照实际情况自行处理。"宣帝同意了，额外赏赐黄金，派他赴任。龚遂乘坐驿车到达勃海边界，郡中听说新太守到了，派兵前往迎接。龚遂叫军队全都回去，发出公文指示所属各县："全部撤回追捕盗贼的官吏，凡是拿锄头镰刀等农具的都算良民，官吏不得追究；拿兵器的才算盗贼。"然后单独一人乘车到府，郡中一致拥护，成群结队的饥民也都纷纷解散。勃海还有不少结伙打劫和拦路抢劫的人，听了龚遂的教诫和命令，都即时解散，扔掉兵器拿起了镰锄。盗贼因此全部平息，百姓得以安居乐业。龚遂因此开仓救济贫民，选用清廉的官吏，安抚治理百姓。

龚遂见勃海风俗奢侈，喜欢从事工商业，轻视农耕，便亲自带头节俭，劝导百姓务农种桑，叫每人种一棵榆树、百棵薤菜、一畦韭菜，每家养两只母猪、5只鸡。见到百姓有带刀佩剑的，就要他们卖剑买牛，卖刀买犊，说："为何要把牛和犊佩在身上？"春夏两季还得劝百姓到田野耕作，秋冬督促他们收割，又让百姓多储果实、菱角、茨实之类。由于龚遂的巡视劝勉，郡中人都有积蓄，官吏和百姓都殷实厚富。诉讼案件也没有了。

　　几年之后，宣帝派使者召回龚遂，议曹王生请求同去。功曹认为王生一向嗜酒，没有节制，不可让他跟去。可龚遂不忍拒绝，就让他跟从到京城。到了京城后，王生天天酗酒，从不去看望龚遂。一天，龚遂应召入宫，王生正喝得醉醺醺的，跟在后面大声叫道："明府暂且停一下，我有几句话要说。"龚遂返身问他缘由，他说："天子倘若问您怎样治理勃海，您千万不可多说，只宜回答：'全凭圣上的威德，不是我有什么能力。'"龚遂听从了他的建议。到了皇帝跟前，宣帝果然问起治理勃海的情形，他便按王生的话回答了。宣帝高兴他谦让有礼，笑着说："您从哪儿得来这种忠厚长者的话？"龚遂乘机上前一步说："我并不知道应该这么说，是我的议曹告诫我的。"宣帝由于龚遂年老，不能担任公卿重职，就拜他为水衡都尉，议曹王生任水衡丞，以表示对龚遂的褒奖和尊重。水衡都尉掌管上林苑，负责宫庭馆院的陈设，为宗庙祭祀提供牲畜，是亲近天子的官职，宣帝非常看重他，他最后在任上寿终。

德　操

王陵母以身教子

王陵①……以兵属汉。项羽取陵母置军中。陵使至，则东向坐陵母，欲以招陵。陵母既私送使者，泣曰："愿为老妾言陵，善事汉王。汉王长者，毋以老妾故持二心。妾以死送使者。"遂伏剑而死。项王怒，亨②陵母。陵卒从汉王定天下。

（《汉书》卷四十，王陵传）

【注释】

①王陵：沛县人，楚汉相争时，拥兵据南阳，因和刘邦仇人雍齿有交情，故不肯从刘邦，后才以兵属汉，共击项羽，并相刘邦，定天下。②亨：通"烹"，古代一种酷刑，即用水烹煮犯人。

【译文】

王陵……带领自己的人马投奔了汉王刘邦。项羽将王陵的母亲安置在自己军中。王陵的使者到来，就让王陵的母亲坐在东面以示敬重，想借此来招降王陵。王陵的母亲私下送别使者，哭泣着说："希望代我这老婆子传话给王陵，要好好事奉汉王。汉王是个忠厚有德的长者，不要由于我而怀有二心。我以死来送别你。"说完便用剑自杀而死。项王大怒，烹了王陵的母亲。而王陵最终还是跟随汉王平定了天下。

丙丞相大德不言

丙吉，字少卿，鲁国①人也。……武帝末，巫蛊②事起，吉以故廷尉监征，诏治巫蛊郡邸狱。时宣帝生数月，以皇曾孙坐卫太子事系。吉见而怜之，又心知太子无事实，重哀曾孙无辜。吉择谨厚女徒，令保养曾孙。……上遣使者分条中都官诏狱③系者，无轻重一切皆杀之。

内谒者令④郭穰夜到郡邸狱，吉闭门拒使者不纳，曰："皇曾孙在。他人无辜死者犹不可，况亲曾孙乎！"相守至天明不得入……武帝亦寤……因赦天下。……曾孙病，几不全者数焉。吉数敕保养乳母加致医药，视遇甚有恩惠，以私财物给其衣食。……吉为人深厚，不伐善。自曾孙遭遇，吉绝口不道前恩，故朝廷莫能明其功也。……及霍氏诛，上躬亲政，省尚书⑤事。是时，掖廷⑥宫婢则令民夫上书，自陈尝有阿保之功。章下掖廷令考问，则辞引使者丙吉知状。……上亲见问，然后知吉有旧恩，而终不言，上大贤之。

(《汉书》卷七十四，丙吉传)

【注释】

①鲁国：今山东曲阜一带。②巫蛊：以符咒祈祷诅咒，降灾祸于人。武帝时，宫中多次发生这类事情，牵连很多人，卫太子也因此被废。③诏狱：由朝廷亲自处理的重大刑狱。④内谒者令：宫中掌迎送宾客的宦官。⑤尚书：掌朝廷文书，群臣奏章都要经过这里，职位尽管不是很高，可权力极大。⑥掖廷：宫婢所居的宫中旁舍。

【译文】

丙吉，字少卿，鲁国人。……汉武帝末年，巫蛊事件经常发生，丙吉由于曾任廷尉监而被征召，奉旨去查办州郡的巫蛊案件。……当时，宣帝生下才几个月，由于是皇曾孙的原因，也因卫太子的事株连被囚。丙吉见了，心里十分同情，又明白卫太子没有犯罪事实，于是更为痛伤曾孙无辜。因此丙吉挑选了一个谨慎忠厚的女犯，让她保护和养育曾孙。……武帝派出使者逐一查治诏狱里的囚犯，不分罪行轻重将他们全部杀掉。内谒者令郭穰夜里去到郡邸狱，丙吉把他拒之门外，不予接纳，说："皇曾孙在这里。其他人无辜而死尚且是不应该，何况皇上的亲曾孙！"僵持到天亮还不得进监狱……武帝也醒悟了……因而大赦天下。……皇曾孙患病，几次都几乎没能活下来。丙吉数次责令保养的乳母加意治疗，看护照料都很有恩惠，并用自己的财物来供给他的衣食。……丙吉为人忠厚，不夸耀自己的长处和功劳。自从曾孙即位为帝，丙吉绝口不提以前的恩德，因此朝中没有人知道他的功劳。……等到霍氏被诛灭，宣帝亲自掌政，并过问尚书省的事。这时，一个名叫则的掖廷宫婢让她原来在民间时的丈夫上书，说她也曾有护养的功劳。宣帝诏令掖廷负责官员查问，则在供词里提到当时的使者丙吉知道情况。……宣帝亲自召见询问，然后才知道丙吉过去对自己有很大的恩德，但终究没说。宣帝对他深为敬重,认为是大贤之人。

扬雄的品性与才德

扬雄字子云,蜀郡成都人也。……雄少而好学,不为章句,训诂①通而已,博览无所不见。为人简易佚荡,口吃不能剧谈,默而好深湛之思,清静亡②为,少耆③欲,不汲汲于富贵,不戚戚于贫贱,不修廉隅以徼④名当世。家产不过十金,乏无儋⑤石之储,晏如也。自有大度。非圣哲之书不好也;非其意,虽富贵不事也。

(《汉书》卷八十七上,扬雄传)

【注释】

①训诂(gǔ):用通行的话解释古代语言文字或方言字义。②亡:通"无"。③耆:同"嗜"。④徼(jiǎo):求。⑤儋:同"单"。

【译文】

扬雄字子云,蜀郡成都人。……扬雄自幼好学,读书不沉溺于分章断句的枝节,只求弄通文字把握大意而已,博览群书,无所不读。为人随意舒缓,口吃不能快速说话,因而静默喜欢深思,清静无为,嗜好和欲望少,不奔忙于富贵,不忧患于贫穷,不有意于声名。虽然家中产业不超过10金,贫困得缸里存粮不到一石,却安然自若。胸怀大志,不是圣贤哲人的书就不喜欢读;不合自己心意,即使是富贵的人也不侍奉。

前有召父 后有杜母

召信臣字翁卿,九江寿春①人也。以明经甲科②为郎③……迁南阳太守。……

信臣为人勤力有方略,好为民兴利,务在富之。躬劝耕农,出入阡陌,止舍离乡亭④,稀有安居时。行视郡中水泉,开通沟渎⑤,起水门提阏凡数十处,以广溉灌,岁岁增加,多至三万顷⑥。民得其利,畜积有余。信臣为民作均水约束,刻石立于田畔,以防分争。禁止嫁娶送终奢靡,务出于俭约。府县吏家子弟好游敖⑦,不以田作为事,辄斥罢之,甚者案⑧其不法,以视好恶。其化大行,郡中莫不耕稼力田,百姓归之,户口增倍,盗贼狱讼衰止。吏民亲爱信臣,号之曰召父⑨。

(《汉书》卷八十九,循吏传)

【注释】

①寿春:今安徽寿县。②明经甲科:汉代以明经考试取人,甲科是最高科目。③郎:郎官,皇帝的侍从。④乡亭:汉时基层行政机构,长官为亭长。⑤沟渎(dú):田间水渠。⑥顷(qǐng):一顷为百亩。⑦游敖:游玩嬉戏。⑧案:案问;审查。⑨召父:尊称。西汉召信臣和东汉杜诗,先后任南阳太守,政绩显著,民间常称道他们说:"前有召父,后有杜母"。

【译文】

召信臣字翁卿,九江郡寿春县人。因考取明经甲科做了郎官……提升至南阳太守。……

召信臣为人极为能干,有为政的方法谋略,好为百姓兴利,致力于使百姓富裕。经常亲自下到民间劝勉鼓励农业生产,出入于田间小路,休息住宿都不去乡亭,极少有停歇的时候。他察看了南阳郡内各处的水源,开通了许多大小沟渠,修筑的水门堤堰共有几十处,以拓宽灌溉面积,年年增加,受益田亩多达3万顷。百姓得到灌溉之利,农业收获大为增加,使大家都有积蓄。召信臣又为百姓制定了平等用水的制度,把它刻在石板上,立在田边,以避免争水纠纷。同时禁止在婚娶丧葬方面的奢侈浪费,倡导俭约办事。府县官吏家的子弟有游手好闲、不愿从事耕作的,召信臣总是严斥他们使之改正,对于陋习严重的按犯法给以治罪,以示好坏的区别对待。所以,良好的社会风气普及了,郡中人没有不勤于农事的,外出他地的百姓也回来了,户数人口增加了一倍,盗窃和诉讼案件逐渐止息。官吏和百姓因此对召信臣亲近爱戴,称他为召父。

传世故事

刘邦用叛将不疑

陈平,阳武户牖乡人。少年时家境贫寒,爱好读书,致力于黄帝老子之术。他家有 30 亩田地,他与兄长陈伯住在一起,平常都是陈伯耕地种田,纵容陈平四处游学。陈平其人高大伟岸美貌,有人对陈平说:"你家境贫寒是吃什么东西长得如此肥美?"他的嫂子痛恨陈平不过问家务生产,接嘴说:"也不过是吃糠麸罢了。有这样的小叔子,还不如没有!"陈伯因此而休妻。

陈涉起兵后,立魏咎为魏王。陈平此时告别兄长陈伯,跟一帮少年去追随魏王咎。他向魏王游说,不被采纳,又有人进他的谗言,陈平就逃离而去。这时项羽占领了黄河,陈平去归附项羽,他协助项羽,颇有战功,不断晋爵获赏,后拜为都尉(仅次于将军的军官,汉初秩比二千石)。后来陈平惧怕项羽诛杀他,就把赏金和官印交人还给项羽,自己负剑而逃。渡河时,船工见其伟岸,颇有丈夫气象,又独自行走,怀疑他是逃亡将领,猜他腰里藏有金玉宝物,就拿眼盯着他,想杀他。陈平心下恐惧,解衣露怀表示身无长物,因此才得以脱险。

陈平逃到修武投降了汉,借助魏无知求见汉王刘邦,汉王召他进见,赐食后要他回客舍。陈平说:"我有事而来,要说的话不能拖过今夜。"于是汉王与之交谈,非常愉快。汉王问:"您在楚担任何官?"回说:"做都尉。"当天就拜陈平做都尉,诸将都吵吵嚷嚷,议论纷纷,说:"大王一天之内得到楚的一个逃兵,不知底细,就给享受特殊待遇!"汉王因此对陈平宠爱有加。

绛、灌等旧将进谗言道:"陈平这人虽有伟岸的丈夫气概,像玉石装饰的头冠,其中未必有真货色。听说他家居时与其嫂私通,服事魏王不被容纳,逃到楚,不被重用,又逃到汉。现如今大王授以尊官,令他护军。他不过是一个反复无常的叛臣,希望大王明察。"汉王表示怀疑,责问无知:"有这回事吗?"无知说:"有。我当初推荐他,是因其才能,而陛下问的是德行。现在即使有尾生、孝生这样行孝、守信的人,于战争之胜败无益,陛下有闲去任用他们吗?现在楚汉相抗拒,我推荐有奇谋的人,是因为他的计谋确实有利国家。与嫂私通等劣迹又何足为虑呢?"陈平辩解说:"我事奉魏王,他不采用我的谋略,所以又去侍奉项王。项王不信任人，他所信任宠爱的不是项家诸将就是妻弟等人，即使有奇士也不重用。我在楚就听说汉王肯用人，所以归附大王。我一贫如洗，不接受钱财无以为生。若我的计谋确有可取，希望大王能采用。若一无是处，我请求回家。"汉王乃丰厚赏赐他，授为护军中尉（掌派遣安排诸将之事）。将校们再没人敢议论了。

其后楚汉战争不断，汉王问陈平："天下战乱纷纷，何时能够平定啊？"陈平说："项王为人恭敬爱人，好礼廉节的士人大多归附他，但说到论功行赏封爵，他又不得人心了。现在大王您简慢少礼，廉节好礼之人不亲，但大王肯丰厚地赏赐爵邑，那些好利之徒就来归附汉。这样的话，项王的骨鲠之臣只有几个：亚父、钟离眛、龙且、周殷等，只需大王拿出数万斤金，行反间计，贿赂他们，让楚心存怀疑。项王这人多疑，轻信谗言，一定会自相残杀，大王趁机进攻，一定能破楚。"汉王听从他的计谋，动用4万斤黄金给陈平，任他自由支用，不问去处。

陈平用金去反间楚军，说诸将劳苦功高，却始终得不到土地和封王，要与汉合而为一。项羽果然怀疑部将，派使者到汉，汉这边的人见到楚使者佯装吃惊地说："我以为是亚父的使者，原来是项王的使者呀！"他们还故意怠慢使者，这就更使项王怀疑亚父。亚父听说项王怀疑他，大怒，说："天下事基本已定了，君王好自为之，我回老家去了。"回家途中病发而亡。

汉六年（公元前211年），有人上书告发楚王韩信谋反。陈平出主意："韩信善于用兵，不能以之为敌，陛下就假装出游云梦，在陈与诸侯相会，韩信必定去郊外迎谒，陛下趁此抓住他，只需一个大力士就够了。"后来果真用这个办法抓获韩信，绑缚回京都。汉王因此封陈平为户牖侯，世代不绝。陈平辞谢，大王说："我用了先生的计谋，制胜克敌，不算功劳吗？"封赏更厚。

邓通无能受宠　富而后贫

汉文帝刘恒曾做一梦，梦见自己想上天，可是不管他怎样使劲，都无济于事。这时，过来一个穿黄衣服的小伙子，从后面推他，把他给推到天上了。上天后，刘恒回头一看，那黄衣人走得只留一个背影。他注意到，那人衣带后屁股上面那部分，漏了一个口子。刘恒一觉醒来，很想暗中寻访一番，找到这个推他上天的人。他走出未央宫，向西南方向走去。那里有一个湖，湖中有个小岛，岛上有一个高台，叫渐台。他想这里居高临下，容易见到他要找的人。

当时有个人叫邓通，是蜀郡南安县（今四川省乐山）的人。这个人没有专长，只会划船，被征入宫中，给皇亲国戚们划船取乐。那时人们迷信五行，认为土能胜水，而黄色代表土，所以那些船夫们都穿着黄色的衣服。刘恒要到渐台来找穿黄衣服的人，就是因为如此。这里穿黄衣服的船夫并不少，他只找衣带后面有口子的人。偏偏这天邓通的衣带挂破个口子，刘恒认准他就是能推他上天的人。

文帝问邓通："你姓什么叫什么？"

"小子姓邓名通。"邓通战战兢兢地回答。

文帝刘恒十分高兴，他想："对呀，邓就是登，推我上天的人，肯定就是这个邓通了。"从此，邓通再也不用划船了，被封了个官，只要在皇帝高兴的时候陪着他玩就可以了。

这个角色，需要一个活泼的人。然而邓通言语迟钝，不大会讲话，也不太会与人交往。但他会充分利用自己性格上的这个特点，行为非常小心谨慎，只是学会几句能让皇帝高兴的话就可以了。皇帝一次赏赐他上万钱的，就有10余次。他的官职也不断地提升，最后当到上大夫，只可惜他实在是没有什么能耐，没有办法给他更大的官做。文帝还经常到他家里玩耍。

有一次，宫里请来了一个看相的，据说看得非常准，文帝就让他给邓通看。那看相的相过邓通以后说：这个人，最后是被饿死的。

刘恒说："不可能。我就能让他大富大贵，他怎么会饿死呢？"文帝心想，你不是说他会受穷吗？我偏要让他富极一时。文帝当众宣布道："蜀郡严道（今四川省荥经县）有座铜山，朕就把这座山赐给邓通。并且，邓通有权自己铸钱，发行使用。"

自此，邓通果然大量铸起钱来。他私铸的钱叫邓氏钱，流行到全国。后来，文帝刘恒得了一种毒疮，很痛苦，也很危险。邓通也不懂医道，面对痛苦不堪的皇帝，束手无策。后来他听人说，古代秦王有这种病的时候，曾经让人家给他用嘴吸，用舌头舔，这就是那句有名的成语"吮痈舐痔"的来源之一。于是，他就毫不犹豫地低下头，一口一口地在文帝的疮口上吸了起来。文帝觉得这样确实挺舒服。于是邓通就经常给文帝吸痈。但渐渐地，文帝又不大愿意让邓通给吸了。他问邓通："天下最爱我的人是谁？"邓通说："那就得算太子了。"于是，当太子来探望他的时候，他就让太子给他吸。太子面有难色。后来，太子听说是邓通开的这个头，就非常痛恨邓通。

文帝不久就死了，太子即位是为景帝。景帝说："这个邓通什么本事也没有，怎么能让他做这么高的官？"于是便免了他的官，让他回家为民了。

有人看见邓通失势了，就告发他除了在严道铸钱外，还非法到塞外偷铸。景帝立即让人调查，果然确有其事。景帝宣布没收邓通全部家产抵偿。并且还要让他偿还以前铸币赚的钱。这样一来，邓通不但一文不名，还欠下朝廷数万钱的债。景帝的姐姐馆陶长公主挺同情他的，有时送给他点钱财。但因为他欠朝廷钱，所以只要他手里有一点钱，就立刻被监督他的人没收了，搞得他身上连根簪子都没有。长公主看不过去，让家人借给他衣服和食物，但不给他一分钱。邓通后来死在寄居的人家里。虽然他并没有被饿死，但下场也没有好多少。

汉武帝挥泪严执法

汉武帝的妹妹隆虑公主身患重病，眼看就要断气了。一生富贵，她没有什么遗憾的，只有儿子昭平君年轻任气，使她放心不下。

昭平君是公主的儿子，又娶了汉武帝的女儿夷安公主为妻，更加亲上加亲。皇帝是他的舅父兼岳父，贵盛已极，炙手可热，养成了他骄横暴虐的秉性，常常同一些权豪子弟一起斗鸡走狗，招惹是非。隆虑公主临终前对武帝说："陛下的外甥、女婿脾气暴躁，全不把他父亲看在眼里，都是我娇惯了他。我死之后，难保他不犯下死罪。我就这一个儿子，恳求陛下怜悯。我想国家法律有献金赎罪的条款，我愿意拿出金千斤、钱千万，为您的女婿豫赎死罪，陛下不会不允许吧？"见到妹妹虚弱不堪的身子，充满哀求的目光，汉武帝的心情十分悲痛，此时此刻，根本不容许他有丝毫的犹豫，就不住点头，一口答应了。

果然，隆虑公主死了以后，昭平君愈加肆无忌惮地寻欢作乐，胡作非为。一次大醉之后，竟然拔剑杀死了前来劝止他酗酒的辅导公主的官员"主傅"。由于杀的是朝廷命官，昭平君被关进了监里。可是，他毕竟不是普通百姓，他是公主的儿子，皇帝的驸马，他的母亲又事前给他办过赎罪手续。也就是说，他的权位，他家的千金万金，早已为他买得了杀人不犯死罪的权利。种种因素都使得最高司法长官的廷尉不敢擅自给他定罪，只好以按律当死，但赎罪在先的特殊情况上报皇帝，让皇帝做出决断。

汉武帝没有想到妹妹临死前的担心，竟然不幸言中。这位以雄才大略著称的英明皇帝，面对这个案子，竟然愁肠万结、优柔寡断起来。他无法忘记妹妹临死前那乞求般的目光。一想起妹妹的嘱托，他悲哀叹息不止，眼泪汪汪地对百官们说："朕的妹妹隆虑公主年纪很大了才生这个儿子，况且只有这一个儿子，临死前托付给朕，朕怎忍心让她在九泉之下大失所望啊！"左右众臣看到皇帝这般痛心，七嘴八舌地劝慰道："这件事既然早已入赎，而且又是陛下亲口答应的，宽恕了昭平君，也是既合情又合理的事，陛下就不必多虑了。"

汉武帝还是在痛苦地思索这件事，感情与法律，亲贵与万民，屈死者与杀人犯，这种种因素，都在他的头脑中反复衡量。最后，他抬起了头，神情严正地对百官说："国家的法令，是高祖皇帝制定的，倘若仅仅是因怜恤隆虑公主的原因，就败坏高祖皇帝的法度，朕有什么脸面再进高庙？又有什么脸面治理天下？"说罢命将昭平君依法处死。敕令送出之后，武帝五内如焚，悲痛欲绝，左右大臣也都感伤不已。

朝臣中只有太中大夫、给事中东方朔与众不同，他端起一盅酒，毕敬地走到武帝面前，献辞敬酒说："臣听说古圣先王治理国家，赏罚不分亲疏远近，视同一体。《尚书》说，公正无私，政通令行。要做到这点，古代的三王也很难。如今陛下做到了罚不阿近。如此一来，天下的百姓就能各得其所，各安其位，这是天下的大幸运！"臣朔奉献这盅美酒，诚惶诚恐，请陛下消忧止哀，谨祝陛下万寿无疆！

霍光倡议废除昏王

霍光，西汉大臣，霍去病的异母弟弟。昭帝年幼即位，他受武帝遗诏辅政，任大司马、大将军。

元帝元年，昭帝驾崩，无子嗣，立迎昌邑王刘贺。刘贺是汉武帝的孙子，十分淫乱。在服丧期间，不着丧服，不素食，纳官奴200余人，在宫禁内喧闹游戏。已故皇帝灵柩还停在前殿，他就引昌邑乐人击鼓作歌，并与昭帝宫人淫乱等等。霍光因而忧虑愤懑，单独问其亲近的大司农田延年。延年说："将军是国家柱石，认为此人不宜继位，为什么不向太后建议，另外选择贤德之人立为皇帝呢？"霍光说："我现在确实希望如此，古时有先例吗？"田延年说："古时伊尹在殷为相，废太甲以安定朝廷，后人称赞他的忠诚。将军若能如此行事，您就是汉代的伊尹。"于是他们召集一些朝廷重臣在未央宫聚会议事。霍光说："昌邑王行为昏乱，恐怕要危及社稷，怎么办？"群臣都惊愕失色，只是唯唯诺诺而已。此时田延年上前，离开席位，按着剑说："先帝把幼孤托付给将军，把天下寄托给将军，是因为将军您忠厚贤德，能安定刘氏江山。现在天下鼎沸，社稷将倾，若令汉家断绝祭祀，将军即使死了，在地下有何面目去见先帝呢？今日之议，要速决，群臣不立即响应的，请允许我以剑斩之。"霍光辞谢说："天下形势险恶，霍光应当受责难。"于是参与议事的人都叩头，说："天下百姓的命运都掌握在将军手上，我们只听大将军的命令。"霍光就与群臣一起去见太后，详细陈述昌邑王不能继承皇位的原因，皇太后于是下诏废昌邑王刘贺。

汉元帝不省法度

汉元帝刘奭（shì）为太子时，柔弱仁慈，喜好儒术。他看到父亲汉宣帝用人多为精通法律条文的官吏，治政注重刑名之学，大臣杨恽、盖宽饶等均因以言论讥刺朝廷被杀，曾经劝告宣帝道："陛下持法太严，应该任用儒生治政。"宣帝听了，板着面孔教训了他一顿："我汉家自有自己的制度，以杂用霸道、王道为本，怎么能像周朝那样纯用德化之教呢？而且，俗儒不合时宜，专好是古非今，令人名实莫辨，不知以何为主，这种人如何可以任用！"可是，刘奭并未引以为戒，重视法度。

汉宣帝病危时，拜外戚侍中乐陵侯史高为大司马、车骑将军，太子太傅萧望之为前将军光禄勋，太子少傅周堪为光禄大夫，遗诏命他们辅佐元帝。然而萧、周与史高之间有矛盾。原先宣帝时，宦官中书令弘恭、石显身居要职。他们熟悉法令，与史高内外勾连，在刚即位的元帝面前议政时，往往以前朝旧事为据，不附和萧望之等人的意见。萧望之等认为中书为中枢机构，不宜使用宦官，应该择用贤明的士人。此后与史高、弘恭、石显发生了对立。

当时，汉元帝很尊重萧望之、周堪，因为他们都当过自己的师傅。追随萧、周的则有刘更生、金敞等大臣。然而，元帝刚即位，虽然倾向萧、周等人的意见，但也不敢轻易触怒外戚史高和宦官弘恭、石显等人。

有个名叫郑朋的会稽人，他利用萧、周举荐名儒英才之机，暗中想巴结萧望之，便上疏揭发车骑将军史高和外戚许氏、史氏子弟的过失。周堪看到了奏疏后，建议元帝让郑朋待诏金马门。郑朋见升官有望，更加竭力吹捧萧望之，屡次毁谤史高，攻击许氏和史氏的过失。

后来，萧望之发现郑朋不地道，再不与他往来。郑朋与大司农史李宫一起待诏，周堪也只推荐了李宫为黄门郎。郑朋由此而怨恨萧、周，转而谋求投靠许氏、史氏门下，而且声言道："先前我所说的郑、史二家的事情，都是周堪、刘更生教我说的。我是关东人，哪里晓得那些事？"侍中许章于是会见了郑朋，郑朋事后又扬言道："我见许章时，说到前将军萧望之有五项小过、一项大罪。中书令在旁边，他们知道我谈的情况。"事情传到萧望之的耳朵里，萧望之便询问中书令弘恭和石显。弘、石担心萧望之在元帝面前自我辩解，元帝会把此事交与其他官员处理，便挟制郑朋及萧、周的另一个对头待诏华龙，吩咐他们在萧望之休息时，上朝状告萧望之等阴谋罢斥车骑将军史高和排挤许氏、史氏，元帝于是命令弘恭调查这一案件。弘恭询问萧望之是否有郑朋、华龙状告之事，萧望之答道："外戚在位，大都骄奢淫逸，我指责他们是想匡正国家，并不是阴谋诡计。"弘恭、石显便上奏元帝道："萧望之、周堪、刘更生结为朋党，相互援引，屡次谗害大臣，毁谤皇帝，以图达到擅权专制的目的。他们身为人臣却不忠诚，诬陷皇亲而不道德，请命谒者将其移送廷尉。"元帝刚刚即位不久，根本不懂得"谒者将其移送廷尉"就是把他们投入监狱，便批准了弘恭、石显的请示。后来，元帝好久未见周堪、刘更生，要召见他们，侍从回答说他们关在监狱里，元帝惊道："不是仅仅送交廷尉询问一下吗？"他愤恨地责备弘恭、石显，两人连忙叩头谢罪。但移送廷尉是他批准的，意思也确实是关进监狱，所以他也不好过分责难弘恭、石显，只是让人放萧望之等出狱继续行使职权。弘恭、石显又唆使史高劝谏元帝：既然已把重臣关入监狱，就应顺势免去他们的官职，以显示天子的权威和信义。接着，元帝下诏给丞相御史道："前将军萧望之任太傅8年，无其他罪过。而且时间不长，难以记清。可赦免萧望之之罪，收回前将军光禄勋印绶，把他与周堪、刘更生都废为庶民。"

数月之后，元帝又下诏任萧望之为关内侯、给事中，并且想让他当丞相。恰巧萧望之的儿子萧伋上书为上次的事件辩解，有司便以纵子翻案有失臣礼的罪名奏请逮捕萧望之。弘恭、石显等深知萧望之自尊心强、难以忍受屈辱，狡猾地建议元帝把萧望之关进监狱，根除他的怨恨，然后再施厚恩。元帝担心他秉性刚烈，遇辱自戕，石显等故意说他犯的是小罪，不会轻易丢掉宝贵的生命，元帝这才批准逮捕萧望之。石显等马上封好诏书，令谒者面交萧望之，又命太常火速派兵包围了萧望之的宅邸。

谒者登门后，萧望之仰天而叹道："我曾位列将相，年龄已过60，而今晚年入狱，苟且偷生，不也太可耻了嘛！"然后喝下门生朱云为他配好的毒药，自杀身死。元帝得知消息，十分震惊，拍着手道："先前我本来就疑心他不肯俯首入狱，现在果然害死了我贤明的师傅！"正值午餐时间，侍从送上饭菜，元帝拒绝进餐，只顾哭泣。接着，他找来石显等人，责备他们建议不周，石显等又是免冠叩头谢罪。过了好半天，元帝才平静下来。

牛衣对泣　夫妻共勉

王章，开始本以文学为官，到汉元帝即位时，被提拔为左曹中郎将，因得罪了中书令石显，被免官。汉成帝时，又被征为谏大夫，继而升为司隶校尉，后来又担任京兆尹。由于他任官时直言敢谏，无所避忌，所以一生坎坷，最后竟遭迫害而死。

当初，王章在长安求学，还没有考取功名，和妻子两人共同生活。这时候，王章夫妻俩生活困窘到了极点，有一次王章生病卧床，因没有被子，只好瑟缩在牛衣中。想到居然困顿到了如此地步，王章心里难过极了，不禁对着妻子哀哭起来。王章的妻子却很有骨气，见丈夫露出这般情态，就朗声对他说道："夫君是京城中品行高尚之人，试看如今朝廷之中，有谁能超得过您？如今生病在床，生活困厄，不想着如何去激昂发愤，反而哭哭啼啼，多么鄙俗啊！"此话掷地有声，犹如强心剂，给王章以极大的刺激，促使他振作精神，发愤自强。

到后来，王章担任了京兆尹。这时候，正当汉成帝的舅舅王凤在朝当政。王章任京兆尹，本是王凤一手提拔的，但是，王章亲眼见到王凤在朝中的种种弄权行为，十分不满，不顾王凤对自己的知遇之恩和"国舅"的显赫身份，毅然决定要上奏章参劾王凤专权，认为不能任用这样的人，建议皇帝另任贤者。在这关头，王章的妻子头脑倒清醒，知道这样做绝对不会有好结果，便想要劝阻丈夫。她对王章说："人应当知足，难道夫君忘记了当年在牛衣中哭泣的情景了吗？"王章不愿听妻子的话，不耐烦地对妻子说："这不是你们女人家能懂得的事情！"他还是将奏章呈递了上去。果不出其然，奏章呈上去后，王章便被逮入狱。

丈夫入狱，王章的妻子和年仅12岁的女儿也同时受到牵连，被抓进牢里。有一天夜里，王章的妻子忽然从床上爬起来，号啕大哭，边哭边说道："平时狱中清点囚犯人数，总是数到'九'为止，今天却只数到'八'就停止了。我丈夫素来性情刚烈，先死的一个囚犯，肯定是我的丈夫！"第二天一打听，果然王章已经死了。

王章死后，总算朝廷开恩，释放了王章妻子母女俩，田地房产也发还给了她们。

"牛衣对泣"后来成了成语。王章和他妻子的故事，变成了著名的成语故事。

不言而责子

西汉薛宣，字赣君，东海郯（今山东郯城县西北）人。汉代还没有科举制度，他是被地方官举荐为孝廉、秀才而步入仕途的，先后担任宛句、长安县令，御史中丞，临淮、陈留太守等，又曾任御史大夫。鸿嘉元年（公元前20）又代张禹为丞相，被封为高阳侯。薛宣做官很有才能，任地方官时，教令完备，赏罚严明，很有治声。在朝廷中做官时，廉明持正，政声不错。

薛宣的儿子薛惠，后来也做到俸禄二千石的大官。一开初，薛惠在彭城县当县令。薛宣这时正由临淮太守改官陈留太守，他去陈留上任时，恰好路过彭城，便顺便到儿子任所看望薛惠。谁知一到彭城县境内，见桥梁以及供朝廷官员来往使用的驿站等均残破不堪，都未加修葺。薛宣见此状况，心里就明白儿子不能胜任县令之职。他在彭城住了好几天，只是每天在县衙中帮着处置一些杂物器具，侍弄一下菜园中种的蔬菜等，从不问儿子的公事。

薛惠见父亲情状，便知道自己的作为不能令薛宣满意。过了几天，薛宣要去陈留上任，薛惠便特意派了个县吏送父亲到任所，嘱他有机会询问薛宣对他的看法。这个县吏一直送薛宣到陈留，找了个适当的机会，便诚恳地问薛宣为什么不问问儿子的吏事，给薛惠一些教诲。薛宣笑着对县吏说道："做官之道，如果是关于法纪政令方面的事，可以通过求教之类的方式学到。至于能不能做官，自有其天赋，这又怎么能学到呢？"言外之意，是认为儿子无做官才能。后来，薛宣的这番话传了开来，朝廷内外的官员都认为此话很有道理。

薛宣的话显然有些片面。他过于强调人的素质，其实素质也是可以通过后天的学习而逐步提高的。从这则故事可以看到，尽管薛宣没有十分严厉地责备儿子，但他对儿子的要求是十分严格的。这种不教而教的方法，对薛惠很有触动。后来情况如何，史籍无载，但薛惠后来确实做到了二千石的大官。

东家枣完　妇去复还

西汉人王吉，自幼好学，被举为孝廉，出为小吏。后来又被举为贤良方正，先后任县令等。又曾担任昌邑王的中尉，因昌邑王荒淫，王吉恳切进谏，因此获罪。昌邑王虽饶他一命，仍然把他罚为囚徒。后来，汉宣帝召他为博士、谏大夫。王吉并不因为以前曾吃过进谏的亏而畏缩，遇事照样直谏。汉宣帝认为他迂阔，王吉便称病归。汉元帝即位后，又召他为谏大夫。

王吉多次失宠，都是由于他直谏不讳，于此可见他的耿直不阿品格。他不仅在朝为官时刚直敢言，疾恶如仇，在家家居时对家人的要求也极为严格，不准有亏志节。当初他一心向学时，居住在长安城中。他的东邻家中有一棵很大的枣树，枝丫一直伸到王吉家的院子中，当这棵枣树枝头上挂满枣子时，王吉年轻的妻子一时嘴馋，便摘了一些枣子下来，等王吉回来，拿出来一道吃。王吉当时以为是妻子从街上买来的，毫不在意，将枣子吃掉了。后来他得知妻子摘的是东邻人家枣树上的枣子，非常生气，就把妻子休回娘家去了。

东邻人家听说王吉为了几颗枣子，竟然将妻子休掉了，心中不安。想想没有办法弥补自己无意中造成的过失，便想将这棵大枣树砍去。周围的邻居知道情况后,一齐出来加以劝阻,又坚持请王吉将妻子接回来。在周围邻居的一再请求下,王吉才原谅了妻子的过错,让她回到家中。

为了此事,王吉所居住的地方传诵着一首赞颂他的顺口溜:

东家有树,王阳妇去。东家枣完,去妇复还。

只此一事,就足可看出王吉平时是如何砥砺自己的情操和严格要求家人的。正因他家教很严,所以他的子孙都先后在朝中做官,很有出息。王吉性清廉,一生过着清苦的生活。到他的儿孙辈,虽已较为讲究车马服饰和饮食,但家中也没有金银锦绣之类。待到搬家时,人们只见他家仅有一些必备的衣物,没有什么私财。当他不做官后,照样布衣蔬食,过着和普通百姓一样的生活,所以天下人都服其廉洁。

人物春秋

一代名将——淮阴侯韩信

  韩信，淮阴人，家贫而无德，因此不被推选为地方官吏，他不能经商谋生，经常依靠别人糊口度日。韩信的母亲死后无钱埋葬，就找了一块干燥宽敞的高地安葬了，方便将来更多的人也可以在他母亲的墓旁安葬万家。韩信依靠下乡南昌亭长糊口度日，这就苦了亭长的妻子。亭长的妻子就清早起来做饭，在床上把饭吃了。到吃饭的时候，韩信去了，就不为他准备饭食。韩信也知道其中用意，就自己断绝了关系而离去。韩信至城下钓鱼，有一漂洗棉絮的漂母见他可怜，就给他饭吃，这样竟度过了数十天。韩信对漂母说："我以后一定重重报答您。"漂母生气地说："大丈夫不能自食其力，我只是可怜你才给饭吃，岂能希望图报啊！"淮阴少年又欺侮韩信说："你身材虽然高大，喜欢随身佩带刀剑，这是怯懦的表现。"并当众侮辱韩信说："你不怕死，就用剑刺我；如果你不刺，就从我胯下出来。"于是韩信凝视良久，慢慢低下身来从胯下爬了出去。街市上的人都嘲笑韩信，以为他是个怯懦之人。

  当项梁渡过淮水的时候，韩信就带剑投奔项梁，居于麾下，没有名气。项梁败死后，又归属项羽，为郎中。韩信几次向项羽献策，项羽不予采用。汉王入蜀，韩信离楚归汉，仍不得扬名，只做了管理粮仓的小吏。他后来犯法当处斩刑，与他一伙作案的13个人都已斩首，轮到韩信，韩信就抬头仰视，正好看见了滕公，韩信说："汉王不想要天下了？而竟斩杀壮士！"滕公听后很惊奇，又见其相貌不凡，就释放了他。与他交谈了一番，非常欣赏他，并向汉王进言。汉王任命他为治粟都尉，但没有发现他有什么特别的才能。

  韩信和萧何交谈过几次，萧何很赏识他。到了南郑，将领中有数十人逃亡。韩信估计萧何等人在刘邦面前几次推荐过自己，既然不用，也就逃走了。萧何听说韩信逃走，来不及向刘邦报告，就亲自去追韩信。有人向刘邦说："丞相萧何逃走了。"刘邦听了很生气，如同失去左右手一样。过了一二天，萧何来拜见。刘邦又生气又高兴，骂萧何说："你也逃走了，为什么？"萧何说："臣下不敢逃走，是追逃走的人。"刘邦说："所追的是谁？"萧何说："是韩信。"刘邦听了又骂道："将领中逃跑的已有数十人，你都不追；说追韩信，这是骗人。"萧何说："那些将领容易求得，至于像韩信那样，却不会再有第二人了。大王如果打算在汉中长期称王，那就可以不任用韩信；如果决心想争夺天下，除了韩信就没有人能与您共商大事的了。这要看大王的心意了。"汉王说："我也想向东进军，怎能在此久居？"萧何说："大王决计东进，那么能用韩信，韩信就会留下；如果不能用韩信，韩信最终还是要逃走的。"汉王说："我为了您封他为将领。"萧何说："虽然你任命他为将领，韩信还是不会留下的。"汉王说："那就任命他为大将。"萧何说："太好了。"于是汉王要召见韩信拜他为大将。萧何说："大王素来对人傲慢，现在任命大将好像叫小孩似的，这就是韩信所以要离去的缘故。大王如果决心想任命，就要选个日子，沐浴斋戒，设广场高台举行仪式才行。"汉王同意了萧何的建议。众将领非常高兴，人人各自都以为要有一个大将军了。等到任命大将军时，原来是韩信，全军无不惊讶。

　　韩信拜将以后，就坐了下来。汉王说："丞相在我面前几次提到将军，将军有什么计策来教我呢？"韩信推谢了一会，就问汉王说："现在东进争权天下，主要敌手岂非项王一人吗？"汉王说："是这样。"韩信说："大王自己估量在勇敢、凶悍、仁爱、强壮方面与项王相比如何？"汉王沉默了好久才说："不如项王。"韩信再次拜谢表示庆贺说："我韩信也以为大王不如项王。然而臣下也曾事奉过项王，请让我谈谈项王的为人。项王厉声怒喝时，千百人的话都作废不听，然而他不任用有才能的将领，这只是匹夫之勇。项王见人恭敬谨慎，讲起话来细声细气，人患疾病，他就得流下泪来，把自己的饮食分给病人吃，但到了别人有功应当封爵时，他就把手中的官印磨得没有了棱角，仍舍不得给人，这叫做妇人之仁。项王虽然称霸天下，但他不居守关中却建都彭城；又违背义帝的约定，而把自己亲信的人封为王，诸侯纷纷不平。诸侯见项王驱逐义帝于江南，也都回去驱逐他们原来的君主，占有好的地方自立为王。项王所经过的地方，无不遭受破灭，积怨于百姓，百姓不愿归附，只不过迫于淫威，勉强服从罢了。名义上虽称为霸王，实际上失去了天下的民心，因此说他的强大容易变为衰弱。现今大王如果能反其道而行之，任用天下勇武之人，何愁敌人不被诛灭！以天下的城邑封给有功的大臣，何愁大臣不服！率领顺从思乡东归的义军，何愁敌军不被打败！况且三秦的封王都原本是秦朝的将领，率领秦国子弟已有数年，所杀士卒不可胜计，又欺骗他们投降了诸侯。到了新安，项王用诈骗的手段坑杀秦国降卒20多万，只有章邯、司马欣、董翳3人没有被杀，秦父兄们都怨恨这3个人，恨之入骨。现在楚霸王项羽以武力强封这3人为王，秦国的百姓是不会拥护的。而大王入武关时，秋毫无犯，废除秦朝的苛酷刑法，与百姓约法三章，秦国百姓没有一个不希望大王在秦地称王的。根据当初诸侯的约定，大王应当在关中称王，关中的百姓家喻户晓。可是大王失掉应有的职位而称王蜀地，秦国百姓无不怨恨。今天大王举兵东进，三秦地区只要发一道檄文就可平定。"于是汉王听了非常高兴，自己也以为得到韩信晚了。汉王就听从了韩信的计划，部署诸将积极备战。

　　汉王举兵从陈仓东出，平定三秦。汉高祖二年，出函谷关，收服了魏王豹、河南王申阳，韩王郑昌、殷王司马卬也都投降。汉王又命令齐国与赵国共同出兵攻击楚国的彭城，汉军兵败而回。后来韩信发兵与汉王会师在荥阳，又击破楚军于京、索之间，因此楚军再也不能西进。

　　汉王在彭城被打败以后，塞王司马欣、翟王董翳就叛汉降楚，齐、赵、魏3国也都反汉，与楚和好。汉王派郦生去游说魏王豹，魏王豹不听，于是汉王封韩信为左丞相率军攻击魏国。韩信问郦生说："魏王不会用周叔为大将吧？"郦生答道："用栢直为大将。"韩信说："栢直是个无能之辈。"就进兵击魏。魏国在蒲坂设重兵，封锁了临晋。韩信就多设疑兵，摆开船只装作要渡临晋的样子，而伏兵却从夏阳用木制作了小口大腹的酒器渡河，袭击魏都安邑。魏王豹大为震惊，引兵迎击韩信。韩信俘虏了魏王豹，平定了河东，派人请求汉王说："望增兵3万，由臣下北平燕、赵，东击齐，南绝楚国的粮道，西与大王会师于荥阳。"汉王给韩信增兵3万，又派张耳与韩信一同东进，攻击赵、代。攻破了代地，在阏与活捉了代相夏说。韩信攻下了魏、代以后，汉王派人收回了他的精兵，到荥阳抵御楚军。

　　韩信、张耳率兵数万，准备东下井陉击赵。赵王与成安君陈余听到汉军来袭，聚兵井陉口，号称20万。广武君李左车游说成安君说："听说汉将韩信渡西河，俘魏王，擒夏说，血洗阏与，现在又得到张耳的辅助，企图攻下赵国，这是乘胜出国远征，其势锐不可当。我听说：ّ千里运粮，士卒就有挨饿的危险；到吃饭时才去打柴做饭，军队就不会餐餐吃饱。'现在井陉的道路，车不得并行，骑兵不能成队列，行军数百里，其粮食势必落在后面。希望您借给我3万奇兵，从小道切断汉军粮食武器供应，您在这里挖深沟筑高垒，不与汉军作战，使汉军前不得战，退不得回，我以奇兵断绝汉军后路，使他们在野外抢不到任何吃的东西，不出10天，韩信和张耳两将的脑袋就能献到您的麾下。希望您能重视臣下的计谋，否则必定被这两个小子所擒获。"成安君是个儒生，经常声称正义之师不用奇诈之谋，因而说："我听兵法说，'10倍于敌人的兵力就包围它，一倍于敌人的兵力就与它交战。'现在韩信的兵力号称数万,其实不可能有那么多,千里迢迢来奔袭我们,也就筋疲力尽了。像现在如此的兵力我们也要避而不击,以后如有更大的敌人,我们将有什么办法去对付他们呢?诸侯们都会说我们胆怯,今后会轻易地来攻打我们。"于是就不听广武君的计策。

韩信暗中派间谍打听到广武君的计策未被采纳,间谍回报后非常高兴,于是率兵进攻井陉狭道。在距离井陉口30里的地方,就停了下来。到半夜时就传发军令,挑选2000轻骑兵,每人手中拿一面红旗,从小道隐蔽在山里,窥视赵军,并告诫他们说:"赵军见到我军逃跑,必会倾巢出动来追赶我们,你们就快速冲进赵营,拔掉赵军旗帜,竖立汉军红旗。"同时又叫裨将下令准备伙食,说:"等今日打败赵军后会餐。"各位将领听了都不知所以,就附和答应说:"遵命。"韩信又对军官们说:"赵军已先占据有利地势,在他们没有见到汉军大将旗鼓之前,是不肯轻易出击我们的先头部队的,怕我们遇到了阻险而退兵。"于是韩信派了一万人作为先头部队,出了井径口,就背靠着河水摆开了阵势。赵军看到以后,都大笑不止。天刚亮的时候,韩信竖起了大将的旗帜,击鼓而行出了井径口,赵军开营出击汉军,激战良久。于是韩信、张耳就假装丢弃了旗鼓,向河边的汉军方向败走,到了河边阵地,又回头再战。赵军果然倾巢而出,都来争夺汉军的旗鼓,追击韩信、张耳。韩信、张耳回到河边的汉军阵地,全军都拼死作战,赵军无法打败。这时韩信所派出的2000骑兵,等到赵军倾巢出来争夺汉军战利品时,就立即冲入赵军营地,拔掉了赵军的全部旗帜,竖起了2000面汉军的红旗。赵军见到不能俘获韩信、张耳等将领,就想收兵回营,但赵营中都已竖起了汉军红旗,大惊失色,以为汉军已经全部俘获赵王将领,于是队伍大乱,四散奔逃。赵军将领虽然斩杀了很多逃兵,但仍阻禁不住。于是汉军两面夹击,大破赵军,在泜水上斩杀了成安君,擒获了赵王歇。

韩信下令军中不得杀死广武君,如能活捉广武君者,重赏千金。不久,有人捆缚广武君到韩信帅营,韩信解开了捆绑,以对老师一样的礼节来对待他。

诸将领向韩信呈献赵军的首级和俘虏之后,都向韩信表示祝贺,有人趁机问韩信:"兵法上说,布阵应该是'右背山陵,左对水泽,'如今将军反而命令我们背水列阵,还说破赵军后会餐,当时我们都不服。然而事实上取得了胜利,这是什么战术呢?"韩信说:"这在兵法上也是有的,只是诸位没有察觉罢了。兵法上不是说:'陷之死地而后生,置之亡地而后存'吗?我韩信没有能够得到训练有素而能服从调动的将士,这就像兵法所说的'驱赶着街市的百姓去作战'一样,在这种形势下只有把他们置于死地,使他们每人都为求生而奋勇作战;如果今天把他们置于生地，那他们都会逃走，我还能用他们去作战吗？"诸将听了都佩服地说："我们都没有想到。"

于是韩信问广武君说："我准备北攻燕，东伐齐，怎样才能成功？"广武君推辞说："我听说'亡国之臣没有资格来谈论国家兴存，败军之将没有资格来谈论勇敢作战'。像我这样，怎么能出来权衡国家大事啊！"韩信说："百里奚在虞国而虞国灭亡，到了秦国则秦国称霸，这并不是他在虞国时愚蠢，而在秦国时聪敏，而在于国君用不用他的才能，听不听他的计策。如果成安君当初听了你的计策，我早已成了俘虏。我诚心请教，希望不要推辞。"广武君说："我听说：'智者千虑，必有一失；愚者千虑，也有一得'故而说'狂人之言，圣人也可选择采纳'。只恐怕我的计策未必能用，但愿只效愚忠而已。成安君本来有百战百胜之计，但一旦失策，就兵败鄗下，自己也死于泜水之上。现今将军俘虏了魏王，生擒了夏说，一上午时间不到就击败了20万赵军，杀死了成安君。名闻海内，威震诸侯，大众百姓都不得不停止劳作，拿出轻衣美食，侧耳等待你的命令。然而民众劳苦，士卒疲乏，实在是难以用兵。现在将军用疲惫不堪之兵，劳顿在燕国坚固的城池之下，显然让人看出力量不足，要想攻战，又攻不下来，旷日持久，粮食耗尽。如果不能攻破燕国，齐国也必定会拒守边境，以图自强。与燕、齐两国相持不下，那么刘邦与项羽的胜负也就不能分明了。我的愚见，或许错误。"韩信说："按照你的意见，该怎么办呢？"广武君答道："当今之计，不如按兵不动，百里之内的百姓就会每天拿出牛肉美酒来犒劳将士。将军在北边去燕国的路上布置军队，然后派遣一名使者，拿着书信，去游说燕国，燕国必定听从。接着从燕国向东到齐国，虽然有智谋的人，也不能为齐国想出更好的计策。如是这样，天下的大事就可以图谋了。兵书上有先虚而后实，就是这个道理。"韩信说："好，敬奉你的指教。"于是采用了广武君的计策，派使者到燕国，燕国闻风而降。接着就派使者报告汉王，请求立张耳为赵王来镇抚赵地。汉王允许了这一请求。

楚军曾多次派奇兵渡过黄河来攻击赵国，赵王张耳、韩信往来救赵，一路上平定了赵国城邑，并发兵支援汉王。当时楚国正急于围攻汉王于荥阳，汉王从荥阳逃出，到了南面的宛、叶两地，收得了九江王英布，进入了成皋，楚国又很快地围困了成皋。汉高祖四年，汉王从成皋逃出，渡过黄河，独自与滕公投奔在修武的张耳军营。到了以后，住宿在传舍中。第二天清晨，汉王自称是汉王使者，骑马驰入军营。张耳、韩信还未起床，汉王来到了卧室，夺走了他们的印信兵符，召集诸将，调换了他们的防务。韩信、张耳起床后，才知道汉王独自来到，大吃一惊。汉王夺取了张耳、韩信的军权，就当即命令张耳备守赵地，又拜韩信为相国，征发未去荥阳而留下来的赵军，去攻打齐国。

韩信率兵向东攻齐，还没有渡过平原津，就听到汉王派出的使者郦食其已说降了齐王田广。韩信准备停止进军，蒯通就游说韩信，劝他攻打齐。韩信听从了蒯通的意见，就渡过了黄河，袭击驻在历下的齐军，一直打到了临淄。齐王逃往高密，派使者向楚国求救。韩信攻占了临菑以后，向东追击齐王到高密的西边。楚王派大将龙且，率军号称20万，前来救齐。

齐王、龙且两军联合起来与韩信作战，还未交锋。有人对龙且说："汉兵远征，拼死作战，其锋锐不可当。齐、楚两国在自己的国土上作战，士兵容易溃散。不如深沟高垒，叫齐王派亲信大臣去招抚已失的城邑。城邑中的百姓听到齐王还活着，楚国又派兵来求援，就一定会反叛汉军。汉军从2000里外客居齐地，而齐国城邑的百姓都起来反叛，势必得不到粮食供给，就可使汉军不战而降。"龙且说："我平生深知韩信为人，容易对付。他曾向漂母求食，又从人胯下爬过，没有一般人所具有的勇气，因而是不足以畏惧的。况且我来救齐，不战而使汉军投降，那我还有什么功劳呢？现在如果我战而胜之，又可以得到齐国的一半土地，为什么要停止进攻呢？"于是决定交战，与韩信汉军隔着潍水摆开了阵势。韩信就连夜派人做了一万多个袋子，装满了沙泥，堵住了潍水上游的河水，率领半数人马渡过潍水袭击龙且。韩信假装不胜，往回败走。龙且果然高兴地说："我本来就知道韩信胆怯。"于是领兵渡潍水追击韩信。韩信派人挖开堵水的沙袋，大水一拥而至。龙且的军队一大半留在岸上无法渡过河水，韩信立即迅速攻击渡河楚军，斩杀了龙且。在潍水东岸的龙且军队四散溃走，齐王田广也逃跑了。韩信追击齐兵直到城阳，俘获了田广。楚军纷纷投降，终于平定了齐国。

韩信派人向汉王说："齐国狡诈多变，是个反复无常的国家，南面又与楚地邻近，如果不设一个代理的齐王来镇抚它，局势就不容易安定。现在齐地没有国王，权力太轻，不足以镇抚安定，我请求自立为代理齐王。"当时，楚国正全力围攻汉王于荥阳，韩信的使者到了以后，递上书信，汉王看了大怒，骂道："我被围困在这里，日夜盼望他来帮助我，而他却想自立为王！"张良、陈平躲在后面踩汉王的脚，凑近汉王耳边低声说："汉军正处境不利，怎么能禁止韩信自立为王呢？不如就此而立他为王，好好地对待他，使他自守一方。不然的话，就会发生变乱。"汉王立即明白过来，因而又骂道："大丈夫平定诸侯，就应当立为真王，为什么要做代理国王呢？"于是派张良前往立韩信为齐王，征调韩信的军队攻打楚国。

楚国失去了龙且，项王恐慌，派盱台人武涉前去游说韩信说："将军为何不反汉与楚联合？楚王与将军有旧交。况且汉王不一定可信，他几次身家性命都掌握在项王手中，然而一旦脱险就立即背弃盟约，又攻击项王，不可亲信到如此地步。现在将军自以为与汉王的交情像金石那样坚固，然而终究要被他抓起来的。您之所以留得性命到今天，是由于项王还在的缘故。如果项王一死，接下来就会取您的性命。您为何不与楚讲和，三分天下而称王齐地？现在您若放弃了这一时机，而一定要帮助汉王一同攻打楚王，作为有才智的人能这样做吗？"韩信谢绝说："我侍奉项王数年，官不过是个郎中，位不过是个持戟卫士，我讲的话不听，计谋不用，故而我离楚归汉。汉王授我上将军印，率数万之众，脱下他的衣服给我穿，拿他的饭食给我吃，言听计从，我才能得以有此地位。人家如此对我十分亲近和信任，我背叛他是不会有好结果的。请为我韩信辞谢项王。"武涉走后，蒯通知道决定天下局势的关键在于韩信。就向项王分析三分天下，鼎足称王的形势。韩信不忍心背叛汉王，又自以为功劳大，汉王不会来夺取自己的齐国，于是并不听从蒯通的计谋。

汉王在固陵兵败之时，采用了张良的计谋，征召韩信率兵在垓下与汉王会师。项羽一死，汉高祖刘邦就乘人不备夺取了韩信的军权，改封韩信为楚王，定都下邳。

韩信到了楚国，召见当年给他饭吃的漂母，赏赐她千金。轮到了下乡亭长，只赏给他100钱，说："你是个小人，做好事有始无终。"又召见曾经侮辱过自己，让他从胯下爬过去的少年，封他为中尉，并告诉他的将相说："此人是位壮士。当初他侮辱我时，我宁可不去杀他；杀了他也不能扬名，故而就忍让了下来，因此我才有今天的成就。"

项王的逃亡将领钟离昧家住在伊庐，素来与韩信关系很好。项王兵败，钟离昧投奔了韩信。汉王怨恨钟离昧，听说他在楚国，就下令让楚王捕捉钟离昧。韩信刚到楚国时，巡行各地县邑，带着兵出入。有人告韩信想谋反，举报的奏书到了汉王的手里，汉王认为韩信是个隐患。于是采用陈平之计，假装巡游到云梦地方，实际上想要袭击韩信，韩信还不知道。高祖将要到达楚国时，韩信打算起兵造反，但又想到自己是无罪的；想去觐见汉王，又恐怕当场被抓起来。有人劝韩信说："杀了钟离昧去谒见汉王，汉王必定会很高兴，也就没有祸患了"。韩信把此事与钟离昧商量，钟离昧说："汉王之所以不攻取楚国，是由于我钟离昧还在您这里，如果您把我抓起来去献媚汉王，我今天一死，您也随即灭亡了。"并大骂韩信道："你不是个忠厚长者！"结果就自杀而死。韩信拿着钟离昧的首级到陈地去朝见汉王。高祖命令武士把韩信捆缚起来，放在后面的车子上。韩信说："果然像有人所说的，'狡黠的兔子死了，出色的猎狗也就该烹杀了'。"汉王说："有人告您谋反。"于是又给韩信戴上械具。回到了洛阳，赦免了韩信，改封为淮阴侯。

韩信知道汉王嫉妒他的才能，就称病不去朝见，也不跟从出行。韩信由此日益怨恨，在家中闷闷不乐，对与绛侯周勃、灌婴处同等地位感到羞耻。韩信曾路过将军樊哙家门，樊哙行跪拜礼迎送，并自称为臣下，说："不知大王竟肯光临臣下的家门"。韩信出门后对部下笑着说："想不到我这一辈子竟要与樊哙为伍！"

汉王高兴时与韩信谈论诸将的才能高下。汉王问韩信说："如果是我，能率领多少兵？"韩信说："陛下最多也不能超过10万"。汉王说："如果是您，能率兵多少？"韩信说："如果是我，则多多益善。"汉王笑道："您既然多多益善，为什么被我抓住呢？"韩信说："陛下不能领兵，而善于驾驭将领，这就是我韩信被陛下抓住的缘故。况且陛下的权力是上天授予的，不是人力所能做到的。"

后来陈豨为代地相国去监察边郡，临行向韩信告辞。韩信拉着他的手，在庭院里散步来回数次，仰天长叹地说："您可有话与我讲吗？我可有话想与您讲。"陈豨接着说："一切听从将军的命令。"韩信说："您所管辖的地方，是天下精兵聚集之处，而你又是陛下亲信得宠的大臣。如果有人说您谋反，陛下必定不会相信；如果再有人告您谋反，陛下就会产生怀疑；如果第三次有人告发，陛下一定会大怒而亲自率军来征讨您。我为您在此做内应，就可以图谋天下了。"陈豨一向知道韩信的才能，也就相信他的话说："一切听从您的指教。"

汉高祖十年，陈豨果然起兵造反，汉高帝亲自率军前往征讨，韩信称病不去。韩信一方面暗中派人到陈豨处联络，一方面又与家臣谋划，准备在黑夜假传诏书赦免在官府服役的罪犯与奴隶，然后发兵袭击吕后与太子。部署已定，正等待陈豨的消息。韩信的门客得罪了韩信，韩信把他囚禁了起来，准备杀他。那个门客的弟弟就上书向吕后告发韩信谋反的状况。吕后打算把韩信召来，又恐怕韩信的党羽不肯就范，于是与相国萧何合谋，假装说有人从皇帝那里回来，说陈豨已被杀死，群臣都进宫朝贺。相国萧何就欺骗韩信说："虽然您有病，但还是要勉强去朝贺一下。"韩信进了宫中，吕后就命令武士把韩信捆缚起来，在长乐宫中的钟室里把他杀了。韩信在被斩前说："我当初没有采用蒯通的计策，如今反而被妇人小子所欺骗，这岂不是天意吗！"于是吕后诛韩信的三族。

汉高祖平定了陈豨叛乱后回到了京城，听到韩信已死的消息，悲喜交加，询问说："韩信死时说了些什么？"吕后就把韩信死时说的话告诉了高祖。高祖说："蒯通此人是齐国的辩士。"于是下诏捉拿蒯通，准备烹杀他。蒯通被抓后就为自己辩解，高祖就释放蒯通而没有杀他。

忍辱负重著《史记》——司马迁

远古颛顼时代，任命南正重主管有关天的事务，任命火正黎主管有关地的事务。陶唐氏与有虞氏相交的时候，让重、黎的后人继承重、黎的事业，重新掌管与天、地有关的事务，一直到夏朝和商朝都是这样，所以重、黎氏世世代代管理天、地的事情。重、黎氏在周朝，程伯休父是他们的后人。当周宣王的时候，重、黎氏失去了管理天、地事务的职掌而成为司马氏。司马氏世代掌管周朝的史事。周惠王与周襄王承继之间，司马氏迁到了晋国。晋中军将随会逃奔魏地，司马氏因此进入了少梁。

从司马氏离开周室迁到晋国，其宗族就分散开了，有的在卫地，有的在赵地，有的在秦地。在卫地的，当了中山国的相。在赵地的，以传授剑术而闻名，司马蒯聩是他们的后人。在秦国的是司马错，他与张仪争论，于是秦惠王派他率兵伐蜀，灭亡蜀国，因而就地戍守。司马错的孙子司马蕲，在武安君白起手下做事。这时候少梁更名叫夏阳。司马蕲与武安君白起坑杀了赵国兵败长平的军队，回去以后两人都在杜邮这个地方被赐死，葬在华池。司马蕲的孙子司马昌，担任了秦王的铁官。当秦始皇的时候，司马蒯聩的玄孙司马卬为武信君的将军而去攻取朝歌。诸侯们相继为王，司马仔被项羽封为殷王。汉朝讨伐楚霸王时，司马仔归降汉朝，汉朝以他原先的封地建立了河内郡。司马昌生了司马毋泽，司马毋泽为汉（长安四市）的一个市长。司马毋泽生了司马喜，司马喜爵为五大夫，去世后安葬在高门。司马喜生了司马谈，司马谈担任了太史公。

太史公司马谈向唐都学习天文，向杨何学习《易》，在黄生那里学习道家理论。太史公是在建元、元封年间担任这个职务的，他责备学者们不能彻底理解各家的思想而被各派师法所困惑，就论述六家的要旨说：

《易大传》说："为使天下达到同一目标而有100种设想，归宿相同但道路不同。阴阳、儒、墨、名、法、道德诸家，这些都是努力于治理社会的，只是学说思路不一样，有的能省察有的不能省察罢了。我曾观察阴阳家的学术，众人忌讳重大的吉凶预兆，便使人拘束而多有畏惧，但是它条理的四季的顺序变化，是不可错过的。儒学学者博学但不得要领，劳而功少，所以他们所主张的事情难以完全遵从，但是他们讲述的群臣父子之间的礼仪，罗列的夫妇长幼之间界线，却是至理。墨学学者的节俭难以遵从所以他们所主张的事情不可尽用，但是他们所说的强本节用的道理，是不可废弃的。法家严格而缺少恩情，但是他们理顺的君臣上下的名分，是不可更改的。名家让人简朴而容易失去真实，但它强调名称与实在的区别和联系，是不可不省察的。道家使人精神专一，展开和闭合都没有形状，哺养万物，它的学术构成，遵循阴阳家对四季顺序变化的主张，采纳了儒家和墨家的长处，吸收了名家和法家的要点，随着时代的发展而发展，针对不同的事物而变化，建树习俗办理事务，没有不恰当的，它的宗旨简约而容易实施，办事少而见效多。儒学学者则不然，认为皇上是天下的仪表，君主倡导臣下就要拥护，君主在先臣下应该随后。这样，君主就烦劳而臣下就轻松了。至于对重大问题的主张，则远离贤人，废黜智慧，放弃这些而仅用自己的学术。我们知道，精神耗费多了就会枯竭，形体太劳累了就会凋敝；精神和形体很早就衰颓了，想要与天地一样长在久存，这种事情还没听说过。

"阴阳家主张，四季、八卦位、黄道的十二度、二十四节令各有处理的原则，而说（对这些原则）顺之者昌、逆之者亡则未必然，所以（我）说他们'使人拘束而多有畏惧'。春天播种夏天成长，秋天收获冬天收藏，这是天体运行的规则，不顺应就无法制订天下纪纲，所以（我）说'四季的顺序变化，是不可错过的。'"

儒学学者，他们以（《礼》《乐》《尚书》《诗经》《易》《春秋》）六艺为原则，阐释它们的疏传成千上万，终生不能把它们弄懂，一年内连对其礼法也不能全搞清楚，所以（我）说他们'博学而不得要领，劳而少功'。如果说他们罗列的君臣父子之间的礼仪，讲述的夫妇长幼之间的界线，即使让100个学派来论辩也是不能改变的。

墨家学者也崇尚尧、舜，他们阐述自己的德行说："堂屋屋基只要三尺，土阶只要三级，盖房子的茅草不需剪整齐，木椽子不要修整；用土锅烧饭，用土碗盛羹，吃粗米，喝菜汤；夏天穿葛藤制的衣服，冬天穿鹿皮衣。"他们为人送终，只用三寸厚的桐木棺材，哭丧不能完全表达自己的悲哀。他们教授丧礼，固执地要用这一套作为万民的表率。所以天下如果都这样，那么尊卑就没有区别了。社会不同时代发展了，做的事情就不必相同，所以说"他们的节俭难以遵从"。总的说来他们主张的强本节用，是人给家足的原则。这是墨子学说的长处，即使让100个学派来论辩也是不能废弃的。

法家不区别亲疏关系，不划分贵贱，只依据法令来决断，会使得亲近亲人、尊重尊贵的恩情断绝了，这可以说只能为一时之计，而不能长久使用，所以

（我）说它"严格而缺少恩情"。若说到尊重君主、小看臣下，说明名分和职掌不可以相互逾越，虽然让100个学派来论辩也是不能更改的。

名家苛刻烦琐，使人不能理解他们的本意，他们只根据名来判断事物，经常不合人情，所以我说名家"简朴而容易失去真实"。假若说到他们主张的引名责实，处理错综复杂的事情不犯错误，这些都是不能不省察的。

道家主张无为，又叫无所不为，它的具体主张容易实行，它的言辞难以理解。它的学术以虚无为根本，以因循自然为功用，没有既成的形势，没有固定的方式，所以能够彻底推求万事万物情况。它不先于物也不后于物，所以能够成为万物的主宰。有一定的法则又没有凝固的教条，只因时事的变化推行自己的事业；有一定的界线又没有凝固的界线，只因事物的情况决定兴起或废弃，所以说"圣人没有机巧，只是遵守顺应时变罢了"。虚是道的常理，顺应它是君主的纲领。群臣一起到来，让他们各自阐明自己的主张，其中确实名实相符的叫做端正，确实虚有其名的叫做款。不听叫做款的这种人所说的话，奸就不会产生，贤德和不肖之人就自然分开了，白色还是黑色就显现出来。剩下的事就在于你想怎么使用了，有什么事办不成呢？于是遵循最基本的法则，混混冥冥任其自然；照耀天下，返复往还不计较名称。大凡人有生命是因为有精神存在，所依附的则是形体。精神使用过度就会衰竭，形体过度劳累了就会凋敝，形体和精神分离开就会死亡。死去了的不能再恢复生命，离分了的不可能再结合，所以圣人看重（神与形）。由此看来，精神是生命的根本，形体是生命的躯壳。不先确定精神与形体（的关系和地位），就说"我有（理论）去治理天下"，请问根据什么呢？

太史公司马谈已掌管了天文事务，就不负责民众的事。他有个儿子叫司马迁。

司马迁出生在龙门，在龙门山之南黄河的北岸以耕牧为业，10岁时就开始诵读古文。他20岁的时候就南游江淮；上会稽山，探寻禹穴，远望九疑山，泛舟沅水和湘水；又北涉汶水和泗水，在齐、鲁的都市讨论学业，观察孔子的遗风，在邹县和峄山参加乡射之礼；到蕃县、薛城和彭城时司马迁旅费缺乏，就取道梁、楚返回了。这时候司马迁当了郎中，奉皇上之命出使巴、蜀以南，巡视了邛、筰、昆明等地，回到长安复命。

这一年，天子汉武帝举行了汉朝的第一次封禅大典，但太史公司马谈留滞在洛阳，没有能跟随武帝去执行封禅的职事，在悲愤中去世。司马谈弥留之际，司马迁刚好从西南回来，在黄河与洛阳之间见到了父亲。太史公司马谈拉着司马迁的手哭泣着说："我的先祖，是周朝的太史。从远古开始，就曾经在有虞氏和夏朝的时候立功扬名，职掌天文的事务。到后代就衰落了，难道要从我这里断绝么？你继任太史，就是延续我们先祖的事业了。现在天子承接千年的统绪，封禅泰山，而我不得随行，是我的命差啊！我死去之后，你必定要当太史；当了太史之后，不要忘了我想写的著作呵。孝道，是从服侍亲人开始的，经过为皇上做事，最终达到卓然自立，扬名于后世，使父母显荣，这是最大的孝。天下赞扬周公，说他能宣扬歌颂周文王、周武王的德行，讲解《周南》《召南》等《诗经》中的国风，表达太王、王季的思虑，一直追溯到公刘，以尊崇（周的始祖）后稷。周幽王、厉王之后，王道残缺，礼乐制度衰落了，孔子修旧起废，论述《诗经》《尚书》，作《春秋》，学者们至今都把他当作典范。自从获麟年以来400多年，诸侯相互兼并，史书绝灭。现今汉朝兴起，海内统一，明主贤君，忠臣义士（不少），我身为太史而不记载评论这些，废弃了事关天下的文字，我太害怕（承担这个重大责任）了，你一定要时刻想着这事呵！"司马迁低着头泪流满面地说："儿子虽然不敏捷，还是要请求父亲允许我将父亲已经整理好的史事加以裁断，不敢有所缺漏。"司马谈去世后3年，司马迁当了太史令，便在朝廷的石室金匮藏书中搜集材料。司马迁任太史令后5年是太初元年，这年的十一月甲子日是朔日，早上冬至，改（原用的颛顼历而）行太初历，在明堂中颁布新历，祭祀诸神。

　　太史公司马迁说："我的父亲说过：'自周公去世后500年而出了孔子，从孔子至现在已经500年了，一定有继承发扬孔子事业的人（出来），以《易传》为本，继承《春秋》，以《诗经》《尚书》《礼》和《乐》为基础。'这话的意思不正在这里么！这话的意思不正在这里么！作为儿子我怎么敢推让呢！"

　　上大夫壶遂问："过去孔子为什么要作《春秋》呢？"司马迁说："我听董仲舒先生说：'周朝的制度被破坏了，孔子担任鲁国的司寇，诸侯加害于他，大夫干扰他。孔子知道当时社会不重用他，自己的理论得不到实行，于是就评论春秋时期242年的是非曲直，作为天下法式，贬损诸侯，批评大夫，以阐明君王（应该做的）事情罢了。他老人家说：我与其写抽象的理论，还不如（把自己的思想）表现在能充分显现（我的思想的）事实之中。《春秋》上阐明了三王的法则，下理清了人事的纲纪，阐明疑惑难明的事理，明白是非，确定犹豫、赞美善行，憎恶丑恶，推崇贤人，轻视不肖之人，保存已经灭亡了的国家，延续已经断绝的世系，修补弊端兴起被废弃（了的制度），这是君王最重大的法则。《易》叙述的是天地阴阳四时五行，所以它的长处在变化之道；《礼》为人确定规则，所以它的长处在可以施行；《尚书》记载了先王的事情，所以它的长处在政治方面；《诗经》记载了山川、溪谷、禽兽、草木、牝牡雌雄等,所以它的长处在讽谏;《乐》是快乐所得以产生的根据,所以它的长处在协和;《春秋》分辨是非,所以它的长处在对人进行管理。所以说《礼》是节制人的,《乐》是启发协和的,《尚书》是记事的,《诗经》是表达意愿的,《易》是阐述变化的,《春秋》是讲义理的。拨乱反正,没有比《春秋》更有用了。《春秋》文字数万,旨意有数千,万物的聚散之理都在《春秋》中说明了。《春秋》之中,弑君有36次,亡国有52个,诸侯奔走还是不能保住社稷的不可胜数。考察其中的原因,都是丧失了根本。所以《易》中说'差之毫厘,谬以千里',因此'臣弑君,子弑父,不是一朝一夕的缘故,是由来已久的'。拥有国家的人不可以不知道《春秋》,不然,在自己的面前有言就听不见,自己背后有贼人就不能觉察。为臣的人不可以不知道《春秋》,不然,坚持大政方针而不知道它如何恰当,遇到事情变化了而不知道对它如何权衡。做君主和父亲的如果不通晓《春秋》的义理,一定会承担首恶的罪名。做臣下和儿子的如果不通晓《春秋》的义理,一定会陷入篡位、弑杀君父的死罪。事实上他们都自以为是在做好事,但是不知道义理,一旦把道理讲出来他们就不敢推卸罪责了。不通礼的意义的大旨,就会坏到君主不像君主,臣下不像臣下,父亲不像父亲,儿子不像儿子的程度。君主不像君主就会被臣下冒犯,臣下不像臣下就会被诛杀,父亲不像父亲就没有原则,儿子不像儿子就会不孝。这四种行为,是天下最大的过错。用天下最大的过错来责备他们,他们是只好接受而不敢反驳的。所以说《春秋》是礼的意义的本原。礼在事情发生之前起阻止作用,法在事情发生之后才施行,所以法的功用显而易见,而礼所起的阻止作用就连那些禁止(败坏行为)的人也难以明白。"

壶遂说:"孔子那时,上面没有明君,下面的人得不到任用,所以他作《春秋》,把平铺直叙的文章用礼义作为标准加以批评取舍以垂示后代,当做一统之王的法则。现在先生您上遇圣明的天子,下得以各守其职,万事俱备,都各自遵循与自己身份相称的原则行动,先生所要论述的,想要说明什么呢?"太史公马迁说:"先生说得既对也不对,道理不能这样说。我的父亲说过:'虙戏非常纯厚,作了《易》的八卦。尧舜繁盛,《尚书》里有记载,礼、乐创造出来了。商汤和周武王的兴隆,诗人们吟咏歌唱。《春秋》采录善行贬斥恶行,推崇三代的德行,褒扬周室,不仅仅只有讥刺而已。'汉朝兴起以来,直到如今圣明的天子,获得了符瑞,进行了封禅,改了历法,变了服色,受天命而政清人和,恩泽无边,海外不同风俗、相隔数国的国家都派人来叩击塞门,请求进献珍宝晋见皇上的,不可胜言。臣下百官努力歌颂皇上的德行,还不能完全表达自己的心意。何况贤能的士人，倘若得不到任用，是有国家的人的耻辱；皇上圣明，德行得不到传扬，是官员的过错。并且我职掌史官，倘若废毁了皇上的圣明盛德不记载下来，灭没功臣、贤大夫的建树不加以叙述，毁弃了我父亲的话，就没有比这再大的罪过了。我所做的只不过是叙述以往的事情，整理与它们有关的传世材料，并非是创作，而先生把我写的东西比作《春秋》，那就错了。"

于是司马迁开始写作。10年之后他因为为李陵投降匈奴的事辩护而遭到灾祸，被囚禁起来，就喟然叹息说："这是我的罪过啊！我已经是无用之人了！"他又深思说："《诗经》和《尚书》透露出来的忧愁屈怨，是为实现自己理想呵。"于是，他叙述从陶唐氏以来到汉武帝获麟那年为止的历史；他把黄帝作为历史的开端。全书目录，本纪为《五帝本纪》第一，《夏本纪》第二，《殷本纪》第三，《周本纪》第四，《秦本纪》第五，《始皇本纪》第六，《项羽本纪》第七，《高祖本纪》第八，《吕后本纪》第九，《孝文本纪》第十，《孝景本纪》第十一，《今上本纪》第十二；表的次序是，《三代世表》第一，《十二诸侯年表》第二，《六国年表》第三，《秦楚之际月表》第四，《汉诸侯年表》第五，《高祖功臣年表》第六，《惠景间功臣年表》第七，《建元以来侯者年表》第八，《王子侯者年表》第九，《汉兴以来将相名臣年表》第十。书的次序是：《礼书》第一，《乐书》第二，《律书》第三，《历书》第四，《天官书》第五，《封禅书》第六，《河渠书》第七，《平准书》第八。世家的次序是，《吴太伯世家》第一，《齐太公世家》第二，《鲁周公世家》第三，《燕召公世家》第四，《管蔡世家》第五，《陈杞世家》第六，《卫康叔世家》第七，《宋微子世家》第八，《晋世家》第九，《楚世家》第十，《越世家》第十一，《郑世家》第十二，《赵世家》第十三，《魏世家》第十四，《韩世家》第十五，《田完世家》第十六，《孔子世家》第十七，《陈涉世家》第十八，《外戚世家》第十九，《楚元王世家》第二十，《荆燕王世家》第二十一，《齐悼惠王世家》第二十二，《萧相国世家》第二十三，《曹相国世家》第二十四，《留侯世家》第二十五，《陈丞相世家》第二十六，《绛侯世家》第二十七，《梁孝王世家》第二十八，《五宗世家》第二十九，《三王世家》第三十。列传的次序为，《伯夷列传》第一，《管晏列传》第二，《老子韩非列传》第三，《司马穰苴列传》第四，《孙子吴起列传》第五，《伍子胥列传》第六，《仲尼弟子列传》第七，《商君列传》第八，《苏秦列传》第九，《张仪列传》第十，《樗里甘茂列传》第十一，《穰侯列传》第十二，《白起王翦列传》第十三，《孟子荀卿列传》第十四，《平原虞卿列传》第十五，《孟尝君列传》第十六，《魏公子列传》第十七，《春申君列传》第十八，《范雎蔡泽列传》第十九，《乐毅列传》第二十，《廉颇蔺相如列传》第二十一,《田单列传》第二十二,《鲁仲连列传》第二十三,《屈原贾生列传》第二十四,《吕不韦列传》第二十五,《刺客列传》第二十六,《李斯列传》第二十七,《蒙恬列传》第二十八,《张耳陈余列传》第二十九,《魏豹彭越传》第三十,《黥布列传》第三十一,《淮阴侯韩信列传》第三十二,《韩王信卢绾列传》第三十三,《田儋列传》第三十四,《樊郦滕灌列传》第三十五,《张丞相仓列传》第三十六,《郦生陆贾列传》第三十七,《傅靳蒯成列传》第三十八,《刘敬叔孙通列传》第三十九,《季布栾布列传》第四十,《袁盎晁错列传》第四十一,《张释之冯唐列传》第四十二,《万石张叔列传》第四十三,《田叔列传》第四十四,《扁鹊仓公列传》第四十五,《吴王濞列传》第四十六,《魏其武安侯列传》第四十七,《韩长孺列传》第四十八,《李将军列传》第四十九,《卫将军骠骑列传》第五十,《平津侯主父列传》第五十一,《匈奴列传》第五十二,《南越列传》第五十三,《闽越列传》第五十四,《朝鲜列传》第五十五,《西南夷列传》第五十六,《司马相如列传》第五十七,《淮南衡山列传》第五十八,《循吏列传》第五十九,《汲郑列传》第六十,《儒林列传》第六十一,《酷吏列传》第六十二,《大宛列传》第六十三,《游侠列传》第六十四,《佞幸列传》第六十五,《滑稽列传》第六十六,《日者列传》第六十七,《龟策列传》第六十八,《货殖列传》第六十九。

　　汉朝继承了五帝的余绪,承继了被断绝了的三代的事业。周朝的学说衰落了,秦朝抛弃了古文,焚毁了《诗》《书》,因而明堂、石室、金匮的玉版、图书散乱。汉朝兴起之后,萧何整理律令,韩信申明军法,张苍建立章程,叔孙通拟定礼仪,文章学术就文质兼备有所进步,散佚了的《诗》《书》常常接踵出世。自从曹参推荐盖公讲黄老之学,而贾谊、晁错阐明申不害、韩非的理论,公孙弘崇尚儒学而显贵,百年之间,天下的遗文古事都集中在一起。太史公是父子相袭掌理编纂史书的职务,司马谈曾说:"呵哟!我的先人曾职掌这事,在唐、虞之世就有名气。到了周朝,又重新典理此事。所以司马氏一族世代以来都主管天官,到了我这一辈,要恭敬地记住这事呵!"于是司马迁网络天下散佚旧事,考察帝王事业兴起的线索,推究它的发端,观察它的结果,审视它的兴盛,追究它的衰落,议论和考证事迹,略述三代,记录秦、汉,上从轩辕黄帝起,下至当代为止,著作了十二本纪,写出了历史的主要线索。有同时的,有异世的,年代有差别不易辨明,就作了十表。礼、乐制度历代有增有减,律、历有改变,关于兵书、山川、鬼神和天与人之间的关系等方面,为了表明其承敝通变的情况,就作了八书。二十八宿环绕北极星,三十辐条共同装在一根轴上,运行无穷,辅弼股肱之臣配合（帝王），忠诚、信义、推行天道以事奉主上，所以作三十世家。伸张正义卓绝不凡、不让自己失去了时机、立功名于天下（的人很多），所以作了七十列传。总共130篇，526500字，名为《太史公书》。其序文大体说，这部书是为了网落遗失补充六艺的；它构成了一家之言，协调了对六经不同的解说，整齐了百家杂乱的意见；这部书的原本藏名山，副本在京都，以等待后来的圣人和君子们观览。这些都是书中的列传第七十、司马迁的《自叙》所说的。现在，《太史以书》) 有10篇缺佚了，只剩下目录而没有正文。

司马迁受腐刑之后，担任了中书令，这是个受人尊敬很受皇上宠信的职位。他的朋友益州刺史任安给他写信，用古代贤臣的标准责备他。司马迁回信说：

少卿先生：以前有辱您写信给我，教导我努力慎重地处理各种关系、推贤进士，意义殷勤诚恳，仿佛是怨我不按照老师的教导去做，而让俗人的言语左右了我的志向。我是不敢如此去做的。我虽极其愚钝，也曾经从侧面听说过长者遗风。只是我身残处秽，受着感情的折磨，动辄得咎，想加倍地检点自己，所以精神抑郁而跟谁也不说什么。谚语说："可为作之，令谁听之？"钟子期死后，伯牙终身不再鼓琴，这是为什么？这是因为士为知己者死，女为悦己者容。像我这样一个本质上已有亏缺的人，虽怀着随侯珠、和氏璧一样美好的才能，德行跟许由、伯夷一样，最终也不能得到荣光，只不过足以使人发笑而使自己遭受到玷污而已。

本来很早就应回您的信，不巧遇到我随皇上从东方归来，又被不足道的事情所纠缠，与您相见的时间很短，匆忙之间没有机会得以说明我的意见。现在少卿先生遭受到预想不到的罪罚，这一个月，已经是接近季冬，我又跟从皇上到雍地去，恐怕先生您猝然之间不能与我见面了。如若如此我就终究不得把我的忧愤烦闷向接近我的人抒发，而与我永别者的魂魄将怀着无穷无尽的私恨。请求您允许我陈述我浅陋的看法。我很久没回信给您请您不要埋怨我。

我听说，修身的人是智慧的聚集之所，喜欢施舍的人是仁的开端，收受与给予（恰当）的人是义的，（懂得）耻辱的人是勇敢的基础，立名的人是人的作为的最高追求。士人具备了以上5种德行，然后就可以依于社会，被列入君子之列了。所以就灾祸说没有比追求功利更使人痛心的人，就悲伤说没有比伤了心更使人痛苦了，就行为说没有比侮辱先人的行为更丑恶的人，而就耻辱说没有比受宫刑更大的耻辱了。受了宫刑的人，没有什么可相比的，并非一个时代是这样，已经是由来已久的了。昔日卫灵公与雍渠同车，孔子去了陈国；商鞅依靠景监面见（了秦孝公），赵良就感到寒心；赵谈做了骖乘，爰丝满脸不高兴，自古以来都以这样的事为耻辱。有中等才能的人，有事与宦臣相关，就莫不伤心气恼，更何况慷慨之士呢！现在朝廷虽然缺乏人才，怎么可以让刀锯之余的我去推荐天下的豪雄俊杰呢！我依赖承继先人的事业，得以待罪于皇上的辇毂之下，到现在已经20多年了。所以我私下想：对上说来，我不能怀忠效信，得到献奇策、出大力的赞誉，与皇上搞好关系；其次，我又不能拾遗补阙，招贤进能，使岩穴之士得以显露；就朝廷之外说，我不能作为军队的一员，去攻城野战，建立斩将搴旗的功勋；就最低要求说，我也不能累日积劳，取得尊官厚禄，为宗族结交达官贵人。我没做到以上四方面的任何一件；我苟合取容，对各方面都无所贡献，从这里可以看出来。过去，我也曾经置身于下大夫之列，陪着外廷议论些细枝末节的事。不在那时候引进维纲护纪之人，竭尽我的思虑，现在我已亏损了形体为打扫清洁的奴仆，在猥贱的人当中，这时如果想昂首扬眉来论列是非，不是太轻视朝廷、羞辱当今的士人了吗！呵哟！呵哟！你我这样的人，还有什么话可说啊！还有什么话可说啊！

而且事情的本末本不容易辨明的。我年少时自负于不羁之才，长大了后没得到家乡人的称赞，皇上因为我先人的原因照顾我，使我得以凭浅薄的才学，出入于防卫周密的宫廷之中。我认为头上戴着盆是怎么也看不见天的，不可有更大的奢望，所以我断绝了和宾客之间的往来，忘却了家室的生计事业，日日夜夜想竭尽我不成器的才力，一心一意致力于我的职守，以讨得皇上的欢心。但事情有完全违背主观愿望的。我与李陵都在朝廷供职，向来不是朋友，兴趣爱好各不相同，从未有过举杯戏酒殷勤款待的欢聚。但是我观察他的为人，认为他是无可争议的奇士，他事奉长辈遵循孝道，与士人相交以信为本，面对财物表现廉洁，取得与给予都以义为标准，对身份职别表现出谦让，对下人很客气，常常想奋不顾身以赴国家的急难。这些高贵的品德都是他平素间所积累起来的。我认为他有国士之风。为臣的人出生入死不顾自己一生的长远之计，赴公家之难，这已经奇特了。如今有一件事情办得不妥当，那些苟且偷生护妻保子的臣子们紧跟着就牵连生事造谣中伤，我实在是心痛极了！而且李陵率领的步兵不到5000人，深入敌人后方，足迹经过了匈奴的王庭，垂饵虎口，往西向强大的胡人挑战，仰对匈奴的亿万之师，与单于连续作战了10多天，就李陵军队的人数而言，杀掉的敌人之多已超过了自己的能力。匈奴连救死扶伤都来不及，君长们都震恐了，就全部征集左右贤王属部，征发凡是能骑马射箭的百姓，倾一国之力共同围攻李陵。李陵转战千里，矢尽道绝，又无援救之兵，士卒伤者堆积。但是李陵只要一呼唤已疲劳的军队，战士们无一不然而起，他们弯着身子流着鼻涕，抚着流血的伤口暗自饮泣，拉开没有上箭的弓，顶着雪亮的刀刃，面对北方与敌人死战。李陵还没去世之前，有使者回来报告，汉朝的公卿王侯都捧酒祝贺皇上。几天后，李陵战败的事被奏闻于朝廷，皇上食不甘味，听政时很不高兴。大臣们忧愁恐惧，不知计从何出。我不自量个人卑贱的地位，见皇上惨切悲恸，真心想用我忠实诚恳的愚陋报效皇上。我认为李陵平素间与士大夫相处就同甘共苦，所以能让人为其拼死，即使是古代的名将也超不过他。他虽然陷于失败，但看他的意图，是想得到机会而报效汉朝。事情已到了无可奈何的地步，但他所摧毁战败敌人的事迹，功劳也足以显露于天下了。我心里怀着这个意见想上陈皇上，但没有门路。正逢皇上召问，就根据这个思路推崇李陵的功劳，想以此开阔皇上的思路，堵塞小怨小忿引起的不实之词。我还没完全说明，皇上没很好考虑，就认为我是在攻击贰师将军而为李陵游说，于是就把我下发到司法官审问。我的拳拳忠心，终究不能自陈。因为认定我诬上之罪，最后就让狱吏们去议论量刑。我家贫穷，所有的财产不足以自赎其身，朋友们没有来救援的，左右亲近的人都不为我说一句话。身体不是木石，我独自与法吏为伍，深深地囚禁在监牢之中，向谁去诉说我满腹的心酸呵！这些事都是您少卿先生亲自见到的，我的行为难道不对吗？李陵既然投降，败坏了他家的名声，而我又被推进了蚕食，被天下人看笑话。太可悲了！太可悲了！

　　事情不容易给俗人说明白。我的先人没有享受剖符丹书的功勋，做掌管文史星历的史官，地位与卜人巫祝相近，只是供主上所戏弄、当着优伶一样养畜罢了，不被社会所重视。如果我就诛，若九牛失去一毛，和蝼蚁有什么区别？而且社会上又不把我的死与为气节而死等量齐观，不过认为是我智穷罪极，不能自免，只好就死罢了。这是为什么？这是平日里自己立志造成的。人固有一死，死有重于泰山，或轻于鸿毛，不同的选择有不同的结果。最好是不辱没先人，其次不辱没自己的身份，其次不辱没义理名分，其次不辱没辞令，其次是屈体受辱，其次换了服装受辱，其次是带枷绳被杖击受辱，其次是剃去毛发打上金印受辱，其次是毁坏肌肤折断肢体受辱，最下等的侮辱是腐刑，这就到了极点了！《传》上说："刑不上大夫。"这话是说士人的气节不可不磨砺，以求得上进。猛虎在深山，百兽震恐，到落入陷阱之中，就只能摇尾乞食，它的威风被欺诈制约了。所以士人们知道，即便是画地为牢也不能入，即使是木头做的狱吏也不能跟他对话，做出这种决定是因为道理太明显了。现在我手足交叉，被绳捆索绑，暴露肌肤，受棒击，被禁锢在环墙之中，这时候，看见狱吏就低头撞地，徒隶出现我就心中恐惧，这是为什么？威风被权势所制约了。到了这个时候，说没有受辱的人，就是所谓的勉强装样子罢了，有什么值得尊敬的呢？而且，西伯，是伯，被拘于牖里；李斯，是相，被施了五刑；淮阴侯韩信，是王，在陈地被桎梏；彭越、张敖南面称孤，或系于狱或获大罪；绛侯诛杀了吕后一党，权倾五霸，结果被囚在关押有罪官吏的牢狱中；魏其，是大将，穿上了赭色的衣服，颈、手、足三处都上了枷锁；季布（这样一个有作为的人）成了朱家的钳奴；灌夫受辱之后只好居住在家里。这些都是身居王侯将相、名声远扬邻国的人，到了犯罪受到法律制裁的时候，不能自杀对自己进行裁决。在茫茫尘世之中，古今都是一样的，怎么能不受侮辱呢！这样看来，勇敢和怯弱，是人所处环境和地位决定的；强与弱，是形势所使然。道理确实是这样的，有什么奇怪的呢！而且人不能及早规范自己的行为，已经落到置身于鞭棰之间时，才想引荐有节操的人，这不是太离谱了吗？古人所以难以对大夫施用刑法，大概就是这个原因吧。就人情说没有不贪生怕死、思念亲戚、眷念妻子儿女的，而被义理所激发的人却不然，他们有不得已（而不畏死、不思念亲戚、不眷念妻子儿女）的时候。我是不幸的，太早地失去了双亲，没有兄弟间的亲爱，独身孤立，少卿先生把我当做您最亲近的人怎么样呢？而且勇敢的人未必都是为殉节而死，怯懦的人钦慕义，就没有什么地方不以义理来激励自己！我虽然怯弱想苟且偷生，也很知道去就的界线，为什么会陷入一狱囚禁的耻辱之中不能自拔呢？而且即是奴婢侍妾也能引咎自裁，何况像我处于这种不得已境地的人呢！我所以隐忍苟活，被淹埋在粪土之中而不辞，是因为怀恨自己的心愿有没有实现，鄙视被世事所淹没而我的文采不能传扬给后人。

古代显贵之人被忘记的，不可胜记，只有倜傥非常之人得以显身扬名。大概说来，西伯被拘之后而演绎了《周易》；仲尼受厄而作《春秋》；屈原被放逐，就赋了《离骚》；左丘失明，就写了《国语》；孙子的脚受了膑刑，就写了《兵法》；吕不韦被放逐到蜀，世间就流传了《吕览》；韩非被秦国所囚，就作了《说难》《孤愤》。《诗经》的300篇，大约都是圣贤的发愤之作。以上这些都是因为人的思想有郁结之处，弄不通其中的道理，所以叙述往事，思考未来。像左丘明眼睛看不见，孙子被断了脚，终究得不到任用，只好引退写文作书以抒发自己的悲愤，想留下文章以自表其志。我私下里很不恭敬，近来以没有才气的文辞自托，网罗天下的佚闻旧事，考证事实，探寻成败兴坏的道理，总共130篇，也想以此研究天人之间的关系，通晓古今的变化，形成自己的一家之言。草创未就，恰好遭遇了这场灾祸，可惜它还没有完成，所以我毫无愠色地接受了极刑。我将此书写完之后，要把它藏之名山，留传给能在通邑大都扬播的人，那么我就补偿了受辱所遭到的责难，虽被戮杀一万次，难道还会后悔吗？但是这些话只可以跟有理智的人道，难以给俗人言。

况且背负侮辱的人不容易安居，地位低微的人遭到的诽谤最多。我因为说话不慎而遭遇到宫刑之祸，再一次受到乡党的讥笑和指责，辱了先人，还有什么脸面再到父母的坟墓上去呢？虽然是百代以后，我所造成的污垢只会越积越厚的！所以，我肠一日而九回，在家里坐着就感到飘飘浮浮若有所失，出门则不知道自己到什么地方去。一想到自己的这一耻辱，汗就没有不从背上往外冒浸湿衣服的。身虽为皇上内廷之臣，还不如自己引退深藏到山岩洞穴当中去呵！所以姑且随俗浮沉，与时俯仰，以此来疏通我的大惑不解。现有少卿先生教导我要推贤进士，不是和我个人的愿望相违么？现在我虽然想雕琢自饰，用美妙的言辞自我解嘲，也是没有益处的，社会上不会相信我的辩解，只不过取得羞辱罢了。总之到我死那天，是非才能明确。书不尽意，所以只是大略地陈述我浅陋的看法。

司马迁死后，他写的《太史公书》才有一些部分流传出来。汉宣帝时，司马迁的外孙平通侯杨恽师法、陈述《太史公书》，于是此书才全部公布于世。到王莽的时候，访求司马迁的后人，封他为"史通子"。

后汉书

《后汉书》概论

《后汉书》是继《汉书》之后，我国古代第二部纪传体的断代史书，共120卷，包括本纪十卷，列传八十卷，志三十卷，主要记述东汉建武元（公元25年）至献帝建安二十四年（220年）196年的历史，在我国史学史上占有重要的地位。

一

《后汉书》作者为范晔。范晔，字蔚宗，小字砖，出身仕官之家，多才多艺。范晔的仕途是随着父亲范泰投效刘裕开始的。晋义熙十四年（418年），刘裕还彭城，受命相国宋公，范晔任为相国掾，不久，又投刘裕第四子义康幕府。刘裕代晋后，封义康为彭城王，进号右将军。范晔先在义康部下任冠军参军，又随转任右军参军，历时4年左右，入朝补尚书外兵郎。宋文帝即位，父亲范泰解国子祭酒职，致仕，乘轻舟游东阳，不问朝事。两年后，文帝杀徐羡之等，朝政稳定，范泰再度入朝做官，因他是刘裕的旧臣，文帝倍加优待礼遇。考虑范晔有脚疾，文帝特地准许他乘舆宴见。此时，刘义康改任荆州刺史。范晔再度投为义康部下，任荆州别驾从事史，受到刘义康的厚遇。不久，范晔被朝廷召为秘书丞。范晔31岁时，父亲去世，范晔以丁忧去职。两年后，复官，到征南大将军檀道济手下任司马，领新蔡（治今河南新蔡）太守。檀道济是战功卓著的北府名将。元嘉七年（430年），北魏军逼近滑台（今河南滑县），文帝加道济为都督征讨诸军事，率众北伐。范晔刚刚过了两年居忧的闲散生活，很难立即适应征战之苦，听到北伐之令下，声称患有脚疾不便行军，文帝不许，但照顾他乘船负责由水路运送队伍和军械。北伐军回师后，范晔调任彭城王义康手下为司徒从事中郎。这时的义康已入朝为司徒，录尚书事，又领平北将军，南徐州刺史，与王弘共辅朝政。义康是皇族，所以王弘凡事推辞，形成义康一人专揽朝政之势。范晔这次回义康手下任职已是第三次，相互间的关系自然又增进了一层。不久，范晔升任尚书吏部郎。元嘉九年（432年），受其父范泰"好酒，不拘小节"的影响，而又远不如范泰练达的范晔，闯下一场大祸：这年冬天夜晚酣饮，醉后开北窗听义康之母下葬之前的挽歌为乐，事情被义康知道，大怒，贬范晔为宣城太守（今安徽宣城）。这件意外的灾祸，便成为范晔一生事业的转折。在宣城太守任上，他郁郁寡欢，乃转而从事自己所热爱的历史研究。

范晔纵观历代诸家所写的东汉史书，总觉得不够满意，或剪裁不当，或疏误甚众，或干涩乏味，或体例不周，因而他决心发愤撰写，著述一部具有独特风格、超过前人的东汉史。时年35岁的他，开始了《后汉书》的撰写。

约在元嘉十七年（439年）时，范晔调任始兴王刘浚（宋文帝第二子）部下为后军长史，领下邳（今江苏睢宁西北）太守。范晔由后军长史升任左卫将军，与右卫将军沈演之同掌禁军，参与机要。元嘉二十一年（444年）范晔任太子詹事。次年，他被人告发说参加了孔熙先等人谋立刘义康为帝事，以谋反罪被处死，时年48岁。他死后，《后汉书》"志"尚未完成。今本《后汉书》的十志，是南朝梁刘昭在为范书作注时，因范晔生前曾赞扬过晋人司马彪的《续汉书》，遂将其中的八志，分为三十卷，加以注释增补，附入范书之中。起初两书各自单行，至北宋真宗乾兴元年（1022），判国子监孙奭奏请把两书校勘合刻，至此两书始合为一书。

二

范晔所生活的时代，距后汉的灭亡已有200余年，他编写《后汉书》的主要史料来源为前人的著述。关于东汉一代的历史，在《后汉书》之前，已经有不少人撰写，范晔以《东观汉记》为基础，博采众书，斟酌去取，自订体例，写成《后汉书》。《后汉书》是一部具有独特风格的一家之作，立意超过以往记后汉历史的诸家之作。

在体例方面，范晔比较了纪传体和编年体——即他所称《春秋》的长短，指出了《春秋》的短处，这在当时是很大胆的。比较的结果，他拟以班固《汉书》为范本。范晔对全书事前有周密的安排，原计划是十纪、十志、八十列传，合为100篇以与班固的《汉书》相应。但范晔只完成了十纪，八十列传，十志则托付给谢俨撰作，将要完成时，遇范晔被杀，文稿皆散佚。范书的本纪、列传虽承袭了《史记》《汉书》体例，但是也有他的创新。范晔这一改变是有他的根据和用意的。因为，东汉自和帝以后，当皇帝的都是10岁左右的小孩，雉子无知，政权往往掌握在太后和外戚手中，太后临朝听政习以为常，所以将皇后列入本纪，是反映了东汉时期这一历史特点的。刘知几对此颇不以为然，认为皇后只应称传而不能称纪。其实《皇后纪》始自华峤《后汉书》，范晔只是根据史实要求，采用华峤的体例而已，这正符合史家变通之旨，是无可厚非的。

在本纪中，范晔继承和发挥了司马迁的附记方式。范晔也将在位短暂，史事不多，独为一卷内容太少的皇帝，与前任皇帝合为一卷。例如殇帝刘隆，即位时还在襁褓之中，在位仅8个月，无事迹可记，遂附于《和帝纪》卷中。另将年幼、在位时间不长的冲帝、质帝与顺帝合为一卷。

《列传》是《后汉书》的主要组成部分。《后汉书》列传目录有名有姓的达500余人，超过《史记》《汉书》的数目。这样，对如何剪裁安排这些史料，使其简明而又周密，脉络清晰而又不遗漏重要史实，范晔也有创新。从全书来看，对一些无关大局的人物，即便是身居高位的王侯卿相，也不单独立传，只散见各纪、传。相反，对地位虽不高，但于社会历史有一定影响的人物，则单独立传。由此，可见对各个传记人物，范晔是经过刻意斟酌、悉心核定的。

人物传记大多以类相从，即将人物才学、品德、事迹相同或类似者，共列为一卷。如邓禹、寇恂都不仕王莽、更始，而投奔刘秀，共为一卷；将割据称帝王的王郎、刘永等8人合为一卷；郭泰、符融、许昭以清高有人伦之鉴、知名当世而合为一传等。范晔《列传》中也多用附记方法记载同类人物，有的人虽记载不多，但多叙其姓氏籍贯，如《来歙传》记述了共同谏废太子的郑安世等17人履历。范晔除继承原有的儒林、酷吏、循吏等类传外，还新创了《党锢》《宦者》《文苑》《独行》《方术》《逸民》《列女》7个类传，充分反映了东汉历史的变化和特点。而《列女传》，是纪传体史书中的创举。它把社会上有才学和品德修养好的妇女，列入史册，用专传记载下来，这的确很有意义。范晔为妇女立专传，在很大程度上是突破了封建思想的束缚的，弃富安贫的鲍宣妻、事婆母至孝的姜诗妻、女史家班昭、孝女曹娥、女文学家蔡文姬等的事迹，就是因为《列女传》而保存下来。范晔将蔡文姬收入《列女传》，多为后来的封建文人所讥诮，认为蔡文姬几次改嫁，是不应当列入的。蔡文姬先嫁卫仲道，后没于匈奴而归左贤王，为曹操赎回以后，再嫁给董祀为妻。殊不知范晔设立这个类传，不是专为表彰节烈，而提出要"搜次才行尤高秀者，不必为专一操而已"。

《后汉书》还为少数民族立了6个列传，即东夷、南蛮西南夷、西羌、西域、南匈奴、乌桓鲜卑，不仅包括了当时的各个主要民族，还记载了四周与东汉王朝关系密切的国家，保存了少数民族和中外关系的大量史料。

范氏《后汉书》的特点之一是在每篇纪或传之后著以评论，有的传前撰有小序，各篇之后均缀之以赞。"序"为立传的宗旨和类传之纲。《后汉书》中皇后和孝子、处士、党锢、循吏、酷吏、宦者、儒林、独行、方术、逸民、列女、东夷、西羌、西域诸传均作序，共15篇。序作为一种史书体例，是由司马迁首先采用的。范晔沿袭这一体例，有其独到之处。大体说来，《后汉书》序的用意有三：一是概述事物的渊源流变。二是指出了立类的标准。三是说明序论的依据。范晔的理论依据主要是儒家经典，尤其是孔子语录。

"论"大多是借古喻今，评论时政和人物的得失，为正史纪传所必备的体例。《后汉书》有论120篇，凡15800余言。这是范晔史论的主要部分。范晔自认为全书最精彩的部分是列传的序论。如《党锢》《宦者》的论都是著名的史论文章，不仅内容上有其独到的见解，而且文笔豪放畅达，气势磅礴。在运用儒家道德，评论历史人物的是非时，范晔是鼓吹仁义、崇尚忠信、表彰气节的。范晔作论，是有论则发，无论则缺，不求勉强发论，像孝子、循吏、文苑、独行、列女五传没有论。而每卷论作几篇，则视具体情况而定。如《皇后纪》和邓寇、桓丁两传各有三篇论，《隗嚣公孙述传》以下二十卷各有论两篇，其余六十二卷各有论一篇，这就使论在运用上较为灵活。

"赞"是对该人物的评价。魏晋以前修史，本不作"赞"。而"赞"作为纪传体史书的一种体例，是由范晔首创的。《后汉书》赞共90篇，3264字。范晔修赞，沿用《春秋》笔法，一字一句皆作褒贬，或直言，或隐喻，字里行间反映出范晔对历史人物、事件的一些具体看法。在"赞"中，范晔都很注意揭示每个人物的性格特征。如赞梁商父子，则说："商恨善柔，冀遂贪乱。"像这样的赞语，在《后汉书》中所占比重很大。《后汉书》的"赞"这种体例一经创立，便得到一些史家的推崇和采用。萧子显、李百药撰《南齐书》《北齐书》，唐修《晋书》，都采用了这一体例。

范晔史学思想的基本内容，就是通过上述三种史论形式反映出来的。总而言之，在历史观方面，他既认为"天""命"对社会的变革起决定作用，也承认英雄人物对历史的进程有重大影响，不过所谓"天""命"指的是历史所趋、民心所向的社会政治形势。在政治方面，他向往"仁政"，反对暴政，在道德观方面，他作为封建传统道德的拥护者，尽管有个别超脱之处，但终究还在宣扬"仁""德""孝悌""忠贞""信义"那套儒家行为规范，并把它作为评价历史人物的重要理论根据。在人物评价方面，他能够遵循历史事实，对每一类或每一个传记人物，进行具体的分析，指出其社会地位和作用，这同其他封建史家相比较，可以称得上"立论持平，褒贬允当"。

范晔在《后汉书》中，还将东汉时代有较高价值的文学、政治、经济方面的文章整篇的或摘要载于有关人的传中。如崔寔的《政论》、桓谭的《陈时政疏》、王符的《潜夫论》中的5篇、仲长统《昌言》之《理乱》《损益》及班固的《两都赋》、张衡的《二京赋》《四愁诗》等，均载入本人传内。另外，《后汉书》保留了不少先秦史料。《后汉书》

虽为断代史，但范晔在许多列传的序、论、赞中，往往打破体裁限制和朝代束缚，征引了不少先秦史料。如《竹书纪年》为晋代发现的战国时魏国的史书，其中记事多与《史记》及儒家所传的六艺不同，所以当时不受重视，很少有人引用。范晔在《东夷》《西羌》等列传的序论中，大量征引《竹书纪年》这部已失传的先秦古籍上的有关资料。

大量收集歌谣也是《后汉书》的一大特点。《后汉书》采用的歌谣，涉及面很广，大多是反映当时社会问题的。

《后汉书》的文学成就也非常高。范晔在狱中自知将不久于世的时候，给他的诸甥侄写了一封信，表达了他对于已有的各史书和他所著的《后汉书》的看法，特别着重在文学方面，这封信被后人看成为《后汉书》的自序。他说："文患其事尽于形，情急于藻，义牵其旨，韵移其意。"又说："情志所托，故当以意为主，以文传意，则其旨必见；以文传意，则其词不流。然后抽其芬芳，振其金石耳。"从文学方面看，《后汉书》是达到了这个要求的。所以他说："吾杂传论皆有精意深旨，既有裁味，故约其词句。至于《循吏》以下及六夷诸序论，笔势纵放，实天下之奇作。"

对于范晔的《后汉书》，历代有许多评论，其中绝大多数是给以肯定的评价。梁刘昭说："范晔《后汉》，良跨众氏，"认为范书超过前人。唐朝刘知己说："范晔之删《后汉》也，简而且周，疏而不漏，盖云备矣。"又说："观其所取，颇有奇功。"刘知己作为史评家，对诸史多所挑剔，对范书来说这是很高的评价了。清代学者王鸣盛，更是对范晔及其《后汉书》倍加推崇。的确，《后汉书》结构谨严，内容丰富，文辞优美、流畅，叙事简洁，笔势纵放，时有新意，故此书一出，大家争相传诵，除了袁宏《后汉书》外，在他之前各家后汉书便逐渐销声匿迹，至于亡佚。其后梁萧子显复著《后汉书》100卷、王韶作《后汉林》200卷亦皆未能传世。这个事实足以证明，范晔的《后汉书》必有其过人之处，有其存在的价值。在今天，它已成为我们研究东汉历史最重要的一部史书。

《后汉书》虽有诸多的优点和长处，但不可避免也存在不少缺点和错误，主要有如下三点：

第一，史实有遗漏和错误。《许慎传》仅有3行80字，记事过简不全。第二,《后汉书》指导思想的另一消极方面,是在类传中有宣扬封建道德和迷信荒诞的内容。《列女传》中记班昭作《女诫》7篇,宣扬妇女要遵从三从四德;曹娥、叔先雄两人的父亲都是坠江溺死,她们也投水自杀,是宣传"孝",荀采的丈夫死,父要她改嫁,她不从,自缢死,这是宣扬"一女不嫁二夫"的封建"贞节"观念。在《方术传》中范晔记述了大量荒诞的鬼神迷信之事,反映了作者的唯心主义思想。第三,黄巾起义领袖无传。而范晔对东汉末年黄巾起义这个重大历史事件,竟不立专传记载,仅在灵帝纪及皇甫嵩等传中有零星记述,开了不为农民起义领袖立传的恶例。

总而言之,《后汉书》虽然在指导思想上和文字上都有一些不足之处,但作为一部纪传体断代史,是远远超过同类其他著作的,是继《史记》《汉书》及《三国志》问世之后的又一杰出的史学著作。

政　略

贤德马皇后

建初元年，(帝)欲封爵诸舅，太后不听。明年夏，大旱，言事者以为不封外戚之故，有司因此上奏，宜依旧典。太后诏曰："凡言事者皆欲媚朕以要①福耳。昔王氏五侯同日俱封②，其时黄雾四塞，不闻澍雨之应。又田蚡、窦婴③，宠贵横恣，倾覆之祸，为世所传。故先帝防慎舅氏，不令在枢机之位④。诸子之封，裁令半楚、淮阳诸国，常谓'我子不当与先帝子等'。今有司奈何欲以马氏比阴氏⑤乎！吾为天下母，而身服大练⑥，食不求甘，左右但著帛布，无香薰之饰者，欲身率下也。以为外亲见之，当伤心自敕，但笑言太后素好俭。前过濯龙门上，见外家问起居者，车如流水，马如游龙，仓头衣绿褠⑦，领袖正白，顾视御者，不及远矣。故不加谴怒，但绝岁用而已，冀以默愧其心，而犹懈怠，无忧国忘家之虑。知臣莫若君，况亲属乎？吾岂可上负先帝之旨，下亏先人之德，重袭西京败亡之祸哉"固不许。

帝省诏悲叹，复重请曰："汉兴，舅氏之封侯，犹皇子之为王也。太后诚存谦虚，奈何令臣独不加恩三舅乎？且卫尉⑧年尊，两校尉⑨有大病，如令不讳⑩，使臣长抱刻骨之恨⑪。宜及吉时，不可稽留。"

太后报曰："吾反复念之，思令两善。岂徒欲获谦谦之名，而使帝受不外施之嫌哉！昔窦太后欲封王皇后之兄⑫，丞相条侯⑬言受高祖约，无军功，非刘氏不侯。今马氏无功于国，岂得与阴、郭中兴之后等邪？常观富贵之家，禄位重叠，犹再实之木，其根必伤。且人所以愿封侯者，欲上奉祭祀，下求温饱耳。今祭祀则受四方之珍，衣食则蒙御府余资，斯岂不足，而必当得一县乎？吾计之孰⑭矣，勿有疑也。夫至孝之行，安亲为上。今数遭变异，谷价数倍，忧惶昼夜，不安坐卧，而欲先营外封，违慈母之拳拳⑮乎！吾素刚急，有胸中气，不可不顺也。若阴阳调和，边境清静，然后行子之志。吾但当含饴弄孙，不能复关政矣。"

……

四年，天下丰稔，方垂无事，帝遂封三舅廖、防、光为列侯。并辞让，愿就关内侯。太后闻之，曰："圣人设教，各有其方，知人情性莫能齐也。吾少壮时，但慕竹帛，志不顾命。今虽已老，而复'戒之在得'⑯，故日夜惕厉⑰，思自降损。居不求安，食不念饱。冀乘此道，不负先帝。所以化导兄弟，共同斯志，欲令瞑目之日，无所复恨。何意老志复不从哉？万年之日长恨矣！"廖等不得已，受封爵而退位归第焉。

（《后汉书》卷十上，皇后纪）

【注释】

①要（yāo）：通"邀"。求取；希望得到。②"昔王氏"句：西汉成帝封太后弟王谭、王商、王立、王根、王逢时等，同时为关内侯。③田蚡、窦婴：田蚡，西汉景帝王皇后之弟，任丞相，被封为武安侯。骄横跋扈。死后，汉武帝曾说："如果田蚡在世，我就要把他的家族灭了。"窦婴，汉文帝窦皇后堂兄之子。任丞相，被封为魏其侯，后因罪被杀。④"故先帝"句：先帝，汉明帝。枢机之位，重要的官位。⑤阴氏：光武帝皇后阴丽华。⑥大练：厚而白的帛。⑦韝：同"鞲"，臂套。即今俗称之"袖套"。⑧卫尉：马皇后之兄马廖，时任卫尉。⑨校尉：马皇后之兄马防、马光，时任校尉。⑩不讳：不幸去世。⑪恨：遗憾。⑫"昔窦太后"句：窦太后，汉文帝皇后。王皇后，汉景帝皇后。⑬条侯：即周亚夫。被封为条侯，故名。⑭孰：通"熟"，仔细、周详。⑮拳拳：眷爱之情。⑯戒之在得：《论语·季氏》："及其老矣，血气既衰，戒之在得。"得，贪得。⑰惕厉：惕，惧。厉，危险。

【译文】

建初元年（公元76年），章帝想分封几位舅舅，马太后不允许。第二年夏天，大旱，分析这件灾事的人认为是由于不封外戚的缘故，因此上书奏请，应依汉制旧典，对外戚封侯。马太后诏令说："凡是讲到旱灾应对外戚封侯的，都是想讨好于我以求获得福禄。从前成帝时，同时封王太后5位弟弟为5个关内侯，那时黄雾充塞于四方，却不见及时雨下降。田蚡、窦婴封侯后受宠显贵，骄横任性，而遭倾覆破灭的祸患，是世人皆知而口头传述的。所以先帝（明帝）在世时，谨慎地不让外戚担任朝廷重要官职。诸皇子的封邑，只准有楚、淮阳诸国封地的一半，常说'我子不当与先帝子等同'。现在管事的人为何以我马氏比阴氏呢？我身为国母，穿普普通通的白缯，饮食不求甘美，左右的人只穿帛布衣裳，没有胭脂水粉薰香之类的修饰，是为了以身作则为天下的表率。认为外亲见之，当扪心自省，自我约束。没想到他们只笑说太后素来爱好俭朴。前些天经过濯龙门上，见外戚家来请安的人，车如流水，马如游龙，奴仆戴着绿色的袖套，衣领衣袖纯一雪白，而看看为我驾车的，比他们就相差很远了。我没有发怒加以谴责，只断绝供给他们的用费，希望他们有所惭愧，但他们还是懈怠，不知忧国忘家。了解臣下的莫过于君王，更何况是亲属呢？我难道可以上而有负先帝的旨意，下而亏损先人的德行，重蹈西京时外戚遭到诛戮败亡的惨祸吗？"坚决不让章帝给诸舅封爵。

章帝读了太后诏令悲戚感叹，又再次请求太后说："汉室兴，舅氏封侯，犹如皇子封王。太后有谦虚的美德，怎能让我独不加恩于3个舅父呢？况且卫尉马廖舅舅年岁很大，两校尉马防、马光舅舅大病在身，如果一旦不幸去世，将使我长抱刻骨的遗憾！应趁吉日良辰，封侯舅氏，不可稽延耽搁。"

太后回答说："我反复考虑，想做到两方面都好。我难道想获谦让的美名，而使帝遭受不施舅父恩宠的嫌疑吗？从前，窦太后想封景帝王皇后兄王信，丞相条侯周亚夫说受高祖的约定，无军功，不是刘氏子不封侯。今我马氏无功于国，怎能与阴氏、郭氏中兴时期皇后等同呢？我常常看到富贵之家，禄位重叠，好像结第二次果子的树木，负荷太重，它的根必定受到伤害。而且人们之所以希望封侯，是想能有丰厚的物质祭祀祖先，能过上温饱的生活。现在我马家的祭祀享受四方的珍馐，衣食则蒙朝廷俸禄而有余裕，这难道还不够，而必须封侯得一食邑吗？我通过再三考虑，没有半点疑惑了。最好的孝行，安亲为上，现在连遭几次变异，谷价涨了几倍，我日夜忧愁惶恐，坐卧不安，而你却要先对外戚封侯，违背慈母的眷爱之情！我素来刚烈急躁，胸中有气，是不可不顺的呀！如果以后阴阳协调，边境安宁，再执行你的计划，我就只含饴弄孙，不会再关心朝政了。"
……

建初四年（公元79年），天下丰收，边陲无事，章帝于是封3个舅舅马廖、马防、马光为列侯。他们都辞让，愿意就封关内侯。马太后听后，说："圣人设置教化，不同对象采取不同的方式，深知人们的情趣性灵是不能一致的。我在年轻的时候，只羡慕古人留名竹帛书籍，千载流芳，而不考虑命之长短。现在年纪虽然大了，而仍然告诫自己不要贪婪，所以日夜警惕危殆，总想自我压抑减损。

居不求太安逸，食不求太美好。希望按照这种方式生活下去，而不辜负先帝的期望。也用以启发引导各兄弟，共同抱定这个志向，想在瞑目的时候，没有什么遗憾。现在你们偏偏愿受封爵，万不料我的夙愿还是得不到你们的顺从，不能实现啊！我只有永远含恨于九泉了！"马廖等没有办法，接受封爵后马上退位，闲居于家，不问政事。

刘盆子称帝

初，赤眉过式①，掠盆子及二兄恭、茂，皆在军中。恭少习《尚书》，略通大义。及随崇②等降更始③，即封为式侯。以明经数言事，拜侍中，从更始在长安。盆子与茂留军中，属右校卒史刘侠卿，主刍牧牛，号曰牛吏。及崇等欲立帝，求军中景王后者，得七十余人，唯盆子与茂及前西安侯刘孝最为近属。崇等议曰："闻古天子将兵称上将军。"乃书札为符曰"上将军"，又以两空札置笥中，遂于郑北设坛场，祠城阳景王。诸三老、从事皆大会陛下④，列盆子等三人居中立，以年次探札。盆子最幼，后探得符，诸将乃皆称臣拜。盆子时年十五，被发徒跣，敝衣赭汗，见众拜，恐畏欲啼。茂谓曰："善藏符。"盆子即啮折弃之，复还依侠卿。侠卿为制绛单衣、半头赤帻、直綦履，乘轩车大马，赤屏泥，绛襜络，而犹从牧儿遨。

崇虽起勇力而为众所宗，然不知书数。徐宣故县狱吏，能通《易经》。遂共推宣为丞相，崇御史大夫，逢安左大司马，谢禄右大司马，自杨音以下皆为列卿。

军及高陵，与更始叛将张卬等连和，遂攻东都门，入长安城，更始来降。

盆子居长乐宫，诸将日会论功，争言讙⑤呼，拔剑击柱，不能相一。三辅郡县营长遣使贡献，兵士辄剽夺之。又数虏暴吏民，百姓保壁，由是皆复固守。至腊日，崇等乃设乐大会，盆子坐正殿，中黄门持兵在后，公卿皆列坐殿上。酒未行，其中一人出刀笔⑥书谒欲贺，其余不知书者起往请之，各各屯聚，更相背向。大司农杨音按剑骂曰："诸卿皆老佣也！今日设君臣之礼，反更殽乱，儿戏尚不如此，皆可格杀！"更相辩斗，而兵众遂各踰宫斩关，入掠酒肉，互相杀伤。卫尉诸葛穉闻之，勒兵入，格杀百余人，乃定。盆子惶恐，日夜啼泣，独与中黄门共卧起，唯得上观阁而不闻外事。

(《后汉书》卷四十一，刘盆子传)

【注释】

①赤眉过式：赤眉，西汉末以樊崇等为首的农民起义军。因用赤色涂眉作为标志，故名。式，式县。②崇：赤眉起义军领袖樊崇。后投降光武帝刘秀，不久被杀。③更始：刘玄称帝的年号，代指刘玄。④"诸三老"句：三老，为赤眉军最高首领的称号；从事，是仅次于三老的将领。⑤讙（huān）：通"欢"。⑥刀笔：古代书写工具。古时书写于竹简，有误则削去重写。

【译文】

当初，赤眉军经过式县，掳掠了刘盆子及他的两个哥哥刘恭、刘茂，都留在军中。刘恭年轻时读过《尚书》，稍懂书中的一些大义。后来随樊崇等投降了刘玄，即被封为式侯。因通晓经书多次上书言事，拜为侍中，从刘玄在长安。刘盆子与刘茂留在赤眉军中，归属于右校卒史刘侠卿，负责割草喂牛的工作，号称"牛吏"。后来樊崇等想立皇帝，查找在军中的城阳景王刘章的后裔，共得70多人，只有刘盆子与刘茂以及前西安侯刘孝最为近属。樊崇等商议说："听说古代天子带兵称上将军。"于是就用木片写上"上将军"的符记，又把两个同样大小的空白木片与之一道放置箧中，在郑北设了一个坛场，祭祀城阳景王。赤眉军的重要将领都大会于台阶之下，让刘盆子、刘茂、刘孝3人站在正中，按年龄大小依次去摸取木片。刘盆子最年轻，最后一个去摸，刚好摸得"上将军"木片，诸将于是都向刘盆子称臣拜贺。刘盆子这时年仅15岁，披着头发，光着脚，穿着破衣，脸红流汗，看到大家向他跪拜，吓得要哭。刘茂对他说："把木片藏好。"刘盆子却把木片咬断丢掉，又回到刘侠卿身边。刘侠卿就给刘盆子制做了大红色的单衣，空顶的红帽帻，直线花纹的鞋子，让他乘坐高车大马，车轼前边是赤色的屏泥，车身围着红色帷屏，但刘盆子还是和牧牛伢儿在一起玩。

樊崇虽然由于勇敢有力而为大众所尊敬推为首领，但没有文化，不知术数。徐宣以前是县衙的狱吏，懂得《易经》。于是大家共推徐宣为丞相，樊崇为御史大夫，逢安为左大司马，谢禄为右大司马，自杨音以下都为列卿。

大军到达高陵，与刘玄叛将张卬等联合，于是攻东都门，进入长安城，刘玄投降。

刘盆子住在长乐宫，诸将每天集会议论谁的功劳大，争吵呼叫，拔剑击柱，不能取得一致。京城附近郡县营长派使者来呈献贡品，兵士动辄抢夺走了。又多次掳掠暴虐官吏百姓，百姓从此保壁坚守。到了腊祭的那天，樊崇等设乐举行大会，刘盆子坐在正殿，中黄门带兵站在后面，公卿都列坐于殿上，酒还没有开饮，其中一人拿着刀笔写了名帖准备庆贺，其余不会写字的人都站起来请人代写，一堆一堆地聚集在一起，互相背靠着背。大司农杨音按剑骂道："各位公卿都是老佣人！今天设君臣之礼，反而更加混乱，儿童游戏也不会乱成这样，都该击杀！"互相争吵打斗，而兵士们也各翻越宫墙砍断城门闩卡，闯进宫殿抢夺酒肉，互相杀伤。卫尉诸葛穉听到消息，立即带兵而入，击杀百余人，才安定下来。刘盆子惊惶恐惧，日夜啼哭，与中黄门同起同卧，只是上观阁而不管外面的事。

桥玄惩恶

桥玄字公祖，梁国睢阳①人也。七世祖仁，从同郡戴德学，著《礼记章句》四十九篇，号曰"桥君学"。成帝时为大鸿胪②。祖父基，广陵太守。父肃，东莱太守。

玄少为县功曹。时豫州刺史周景行部到梁国，玄谒景，因伏地言陈相羊昌罪恶，乞为部陈从事③，穷案其奸。景壮玄意，署而遣之。玄到，悉收昌宾客，具考臧罪。昌素为大将军梁冀所厚，冀为驰檄救之。景承旨召玄，玄还檄不发，案之益急。昌坐槛车征，玄由是著名。

举孝廉，补洛阳左尉。时梁不疑④为河南尹，玄以公事当诣府受对，耻为所辱，弃官还乡里。后四迁为齐相，坐事为城旦⑤。刑竟，征，再迁上谷太守，又为汉阳太守。时上邽令皇甫祯有臧罪，玄收考髡笞，死于冀市，一境皆震。郡人上邽姜岐，守道隐居，名闻西州⑥。玄召以为吏，称疾不就。玄怒，勅督邮尹益逼致之，曰："岐若不至，趣⑦嫁其母。"益固争不能得，遽晓譬岐。岐坚卧不起。郡内士大夫亦竞往谏，玄乃止。时颇以为讥。后谢病免，复公车征为司徒长史，拜将作大匠。

……

灵帝初，征入为河南尹，转少府、大鸿胪。建宁三年，迁司空，转司徒。素与南阳太守陈球有隙，及在公位，而荐球为廷尉。玄以国家方弱，自度力无所用，乃称疾上疏，引众灾以自劾。遂策罢。岁余，拜尚书令。时太中大夫盖升与帝有旧恩，前为南阳太守，臧数亿以上。玄奏免升禁锢，没入财贿。帝不从，而迁升侍中。玄托病免，拜光禄大夫。光和元年。迁太尉。数月，复以疾罢，拜太中大夫，就医里舍。

玄少子十岁，独游门次，卒有三人持杖劫执之，入舍登楼，就玄求货，玄不与。有顷，司隶校尉阳球率河南尹、洛阳令围守玄家。球等恐并杀其子，未欲迫之。玄瞋目呼曰："奸人无状，玄岂以一子之命而纵国贼乎！"促令兵进。于是攻之，玄子亦死。玄乃诣阙谢罪，乞下天下："凡有劫质，皆并杀之，不得赎以财宝，开张奸路。"诏书下其章。初自安帝以后，法禁稍弛，京师劫质，不避豪贵，自是遂绝。

玄以光和六年卒，时年七十五。玄性刚急无大体。然谦俭下士，子弟亲宗无在大官者。及卒，家无居业，丧无所殡，当时称之。

（《后汉书》卷五十一，桥玄）

【注释】

①梁国睢阳：梁国，汉封国，故治在今河南商丘市南。睢阳，梁国都城。故城在今河南商丘市南。②大鸿胪：朝廷掌管礼仪的官名。③部陈从事：部，总领。从事，属官的统称。④梁不疑：梁冀的弟弟。⑤城旦：刑罚名。一种筑城4年的劳役。⑥西州：汉时泛指凉州为西州，相当于今甘肃中部和西北部一带。⑦趣（cù）：通"促"。赶快，急促。

【译文】

桥玄字公祖，梁国睢阳人。七世祖桥仁，跟同郡人戴德学习，著《礼记章句》49篇，号称"桥君学"。成帝时做了大鸿胪。祖父桥基，做过广陵太守。父亲桥肃，做过东莱的太守。

桥玄年轻时做过县功曹。当时豫州刺史周景巡行所属部域，考核政绩，到了梁国，桥玄谒见周景，伏地陈述陈相羊昌的罪恶，请求做总领陈国从事的官，彻底查究羊昌的罪行。周景钦佩他的意志，就任命他担任此职并派遣他去。桥玄到达陈国后，全部抓捕羊昌的宾客，具体拷问贪污罪行。羊昌向来为大将军梁冀所推重，梁冀急发檄文，派人赶赴陈国救羊昌。周景秉承梁冀意旨召桥玄，桥玄退还檄文不动，拷问更急。羊昌坐槛车应召，桥玄从此出了名。

桥玄被举为孝廉，补洛阳左尉。这时梁不疑任河南尹，桥玄因公事当到府里受对，不想受梁氏的耻辱，弃官还乡里。后来4次升迁做了齐相，因事犯罪被罚为城旦。刑期满后，被征召，升为上谷太守。又做了汉阳太守。这时上邽县令皇甫祯有贪污罪，桥玄把他抓起来剃去头发用竹板痛打，皇甫祯死于冀县市肆，一境都被震动。同郡上邽人姜岐，守道隐居，名声传遍西州。桥玄召他为吏，他称病不住。桥玄怒，勒令督邮尹益强迫他，说："姜岐如果不来，赶紧下嫁他的母亲。"尹益坚持求情，桥玄不允。尹益就急忙告诉姜岐，姜岐坚卧不起床。郡内士大夫也争着劝谏，桥玄才停止了这件事。当时人颇有些讥讽他。桥玄后来谢病免职，又被公车召为司徒长史，拜之为将作大匠。

……

灵帝初年，桥玄被征召为河南尹，转任少府、大鸿胪。建宁三年（170年），升为司空，转任司徒。桥玄素来与南阳太守陈球有矛盾，自己在三公之位后，便推荐陈球做廷尉。桥玄认为国家正弱，自己度量力无所用，就称病上疏，引国家出现的众多灾异自己弹劾自己，于是被策免。一年以后，被拜为尚书令。当时太中大夫盖升与皇帝有旧恩，以前做南阳太守，贪污数亿以上。桥玄奏请免去盖升之职并将他关押起来，没收其财贿。皇帝不同意，反而提拔盖升为侍中。桥玄称病免职，拜为光禄大夫。光和元年（178年），升任太尉。几个月后，又以病罢免，拜为太中大夫，回到家中，就医服药。

桥玄的小儿子年10岁，一个人在门边玩耍，忽然有3个人拿着木棍劫持他，跑入桥玄房舍，登楼，向桥玄索取财物，桥玄不给。一会儿，司隶校尉阳球率领河南尹、洛阳令赶来，围守桥玄家。阳球等人担心桥玄的儿子遭到杀害，不想逼迫劫持者。桥玄瞪着眼睛喊叫道："奸人没有王法，桥玄难道因一个儿子的性命而放掉国贼吗？"催促下令兵士前进。兵士们于是进攻，桥玄的儿子也死了。桥玄于是到朝廷谢罪，请求下令天下："凡有劫持人质，都一并杀掉，不得用财宝赎回人质，开启奸贼犯罪之路。"诏书写下这项奏章。自安帝以来，法禁渐渐松弛，京城劫持人质，不避权贵之家，从此就再没有了。

桥玄在光和六年（183年）死去，时年75岁。桥玄性格刚急不顾大体，然而谦恭俭约，礼贤下士，他的子弟宗亲没有做大官的。桥玄死后，家中没有什么产业，也没有什么东西殡殓，为时人所称誉。

御　人

光武不究通敌者

及更始①至洛阳，乃遣光武以破虏将军行②大司马事。十月，持节北渡河③，镇慰州郡。……

进至邯郸，故赵缪王子林说光武曰："赤眉今在河东，但决水灌之，百万之众可使为鱼。"光武不答，去之真定④。林于是乃诈以卜者王郎为成帝子子舆，十二月，立郎为天子，都邯郸，遂遣使者降下郡国。

二年正月，光武以王郎新盛，乃北徇⑤蓟。王郎移檄购光武十万户，而故广阳王子刘接起兵蓟中以应郎，城内扰乱，转相惊恐，言邯郸使者方到，二千石以下皆出迎。于是光武趣驾南辕⑥，晨夜不敢入城邑，舍食道傍。至饶阳⑦，官属皆乏食。光武乃自称邯郸使者，入传舍⑧。传吏方进食，从者饥，争夺之。传吏疑其伪，乃椎鼓数十通，绐⑨言邯郸将军至，官属皆失色。光武升车欲驰，既而惧不免，徐还坐，曰："请邯郸将军入。"久乃驾去。传中人遥语门者闭之。门长曰："天下讵⑩可知，而闭长者乎？"遂得南出。晨夜兼行，蒙犯霜雪，天时寒，面皆破裂。至滹沱河，无船，适遇冰合，得过，未毕数车而陷。进至下博⑪城西，遑惑不知所之。有白衣老父在道旁，指曰："努力！信都郡⑫为长安守，去此八十里。"光武即驰赴之，信都太守任光开门出迎。世祖⑬因发旁县，得四千人，先击堂阳⑭、贳县⑮，皆降之。王莽和戎卒正⑯邳彤亦举郡降。又昌城⑰人刘植，宋子⑱人耿纯，各率宗亲子弟，据其县邑，以奉光武。于是北降下曲阳⑲，众稍合，乐附者至有数万人。

………

……会上谷太守耿况、渔阳太守彭宠各遣其将吴汉、寇恂等将突骑来助击王郎，更始亦遣尚书仆射谢躬讨郎，光武因大飨士卒，遂东围钜鹿㉑。王郎守将王饶坚守，月余不下。郎遣将倪宏、刘奉率数万人救钜鹿，光武逆战于南栾㉒，斩首数千级。四月，进围邯郸，连战破之。五月甲辰，拔其城，诛王郎。收文书，得吏人与郎交关谤毁者数千章㉒。光武不省㉓，会㉔诸将军烧之，曰："令反侧子㉕自安。"

（《后汉书》卷一上，光武帝纪）

【注释】

①更始：刘玄称帝的年号。古代文献中，往往有用年号代指其帝的做法（明清时最为盛行）。此处即指刘玄。②行：代理。③河：黄河。④真定：古县名，治所在今河北正定县南。⑤徇：巡行。⑥"于是"句：趣，同"促"，急促、急忙。南辕，驾车往南走。⑦饶阳：汉县名。在河北省中部偏南，滹沱河流域。⑧传舍：旅舍。⑨绐（dài）：欺骗；说谎。⑩讵（jù）：岂，反诘语气词。⑪下博：汉县名，治所在今河北深州市东南。⑫信都郡：汉郡名，治所在今河北冀州市。⑬世祖：即光武帝刘秀。⑭堂阳：汉县名，因在堂水之北而得名。在今河北新河县。⑮贳县：汉县名，在今河北辛集市县。⑯和戎卒正：和戎，郡名，王莽时所设。卒正，王莽所置官名，职同太守。⑰昌城：汉县名，故城在今河北冀州市西北。⑱宋子：汉县名。故城在今河北赵县北。⑲下曲阳：汉县名。在今河北晋州市西。⑳钜鹿：郡名。西汉时辖境在今河北省滹沱河以南，平乡以北，柏乡以东，束鹿新河以西。此处指钜鹿县，治所在今河北平乡西南。㉑南栾（luán）：汉县名，在今河北巨鹿北。㉒"得吏人"句：交关，交往。章，信件。㉓省（xǐng）：察看；检查。㉔会：会合；聚集。㉕反侧子：睡不好觉的人。

【译文】

及至更始到了洛阳，便任光武帝为破虏将军代行大司马的职务。十月，光武帝拿着符节渡黄河北上，安定抚慰州郡官民。……

进至邯郸，已故赵缪王刘元的儿子刘林向光武献策说："赤眉军现在河东，只要决开黄河淹灌他们，赤眉百万军队可成为鱼。"光武帝不答，而去真定。刘林就伪称占卜的王郎是汉成帝的儿子刘子舆，十二月，立王郎为天子，定都邯郸，并派遣使者招降下属郡国。

更始二年（24年）正月，光武帝因为王郎新起势盛，便北上巡视蓟地。王郎发布檄文，许诺对捕杀到光武帝的人封以10万户的爵位。已故广阳王刘嘉的儿子刘接，起兵蓟中以策应王郎。蓟城城内扰乱，人民相继惊恐起来，并传说邯郸派来的使者刚到，二千石以下的官员都出去欢迎。于是光武帝急忙驾车南奔，早晨夜晚都不敢进城，就在路旁食宿。到达饶阳，官属都没有吃的了。光武帝就自称是邯郸派来的使者，进入客栈。客栈的小吏正在用餐，光武帝的随从饥饿得很，便抢饭吃。客栈的小吏怀疑光武帝是假冒的，就击鼓数十通，谎称邯郸将军到，官属都吓得变了脸色。光武帝上车想要奔逃，但转念怕跑不了，便从容坐到原位，说："请邯郸将军进来。"许久，才驾车离去。客栈的人远远地叫守门者不放行。守门的官长说："天下大局岂可预知？能阻拦长者吗？"光武帝才得南行。日夜兼行，蒙霜冒雪，时正天寒，脸面都冻裂了。到了滹沱河，没有船，恰值河面封冻，得以踏冰而过，没有过完几辆车子，冰就塌陷了。到达下博城西，彷徨困惑，不知往哪里走为好。有白衣老头在路旁说："赶快走！信都郡的人还在为长安政权坚守着，那儿离这里80里。"光武帝马上赶赴信都，太守任光开门迎接。光武下便征发周围各县兵马，共得4000人。首先攻打堂阳、贳县，两地都投降了。王莽和戎卒正邳彤也领全郡投降。又有昌城人刘植、宋子人耿纯带领宗亲子弟，占领各自所在县城，奉献给光武帝，于是往北攻下曲阳，部众渐渐地集聚起来，乐意依附光武帝的达到数万人。

……

……正好上谷太守耿况、渔阳太守彭宠，各派自己的将领吴汉、寇恂等率领突骑帮助攻打王郎，更始也派尚书仆射讨伐王郎，光武帝乘机大设酒宴慰劳将士，东进包围钜鹿。王郎守将王饶坚守，一个多月没攻下。王郎派将领倪宏、刘奉领数万人援救钜鹿，光武帝迎战于南栾，杀数千人。四月，光武帝进军围攻邯郸，连战连捷。五月甲辰，攻克邯郸，杀王郎。在缴获的文书中，光武发现部下官员和王郎勾结来往毁谤自己的书信有几千份。光武不看，召集将军们当面一把火烧掉，说："让那些睡不好觉的人安下心来吧！"

汉明帝不任亲

帝遵奉①建武制度，无敢违者。后宫之家，不得封侯与政。馆陶公主为子求郎②，不许，而赐钱千万。谓群臣曰："郎官上应列宿③，出宰百里，苟非其人，则民受其殃，是以难之。"

(《后汉书》卷二，明帝纪)

【注释】

①奉：遵行。②"馆陶公主"句：馆陶公主，光武帝刘秀之女。郎，官名，皇帝侍从官侍郎、中郎、郎中等的统称。东汉以尚书台为行政中枢，其分曹任事者为尚书郎，职责范围扩大。③"郎官"句：南宫（太微宫）五帝座后相聚的15颗星，为一星座，称"郎位"，古人认为它们是与郎官对应的星宿。

【译文】

汉明帝刘庄遵行光武帝刘秀建武年代的制度，没有敢违抗的。外戚之家，不准封侯参政。他的妹妹馆陶公主，为儿子请求郎的官位，明帝不予答应，而赐钱千万。他对群臣说："郎官上应天上星宿，宰辖百里，如果人选不当，百姓就要遭殃，所以不准许。"

班超智勇降两国

班超字仲升，扶风安陵①人，徐令彪之少子也。为人有大志，不修细节。然内孝谨，居家常执勤苦，不耻劳辱。有口辩，而涉猎书传。永平五年，兄固被召诣校书郎②，超与母随至洛阳。家贫，常为官佣书以供养。久劳苦，尝辍业投笔叹曰："大丈夫无它志略，犹当效傅介子、张骞立功异域③，以取封侯，安能久事笔研④间乎？"左右皆笑之。超曰"小子安知壮士志哉！"其后行诣相者，曰："祭酒⑤，布衣诸生耳，而当封侯万里之外。"超问其状。相者指曰："生燕颔虎颈，飞而食肉，此万里侯相也。"久之，显宗问固"卿弟安在"，固对"为官写书，受直以养老母。"帝乃除超为兰台令史⑥。后坐事免官。

十六年，奉车都尉窦固出击匈奴，以超为假⑦司马，将兵别击伊吾⑧，战于蒲类海⑨，多斩首虏而还。固以为能，遣与从事郭恂俱使西域。

超到鄯善⑩，鄯善王广奉超礼敬甚备，后忽更疏懈。超谓其官属曰："宁觉广礼意薄乎？此必有北虏使来，狐疑未知所从故也。明者睹未萌，况已著邪。"乃召侍胡，诈之曰："匈奴使来数日，今安在乎？"侍胡惶恐，具服其状。超乃闭侍胡，悉会其吏士三十六人，与共饮，酒酣，因激怒之曰："卿曹与我俱在绝域，欲立大功，以求富贵。今虏使到裁数日，而王广礼敬即废，如令鄯善收吾属送匈奴，骸骨长为豺狼食矣。为之奈何？"官属皆曰："今在危亡之地，死生从司马。"超曰："不入虎穴，不得虎子。当今之计，独有因夜以火攻虏，使彼不知我多少，必大震怖，可殄尽也。灭此虏，则鄯善破胆，功成事立矣。"众曰："当与从事议之。"超怒曰："吉凶决于今日。从事文俗吏，闻此必恐而谋泄，死无所名，非壮士也！"众曰："善。"初夜，遂将吏士往奔虏营。会天大风，超令十人持鼓藏虏舍后，约曰："见火然⑪，皆当鸣鼓大呼。"余人悉持兵弩夹门而伏。超乃顺风纵火，前后鼓噪。虏众惊乱，超手格杀三人，吏兵斩其使及从士三十余级，余众百许人悉烧死。明日乃还告郭恂，恂大惊，既而色动。超知其意，举手曰:"掾虽不行,班超何心独擅之乎?"恂乃悦。超于是召鄯善王广,以虏使首示之,一国震怖。超晓告抚慰,遂纳子为质。还奏于窦固,固大喜,具上超功效,并求更选使使西域。帝壮超节,诏固曰:"吏如班超,何故不遣而更选乎?今以超为军司马,令遂前功。"超复受使,固欲益其兵,超曰:"愿将本所从三十余人足矣。如有不虞,多益为累。"

是时于寘王广德新攻破莎车⑫,遂雄张南道⑬,而匈奴遣使监护其国。超既西,先至于寘。广德礼意甚疏。且其俗信巫。巫言:"神怒何故欲向汉?汉使有骍马⑭,急求取以祠我。"广德乃遣使就超请马。超密知其状,报许之,而令巫自来取马。有顷,巫至,超即斩其首以送广德,因辞让之。广德素闻超在鄯善诛灭虏使,大惶恐,即攻杀匈奴使者而降超。超重赐其王以下,因镇抚焉。

(《后汉书》卷七十七,班超传)

【注释】

①扶风安陵:扶风,郡名,在今陕西西安市。安陵,县名,在今陕西咸阳市东北。②校书郎:主管校勘典籍,订正讹误的官吏。③"犹当"句:傅介子,西汉北地(今甘肃庆阳西北)人,昭帝时,奉命出使楼兰,在宴席上刺杀与汉为敌的楼兰王,后封义阳侯。张骞,西汉汉中成固(今陕西成固)人,曾两次出使西域,联合中亚各国共同对付匈奴,发展了汉朝与中亚各国的友好关系,促进了经济文化的交流与发展。④笔研:笔砚。⑤祭酒:古代飨宴时酹酒祭神的长者。此处是对班超的尊称。⑥兰台令史:官名。兰台是汉代宫廷的藏书处,设御史中丞掌管。兰台令史则负责朝廷奏疏及印工文书之事。⑦假:代理。⑧伊吾:匈奴中地名。在今新疆哈密一带。⑨蒲类海:匈奴中湖名。即今新疆东北部的巴里坤湖。⑩鄯善:西域国名,即楼兰国。汉昭帝时改为鄯善。都扦泥城,即今新疆若羌县汾卡克里克。⑪然:即燃。⑫莎车:西域国名,在今新疆莎车县一带。⑬雄张南道:雄张,炽盛、称雄。南道,自玉门关、阳关出西域有两条道路,从鄯善傍南山北波河西行,至莎车,为南道。⑭骍马:黑嘴黄马。

【译文】

班超字仲升,扶风安陵人,是徐县县令班彪的小儿子。他为人素有大志,不拘小节。内心却又孝顺恭谨,在家常干些苦活儿,不以劳累下贱为耻辱。有善辩的口才,又喜欢浏览群书及传注。永平五年(公元63年),他的哥哥班固被征召任校书郎,班超和他的母亲一同到洛阳。家中贫困,常为官家雇用抄书,以其所得来供养母亲。长时间劳累辛苦，曾停下手头的工作，扔笔感叹道："大丈夫没有其他志向才略，还应该效法傅介子、张骞，立功于异域，以获得封侯，怎么能长久地在笔砚间消磨时日呢？"同事们都取笑他。班超说："你们怎能知道壮士的志向呢！"后来，他到看相的那儿去看相，看相的说："先生，您现在不过是布衣之士罢了，可是将来必定封侯于万里之外。"班超询问他的形状，看相的说："你额头如燕，颈项如虎，飞翔食肉，这是万里侯的相貌啊。"过了很久，显宗问班固："你的弟弟在哪儿？"班固回答说："他在为官府抄书，得点钱来供养老母。"显宗就任命班超为兰台令史。后来，班超曾因有过失而被免了官。

永平十六年（公元74年），奉车都尉窦固出兵攻打匈奴，以班超为代理司马，让他率领一支军队攻打伊吾，在蒲类海作战，斩了敌人许多首级回来。窦固认为班超很有才能，派他与从事郭恂一道出使西域。

班超到了鄯善，鄯善国王广恭敬而有礼貌地接待了他，后来忽然又冷淡了。班超对他的部属说："你们可曾感到广的礼敬之意淡薄了吗？这一定是有匈奴使者到来，使他心怀犹豫不知所从。明智的人能够看出还没有露出苗头的事物，何况是明摆着的事实呢？"于是叫来侍候的胡人，吓诈他说："匈奴使者来了好几天了，现在在哪儿？"侍者恐惧，就吐露了全部情况。班超便把侍者关起来，把他的部属36人都召集起来一同喝酒。喝得高兴的时候，班超就用语言激怒他们道："你们和我们都处在极偏远的地方，想立大功，以求富贵。现在匈奴使者来了才几天，而鄯善王广便取消礼敬，如果他把我们抓起来送给匈奴，那我们的骸骨就会永远喂豺狼了。你们看怎么办呢？"部属都说："现在处在危险存亡的地方，死活都听从司马的吩咐。"班超说："不入虎穴怎得虎子。目前的办法，只有趁夜晚用火攻击匈奴人，使他们不知道我们有多少人，他们一定大为惊恐，我们就可以全部消灭他们。消灭了匈奴人，鄯善王会因此吓破了胆，大功就可告成，事业就可建立了。"部属们说："应当跟从事商量一下。"班超怒道："是吉是凶，决定在于今日。从事是文弱平庸的官吏，听了我们的计划必定会因害怕而泄露机密。死了不为人所称道，并非一个豪壮而勇敢的人。"大家说："好！"天刚黑，班超便带领部属奔向匈奴使者的营房。这时正刮大风，班超叫10个人拿着鼓躲藏在匈奴使者营房后面，约定说："你们看到火烧起来了，就都击鼓大声呐喊。"其余的人都拿着武器弓箭，埋伏在营门两边。班超顺风放火，前后击鼓大叫，匈奴人吓得乱作一团。班超亲手杀死3个人，部属杀死了匈奴使者和随从士兵30多人，全都砍下了他们的脑袋。其余的100多人全被烧死。第二天，就回去把情况告知郭恂。郭恂开始大吃一惊，随即变了脸色。班超知道他的意思是想要分功，便举着手对郭恂说："您虽然没有一同去破敌，我哪有心独占这份功劳呢？"郭恂非常高兴。班超于是叫来鄯善王广，把匈奴使者的首级给他看，鄯善国举国震惊。班超便把这件事告诉他们,并加以抚慰。于是鄯善国王便把自己的儿子送到汉朝做人质。班超回来向窦固禀报,窦固大喜,详细地把班超的功劳奏明皇帝,并且要求另外选派使者出使西域。汉明帝赞许班超的气节,下令给窦固说:"有班超那样的官吏,为什么不派遣而要另选他人呢?现在任命班超为军司马,让他去完成以前的功业。"班超再次受命出使西域。窦固想要多给些士兵给班超,班超说:"我只愿带上原来跟随我的30多个人就够了。如果有不测,人多了更是累赘。"

这时,于寘国王广德刚攻破莎车国,在西域南道称雄。而匈奴派了使者监护他们的国家。班超到西域,先到于寘国,广德王对他很冷淡,礼意很不周到。而且这个国家的风俗信巫。巫师说:"神人发脾气了,为什么要亲近汉朝?汉朝使者有一匹𫘨马,赶快牵来祭我。"广德王就派人到班超那里来要那匹马。班超暗地里了解了这个情况,便答应了把马给他,并要那个巫师亲自来牵马。一会儿,巫师来了,班超当即砍下他的头来送给广德王,并用言辞责备他。广德王早听说班超在鄯善国消灭匈奴使者的情况,非常害怕,便击杀匈奴使者向班超投降。班超重赏广德王及其下属,就此把于寘震慑安抚下来。

只愿生入玉门关

超自以久在绝域,年老思土。十二年,上疏曰:"臣闻太公封齐,五世葬周①,狐死首丘②,代马依风③。夫周、齐同在中土千里之间,况于远处绝域,小臣能无依风首丘之思哉?蛮夷之俗,畏壮侮老。臣超犬马齿歼,常恐年衰,奄忽僵仆,孤魂弃捐。昔苏武留匈奴中尚十九年,今臣幸得奉节带金银护西域,如自以寿终屯部,诚无所恨,然恐后世或名臣为没西域。臣不敢望到酒泉郡,但愿生入玉门关。臣老病衰困,冒死瞽言,谨遣子勇随献物入塞。及臣生在,令勇目见中土。"而超妹同郡曹寿妻昭亦上书请超曰:

"妾同产兄西域都护定远侯超,幸得以微功特蒙重赏,爵列通侯,位二千石。天恩殊绝,诚非小臣所当被蒙。超之始出,志捐躯命,冀立微功,以自陈效。会陈睦之变④,道路隔绝,超以一身转侧绝域,晓譬诸国,因其兵众,每有攻战,辄为先登,身被金夷⑤,不避死亡。赖蒙陛下神灵,且得延命沙漠,至今积三十年。骨肉生离,不复相识。所与相随时人士众,皆已物故⑥。超年最长,今且七十。衰老被病,头发无黑,两手不仁⑦,耳目不聪明,扶杖乃能行。虽欲竭尽其力,以报塞天恩,迫于岁暮,犬马齿索⑧。蛮夷之怪,悖逆侮老,而超旦暮入地,久不见代,恐开奸宄之源,生逆乱之心。而卿大夫咸怀一切,莫肯远虑。如有卒暴,超之气力不能从心,便为上损国家累世之功,下弃忠臣竭力之用,诚可痛也。故超万里归诚,自陈苦急,延颈踰望,三年于今,未蒙省录。

妾窃闻古者十五受兵,六十还之,亦有休息不任职也。缘陛下以至孝理天下,得万国之欢心,不遗小国之臣,况超得备侯伯之位,故敢触死为超求哀,匄超余年⑨。一得生还,复见阙庭,使国永无劳远之虑,西域无仓卒之忧,超得长蒙文王葬骨之恩⑩,子方哀老之惠⑪。《诗》云:"民亦劳止,汔可小康,惠此中国,以绥四方。"超有书与妾生诀,恐不复相见。妾诚伤超以壮年竭忠孝于沙漠,疲老则便捐死于旷野,诚可哀怜。如不蒙救护,超后有一旦之变,冀幸超家得蒙赵母、卫姬先请之贷⑫。妾愚戆不知大义,触犯忌讳。"

书奏,帝感其言,乃征超还。

超在西域三十一年。十四年八月至洛阳,拜为射声校尉。超素有胸胁疾,既至,病遂加。帝遣中黄门问疾,赐医药。其年九月卒,年七十一。朝廷愍惜焉,使者吊祭,赠赙甚厚。

(《后汉书》卷七十七,班超传)

【注释】

①"臣闻"句:姜太公封于齐,五世后归葬于周。②狐死首丘:丘是狐窟藏之地,狐死了以后头还朝着丘窟的方向,不忘其本也。语出《礼记·檀弓上》。③代马依风:代,古时代郡。后泛指北方边塞地区。语出《韩诗外传》:"代马依北风,飞鸟扬故巢。"北方边塞地区的马依恋北风,比喻人心眷恋故土,不愿老死他乡。④陈睦之变:陈睦,西域都护,被焉耆国攻杀。⑤夷:伤。⑥物故:死亡。⑦两手不仁:两手麻木而不灵活。⑧索:落。⑨匄超余年:乞求让超回国安享余年。⑩文王葬骨之恩:文王赐予归葬骸骨的恩德。⑪子方哀老之惠:田子方,是魏文侯的老师。看到魏文侯将老马遗弃,说:"少尽其力,老而弃之,非仁也。"于是收而养之。⑫"冀幸"句:赵母,即赵奢之妻,赵括之母。赵王令赵括领兵,赵母恳求,如赵括军败,赵家不要因此受牵连判罪。卫姬,齐桓公之姬。齐桓公与管仲计划攻打卫国,卫姬请求宽恕卫国之罪。

【译文】

班超自觉久居偏远之地,年老了,思念故国。永元十二年(100年),上书朝廷说:"我听说,姜太公封于齐国,五世而归葬于周。狐狸死时,头总朝着它出生的土丘,代地的马依恋北风。周和齐都在中国,相距不过千里,何况我远居绝域,怎能没有'依风''首丘'的思想感情呢?蛮夷的风俗,害怕年壮的,欺侮年老的。我班超犬马之齿日减,年老体衰,倏忽死亡,孤魂漂泊于异域。昔者苏武滞留匈奴只不过19年,现在我持符节,捧印金以监护西域,如果寿终正寝,死于驻地,那也没有什么可遗憾的。然而我担心后世有名臣像我一样老死西域。我不敢望到酒泉郡,只希望活着进入玉门关。我老而多病,身体衰弱,冒死盲言,谨派遣我的儿子班勇随带进献的物品入塞,趁我活着的时候,让班勇回来看一看中国。"班超的妹妹、同郡曹寿的妻子班昭也上书朝廷,请求召班超回国,说:

"我的同父母的兄长西域都护定远侯班超,侥幸因微小的功勋,特蒙皇上重赏,爵位列于通侯,官同二千石。天恩特殊超绝,确非小臣所应当蒙赏。班超当初出使西域,立志牺牲自己的身家性命,希望能建立微小的功勋,以图报效。不曾想碰上陈睦事变,道路隔绝,班超孤身周旋于艰险的异地,以言辞晓谕西域各国;凭借各国的兵力,每有攻城野战,总是身先士卒,虽身受重伤,也不逃避死亡的危险。幸蒙陛下的神灵,得以延续生命于沙漠之地,到现在已经30年了,兄妹骨肉之亲,长久离别,相见也许会不认识了。所有同他一道出使的人,都已经不在人世了。班超年纪最大,现在将近70岁了。身体衰老患病,头发皆白,两手麻木而不灵活,耳不聪,目不明,只有拄着拐杖才能走路。他虽然想要竭尽他的力量来报答皇上天恩,但迫于年岁迟暮,犬马之齿将尽。蛮夷的本性,违反正道,欺侮老人,而班超早晚要死去,长久不见有人去代替他,恐怕坏人伺机而动,萌生逆乱之心,而卿大夫忽视这一切,不肯作深远的考虑。如突然发生暴乱,班超力不从心,不能平息,那么上会毁灭国家累世的功勋,下会废弃忠臣所做的一切努力。那真是可悲痛的啊!所以班超于万里之外,怀归国之诚,自己陈述痛苦焦急的心情,伸颈企望,到现在已经3年了。仍未蒙皇上省察。

"我听说古代15岁服役,60岁免役,也有休息而不任的。因陛下以至孝来治理天下,博得万国之欢心,不遗忘小国的臣子。何况班超获得侯伯的爵位,所以我冒死为班超哀求,乞让班超回国安度余年。如果班超能活着回来,再见宫阙,让国家永远没有劳师远征之虑,西域也没有猝然暴发动乱之忧,班超得以长久蒙受皇上像文王那样赐予归葬骸骨的恩德,得到田子方那样哀怜衰老的惠爱。《诗经·大雅》说:'老百姓辛苦了,可以让他们稍稍安定一下了。先施恩惠于中国,然后乃安定四方。'班超有书信和我作生前的诀别,恐怕真不会见到他了。我确实伤感于班超在壮年时候竭尽忠孝于沙漠之中,衰老的时候则被遗弃而死于荒凉空旷的原野。这真够悲伤可怜啊!如果不蒙皇上的救援爱护,班超以后一旦有变,希望班超一家,能蒙受皇上像赵母、卫姬那样,因事先上奏而免于治牵连之罪的宽恕。我愚笨不懂得大义，触犯了忌讳。"

奏章送上去了，皇帝被她的语言所感动，就把班超召回来了。班超在西域住了31年。永元十四年（102年）八月回到洛阳，被任命为射声校尉。班超胸胁本来有病，回国之后，病情加剧。皇帝派遣中黄门看视，赐给他医药。这一年九月逝世，享年71岁。朝廷怜悯他，派使者吊唁致祭。赏赐优厚。

徐璆严惩贪污犯

徐璆字孟玉，广陵海西①人也。父淑，度辽将军，有名于边。璆少博学，辟公府，举高第。稍迁荆州刺史。时董太后姊子张忠为南阳太守，因执②放滥，臧罪数亿。璆临当之部，太后遣中常侍以忠属璆。璆对曰："臣身为国，不敢闻命。"太后怒，遽征忠为司隶校尉，以相威临③。璆到州，举奏忠臧余一亿，使冠军县上簿诣大司农，以彰暴其事。又奏五郡太守及属县有臧污者，悉征案罪，威风大行。中平元年，与中郎将朱儁击黄巾贼于宛④，破之。张忠怨璆，与诸阉官构造无端，璆遂以罪征。有破贼功，得免官归家。后再征，迁汝南太守，转东海相，所在化行。

（《后汉书》卷七十八，徐璆传）

【注释】

①广陵海西：广陵，郡名，故城在今江苏江都市东北。海西，县名，故城在今江苏东海县南。②执：同"势"。③"遽征忠"句：张忠任司隶校尉，督察郡守。故以此相威胁。④宛：县名，故城在今河南南阳市。

【译文】

徐璆字孟玉，广陵海西人。父徐淑，任度辽将军，在边疆名望很高。徐璆自幼博学，召入公府，举为高第。不久升为荆州刺史。当时董太后姐姐的儿子张忠为南阳太守，依仗权势放滥不羁，得赃数亿。徐璆赴任临行，太后派中常侍属意徐璆，要他对张忠有所关照。徐璆回答道："我是为国家服务，不敢听从私请。"太后发怒，立即征召张忠为司隶校尉，以此威慑。徐璆到州后，揭举上奏张忠赃余一亿，令冠军县上簿交给大司农，以宣扬暴露此事。又奏请五郡太守及属县官吏凡有贪污行为的，全部法办，大行威风。中平元年（184年），徐璆与中郎将朱儁在宛县攻打黄巾军，打败了他们。张忠怨恨徐璆，与众宦官捏造莫须有的罪名，徐璆便因罪被召回来。因为破贼有功，才得免官归家。后来再次被征召，任汝南太守，转任为东海相国，所在之处风化大行。

军　事

冯异大败行巡军

　　夏，遣诸将上陇，为隗嚣①所败，乃诏异军栒邑②。未及至，隗嚣乘胜使其将王元、行巡将二万人下陇，因分遣巡取栒邑。异即驰兵，欲先据之。诸将皆曰："虏兵盛而新乘胜，不可与争。宜止军便地，徐思方略。"异曰："虏兵临境，忸怩③小利，遂欲深入。若得栒邑，三辅④动摇，是吾忧也。夫'攻者不足，守者有余'。今先据城，以逸待劳，非所以争也。"潜往闭城，偃旗鼓。行巡不知，驰赴之。异乘其不意，卒击鼓建旗而出。巡军惊乱奔走，追击数十里，大破之。

（《后汉书》卷四十七，冯异传）

【注释】

　　①隗嚣：字季孟，天水成纪（今甘肃秦安县北）人。王莽末，据陇西起兵，初附刘玄，任御史大夫；旋属光武帝帝，封西州大将军；后又称臣于公孙述，为朔宁王。光武帝西征，他忧愤而死。②栒邑：县名。故城在今陕西旬邑县东北。③忸怩（niǔ shì）：习惯。④三辅：汉以京兆、左冯翊、右扶风为三辅。即今陕西省中部。

【译文】

　　建武六年（公元 30 年）夏天，光武帝派遣诸将前往陇地，被隗嚣打败，光武帝于是诏令冯异进军栒邑。还没有到，隗嚣乘胜派他的将领王元、行巡率领两万多人下陇，趁势分派行巡攻取栒邑。冯异即刻驱兵，准备抢占栒邑。诸将都说："隗嚣兵多而且是乘胜而来，不可与他相争。应在便利的地方驻扎军队，慢慢思考战胜他的办法。"冯异说："隗嚣军队临境，习惯于争夺小利，胜了就想乘势深入。如果他们攻夺了栒邑，就会使三辅动摇惊恐，这是我所担忧的。兵法说'攻者不足，守者有余'。现在先占据城邑，以逸待劳，并不是与他相争啊。"就偷偷地赶赴栒邑，关闭城门，偃旗息鼓。行巡不知道，驱军驰赴栒邑。冯异乘其不意，突然击鼓树旗杀出，行巡军队惊慌散乱奔逃，冯异追击几十里，大破行巡军。

刘秀赚谢躬

初，更始遣尚书令谢躬率六将军攻王郎①，不能下。会光武至，共定邯郸，而躬裨将虏掠不相承禀，光武深忌之。虽俱在邯郸，遂分城而处，然每有以慰安之。躬勤于职事，光武常称曰"谢尚书真吏也"，故不自疑。躬既而率其兵数万，还屯于邺。时光武南击青犊②，谓躬曰："我追贼于射犬③，必破之。尤来在山阳者④，势必当惊走。若以君威力，击此散虏，必成禽⑤也。"躬曰："善。"及青犊破，而尤来果北走隆虑山，躬乃留大将军刘庆、魏郡太守陈康守邺，自率诸将军击之。穷寇死战，其锋不可当，躬遂大败，死者数千人。光武因躬在外，乃使汉⑥与岑彭袭其城。汉先令辩士说陈康曰："盖闻上智不处危以侥幸，中智能因危以为功，下愚安于危以自亡。危亡之至，在人所由，不可不察。今京师败乱，四方云扰，公所闻也。萧王⑦兵强士附，河北⑧归命，公所见也。谢躬内背萧王，外失众心，公所知也。公今据孤危之城，待灭亡之祸，义无所立，节无所成。不若开门内⑨军，转祸为福，免下愚之败，收中智之功，此计之至者也。"康然之。于是康收刘庆及躬妻子，开门内汉等。及躬从隆虑归邺，不知康已反之，乃与数百骑轻入城。汉伏兵收之，手击杀躬，其众悉降。躬字子张，南阳人。初，其妻知光武不平之，常戒躬曰："君与刘公积不相能，而信其虚谈，不为之备，终受制矣。"躬不纳，故及于难。

（《后汉书》卷四十八，吴汉传）

【注释】

①"更始"句：更始，即更始帝刘玄。更始为其称帝的年号。王郎，一名王昌。王莽末年，冒称汉成帝儿子刘子舆，称帝。后被光武帝刘秀打败杀死。②青犊：王莽末年黄河以北地区较为强大的一支农民起义军，建武三年（公元27年）为刘秀所镇压。③射犬：地名，在今河南沁阳市东北。④"尤来"句：尤来，王莽末年的一支农民起义军。山阳，县名，在今河南修武县西北。⑤禽：通"擒"。⑥汉：刘秀部下大将吴汉。⑦萧王：刘秀。时被更始封为萧王。⑧河北：指黄河

以北地区。⑨内：通"纳"。

【译文】

  起初，更始帝刘玄派遣尚书令谢躬率领六将军攻王郎，攻打不下。正值光武帝到，共同平定邯郸，而谢躬裨将抢劫掳掠不请示报告，光武帝极为憎恨。虽然都在邯郸，还是分城而处，但经常安慰他。谢躬勤于职事，光武帝常常称赞说："谢尚书是个真正的官吏哩。"所以谢躬不怀疑光武帝。谢躬不久率其兵数万，还屯于邺县。这时光武帝南击青犊，对谢躬说："我追击贼兵于射犬，必破贼。在山阳县境的尤来部队，必然会惊慌逃跑。如果以您的威力，攻击这些散虏，必胜无疑。"谢躬说："好。"青犊被击破之后，尤来部队果然向北隆虑山方向逃走，谢躬就留大将军刘庆、魏郡太守陈康守邺，自己率领诸将军攻击尤来。穷寇奋力死战，其锋锐不可当，谢躬大败，死者数千人。光武趁谢躬在外，就派吴汉与岑彭袭击邺城。吴汉先遣辩士劝陈康说："我听说上智之人不处危境以求侥幸，中智之人能因危以为功，下愚之人安于危境而自取灭亡。危亡之到来，是由于人所造成的，不可不察。现在京师败乱，四方纷纭扰乱，您是知道的。萧王兵强士附，河北之地归命于他，这是您看到的。您现在据守孤危之城，等待灭亡之祸，忠义无所立，节气无所成，不如开门迎接汉兵，转祸为福，避免下愚之败，收取中智之功，这是最好的计哩！"陈康听从了他的话。于是逮捕了刘庆及谢躬的妻子儿女，开城门迎接汉兵入城。谢躬从隆虑回邺，不知陈康已反，就与数百骑轻装入城。吴汉伏兵将他捉住，击杀谢躬，他的部众全投降了。谢躬字子张，南阳人。当初，他妻子知道光武帝不能与他和睦相处，常劝诫谢躬说："你与刘公在一起不和睦。而你却相信他的假话，不做准备，最终要受制于他的。"谢躬不听从妻子的意见，所以受了难。

度尚烧营破敌

  度尚字博平，山阳湖陆①人也。家贫，不修学行，不为乡里所推举。积困穷，乃为宦者同郡侯览视田，得为郡上计吏，拜郎中，除上虞②长。为政严峻，明于发摘奸非，吏人谓之神明。迁文安③令，遇时疾疫，谷贵人饥，尚开仓禀给，营救疾者，百姓蒙其济。时冀州刺史朱穆行部④，见尚甚奇之。

  延熹五年，长沙、零陵贼合七八千人，自称"将军"，入桂阳、苍梧、南海、交阯⑤，交阯刺史及苍梧太守望风逃奔，二郡皆没。遣御史中丞盛修募兵讨之，不能剋。豫章艾县人六百余人，应募而不得赏直，怨恚，遂反，焚烧长沙郡县，寇益阳，杀县令，众渐盛。又遣谒者马睦，督荆州刺史刘度击之，军败，睦、度奔走。桓帝诏公卿举任代刘度者，尚书朱穆举尚，自右校令擢为荆州刺史。尚躬率部曲，与同劳逸，广募杂种诸蛮夷，明设购赏，进击，大破之，降者数万人。桂阳宿贼渠帅卜阳、潘鸿等畏尚威烈，徙入山谷。尚穷追数百里，遂入南海，破其三屯，多获珍宝。而阳、鸿等党众犹盛，尚欲击之，而士卒骄富，莫有斗志。尚计缓之则不战，逼之必逃亡，乃宣言卜阳、潘鸿作贼十年，习于攻守，今兵寡少，未易可进，当须诸郡所发悉至，尔乃并力攻之。申令军中，恣听射猎。兵士喜悦，大小皆相与从禽。尚乃密使所亲客潜焚其营，珍积皆尽。猎者来还，莫不泣涕。尚人人慰劳，深自咎责，因曰："卜阳等财宝足富数世，诸卿但不并力耳。所亡少少，何足介意！"众闻咸愤踊，尚敕令秣马蓐食，明旦，径赴贼屯。阳、鸿等自以深固，不复设备，吏士乘锐，遂大破平之。

（《后汉书》卷六十八，度尚传）

【注释】

①山阳湖陆：山阳，郡名，故治在今山东金乡县西北。湖陆，县名，故城在今山东鱼台县东南。②上虞：县名，故城在今浙江上虞市西。③文安：县名。故城在今河北文安县东。④行部：巡视。⑤"入桂阳"句：桂阳，县名，即今广东连州市。苍梧，郡名，治所在今广西苍梧县。南海，县名。在今广州市番禺区。交阯，郡名。治所在今越南北宁省仙游东。

【译文】

度尚字博平，山阴湖度人。家贫，不修学行，不为乡里所推举。多年穷困，便替宦者同郡侯览看管田亩，做了郡上的会计，后被拜为郎中，当上了上虞县长。他为政严峻，善于发觉坏人坏事，官吏百姓都称他为神明。升任文安县令，碰上疾病流行，谷贵人饥，度尚开仓拿出粮食，营救生病之人，救济百姓。当时冀州刺史朱穆来巡视，见到度尚后非常重视他。

延熹五年（163年），长沙、零陵盗贼共七八千人，自称"将军"，进犯桂阳、苍梧、南海、交阯，交阯刺史和苍梧太守望风逃奔，两郡都陷入贼手。朝廷派御史中丞募兵讨伐，不能胜利。豫章艾县600余人，应募而没有得到赏钱，心中怨恨，便反叛，焚烧长沙郡县，进犯益阳，杀了县令，部众渐渐多了起来。朝廷又派谒者马睦，监督荆州刺史刘度去攻打，打了败仗，马睦、刘度都逃跑了。桓帝诏公卿推举代替刘度的人，尚书朱穆推举度尚，从右校令提升为荆州刺史。度尚率领部下，和部下同艰苦，同时广招众蛮夷，明令悬赏，发动进攻，把贼兵打得大败，投降的有几万人。桂阳惯贼头领卜阳、潘鸿等惧怕度尚的威风，逃到了山谷之中。度尚穷追数百里，贼兵进入南海境地，度尚攻破其三屯，缴获珍宝极多。但卜阳、潘鸿等党羽还有不少，度尚想继续追击，可是士卒骄傲富足，没有斗志。度尚考虑缓兵就不能作战，逼迫作战容易逃亡，于是扬言卜阳、潘鸿做贼10年，习惯于进攻和防守，现在兵士太少，不易进攻，应等候诸郡所发援兵全部到来，你们才和他们一道进攻。并申令军中，准许将士们去打猎。兵士们都很高兴，大小都一起打猎去了。度尚于是秘密派出亲信偷偷地烧毁营寨，珍宝积蓄都付之一炬。兵士们打猎回来，没有一个不痛哭流泪的。度尚便向大家慰劳，深深责备自己，于是说："卜阳等人的财宝足够供几代人使用，只怕你们不尽力罢了。丢失的东西少得可怜，何必放在心上！"众人听了都愤慨踊跃，自告奋勇，度尚下令秣马早上就在床上吃饭，第二天清晨，直取贼屯。卜阳、潘鸿等自以为营垒深固，不再防备，度尚吏士乘锐气进攻，于是大破贼兵，踏平了匪巢。

理 财

赵咨遗书俭葬

赵咨字文楚,东郡燕人也。父畅,为博士。咨少孤,有孝行,州郡召举孝廉,并不就。

延熹元年,大司农陈豨举咨至孝有道,仍迁博士。灵帝初,太傅陈蕃、大将军窦武为宦者所诛,咨乃谢病去。太尉杨赐特辟,使饰巾出入①,请与讲议。举高第,累迁敦煌太守。以病免还,躬率子孙耕农为养。

盗尝夜往劫之,咨恐母惊惧,乃先至门迎盗,因请为设食,谢曰:"老母八十,疾病须养,居贫,朝夕无储,乞少置衣粮。"妻子物余,一无所请。盗皆惭叹,跪而辞曰:"所犯无状,干暴贤者。"言毕奔出,咨追以物与之,不及。由此益知名。征拜议郎,辞疾不到,诏书切让,州郡以礼发遣,前后再三,不得已应召。

复拜东海相。之官,道经荥阳,令敦煌曹暠,咨之故孝廉也,迎路谒候,咨不为留。暠送至亭次,望尘不及,谓主簿曰:"赵君名重,今过界不见,必为天下笑!"即弃印绶,追至东海。谒咨毕,辞归家。其为时人所贵若此。

咨在官清简,计日受奉②,豪党畏其俭节。视事三年,以疾自乞,征拜议郎。抗疾③京师,将终,告其故吏朱祇、萧建等,使薄敛素棺,藉以黄壤④,欲令速朽,早归后土,不听子孙改之。乃遗书敕子胤曰:"夫含气之伦,有生必终,盖天地之常期,自然之至数。是以通人达士,鉴兹性命,以存亡为晦明,死生为朝夕,故其生也不为娱,亡也不知戚。夫亡者,元气去体,贞魂游散,反素复始,归于无端。既已消仆,还合粪土。土为弃物,岂有性情,而欲制其厚薄,调其燥湿邪?但以生者之情,不忍见形之毁,乃有掩骼埋窆⑤之制。《易》曰:'古之葬者,衣以薪、藏之中野,后世圣人易之以棺椁。'棺椁之造,自黄帝始。爰自陶唐,逮于虞、夏,犹尚简朴,或瓦或木,及至殷人而有加焉。周室因之,制兼二代。复重以墙翣之饰⑥,表以旌铭之仪⑦,招复含敛之礼⑧,殡葬宅兆之期⑨,棺椁周重之制⑩,衣衾称袭之数⑪，其事烦而害实，品物碎而难备。然而秩爵异级，贵贱殊等。自成、康以下，其典稍乖⑫。至于战国，渐至颓陵⑬，法度衰毁，上下僭杂。终使晋侯请隧⑭，秦伯殉葬⑮，陈大夫设参门之木，宋司马造石椁之奢⑯。爰暨暴秦，违道废德，灭三代之制，兴淫邪之法，国贿糜于三泉，人力单于郦墓⑰，玩好穷于粪土，伎巧费于窀穸⑱。自生民以来，厚终之敝，未有若此者。虽有仲尼重明周礼⑲，墨子勉以古道，犹不能御也。是以华夏之士，争相陵尚，违礼之本，事礼之末，务礼之华，弃礼之实，单家竭财，以相营赴。废事生而营终亡，替⑳所养而为厚葬，岂云圣人制礼之意乎？记曰：'丧虽有礼，哀为主矣。'又曰：'丧与其易也宁戚。'今则不然，并棺合椁，以为孝愷，丰赍重襚㉑，以昭恻隐，吾所不取也。昔舜葬苍梧，二妃不从。岂有匹配之会，守常之所乎？圣主明王，其犹若斯，况于品庶，礼所不及。古人时同即会，时乖则别，动静应礼，临事合宜。王孙裸葬㉒，墨夷露骸㉓，皆达于性理，贵于速变。梁伯鸾父没，卷席而葬，身亡不反其尸㉔。彼数子岂薄至亲之恩，亡忠孝之道邪？况我鄙闾，不德不敏，薄意内昭，志有所慕，上同古人，下不为咎。果必行之，勿生疑异。恐尔等目厌所见，耳讳所议，必欲改殡，以乖吾志，故远采古圣，近撰行事，以悟尔心。但欲制坎，令容棺椁，棺归即葬，平地无坟。勿卜时日，葬无设奠，勿留墓侧㉕，无起封树㉖。於戏㉗小子，其勉之哉，吾蔑复有言矣！"朱祗、萧建送丧到家，子胤不忍父体与土并合，欲更改殡，祗、建譬以顾命㉘，于是奉行，时称咨明达。

（《后汉书》卷六十九，赵咨传）

【注释】

①饰巾出入：以幅巾戴头上，不加冠冕，出入朝廷。②奉：同"俸"。薪水。③抗疾：带病。④藉以黄壤：棺中置土，以承其尸体。⑤掩骼埋窆（biǎn）：埋窆，两字同义连用，均指埋葬。⑥墙翣之饰：墙，载棺车箱。翣，以竹为之，高2尺4寸，长3尺，挂白布，柄长5尺，葬时令人拿着在柩车旁。⑦旌铭之仪：旌铭，一种标识旗帜，上书死者姓名。⑧含敛之礼：含，即饭含，用玉珠塞入口中。敛，用衣服敛裹尸体。⑨宅兆之期：诸侯五日而殡，五月后葬；大夫三日而殡，三月后下葬，士二日而殡，逾月后下葬。宅兆，墓地。⑩"棺椁"句：帝王之棺四重，诸公三重，诸侯二重，大夫一重。内为棺，外为椁。⑪"衣衾"句：衾，小敛，诸侯、大夫、士都用夹有絮绵的大被遮盖尸体。称，指成套服装，一称即一套。袭，死者穿的衣服。小敛，天子袭十二称，诸公九称，诸侯七称，大夫五称，士三称。大敛，

天子百称，上公九十称，侯伯七十称，大夫五十称，士三十称。⑫乖：背离。⑬赜陵：赜废陵迟。⑭晋侯请隧：隧，挖地下墓道，是帝王的葬礼。《左传》载，晋文公朝见周襄王，请求死后挖地下墓道，但未获准许。⑮秦伯殉葬：春秋时，秦缪公死后，用子车奄息、仲行、鍼虎3位大臣殉葬。⑯"宋司马"句：宋司马，指春秋时宋国司马桓魋。自造石椁，3年都未造成。⑰"人力"句：单，通殚，用尽。郦墓，指骊山秦始皇墓。⑱窀穸（zhūn xī）：埋葬。⑲"虽有"句，指周公制礼之后，孔子自卫国回到鲁国，又定了下来。⑳替：废。㉑襚：殓死者的衣被。㉒王孙裸葬：王孙，即杨王孙。临终时令其子曰："吾死，可为布囊盛尸，入地七尺。既下，从足脱其囊，以身亲土。"死后果然裸葬。㉓"墨夷"句：墨夷指"墨子"学者夷之。他想见孟子，孟子告诉他，上古曾有不葬自己的亲人的做法，亲人死后丢之于山谷。㉔"梁伯鸾"句：梁伯鸾之父梁护。寓居北地，死后，卷席葬于当地，没有将尸体运回家乡安葬。㉕"勿留墓侧"：东汉流行为父母在墓旁守孝，一般为3年。㉖封树：堆土为坟，植树为饰。㉗於戏：呜呼。㉘警以顾命：警，告诉。顾命，遗命。

【译文】

赵咨字文楚，东郡燕人。父亲赵畅，做过博士。赵咨幼时丧父，有孝顺的行为，州郡推举他为孝廉，他都不就。

延熹元年（158年），大司农陈奇推荐赵咨，说他极孝顺，有道德，于是升为博士。灵帝初年，太傅陈蕃，大将军窦武为宦官杀害，赵咨称病辞去。太尉杨赐特请他，让他头戴幅巾，不加冠冕，以儒者身份进出讲学议政。后来，举高第，几次升迁做了敦煌太守。因病免职归家，亲自率领子孙种田糊口。

一次，强盗晚上到他家打劫，赵咨怕母亲惊恐，就先到门外迎接强盗，请为他们安排饮食，请求道："老母80岁了，有病需要治疗，家里很贫困，无朝夕之储，请多少留下点衣服粮食。"强盗们都惭愧叹息，跪下告辞道："我们太无礼了，侵扰惊夺贤良的人。"说完就奔跑出门，赵咨追出来送东西给他们，没有赶上。从此名声更大了。朝廷征拜议郎，赵咨称病不去，皇上下诏书深加责备，州郡用礼相送，前后多次，赵咨不得已而去应召。

后又拜赵咨为东海相。去上任时，经过荥阳，县令敦煌人曹嵩，是赵咨任敦煌太守时推举的孝廉，在路旁迎候，赵咨没有停留，曹嵩送到亭次，直望到远去的车尘看不到赵咨的身影。对主簿说："赵君名声很大，现在经过我县境界没有停留，一定会被天下笑话！"于是丢下印绶，追到东海。谒见赵咨后，辞别回家。赵咨被当时人所看重到了如此地位。

赵咨为官清廉简朴，按日领取薪水，豪绅及亲族害怕他的俭节。当官3年，因疾请求免职，征拜为议郎。赵咨带病到了京师，临终，告诉他以前的部下官吏朱祗、萧建等,要他们采用薄敛素棺,棺中垫以黄土,以便尸体速朽,早归后土,不要听从子孙而改变计划。于是写下遗书给儿子赵胤道:"含气之类,有生必有死,这是天地的定规,自然的至道。因此通达之士,看清了性命,认为存亡就像晦和明,死生就像朝和夕,所以他们活着不追求娱乐,死时也不感到伤悲。死亡,只是元气离开身体,贞魂到处游散,回到原始,归于无际,消亡之后,复回粪土。土是弃物,难道还有性情,而需要人去测度它的厚薄,调理它的干燥潮湿吗?只是凭生者的感情,不忍心看见亲人的形体毁坏,才有掩埋骸骨的做法。《易经》说:'古代的死人,穿披上柴草,藏在野地,后世圣人改易为用棺椁下葬。棺椁的制作,从黄帝开始。从陶唐,到虞、夏,还提倡简朴,有的用瓦,有的用木,到殷商才有增加。周朝继承下来,制度兼有二代。又加以墙翣等装饰,用铭旌表示死者的身份,讲究饭含、敛尸等礼节,选择殡葬墓地的日期,棺椁、衣衾等的使用,规定等级和层数。这类事烦琐而无实用,品物琐碎而难以办全。然而官阶等级,贵贱不一。自成王、康王以来,典制渐渐不同。到了战国时期,逐渐衰落,法度松弛,上下越位。终于有了晋文公请用墓道,秦缪公用活人殉葬,陈大夫设参门之木,宋司马造石椁的奢侈。到了秦王朝时期,违背道德,废除三代的制度,兴办淫邪的方法,国家的资财浪费到九泉之下,人力竭尽于骊山陵墓工程,玩好伎巧费尽于墓穴。自有人类来,厚葬死者的弊端,没有像这样的。虽有仲尼重明周礼,墨子勉以古道,还是不能抵御。正因为此,华夏之士,争相攀比,违背礼节的根本,从事礼仪的末节,崇尚奢华,抛弃朴实,竭尽家财之所有,以筹划墓葬。废除事生而讲究事死,不管养生只顾厚葬,这难道是圣人制礼的本意吗?,《记》说:'丧虽有礼,哀为主矣。'又说:'丧,与其易也宁戚。'现在就不是这样,并棺合椁,认为是孝悌之道,丰货重疢,用来表示恻隐,这是我所不取的。从前舜帝葬在苍梧,二妃不从,难道有匹配之会、守常之所么?圣主明君都这样,何况一般官吏百姓,礼所不及。古人时同即会,时不同就不一样,动静应符合礼节,临事应合于适宜。杨王孙裸体而葬,墨夷露骸于野,都是达于性理,贵于速变。梁伯鸾的父亲死了,卷席葬于当地,没有归葬家乡。这几位难道是薄至亲之恩,无忠孝之道吗?何况我鄙陋,不德不敏,薄意内明,志向慕于古圣,上同古人,下不为咎。一定实行薄葬,不要产生疑异。我担心你们目嫌所见,耳讳听人所议,必欲改殡,违背我的志向,所以远采古圣人的行事,近采近人作为,以晓悟你们的心。只要挖个土坎,能放下棺椁即可,棺木回了即葬,平地不要起坟,不要占卜选择下葬日期,也不必祭奠,不用在墓侧守丧,不要在墓边种树。呜呼小子,勉励行事,我讨厌再多说了!"朱祗、萧建送丧到家,儿子赵胤不忍心让父亲身体与土合并,想更改殡葬之法,朱祗、萧建告诉他父亲的遗命,于是照赵咨的遗言行事,当时人称赵咨是明达之士。

德 操

马援不做守财奴

马援字文渊,扶风①茂陵②人也。其先赵奢为赵将,号曰马服君③,子孙因为氏。武帝时,以吏二千石自邯郸徙焉。曾祖父通,以功封重合侯,坐兄何罗反,被诛,故援再世不显④。援三兄况、余、员,并有才能,王莽时皆为二千石⑤。

援年十二而孤,少有大志,诸兄奇之。尝受《齐诗》⑥,意不能守章句,乃辞况,欲就边郡田牧。况曰:"汝大才,当晚成。良工不示人以朴⑦,且从所好。"会况卒,援行服朞年⑧,不离墓所;敬事寡嫂,不冠不入庐。后为郡督邮,送囚至司命府⑨,因有重罪,援哀而纵之,遂亡命北地。遇赦,因留牧畜,宾客多归附者,遂役属数百家。转游陇汉间,尝谓宾客曰:"丈夫为志,穷当益坚,老当益壮。"因处田牧,至有牛马羊数千头,谷数万斛。既而叹曰:"凡殖货财产,贵其能施赈也,否则守钱虏耳。"乃尽散以班昆弟故旧⑩,身衣羊裘皮绔。

(《后汉书》卷五十四,马援传)

【注释】

①扶风:即汉右扶风,郡名,在今陕西咸阳市东。②茂陵:汉武帝陵墓所在地。宣帝时始为县,在今陕西兴平市东北。③马服君:战国时,赵惠文王以赵奢有功,赏赐给他的爵号。④再世不显:祖父、父亲不得任朝廷要官。⑤二千石:此指太守。⑥《齐诗》:齐国人辕固生所传的《诗经》,称《齐诗》,今多已散佚不存。⑦朴:大木材。⑧朞(jī)年:一年。⑨司命府:王莽置司命官,主管军事。司命府即司命衙门。⑩"乃尽散"句:班,分发。昆弟,兄弟。

【译文】

马援字文渊,扶风茂陵人。他的先祖赵奢为赵将,爵号马服君,子孙因以为姓氏。武帝时，以吏两千石自邯郸迁到茂陵。曾祖父马通，以功封为重合侯，因兄长马何罗谋反遭连累被杀，因此马援的祖父及父辈不得为显官。马援的3个哥哥马况、马余、马员都有才能，王莽时都任太守。

马援12岁时就成了孤儿，年少志大，几个哥哥觉得奇怪。曾教他学《齐诗》，可马援心志不能拘守于章句之间，就辞别兄长马况，想到边郡去耕作放牧。马况说："你有大才，当晚些时候才有成就。好的工匠不告诉人以大木材，暂且听从你所喜爱的。"巧逢马况去世，马援身着丧服一年，不离开墓所；敬事寡嫂，不结好发戴好帽子就不进庐舍。后来做了郡的督邮，解送囚犯到司命府，囚犯有重罪，马援可怜他把他放了，就逃亡北地。赦免后，就留下牧畜，宾客们多归附于他，因此拥有役属数百家。转游陇汉之间，常对宾客们说："大丈夫的志气，应当在穷困时更加坚定，年老时更加壮烈。"因地制宜，从事耕作放牧，致有牛马羊数千头，谷数万斛。既而又叹道："凡是从农牧商业中所获得的财产，贵在能施赈救济别人，否则就不过是守财奴罢了！"因此将财产尽分散给了哥哥和故旧好友。身上穿着羊裘皮裤过日子。

贾逵确立《左传》学

贾逵字景伯，扶风平陵①人也。九世祖谊，文帝时为梁王太傅。曾祖父光，为常山太守。宣帝时以吏二千石自洛阳徙焉。父徽，从刘歆受《左氏春秋》，兼习《国语》《周官》，又受《古文尚书》于涂恽，学《毛诗》于谢曼卿，作《左氏条例》二十一篇。

逵悉传父业，弱冠能诵《左氏传》及《五经》本文，以《大夏侯尚书》教授，虽为古学，兼通五家《谷梁》之说②。自为儿童，常在太学，不通人间事。身长八尺二寸，诸儒为之语曰："问事不休贾长头。"性恺悌，多智思，俶傥有大节。尤明《左氏传》《国语》，为之《解诂》五十一篇③，永平中，上疏献之。显宗重其书，写藏秘馆。

……

肃宗立，降意儒术，特好《古文尚书》《左氏传》。建初元年，诏逵入讲北宫白虎观，南宫云台。帝善逵说，使发出《左氏传》大义长于二传者。逵于是具条奏之曰：

"臣谨摘出《左氏》三十事尤著明者，斯皆君臣之正义，父子之纪纲。其余同《公羊》者十有七八，或文简小异，无害大体。至如祭仲、纪季、伍子胥、叔术之属，《左氏》义深于君父，《公羊》多任于权变，其相殊绝，固以甚远，而冤抑积久，莫肯分明。

臣以永平中上言《左氏》与图谶合者，先帝不遗刍荛，省纳臣言，写其传诂，藏之秘书。建平中，侍中刘歆欲立《左氏》，不先暴论大义，而轻移太常，恃其义长，诋挫诸儒，诸儒内怀不服，相与排之。孝哀皇帝重逆众心，故出歆为河内太守。从是攻击《左氏》，遂为重仇。至光武皇帝，奋独见之明，兴立《左氏》《谷梁》，会二家先师不晓图谶，故令中道而废。凡所以存先王之道者，要在安上理民也。今《左氏》崇君父，卑臣子，强干弱枝，劝善戒恶，至明至切，至直至顺。且三代异物，损益随时，故先帝博观异家，各有所采。《易》有施、孟，复立梁丘，《尚书》欧阳，复有大小夏侯，今三传之异亦犹是也。又《五经》家皆无以证图谶明刘氏为尧后者，而《左氏》独有明文。《五经》家皆言颛顼代黄帝，而尧不得为火德④。《左氏》以为少昊代黄帝，即图谶所谓帝宣也。如令尧不得为火，则汉不得为赤。其所发明，补益实多。

陛下通天然之明，建大圣之本，改元正历，垂万世则，是以麟凤百数，嘉瑞杂遝。犹朝夕恪勤，游情《六艺》，研机综微，靡不审覈⑤。若复留意废学，以广圣见，庶几无所遗失矣。"

书奏，帝嘉之，赐布五百匹，衣一袭，令逵自选《公羊》严、颜诸生高才者二十人，教以《左氏》，与简纸经传各一通。

逵母常有疾，帝欲加赐，以校书例多，特以钱二十万，使颍阳侯马防与之。谓防曰："贾逵母病，此子无人事于外⑥，屡空则从孤竹之子于首阳山矣⑦。"

逵数为帝言《古文尚书》与经传《尔雅》诂训相应，诏令撰《欧阳》《大小夏侯尚书古文》同异。逵集为三卷，帝善之。复令撰《齐》《鲁》《韩诗》与《毛氏》异同。并作《周官解故》。迁逵为卫士令⑧。八年，乃诏诸儒各选高才生，受《左氏》《谷梁春秋》《古文尚书》《毛诗》，由是四经遂行于世。皆拜逵所选弟子及门生为千乘王国⑨郎，朝夕受业黄门署，学者皆欣欣羡慕焉。

逵所著经传义诂及论难百余万言，又作诗、颂、诔、书、连珠、酒令凡九篇，学者宗之，后世称为通儒。然不修小节，当世以此颇讥焉，故不至大官。永元十三年卒，时年七十二。朝廷愍惜⑩，除两子为太子舍人。

（《后汉书》卷六十六，贾逵传）

【注释】

①扶风平陵：扶风，郡名，治槐里，在今陕西兴平市东南。平陵，县名，在今陕西咸阳市境内。②五家《谷梁》之说：指尹更始、刘向、周庆、丁姓、王彦等五家研究《春秋谷梁传》的学说。③《解诂》五十一篇：即《左氏解诂》30篇、《国语解诂》21篇。④火德：古人推崇金木水火土阴阳五行学说，认为尧是以火德为王。⑤覈（hé）：实。⑥无人事于外：在外与别人无交往。⑦"屡空"句：商周时，伯夷、叔齐为孤竹君之子。周灭商，伯夷、叔齐隐居于首阳山，不食周粟，最后饿死。⑧卫士令：官名。掌南、北宫，秩比六百石。⑨千乘王国：章帝之子刘伉，封为千乘王。千乘王国即指其封国。⑩愍惜：怜悯。

【译文】

贾逵字景伯，扶风平陵人。九世祖贾谊，汉文帝时担任过梁王刘揖的老师。曾祖父贾光，担任过常山太守，汉宣帝时以吏二千石，从洛阳迁至平陵。父亲贾徽，跟随刘歆学习《左氏春秋》，还学习《国语》《周官》，又向徐恽学习古文《尚书》，向谢曼卿学习《毛诗》，著有《左氏条例》21篇。

贾逵完全继承父亲的学业，20岁时能读《左氏传》和《五经》本文，用《大夏侯尚书》教授门徒，尽管是古学，可兼通五家《谷梁》的学说。从儿童时起，就常在太学，不了解世上的事务。身高8.2尺，一些儒生取笑他说："问事不休贾长头。"意思是说贾逵个头很高，可对人间交往生活等事不了解，喜欢问这问那。他性格和乐平易，极聪明，喜思考，卓异于众而有大节。尤其对《左氏传》《国语》有研究，写了这两部书的"解诂"51篇。永平年间，上疏献给皇帝。显宗极为重视，令人将它抄写一份藏在秘馆中。

……

肃宗继位，推崇儒家学术，尤其喜欢《古文尚书》《左氏传》。建初元年（公元76年），诏贾逵进北宫白虎观、南宫云台讲学。他赞赏贾逵的讲法，要贾逵发挥《左氏传》的大义比《公羊》《谷梁》二传见长的地方。贾逵因此逐条奏明道："臣谨挑选出《左氏》特别著名的30件事，都是宣扬君为臣纲的正义，父为子纲的正理。其余十之七八与《公羊》相同，有的文字简略，小有差异，无伤大体。至如写到祭仲、纪季、伍子胥、叔术等人，《左氏》深刻发挥君臣的大义，《公羊》多认为是通权达变，这就相差极远，世人冤抑《左传》太久，而莫肯分清是非。

臣在永平年间曾经上书谈到《左氏传》中某些与图谶相合的地方，先帝没有遗弃刍荛之言，采纳了臣的话，由臣写出详细的讲解，藏在秘馆。建平年间，侍中刘歆想立《左氏传》，可他不先摆出大义，而轻易地交给太常，自认为理由充足，足以挫败那些儒生。可儒生们内心不服，联合起来抵制。孝哀皇帝又迎合众人心理，所以出任刘歆为河内太守。从此大家攻击《左氏传》，成了众矢之的。到了光武皇帝，有独特的见地，兴立《左氏》《谷梁》两家，恰巧两家先师不通晓图先之学，因此半途而废了。凡是保存先王之道的书籍，要害在于安上理民。《左氏》推崇君父之道，卑臣子，这是强干弱枝，劝善戒恶，道理甚为明白切当，直接顺达。而且三代时不同事物，随时有所增减，因此先帝广泛观察各种学说，采取各家之长。例如《易经》有了施雠、孟喜两家，又立梁丘贺氏；《尚书》有了欧阳和伯一家，又有大夏侯胜、小夏侯建两家。如今三传各不相同，也是这个道理。又《五经》各家都不能用图谶来证明刘氏是尧帝的后代，而《左氏》独有明文能够说明。《五经》家都说颛顼代替黄帝，而尧不得为火德。但《左氏》却认为少昊代替黄帝，就是图谶所讲的帝宣。倘若尧不得火德，那么汉就不得为赤德。它所发明的见解，很能说明一些道理。

陛下通晓天然的聪明，建大圣的根本，更改年号，修正历法，为万代做出典范，所以，麟凤百数呈祥，好兆头屡次出现，陛下仍然早晚勤勉，钻研《六艺》，对细微之处，也无不审理核实。倘若再留心一些废学，增广一些见闻，那就没有什么遗失的了。"

书奏上去，皇帝特别嘉奖，赏赐布500匹，衣一套，命令贾逵自己挑选《公羊》学派的严、颜诸生有高才的20人，以《左氏传》做教材，给予竹简和纸写的经传各一通。

贾逵的母亲时常有病，皇帝想加赐一些财物，由于校书例多，特地拿出钱20万，派颍阳侯马防送去。对马防说："贾逵的母亲病了，他与外界没有什么交往，再穷困就会像伯夷、叔齐在首阳山那样做饿鬼了。"

贾逵多次给皇帝讲《古文尚书》与经传《尔雅》的诂训相呼应，皇帝下诏书命他著《欧阳、大小夏侯尚书古文同异》。贾逵集中写了3卷，皇帝觉得很好。又叫他写《齐、鲁、韩诗与毛诗异同》，并作《周官解故》。提升贾逵做卫士令。建初八年（公元83年），章帝（肃宗）下诏诸儒各选高才生学习《左传》《谷梁春秋》《古文尚书》《毛诗》，从此四经便流行于世。都封贾逵所选弟子和门生作千乘王国郎，早晚在黄门署学习，学者都非常向往和羡慕。

……

贾逵所著经传义诂及论难百万多字，又作诗、颂、谏、书、连珠、酒令共9篇。学者十分崇拜他。后代称他为通儒。可他为人不大注意小节，当世对此有些讥讽，因此没有做成大官。永元十三年（101年）死去，时年72岁。朝廷怜悯他，封他两个儿子做太子舍人。

严子陵归隐富春山

严光字子陵，一名遵，会稽①余姚②人也。少有高名，与光武同游学。及光武即位，光乃变名姓，隐身不见。帝思其贤，乃令以物色③访之。后齐国上言："有一男子，披羊裘钓泽中。"帝疑其光，乃备安车玄𫄫，遣使聘之。三反④而后至。舍于北军，给床褥，太官朝夕进膳。

司徒侯霸与光素旧，遣使奉书。使人因谓光曰："公闻先生至，区区欲即诣造，迫于典司，是以不获。愿因日暮，自屈语言。"光不答，乃投札与之，口授曰："君房⑤足下：位至鼎足，甚善。怀仁辅义天下悦，阿谀顺旨要领绝。"霸得书，封奏之。帝笑曰："狂奴故态也。"车驾即日幸其馆。光卧不起，帝即其卧所，抚光腹曰："咄咄子陵，不可相助为理邪？"光又眠不应，良久，乃张目熟视，曰："昔唐尧著德，巢父洗耳⑥。士故有志，何至相迫乎！"帝曰："子陵，我竟不能下汝邪？"于是升舆叹息而去。

复引光入，论道旧故，相对累日。帝从容问光曰："朕何如昔时？"对曰："陛下差增于往。"因共偃卧，光以足加帝腹上。明日，太史奏客星犯御坐甚急。帝笑曰："朕故人严子陵共卧耳。"

除为谏议大夫，不屈，乃耕于富春山⑦，后人名其钓处为严陵濑焉。建武十七年，复特征，不至。年八十，终⑧于家。帝伤惜之，诏下郡县赐钱百万、谷千斛。

（《后汉书》卷一百十三，逸民列传）

【注释】

①会稽：郡名，治所在今浙江绍兴市。②余姚：县名。③物色：形貌。④反：同"返"，返回。⑤君房：侯霸的字。⑥巢父洗耳：巢父，古隐士，以树为巢居

之，故名。尧让天下，不受。洗耳，实乃当时另一隐士许由所为。尧召许由为九州长，许由不想闻，洗耳于颍水之滨。⑦富春山：在浙江桐庐县西。⑧终：死亡

【译文】

　　严光字子陵，又名遵，会稽余姚人。年轻时就享有清高的名声，与光武帝一同学习。光武帝做了皇帝后，严光就改名换姓，隐居不出。光武帝念及他的才能，就派人拿着他的图像四处寻找。后来齐国有人报告："有一个男子，身披羊裘在泽中钓鱼。"光武帝疑是严光，就备了安车玄纁，派使者去请他。请了3次才把严光接到京师，让他住在北军的军营里，送给床褥，由太官早晚送饭。

　　司徒侯霸和严光是老朋友，派人送信给严光。送信人顺便对严光说："侯公听见先生到了，本想立即来看您，迫于公务在身，因此没有来。希望您在黄昏时到他那里去谈谈。"严光不答话，把纸笔丢给来人，口授说道："君房足下：做了三公，很好。怀着善心，辅以道义，天下人就会高兴；阿谀奉承，唯命是从，就会遭杀身之祸。"侯霸看了信，密封送给光武帝。光武帝笑道："真是狂奴的老样子啊！"当天就到严光居住的馆舍。严光躺着不起来，光武帝走到床边，摸着他的肚子说道："唉呀！子陵，就不能帮我治理国家吗？"严光还是睡着不吱声，过了许久，才睁开眼睛盯着光武帝，说道："古时唐尧很有德行，想把帝位让给巢父，巢父听完洗了自己的耳朵。天下士人各有志向，何必强迫人家！"光武帝又说："子陵，我竟不能使你屈就吗？"因此坐上车子叹息着走了。

　　光武帝又叫人引严光入殿，两人相对谈论故旧，谈了几天。光武帝从容问严光说："我比以往如何？"严光回答说："陛下比过去稍胖了一点。"因此一起睡觉，严光把脚放在光武帝的肚子上。第二天，太史报告，天上有客星侵犯帝座，情况十分紧急。光武帝笑着说："我和老朋友严子陵一同睡觉哩！"

　　光武帝拜严光为谏议大夫，严光不任。于是在富春江种田。后人把严光钓鱼的地方叫做严陵濑。建武十七年（公元42年），又特地派人去请严光，严光没有来。严光活到80岁，死在家里。

传世故事

樊重工于心计　勤劳持家

西汉末年,在南阳湖阳(今河南省唐河县西)有个大户主人叫樊重,字君云。他家几代人都善于经营农业,也喜欢做生意。樊重外表温和厚道,却是工于算计。他家三世同堂,他把这个大家庭管理得井井有条。他订立的家规制度,条条款款,都很严密;执行起来,也很严格。早晨起来,子孙们都要过来给他行礼;晚上睡前,大家还要过来给他问安。

在安排家业上,他更是精打细算。无论什么东西,只要是他家的,他就一定要给它派上用场,让它发挥应有的作用,决不随意丢弃。他家的奴仆,也都按照每个人的所长予以安排,让他们各尽所能,最大限度地发挥他们的作用。这些奴仆安排得好,他们都能尽心尽力地劳作。

有一次,乡亲们见他家栽种了一批漆树,就问他:"樊公,你栽漆树干什么,你又不做油漆生意?"樊重说:"我家4年以后需要打造一批家具。我现在栽下漆树,到那时,这些漆树就可以派上用场了。"人们听了,都嗤笑他。

几年以后,樊家的漆树成材了,能够产漆了,他家里打造的家具,都用上了自己家产的漆。这些树越长越大,产的漆也越来越多。过去嗤笑过他的那些人,现在需要用漆的时候,也不得不向他来求助。

由于樊重工于心计,善于经营,他的家产迅猛增加,每年都在翻番,家财总计超过万两黄金。有了钱,他就继续开垦荒地,总计开了300多顷。还建造鱼池养鱼,在山野放牧牲畜。在那个时代,他的家具备了自给自足的封建庄园式经济的最完美的形式和相当高的水平。

他家盖的房子,有楼房,有高阁。他家的院子里有水池,有沟渠,像个大花园。

樊重还有一个特点,就是他不吝啬,甚至还有点仗义疏财的味道。他在当地的名声也较好,这在当时是不多见的。因此,他被乡亲们推为"三老",就是农村基层居民组织的负责人。他的外孙何氏兄弟,为了财产而争斗不已。樊重觉得这是自己的羞耻,便送给他们两顷地,使他们不再争斗。他借出去的债不少于上百万,到他80岁将死的时候,他嘱咐家人把债券烧掉。有一些借债人主动去偿还,他的儿子们根据他的遗嘱,拒绝接受。

樊重的后代大多参加了镇压王莽末年农民大起义的行动,并被拜官封爵。光武帝刘秀建立东汉以后,还多次成千万地赏赐他家钱财。

举案齐眉

东汉人梁鸿,是东汉初年著名的隐士,而尤为称道的是他与妻子举案齐眉,相敬如宾的故事,梁鸿与其妻子孟光堪称夫妇和睦、感情投契的模范夫妻。

梁鸿小时家贫,父亲梁让在王莽时担任城门校尉这样的小官,后奉使去北地,便在那里死去了,再也没有能够活着回来。这时候梁鸿年纪尚幼,又逢乱世,只好用席子裹上父亲遗体,草草下葬。他少时入太学学习,博览群书,几乎无所不通。他虽然贫穷,却能保持高尚的节操。在太学学习完,他曾在上林苑中牧猪为生。一次,由于他的过失,将邻舍房屋烧毁。他问明价值,即将自己所放牧的猪全都送给邻家,作为赔偿。邻居得到赔偿的猪后,仍然觉得所得太少,吃了亏,梁鸿说:"我除此之外再也没有财物了,愿意为你做工,以作赔偿。"于是,梁鸿为邻家勤苦做工,起早摸黑。乡里长辈见梁鸿如此,都受到感动,纷纷指责邻居。邻居惭愧,于是将原先梁鸿所放牧的猪全都还给他,梁鸿却不肯接受。正因梁鸿有如此高尚的节操,所以他的名声传遍乡里,许多人家都愿意将女儿嫁给他,梁鸿却全都回绝了。

同县中有户姓孟的人家,其女儿孟光长得并不漂亮,很有力气,能双手举起石臼。她迟迟不肯出嫁,眼看着就到了30岁。父母问她为何如此,孟光说:"要找夫婿,就要找像梁鸿那样的!"梁鸿听到此语,便娶了孟光为妻。如果是别人准备陪嫁之物,总是少不得绫罗绸缎、金玉珠宝之类,孟光却十分特别,准备了不少做麻鞋、纺线织布之类的工具,想要跟着梁鸿一心一意地劳动过日子。到出嫁时,孟光修饰打扮了一番。不料梁鸿见到孟光的模样,嘴上虽没有说什么,却一连7天没有跟孟光说话,孟光心知有因,便跪在床下向丈夫请罪道:"我私下听说过不少夫君的高尚品行。您曾经拒绝了好几家上门求亲的,而我也曾拒绝了好几家的求婚。如今您娶了我,请问我犯了什么过失?"梁鸿回答妻子:"我所要娶的,是甘心于过平民贫穷生活的人,将来可以和她一道到深山中隐居。你如今穿着好衣服,脸上涂脂抹粉,这哪里是我所愿意的!"孟光听丈夫说出此番原委,答道:"我这样刻意打扮一番,是想试试夫君的志向,我自有隐者所穿的衣服!"于是进去挽上发髻,穿上布衣出来,干起家务活来。梁鸿这才大喜道:"这才真正是我梁鸿的妻子啊!"

夫妻俩生活了一段时间,孟光问丈夫道:"常听到夫君说要隐居躲避灾祸,如今您为何一声不吭，不再提起此事，是不是想要低三下四地去谋求官职啊？"于是，夫妻两人便隐居到霸陵山中去了。夫妻两人以耕织为生，咏诗书，弹琴自娱，可谓安居乐业。多年之后，汉章帝想要征召梁鸿出山，梁鸿改名换姓，夫妻两人又避居到山东一带。后来，梁鸿夫妻到了苏州，寄居在大户皋伯通家中。梁鸿为人家当佣工舂米，工罢回家，妻子孟光对他十分恭敬，为他准备饭食，每次都将饭菜盘高举到眉毛一样高，呈献给梁鸿食用。（成语"举案齐眉"的出处即此，"案"指古时一种有脚的托盘。）

隔篱听书　振古无伦

东汉人贾逵，字景伯，扶风平陵（今陕西咸阳西北）人，他是汉代著名文学家贾谊的九世孙。父亲贾徽，曾跟从著名学者刘歆学习《左传》，兼习《国语》《尚书》《诗经》等。贾逵能够继承父业，精通经学，一生著述经传训诂及论难等有百余万言，后世称他为"通儒"。

据晋代王嘉《拾遗记》载，贾逵刚刚5岁时就聪明过人。他的姐姐嫁给韩瑶为妻，因未生孩子而被她丈夫休弃，回娘家居住。她为人贤明，被人称道。贾逵隔壁天天有孩童读书，贾逵年幼，还没到读书年龄，却对读书声表现出很大的兴趣，贾逵的姐姐便每天抱着他隔着篱笆听隔壁读书。每当这时候，贾逵总是一声不吭，静静地听着。

时间一长久，贾逵受到了良好的熏陶，10岁时，他就能背诵《诗经》《尚书》《易经》《礼记》等典籍。他的姐姐没有想到隔着篱笆听听读书会有这么好的效果，奇怪地问弟弟道："我们家贫穷，从来没有请过教书先生进门，你怎么知道这么多古代书籍，而且能一字不漏地背出来呢？"贾逵告诉姐姐说："以前你抱我于篱间听邻家读书，从不遗忘而被记住。"于是将庭院中的桑树皮剥下来当纸，随时记录书中词句，或者将字写在家中门窗、屏风等上面，一面背诵，一面记录。一年以后，经文全都精通了。到后来，他成了当地著名的经学家，人们称赞他是"振古无伦"。甚至有的学生不远万里上门求学，有的学生背负着年幼的子、孙，前来就学，就住在贾逵家的门侧。贾逵总是乐于施教，为他们口授诗文。

《拾遗记》所记载的贾逵故事，绝口未提贾逵的家学渊源，与《后汉书》上"承续父业"的记载有所不符。而且，正史上称贾逵"二十岁能诵左氏传及五经本文"，也与《拾遗记》记载有所不符，说明《拾遗记》中确实是有些夸大其词。但是，幼时的"隔篱听书"，对贾逵的成长肯定是有着很大影响的。

夫妻脱俗

汉代王霸（字儒仲）自幼有节操，后立朝为官，更显示出其清操雅节。王莽篡权当政时，他弃官归隐，与人断绝一切交往。后东汉光武帝刘秀当政，朝廷知道他很有才能，征召他为尚书。但每当上朝面见天子，他从不肯称臣，只肯自称其名。官府问他为什么这样，王霸回答说："天子有所不臣，诸侯有所不友。"实际上，他是心中不忘自己原来为官的西汉旧朝，心有芥蒂。不久，他又托病弃官不做，带着同样很有节操的妻子以及两个儿子隐居不仕，茅屋棚户，躬耕于野。尽管后来朝廷一再征召他，他却再也不肯入朝为官了。

王霸有个知心朋友，名叫令狐子伯。后来，令狐子伯做了楚郡之相，其子也当了楚郡的官。有一次，令狐子伯让儿子送信给王霸，令狐子伯之子坐着华丽的车子，带着随从，前呼后拥地到了王家。令狐子伯之子衣饰华美，气宇轩昂，风度翩翩。此时，王霸的两个儿子正在田地里耕作，听说家里来了客人，放下锄头便赶回家来。只见两人蓬头垢面，衣服破旧，腿上沾满了泥。因为没有见过世面，见到气度不凡的令狐子伯之子，不仅不敢说话，而且畏畏缩缩，自觉羞愧，连正眼看一下客人都不敢。王霸眼见自己的儿子和令狐子伯之子形成鲜明对照，不觉也感到十分羞愧。

客人走后，王霸仍在想着刚才的事，越想越觉得心里不是滋味，以至久躺床上。王霸的妻子，见丈夫如此模样，一时也摸不着头脑。问丈夫究竟是为了什么事，王霸不肯说。王霸妻子以为是自己做错了什么事情，向丈夫请罪认错。王霸不得已，才开口说道："并不是你做错了什么事情，而是为了刚才的事。我和令狐子伯两人虽是知心的朋友，但在志向以及许多方面都不一样。刚才你也看到了，他的儿子衣服鲜亮，举止彬彬有礼，落落大度；而咱们的儿子呢？头发乱蓬蓬，浑身泥垢，也不懂得什么礼节，见到客人便畏畏缩缩，满脸露出羞惭的神色。毕竟父子情深，我看到自己的儿子这种样子，心里觉得实在不是滋味！"王霸妻一听丈夫是因为这件事而难过，便恳切地开导丈夫说："你从小就十分注意自己的品行，一生注重节操，十分轻视荣华富贵。如今令狐子伯虽然做了楚相，但比起品行来，你们两个谁更高尚，这不是很清楚的事情吗？怎么你今天忽然忘记了自己的一贯节操，为自己儿子感到惭愧起来了呢？"

王霸听了妻子的这番话，犹如服了一剂清醒剂。他忽地从床上爬起来，笑着说："对啊！我怎么会变得如此庸俗起来了呢？"于是和妻子、儿子们搬到一个无人知晓的地方，终身隐居不出。

吕布杀董卓

　　吕布，字奉先，是五原郡九原（今包头市西北）人，以骁勇英武而闻名。刺史丁原做骑都尉屯兵河内时，任用吕布做主簿（主官属下掌管文书的亲吏），对他特别亲近优待。汉灵帝死后，丁原带兵入攻洛阳，与何进一起讨伐宦官势力。何进兵败，董卓入主京都，准备杀掉丁原，火并他的兵众。董卓知道吕布深受丁原亲信，就诱降吕布让他杀掉丁原，吕布就斩了丁原首级去拜见董卓。董卓让吕布做都骑尉（掌管骑兵之事），对他十分宠爱信任，并且与吕布立誓，结成父子关系。

　　吕布擅长骑马射箭，膂力过人，有号称"飞将"。董卓得势后让他升迁为中郎将，封都亭侯。董卓深知自己平时对人无礼，树敌甚多，害怕有人谋害他，于是他行走坐立都让吕布守卫在侧。然而董卓性格刚愎而偏激，发起怒来则从不顾忌后果。有一次曾经因一件小事而手持戈向吕布掷去，吕布很敏捷地躲避过去了，随后他马上变脸色向董卓致歉，董卓也解了气。吕布从此对董卓怀恨在心。董卓常派吕布为他守卫中府，因此他又与董卓宠爱的婢女私通了。吕布害怕此事泄露，心中非常不安。

　　那时候，何进的心腹王允自从何进被诛杀后，就一直跟随董卓。王允对董卓屈意奉承。董卓看他既有忠心又有才能，就毫不生疑，让他主持朝中诸多大事，内外无不倚重于他。王允见董卓毒辣残暴，要篡夺汉位，就与士孙瑞、杨瓒等人一起密谋除掉董卓。因为董卓也臂力过人，能够左右开弓，况且又侍卫严密，一般人是很难刺杀他的，他们想到吕布，决定利用吕布的身份和他的武力。他们把刺杀的计划告诉了吕布，让他做内应。吕布说："我和他是父子关系，怎么办呢？"王允说："君姓吕，与他本来就不是骨肉亲情。现在你连自己的命都不一定保得住。他投戈刺你时，难道想到过父子关系吗？"吕布便答应了王允他们。

　　汉献帝初平三年（193年），皇帝生病初愈，要在未央殿大会群臣。董卓朝服驾车而行，半途马惊坠入泥中，董卓就回来换衣服，他的美姜让他不用上朝，董卓不听，又去上朝。于是董卓在道路两旁都设了卫兵，从门墙到宫殿，左边步兵，右边骑兵，屯卫极其严密，让吕布等人在前后护卫他。王允就与士孙瑞秘密向皇上表奏了当晚的行动，让士孙瑞拟了诏书授令吕布，命令骑都尉李肃与吕布等20多个坚定的勇士穿上卫士的服装在北掖门内等待董卓。董卓快到时，马惊警不愿向前再走。董卓觉得奇怪要回家，吕布加以劝说，才入门上朝。李肃用戟刺董卓，因董卓穿着铠甲而没有刺进，只是伤了臂膀从车上摔下来，董卓朝四面喊："吕布在哪里？"吕布回答："有皇上圣诏在此，命诛讨贼臣。"董卓大骂："狗东西怎敢这样！"吕布应声用矛刺中了董卓，接着斩杀了他。董卓的主簿田仪和家奴等都前赴护着董卓尸体，吕布又杀了这些人。于是颁敕诏书，士兵们无不高呼万岁，百姓都在道路上欢歌跳舞。

吕布反复无常被杀

吕布，字奉先，汉末人。起初为骑都尉丁原的主簿，丁原待他亲如父子。汉灵帝死后，丁原接受大将军何进的召请，率兵前往洛阳，出任执金吾，吕布也随侍左右。

那时，董卓为篡汉正在努力扩充实力，他见吕布骁勇善战，就设计收买吕布。吕布利欲熏心，杀死丁原，率丁原的兵众投靠了董卓。董卓任命吕布为骑都尉，认他为义子，待他如心腹。不久，董卓又升他为中郎将，封都亭侯，日常出入总是让他随身侍卫。后来，吕布曾因小过失触怒了董卓，董卓拔戟投将过去，差点儿要了吕布的命。吕布赶紧恭恭敬敬地道歉，董卓这才消气。两人表面上和好如初，吕布内心却已对董卓产生了怨恨。以后吕布又同董卓的侍妾发生了暧昧关系，他唯恐露出马脚，常觉不安。正巧司徒王允阴谋除掉董卓，他就暗中拉拢吕布，让吕布做内应。吕布见王允劝他杀掉义父，有些为难，王允便劝道："您姓吕，他姓董，本来就不是骨肉至亲。您现在担惊受怕，唯恐被杀，您与他像父子关系吗？而且，他掷戟刺杀您时，还有父子之情吗？"于是，吕布又转而投靠王允，刺杀了董卓。王允任他为奋威将军，封温侯。

董卓虽死，他的部下李傕（jué）却不肯善罢甘休。吕布与其对阵不敌，便率百余名骑兵奔南阳投靠袁术。袁术本来待他不错，他自以为杀董卓有功，纵容部下任意抢掠。袁术感到这种人是个麻烦。吕布发现袁术的不快，便又领兵离开了袁术。以后，他忽投张杨，忽投袁绍，几经辗转，总算被陈留太守张邈和陈宫等迎为兖州牧，在濮阳落下脚来。然而，曹操听说后，即率大军攻打吕布。经过两年多时间，曹操终于破吕布于巨野，吕布只好投奔刘备。

刘备其时管领徐州，驻兵下邳。他没想到投靠自己的吕布却又听从袁术的计策，率兵偷袭他，弄得他妻子儿子被俘，自己逃往海西。刘备在海西人困马乏，粮草断绝，只好投降吕布。吕布恨袁术答应给他粮食却不送来，就派车马迎回刘备，让他当豫州刺史，屯兵小沛。当袁术遣大将纪灵率兵3万攻打刘备时，吕布又引兵前去援救刘备，并辕门射戟，使袁刘两家罢兵。

建安三年（198年），吕布又和袁术联手，派大将高顺进攻屯驻小沛的刘备，刘备城破败走。曹操让夏侯惇（dūn）援助刘备，也为高顺击败，于是曹操亲率大军攻伐吕布。兵临下邳城下时，曹操派人送信给吕布，陈述利害关系，劝其投降。吕布想投降，但被陈宫劝阻了，可他又不听陈宫的破曹之计。他暗中派人求救于袁术，袁术没法增援，他只好困守孤城。

曹操见吕布不降，便围着下邳城挖沟，引沂、泗二水灌城。城中的吕军军心涣散，上下离德。吕布的部将侯成不满吕布的苛责，与几个将领一起擒下陈宫、高顺，率众投降了曹操；吕布与几个部下登上下邳城南门的白门楼。曹兵将白门楼团团围住，吕布只好投降。

曹操、刘备等人坐定白门楼，吩咐人带上吕布。吕布见过曹操，说道："从今以后，天下可以平定了。"曹操回答："为什么？"吕布道："方今之世，您最担心的不过是我吕布，而我已经投降。如果让我统领骑兵，而您统领步兵，那么平定天下岂不易如反掌！"曹操听了，有些心动。吕布又回过头来，对刘备说道："玄德，现在您为座上客，我是阶下囚，绳子把我捆得这么紧，您难道就不为我说句话讲个情吗？"曹操笑道："捆绑老虎，岂能不捆得紧一些。"说罢，叫人给吕布松一松。刘备在旁连忙制止道："不行。您忘了吕布是如何对待丁原、董卓的吗？"曹操听了，同意地点了点头。吕布气得盯着刘备道："你这个大耳朵小儿最不值得信赖！"于是，曹操让人绞死了反复无常的吕布。

官渡之战

199年，袁绍消灭公孙瓒后，声威大振，并有幽、冀、青、并4州，辖境相当于今陕西北部、山西、河北、山东一带广大地区，成为东汉末期势力最强的军阀。此时的袁绍雄心勃勃，踌躇满志，计划亲统大军进攻曹操"挟天子以令诸侯"的许县，企图消灭曹操后过过做皇帝的瘾。

曹操麾下众将闻知袁绍将大举来攻，皆面露惧色。时许县一带曹操的将士不过三五万人，骤临强敌，曹操想必亦得心惊，但他却不露畏惧之色，率兵至官渡屯扎，准备迎敌。

官渡在今河南省中牟东北，临官渡河，是此河的主要渡口，往南不足200里即是许都。官渡左、右一带因北临黄河，多为斥泽，芦苇丛生，交通不便。袁绍南下攻许，最近的路线便是通过官渡径直南下，故而官渡实为南北要冲，曹操在此屯军，就是为了扼住袁绍南下之路。

第二年，袁绍选精兵10万人，骑兵一万，胡骑8000，浩浩荡荡而至官渡，在此依沙堆为屯，东西横亘数十里。曹操见袁绍势大，急调守卫原武的于禁所部回官渡助守。曹操于日食之日率兵出击袁绍，无功而还，于是坚壁不出。袁绍军筑土山居高临下以射曹军，曹操亦令于禁率军士筑土山还击，并制造"霹雳车"，发射石头以击土山上的袁军。袁军仰攻不成，又转为地下，企图掘地道以袭曹营。曹操令士兵们沿营壁挖长壕以拒之，袁军利用地道偷袭的计划又失败了。

本来，袁绍以为大军所到，势如破竹，乃令将士们各自拿一条3尺长的绳子，等操军败时将曹操擒缚。不意两军攻守了3个多月，袁军竟不能前进一步。而此时，曹军中也面临粮尽的威胁，粮食一尽，必生内乱，曹操忧心忡忡，欲引军退守许都，又怕军退之时，袁绍麾军追击，将会一败涂地，故延宕不决，于是写信与许都留守荀彧商量。

荀彧是曹操的重要谋士，在曹操生死存亡的紧急关头，他审时度势，认为曹军在粮尽的情况下，如果一退，必将招致袁军的追击，不仅曹操的官渡守军会被歼灭，许都也势必难保。因此荀彧指出了两军对峙之时一方先退的严重后果，鼓励曹操坚守官渡，用奇计袭破袁绍，这是战胜袁军的一个唯一可行的方略。

曹操得荀彧信后，决计坚守官渡，寻找袁军的纰漏，以奇兵袭破之，从而扭转战场上的被动局面。

碰巧，曹操获悉袁绍之将韩猛押运粮草将至袁绍军中，遂用谋士荀攸之计，派许晃、史涣引一军悄悄离营，间道北上，在故市截击韩猛的运粮车队，韩猛仓促应战，被打得大败而逃，许晃等乃尽烧袁绍的粮草辎重而归。与此一来，袁绍军中也眼看就要断炊，袁绍只得再调粮草运来，并派淳于琼发兵万余人迎接运粮队至故市、乌巢。这一带是黄河冲积下的沙丘水泽，距袁绍军北营有40里。

袁绍的谋士许攸鉴于两军相峙而无功，便向袁绍建议分军绕道奇袭许都，劫持天子以令诸侯。曹操老巢一失，则败亡无日。袁绍却说："吾要当先取操！"遂不采纳许攸的意见。

这时，许攸的家人犯法，被袁绍留守之将逮捕，许攸大怒，竟奔逃至曹营投靠曹操。曹操闻许攸来投，大喜过望，竟光着脚出来迎接。许攸问："袁军甚盛，公还有几日之粮？"曹操道："尚能维持一年。"许攸摇头道："不对！请实言相告。"曹操道："可支半年。"许攸问："足下不想破袁绍吗？怎不讲实话？"曹操乃道："刚才我与你开玩笑，军中粮食实可维持一月，你有什么好计策吗？"许攸遂献计道："袁绍粮草辎重均在故市、乌巢，屯军守备不严，若以奇兵袭之，烧其粮草，不出3日，袁氏必败！"

曹操此时粮草殆尽，欲战不能胜，欲退必致败，已陷入进退维谷之绝境。故闻许攸之计，不辨真伪，毅然亲自率精兵5000潜离官渡，用袁军旗帜暗号，于夜间偷偷至乌巢，包围起袁军守兵，突然放火，袁军大惊，自相纷乱，至黎明，淳于琼才发现曹军人少，乃集合军队列阵。曹操急率军攻之，淳于琼退回营地，以保护粮草辎重。

袁绍见乌巢火起，仅派轻骑往救，而自统大军进军曹营。袁绍认为，与其去救乌巢，不如进攻曹营，以收"围魏救赵"之效。

袁绍的轻骑至乌巢时，有人建议曹操分兵拒敌，曹操道："敌人到了背后再说！"乃率众猛攻淳于琼，将士皆死战，终于击溃淳于琼军，生俘淳于琼，斩首千余，皆割其鼻。牛马则被曹军割下唇舌。聚积在乌巢的袁军粮草辎重，也被曹军烧了个精光。

然后，曹军回头再战袁绍派来的援军，大败之，斩其将赵睿，顺利返回官渡。这时，袁绍大将张郃攻曹营不克，中军监军郭图向袁绍进谗言攻击张郃，张郃忧惧，干脆阵前倒戈，投降了曹操。曹操令奇袭乌巢的将士们将被斩杀的袁军的鼻子和牛马的唇舌展示给袁军士兵们看，袁军大骇，曹操乘势麾军杀出，袁军不战自乱，四散而逃。袁绍见事不可为，乃率800骑仓皇北窜，曹军穷追不舍，一直追到延津。

官渡之战，曹操以少击众，以弱胜强，俘虏袁绍败卒10余万，缴获珍宝财物无数，一举奠定了统一北方的基础。

曹孟德借刀杀人

祢衡，字正平，平原般人。才思敏捷，长于辩术，但为人尚气刚傲，清高反俗。建安初年，他来到许都。当时许都新建不久，名人贤士都从四面八方聚集到这里。有的人见祢衡刚到京师，便问他："你何不追随陈长文、司马伯达呢？"祢衡轻蔑地答道："我怎么能追随屠夫酒保！"别人又问他："荀文若、赵稚长怎么样？"祢衡又不屑一顾地说："荀文若，可以借他的面孔去吊丧；赵稚长，可以叫他管管厨房招待客人。"整个许都城内，他能看得上眼的只有孔融和杨修两个人。他常说："大儿孔文举，小儿杨德祖。余子碌碌，不足数也。"

孔融虽然比祢衡年长许多，但对他的人品才干却佩服得五体投地。为了使这位知己"龙跃天衢，振翼云汉，扬声紫微，垂光虹霓"，孔融几次在曹操面前称扬他"目所一见，辄诵于口；耳所瞥闻，不忘于心"，夸赞他"忠果正直，志怀霜雪，见善若惊，疾恶如仇"，甚至说他是"帝室皇居"的"必蓄非常之宝"。曹操本来求贤若渴，爱才如命，听孔融这样一说，便急于见到祢衡。但祢衡向来瞧不起曹操，他自称有"狂病"，不肯前去拜谒，并且有不敬之词。

曹操见祢衡如此态度，就怀恨在心。不过因为祢衡名气颇响，曹操还不想杀他，只打算找个机会羞辱他一下。祢衡精通音乐，善于击鼓，曹操便在一次宴会上叫他充当鼓师，而且要穿上特制的表演服装。轮到祢衡演奏时，他奏了一曲"渔阳参挝"，只见他踏地前行，容态非常，击响的鼓声悲壮，听者莫不慷慨。待到他行近曹操时，堂上官吏喝令他换上鼓师服装。他于是脱了个一丝不挂，当众裸身而立，然后慢腾腾地换上鼓师的衣冠，又奏了一曲，脸不变色心不跳地离席而去。曹操苦笑着说道："原打算羞辱祢衡，反倒叫他羞辱了我。"

事后孔融责备祢衡道:"你是位大雅君子,怎么能这么干呢?"接着又向他讲述了曹操渴慕其才的心意,他便答应了面谒曹操道歉。孔融又去见曹操,说祢衡上次犯了狂病,现在恳求亲自登门谢罪。曹操听后大喜,连忙吩咐把门的有客登门要马上通报,而且对待客人要极为热情。

祢衡如约前往曹操驻地。他身着布单衣,头戴粗布巾,手持3尺大杖,来到曹操大营门前,往地上一坐,一边以大杖捶地,一边破口大骂起来。把门的连忙向曹操通报,说外面有个狂生,坐在营门口,出言大逆不道,可否把他抓起来治罪。曹操没想到祢衡放肆到如此地步,只觉得怒火中烧,恨不得立即把祢衡斩首示众,但转念一想,这样做岂不落得个器量狭小不能容人的恶名。便对孔融说道:"祢衡这个浑小子,我杀他不过像捏死只麻雀、老鼠罢了。但这家伙平素有点儿虚名,杀了他,周围的人会认为我容不下他。现在我把他送给刘表,看看他会有什么下场。"

祢衡被送到刘表那儿后,果然又因傲慢不逊得罪了刘表,刘表也不愿承担诛杀名人的骂名,把祢衡送给了江夏太守黄祖。黄祖性情急躁,终因祢衡在一次宴会上当众辱骂了他,一怒之下将其处死。借刀杀人的曹操总算出了胸中这口恶气,而后人也并未因为祢衡之死否认曹操有招贤纳士之德。

刘秀忍辱负重

刘秀的长兄刘縯(yǎn),秉性刚毅,为人慷慨。王莽篡汉后,他常常愤愤不平,心怀恢复刘氏江山的大志。所以,他不热心治理产业,而是倾家荡产地交结天下好汉。地皇三年(公元22年),刘縯率子弟兵七八千人举起反抗王莽的旗帜,自称柱天都部,并让刘秀在宛县与李轶同时起兵。刘縯、刘秀兄弟率军作战时,因为得到了新市、平林、下江义军的配合,先后击败了王莽的前队大夫甄阜、属正梁丘正和纳言将军严尤、秩宗将军陈茂,从而威名大振,远近闻风而降。王莽惊恐万分,悬赏捉拿刘縯,开价封邑5万户、黄金10万斤、爵位上公。

新市、平林的将帅担心威望日高的刘縯危及自己的势力,便事先密谋好,立平庸懦弱的刘玄为帝,然后派人找来刘縯,告诉他这一决定。刘縯却认为立帝的时机不成熟,建议姑且称王,号令全军。然而,将军张卬(áng)坚决反对,并拔剑击地,威胁道:"做事犹疑,必不成功。今日决定立刘玄为帝,决不许有人反对!"诸将只好听从了他的意见。

更始元年(公元23年)二月,刘玄被拥立为帝,刘縯被任为大司徒,封汉信侯,刘秀被任为太常偏将军。五月,刘縯所部攻陷了宛县;六月,刘秀所部击败了王莽大司徒王寻、大司空王邑率领的百万大军。刘氏兄弟的声名因此愈加威震四方。

更始帝刘玄和大司马朱鲔（wěi）、绣衣御史申屠建等妒忌刘縯德高望重，阴谋借召集诸将会聚之机除掉刘縯。聚会时，刘玄拿过刘縯的宝剑观看，申屠建顺势向刘玄献上一块玉玦，暗示他迅速决断，杀掉刘縯，刘玄却始终未敢发出诛杀刘縯的指令。散会后，刘縯的舅父樊宏提醒他道："从前的鸿门宴，范增曾举玉玦暗示项羽杀掉刘邦。今天申屠建献玉玦恐怕不怀好意吧？"刘縯只是付之一笑。刘秀对阿谀朱鲔等人的李轶也心存戒备，他劝刘縯不可再信任李轶，刘縯也不予理会。

刘縯有位部将刘稷，这个人勇冠三军，曾几次冲锋陷阵，击溃围兵。他听说刘玄即位时，怒道："本来起兵造反、欲建功业的是刘縯兄弟，这位刘玄是干什么吃的？"刘玄及其亲信得知后，心中深恨刘稷，待委任他为抗威将军而他不肯接受时，便决定着手除掉他和刘縯。一天，刘玄与他的亲信将领朱鲔、李轶等派了数千人马，逮捕了刘縯、刘稷，当天将其杀死。

当时，刘秀刚刚领兵攻下颍阳。他得知兄长遇害的消息后，觉得自己的势力不足以与更始帝君臣公开对抗，便装出一副忠诚、懦怯的样子，立即赶到宛县，向刘玄当面谢罪。刘縯的属下迎接刘秀时都向他表示哀悼之情，而他却一句心里话没说，只是怪罪自己而已。见过刘玄后，他既未提起自己战胜王寻、王邑的大功，又未敢为兄长刘縯服丧，饮食言笑和平素一样，丝毫未露出伤感、怨恨的情绪。更始帝刘玄见刘秀如此服服帖帖，自己倒有些不好意思，于是任命刘秀为破虏大将军。此后，刘秀利用刘玄对他的信任，渐渐壮大了自己的势力，最后得以取而代之，成为东汉的开国皇帝，而刘玄则于众叛亲离、投降赤眉后，为赤眉将领谢禄杀害。

汉光武帝偃武修文

汉光武帝刘秀是汉高祖刘邦的九世孙，少年时喜好农事，勤于稼穑。他哥哥刘伯升好侠养士，常常取笑他像刘邦的哥哥刘仲一样爱好耕田种地。新莽天凤年间（公元14—公元19年），刘秀赴长安跟中大夫庐江许子威学习《尚书》，粗通了大义。王莽末年，天下大乱，刘秀于南阳宛县起兵反抗王莽。经过两年半的杀伐征战，刘秀于建武元年（公元25年）称帝。

刘秀在率领武将建立东汉王朝的过程中，一直忙于南征北战，东挡西杀，没时间顾及传统的经术和教育。当时，王莽篡汉已成强弩之末，天下乱成一团，前汉的一套礼乐制度分崩离析，古籍经典残乱不堪。刘秀立国后，十分注重文治对巩固政权的重要作用，加上他本来爱好经术，因此，他每到一地，来不及下车，就首先拜访当地的儒雅之士，搜求缺失的经典，补缀逸漏的篇章。本来四方的儒生学士都携带许多图书，逃往山中林下，如今看到刘秀如此重视经术，便都带着经典古籍争先恐后地赶往京师，如范升、陈元、郑兴、杜林、卫宏、刘昆、桓荣等饱学之士均接踵而至。刘秀还建立了五经博士制度，让博士各以家德传业授徒，使学术出现了诸家纷出的局面，如《易》有施氏、孟氏、梁丘氏、京氏各派，《尚书》有欧阳、大小夏侯诸派，《诗》有齐、鲁、韩3家，《礼》有大戴、小戴两派，《春秋》有严氏、颜氏各家。而且，搜集的图书数量也渐渐可观起来，刘秀由高邑迁还洛阳时，运载书籍的车子已多达两千余辆。之后，图书又增加了两倍。

建武五年（公元29年），刘秀又在洛阳城开阳门外修建了太学。学生们在太学之中研读经书，模拟古代的礼乐仪式。当时，在刘秀倡导的此风影响下，身穿儒衣、口称先王、寄身学校者颇为众多。博士所在的地方，学生们不远万里而来求教，背着粮食而上学的成百上千。对于年高名盛的博士，前来受教而列于名簿上的弟子竟不下万人之多。

特别是平定了陇、蜀之后，光武帝刘秀更是偃武修文，专事经学，除非有紧急情况，口不言兵家之事。一次，皇太子曾向刘秀问及攻战之事，刘秀答道："从前卫灵公向孔子询问如何摆列战阵，孔子不予回答。军队上的事，不是你该过问的。"皇太子见他每天清晨上朝，日斜下朝，总是与公卿将相讨论经国之道，夜半才能休息，忍不住劝道："陛下有夏禹、商汤的才智，却没有黄老修身养性的福气。望您保重精神，轻松一些。"刘秀却说："我乐此不疲。"他虽然完成了立国大业，却兢兢业业，仿佛尚未开国一般。由于他懂得经术，总揽朝纲，量时度力，所以治政大体并无过失。史家说他"退功臣而进文吏，戢弓矢而散马牛，虽道未方古，斯亦止戈之武焉"。

人物春秋

受命危难中兴汉室——刘秀

世祖光武皇帝刘秀，字文叔，南阳郡蔡阳县人，汉高祖第九代孙子，出自汉景帝所生长沙定王刘发的那个支系。刘发生舂陵节侯刘买，刘买生郁林太守刘外，刘外生钜鹿都尉刘回，刘回生南顿令刘钦，刘钦生光武帝。光武帝9岁成为孤儿，由叔父刘良收养。他身高7尺3寸，须眉浓秀，大嘴，高鼻梁，额骨隆起，生性喜欢种植庄稼，而哥哥刘伯升好行侠养士，曾讥笑光武帝经营农业，把他比作汉高祖的哥哥刘仲。王莽天凤年间，光武帝来到长安，拜师学习《尚书》，略通大义。

王莽末年，天下连年蝗灾，盗贼蜂拥而起，地皇三年，南阳发生饥荒，各家的宾客大多去偷盗抢劫。光武帝为逃避官吏躲到新野，顺便在宛城出售粮食。宛人李通等人用图谶鼓动光武帝说："刘氏复兴，李氏为辅。"光武帝起初不应，暗自思量哥哥伯升一向结交无业游民，必将发动起义，况且王莽败亡的征兆已经显露，天下日渐动荡，于是同李通等人定下大计，从此就购置兵刃弩箭。十月，与李通从弟李轶等起兵于宛城，时年他28岁。

十一月，有彗星出现在张星星区。光武帝于是率领宾客回到舂陵。当时伯升已经聚众起兵。起初，众子弟十分恐惧，都逃散躲藏起来，说："伯升要害我们。"等到看见光武帝身着武将的绛衣大冠，都吃惊地说："谨慎厚道的人也干这种事。"因而稍微心安。伯升于是请来新市军和平林军，同他们的主帅王凤、陈牧一道向西进攻长聚。光武帝开始骑牛，杀死新野尉后才得以骑马，进占并屠戮了唐子乡，又杀死了湖阳尉。军中瓜分财物不均，众人愤恨不平。想反攻刘姓各部。光武帝收敛起宗族成员所得到的财物，全部给了他们，众人才转怒为喜。进占棘阳后，与王莽前队大夫甄阜、属正梁丘赐交战于小长安，汉军被打得大败，退守棘阳。

更始元年正月初一日，汉军重又与甄阜、梁丘赐交战于沘水西岸，大败敌军，斩杀了甄阜、梁丘赐。伯升又在昆阳击败王莽的纳言将军严尤和秩宗将军陈茂，进而包围了宛城。二月初一日，拥立刘圣公为天子，以伯升为大司徒，光武帝为太常偏将军。三月，光武帝另与一些将领征讨昆阳、定陵、郾等地，全都攻占下来，缴获了大批的牛马和财物，粮食数十万斛，转运至宛城城下，王莽获悉甄阜、梁丘赐战死，汉帝已经登基，派遣大司徒王寻、大司空王邑统兵百万，可以作战的士兵为42万人。五月，抵达颍川，又和严尤、陈茂会合。当初，光武帝曾替春陵侯家向严尤申诉拖欠租赋事，严尤召见后，欣赏他的风度。到此时，汉军城中出来投降严尤的人说光武帝不掠夺财物，只是筹划军事策略。严尤笑道："是那位须眉俊美的人吗？他怎么竟做这种事！"

起初，王莽征调天下精通兵法的63家学派中的数百人，一并任用为军吏；又选拔训练卫兵，招募猛士，组成庞大的军队开赴战场，各种军旗和军用物资在千里大道上络绎不绝。当时军中有巨人叫巨无霸，身高一丈，腰大十围，任命为垒尉；又驱赶各种猛兽如虎、豹、犀牛、大象之类，以助军威。秦汉以来，出征的军队声势如此浩大，还从未有过。光武帝率领数千名士兵，巡逻到阳关。众将领见到王寻、王邑军容盛大，就顺原路撤退，奔回昆阳城，全都心惊胆战，忧虑后方的妻子儿女，想分别返回各自原来驻守的城池。光武帝建议道："现在士兵和军粮都很少，而外敌强大，合力抵御他们，或许可以立功；如果力量分散，势必难以保全。而且宛城还没夺取，主力不能前来救援，昆阳一旦被攻破，一日之间，各部也将被消灭，今天不同心协力共同谋取功名，反而要去守护各自的妻子儿女和财物吗？"众将发怒道："刘将军怎敢这样说话！"光武帝笑着起身走了。正逢侦察骑兵回来，说王莽大军将进抵城北，军队绵延数百里，看不见后尾。众将领窘迫地相互商量说："还是重新请刘将军来商议对策吧。"光武帝再度剖析成败得失。众将忧虑窘迫，都同声称是。当时城中只有八九千人，光武帝便让成国上公王凤、廷尉大将军王常留守昆阳，晚上自己同骠骑大将军宗佻、五威将军李轶等13人骑马，出昆阳城南门，到外地调集兵马。这时王莽军队来到城下的近10万人，光武帝等人几乎出不了城。他们到了郾、定陵，调动各营所有兵马，而那些将领贪恋钱财，想分兵留守它。光武帝说："现在如果能够击败敌人，所得珍宝是已有的万倍，大功可以告成；如果被莽军打败，脑袋都没有了，还用什么财物！"大家这才听从了他的命令。

严尤劝说王邑说："昆阳城小但坚固，现在假冒帝号的人在宛城，速派大兵前往，他们一定逃走；宛城敌人被打败了，昆阳自然降服。"王邑说："我过去以虎牙将军的身份围攻翟义，因为没能将他生擒，所以受到责备。今天率领百万大军，遇到敌人据守的城池而不能攻取，如何交代？"于是围绕昆阳城设下数十道防线，建成百座营盘，树起云车高10余丈，靠近昆阳俯视城中，各类旗帜遮盖了田野，人马搅得满天尘埃，敲鼓击钲的军乐声传出数百里之远。王莽军有的挖掘地道攻城，有的用冲车撞城和用篷车攀城。大批弓弩手连续不断发射，箭如雨下，城中军民不得不背着门板而汲水。王凤等人乞求投降，遭到拒绝。王寻、王邑自以为胜利已为时不远，神态十分安闲，晚上有流星坠落在王莽军营地之中，白天有云，形如山丘，崩落于营盘，离地一尺左右才崩散开来，王莽军将士全部都匍伏在地上。

六月初一日，光武帝即与各部人马一齐进发，自己亲率步、骑兵1000余人，在离王莽军大约四五里的地方排开阵势。王寻、王邑也派兵数千人前来交战。光武帝冲击敌营，斩下数十名敌军首级。其他各部将士高兴地说："刘将军平生见到小股敌人就害怕，今天遇到强敌却勇猛无畏，真叫人奇怪！还是继续在前，请让我们帮助将军！"光武帝再次进攻，王寻、王邑派出的军队又退去，义军各部一同乘机进攻，杀死王莽军数百近千人。义军连续获胜，继续向昆阳进军。此时伯升攻取宛城已有3天了，而光武帝还不知道，于是派人伪装成宛城的使者携带书信通知昆阳守军，说："宛城的救兵即刻赶到。"却故意失落了这封书信。王寻、王邑闻知后，十分不快。义军众将领屡战屡捷，胆气更壮，无不以一当百。光武帝就与3000名敢死队员，从城西涉水直扑王莽军的中军，王寻、王邑的阵势大乱，义军一鼓作气打垮敌军，于是杀死了王寻。昆阳守军也击鼓呐喊着冲杀出来，内外夹击，喊杀声惊天动地，王莽军大溃退，逃跑的士兵互相践踏，死尸僵卧在百余里的路上。当时正是雷声大作，狂风骤起，屋瓦全被风刮得乱飞，暴雨如注，沘水水势猛涨，吓得虎豹都四肢颤抖，士兵们争着渡河，淹死的不计其数，河水也都被阻塞断流。王邑、严尤、陈茂轻装骑马踏着死尸渡河逃走。义军全部缴获了王莽军的各种军用物资，兵车、盔甲和珍宝，多得无法计算，运了几个月都没运完，有人把剩余的物资烧掉了。

光武帝再接再厉夺取颍阳。当时伯升被更始帝所杀害，光武帝从父城赶回宛城请罪。伯升司徒府的属吏迎接光武帝并表示慰问，光武帝口不能语，只能沉痛地引咎自责而已。他未曾自我表白昆阳的功劳，又不敢为伯升服丧，吃饭说笑如同平时一样。更始因此心中有愧，便任命光武帝为破虏大将军，封武信侯。

九月初三日，三辅的豪杰一同斩杀王莽，将首级送到宛城。更始帝将北上建都洛阳，以光武帝兼管司隶校尉事，命他前去整修宫室和官府。于是光武帝任命了属吏，写好文书发到各属县，行使起督促文书、察举非法的职责，一切按照汉朝的旧规定办事。当时三辅地区的官吏和士人到洛阳城东迎接更始帝，看见诸位将军经过，都是头上戴帻，身穿如同妇女所穿的衣裳，即珠玉和绣裙之类，无不感到可笑，甚至有人害怕不吉利而溜掉了。等到看见司隶校尉的部下，都高兴得不知如何是好。老年的官吏有的流着泪说："不料想今天还能重新看到汉朝官员的威仪！"从此有识之士倾心于光武帝。

待更始帝到达洛阳，就派光武帝以破虏将军的身份代理大司马事务。十月，持节向北渡过黄河，镇抚河北各州郡。所到郡县，便接见二千石、长吏、三老、官属，下至一般佐史，考察治政得失，如同州牧巡行辖区一样。他一到某地就审查释放囚徒，革除王莽苛政，恢复汉朝官吏的名称。吏民欢欣鼓舞，争着带上牛肉和酒，迎接慰劳光武帝一行人。进抵邯郸，原赵缪王之子刘林劝说光武帝道："赤眉军现在在河东，只要决堤放水淹他们，百万赤眉军全可以让他们成为鱼。"光武帝不理睬，又前往真定。刘林于是诡称卜者王郎是成帝的儿子刘子舆，在十二月，拥立王郎为天子，建都邯郸，并派遣使者劝降了许多郡国。

二年正月，光武帝鉴于王郎一兴起就比较强大，于是向北攻取蓟县。王郎下达快递文书，悬赏十万户侯捉拿光武帝。而原广阳王之子刘接于蓟城中起兵，以响应王郎。城内混乱，谣言四起，人心惶惶，说邯郸使者刚刚到达，二千石以下官吏都前去迎接。于是光武帝急忙坐车南逃，无论白天黑夜都不敢进入城市，吃住全在道旁。到达饶阳，部下全断了炊。光武帝就自称是邯郸使者，进入传舍。传舍的官吏刚送进食物，光武帝的随从因为饥饿，争夺食物。传吏怀疑他们是伪装的使者，就击鼓数十下，假称邯郸的将军来到，光武帝的部下都大惊失色。光武帝上车想跑，后害怕出不去，慢慢回到座位，说："请邯郸的将军进来。"许久才驾车离去。传舍中的人远远地喊守护城门的人关闭大门。门长说："天下形势还难预料，而能随便关闭长者吗？"于是光武帝得以从南门离去。他们日夜兼程，冒着霜雪，天气正寒冷，脸都冻裂了。到了呼沱河，没有船只，当时河水结冰，才得以通过，还没全部过完而后面的几辆车陷入河中，进抵下博县城西，彷徨犹豫不知该向何方。有一个白衣老人在路边，指示说："努力！信都郡仍忠于刘玄，离这里80里。"光武帝立即奔赴信都。信都太守任光开门出迎。光武帝因此征发附近各县的兵卒，得到4000人。先攻打堂阳、贳县，全都降服。王莽和成卒正邳彤也率全郡归降。又昌城人刘植、宋子人耿纯，各领宗亲子弟，占领各自的县城，以拥戴光武帝。于是北上迫降下曲阳，兵马初步集结，乐意投靠的人达到数万人。接着向北进攻中山，夺取卢奴。所过之处调发"奔命"兵，向周围各郡传递文书，要求共同打击邯郸势力，郡县又再次响应号召。又南下进攻新市、真定、元氏、防子，都占领下来，因此进入赵国地界。

当时王郎大将李育驻扎于柏人，汉兵不知敌情，前部偏将军朱浮、邓禹被李育打败，辎重丧失。光武帝在后面听说此事，收容了朱浮、邓禹的溃散的士兵，与李育大战于柏人的外城城门，大获全胜，全部夺回了被李育缴获的物资。李育退守城池，光武帝攻之不下，就率军夺取广阿。恰好上谷太守耿况、渔阳太守彭宠各派他们的将领吴汉、寇恂等人统帅突骑来协助攻打王郎，更始帝也派遣尚书仆射谢躬讨伐王郎，光武帝便大肆犒劳士兵，于是东进围困钜鹿。王郎守将王饶坚守，一个多月仍未攻下。王郎派将军倪宠、刘奉领兵数万援救钜鹿，光武帝迎战于南栾，斩杀数千人。四月，围攻邯郸，连战连胜。五月初一日，攻取邯郸，处死王郎。收缴文书，得到自己部下向王郎联络或诽谤自己的信件数千封。光武帝不查看，集合众将当面把信烧掉，说：“让担心此事之人都心安吧。”

更始帝派侍御史持节封光武帝为萧王，命令他遣散军队回到更始帝身边。光武帝以河北地区尚未平定为由推辞，不应征召，从此开始脱离更始帝。

那时长安混乱，四方背叛。梁王刘永专命于睢阳，公孙述称王于巴、蜀，李宪自立为淮南王，秦丰自号楚黎王，张步起事于琅邪，董宪起事于东海，延岑起事于汉中，田戎起事于夷陵，都各任命将帅，侵占郡县。又有各种名号的贼兵如铜马、大肜、高湖、重连、铁胫、大抢、尤来、上江、青犊、五校、檀乡、五幡、五楼、富平、获索等，各自率领部队，人数合计数百万人，在当地劫掠。

光武帝将攻击诸寇贼，先派遣吴汉到北方征发十郡兵马。幽州牧苗曾不听从调动，吴汉就斩杀苗曾而征发了他的部下。秋天，光武帝进攻铜马于鄡县，吴汉率领突骑来到清阳会合。贼兵多次挑战，光武帝坚守营垒，贼兵有出外抢掠的人，就发兵消灭他们，断绝了贼兵的粮道。累计一月有余，贼兵粮食吃光，乘夜色逃去，光武帝追击到馆陶，大败贼军。接受投降一事还没结束，高湖、重连军从东南方前来，与铜马残部会合，光武帝又与他们大战于蒲阳，全部打败并降服了他们，封他们首领为列侯。降人仍然心中不安，光武帝懂得他们的心意，命令他们各自回营整顿队伍，于是自己轻装骑马一一巡视各部队列。降人互相说道：“萧王以诚心对待我们，我等怎能不以死报效呢！”从此都顺服。光武帝把降人全部分配给各位将领，士兵于是多达数十万，因而关西称光武帝为"铜马帝"。赤眉一个别帅与大肜、青犊军共10万人驻扎射犬，光武帝进击，大败他们，各军全都逃散。派吴汉、岑彭袭杀谢躬于邺城。

青犊、赤眉军开进函谷关，进攻更始帝。光武帝就派遣邓禹率领6员副将引兵向西进发，以利用更始、赤眉相争的动乱机会。当时更始帝派大司马朱鲔、舞阴王李轶等屯守洛阳，光武帝也命令冯异把守孟津予以抗衡。

建武元年春正月，平陵人方望拥立原来的孺子刘婴为天子，更始帝派遣丞相李松进攻并斩杀了他们。光武帝北上进攻尤来、大抢、五幡军于元氏，追击到右北平，连续打败他们。又战于顺水之北，乘胜冒进，反而受挫兵败。贼兵追击得很紧，短兵相接，光武帝自己从高坡上跳下去，遇到突骑王丰，王丰下马让给光武帝，光武帝扶着王丰的肩膀上马，回过头来笑着对耿弇说：“几乎被敌人所耻笑！”耿弇频频射箭击退贼兵，得以幸免。光武帝的士兵死亡数千人，散兵回来后退守范阳。军中不见光武帝,有人说他已战死,众将不知如何是好。吴汉说:"大家努力!萧王哥哥的儿子在南阳,何愁没有主公?"众人恐惧,几天以后才安定下来。敌兵虽然取胜,但平素折服于汉军军威,客主双方互不摸底,晚上就撤走了。大军重又前进到安次,与敌交锋,击败他们,斩首3000余级。敌兵退入渔阳,于是派遣吴汉率领耿弇、陈俊、马武等12位将军追击于潞县之东,一直进抵平谷,大败并消灭了敌军。

朱鲔派遣讨难将军苏茂进攻温县,冯异、寇恂与他们交锋,大败敌军,斩杀苏茂的将领贾强。于是众将商议给光武帝上尊号,马武先向光武帝进言:"天下无主。如果有圣人利用天下凋敝的时候崛起,我们虽有仲尼为相,孙子为将,也恐怕难有作为。覆水难收,后悔无及。大王执意谦让,那么宗庙社稷怎么办!应该返回蓟县登基,再商议征伐的事情。否则现在能说谁是逆贼而放手攻打他们呢?"光武帝震惊地说:"将军为何说出这样的话?该斩首了!"马武说:"众将领都这样说。"光武帝让他出去劝说众将。于是引军回到蓟县。

夏四月,公孙述自称天子。光武帝从蓟县返回,路过范阳,下令埋葬以往阵亡将士。抵达中山,众将又上奏说:"汉朝遭遇王莽之乱,宗庙废弃,祭祀断绝,豪杰愤怒,兆民惨遭涂炭。大王与伯升首举义兵,更始凭靠你们的努力才得以占有帝位,而不能维护好大业,破坏搅乱了纲纪,盗贼日益增多,百姓处于危难和窘境之中。大王初征昆阳,王莽不战自溃;后来夺取邯郸,河北的州郡归顺平定;三分天下而有其二,据有数州领土,军队多达百万。谈武力没有人敢于对抗,论文德更是无可挑剔。臣等听说帝王之位不可以长久空着,天命不可以谦让拒绝,愿大王一心以社稷为重,以百姓为念。"光武帝不听。行进到南平棘,众将又坚决地请求光武帝登基。光武帝说:"贼寇尚未平定,四面受敌,怎么能立即考虑正号位的事呢?诸位将军暂且出去吧。"耿纯又进来说:"天下士大夫丢弃亲戚,别离故土,追随大王于箭石横飞的战场,他们的打算原来是想攀龙鳞,附凤翼,以实现建功立业的志向。现在功业已成,天人也相应合,而大王拖延良机而违逆众心,不定尊号,我恐怕士大夫失去希望,没有办法,就会有离去而归家的想法,不愿长此苦守下去。大军一旦散去,难以再度招集。良机不可久留,众心不可违背。"耿纯言辞十分诚挚恳切,光武帝深受感动,说:"我会考虑这件事。"

进抵鄗城,与光武帝过去同在长安居住求学的强华从关中送来赤伏符,符文是:"刘秀发兵捕不道,四夷云集龙斗野,四七之际火为主。"群臣因而再次上奏道:"承受天命之符,与之相应的人当居大位,相距万里而符信相合,不经商议而情思相同,周代的白鱼之信,何足相比!现今上无天子,海内混乱,符瑞所示，昭然若揭，应该顺从天神的意愿，以满足大家的希望。"刘秀于是命令有关部门设立坛场于鄗县城南千秋亭的五成陌。

六月二十二日，即皇帝位。烧柴祭告上天，升烟以享六宗，望祭群神。祭祀祝文说："皇天上帝，后土神祇，垂青于我而降下天命，将百姓托付给我刘秀，为人父母，秀不敢当。手下群臣，不谋而合，都说：'王莽篡位，刘秀发愤起兵，破王寻、王邑于昆阳，杀王郎、铜马于河北，平定天下，海内蒙受恩惠。上应天地之心，下为百姓所归。'谶记说：'刘秀发兵捕不道，卯金修德为天子。'秀仍然坚辞，以至于一而再，再而三。群臣都说：'皇天大命，不可拖延。'敢不恭敬受命。"于是定年号为建武，大赦天下，改鄗县名为高邑。

这个月，赤眉军拥立刘盆子为天子。

二十七日，前将军邓禹攻击更始定国公王匡于安邑，大败王匡，斩杀将领刘均。秋天七月五日，拜前将军邓禹为大司徒。十一日，以野王令王梁为大司空。十六日，以大将军吴汉为大司马，偏将军景丹为骠骑大将军，大将军耿弇为建威大将军，偏将军盖延为虎牙大将军，偏将军朱祐为建义大将军，中坚将军杜茂为大将军。当时宗室刘茂自号"厌新将军"，率众投降，封为中山王。

（八月）初三日，驾临怀县，派遣耿弇率领强弩将军陈俊驻扎五社津，守备荥阳以东。派吴汉率领朱祐以及廷尉岑彭、执金吾贾复、扬化将军坚镡等11位将军，围困朱鲔于洛阳。

八月十六日，祭祀社稷。十七日，拜祭高祖、太宗、世宗于怀县离宫。进抵河阳，更始廪丘王田立归降。

九月，赤眉军攻入长安，更始帝逃到高陵。六月，诏书说："更始失败，弃城逃走，妻子儿女裸露，流散道路。朕非常怜悯他们。今天封更始为淮阳王。吏民有敢于伤害他们的，罪与大逆相同。"十九日，以原密县县令卓茂为太傅。二十六日，朱鲔举城投降。

冬天十月十八日，车驾进入洛阳，来到南宫却非殿，于是定都于此。派岑彭进攻荆州敌军。

十一月三十日，驾临怀县。刘永自称天子。十二月十一日，从怀县返回洛阳。

赤眉军杀死更始帝，而隗嚣占据陇右，卢芳起兵于安定。破房大将军叔寿进攻五校敌于曲梁，战死。

二年春天正月初一日，有日食。大司马吴汉率领9位将军进攻檀乡敌军于邺城的东边，大败并降服了他们。十七日，封全部功臣为列侯，大国有四县，其余各有等差。下诏说："人情得到满足，常被放纵所苦，为快一时的欲望，忘却应当谨慎对待刑法的宗旨。只因诸位将军功业远大，真诚希望传之无穷，应当是如临深渊，如履薄冰，战战兢兢，日日谨慎。凡有显著功劳而未得到报答，没有列入封侯名册的人，大鸿胪迅速奏上，朕将分别封赏他们。"博士丁恭议论说："古时候帝王分封诸侯，地不超过百里，所以有利于建侯，取法于雷卦，实行强干弱枝，以此来把国家治理好。现在封给诸侯4县，不符合法制。"光武帝说："古代凡是灭亡的国家，都是因为无道，没听说是因为功臣封地多而亡国的。"于是派遣谒者立即颁发印绶，策文说："高位而不骄傲，位虽高而没有危险；约束自己遵守法度，势虽盈满也不会溢出。要谨慎小心地对待此事，传爵位于子孙，长久成为汉朝的藩属。"十九日，更始的复汉将军邓晔、辅汉将军于匡投降，都恢复原有爵位。某日，筑起高庙，建社稷坛于洛阳，立郊兆坛于城南，开始以火德为正，以赤色为上色。

这个月，赤眉焚烧西京的宫室，挖掘园陵，抢掠关中。大司徒邓禹进入长安，派司徒府官吏护送西汉11帝的神主，放入高庙。

真定王刘杨、临邑侯刘让谋反，派遣前将军耿纯杀了他们。二月十六日，驾临修武。大司空王梁被免去职务。十九日，以太中大夫宋弘为大司空。派遣骠骑大将军景丹率领征虏将军祭遵等两位将军进攻弘农贼，打败了他们，因而派遣祭遵围攻蛮中贼张满。渔阳太守彭宠造反，攻打幽州牧朱浮于蓟县。延岑自称武安王于汉中。某日，从修武返回到洛阳。

三月某日，大赦天下，诏书说："近来狱中多有冤屈之人，用刑过甚，朕非常怜惜他们。孔子说：'刑罚不得当，那么百姓的手脚就慌得不知所措。'和中二千石、诸大夫、博士、议郎商议削减刑法。"

派遣执金吾贾复率领两位将军进攻更始郾王尹遵，打败并降服了他。

骁骑将军刘植进攻密县贼，战死。派遣虎牙大将军盖延带领4位将军讨伐刘永。夏四月，包围刘永于睢阳。更始将领苏茂杀死淮阳太守潘蹇而依附刘永。

二日，封叔父刘良为广阳王，兄子刘章为太原王，刘章弟刘兴为鲁王，舂陵侯正妻之子刘祉为城阳王。

五月十九日，封更始元氏刘歆为泗水王，原真定王刘杨之子刘得为真定王，周朝后代姬常为周承休公。二十二日，诏书说："百姓有被迫嫁出的女儿，卖掉的儿子想回到父母身边，任凭他们抉择。敢于扣留不放的，按律论处。"

六月七日，立贵人郭氏为皇后，儿子刘强为皇太子，大赦天下。增加郎、谒者、从官的官阶各一等。十五日，封宗子刘终为淄川王。

秋八月，光武帝亲自率军征伐五校。二十六日，驾临内黄，大败五校于羛阳，降服了他们。派遣游击将军邓隆救援朱浮，与彭宠交战于潞县，邓隆战败。

盖延夺取睢阳，刘永逃到谯县。破虏将军邓奉占据淯阳反叛。

九月二日，从内黄返回京师。骠骑大将军景丹死去。延岑大败赤眉于杜陵。关中饥荒，百姓相食。

冬十一月，以延尉岑彭为征南大将军，率领8位将军讨伐邓奉于堵乡。

铜马、青犊、尤来剩余贼军共同于上郡拥立孙登为天子。孙登将领乐玄杀死孙登，率领部下5万余人投降。派遣偏将军冯异代替邓禹讨伐赤眉。让太中大夫伏隆持节安集青、徐二州，招降张步归顺。

十二月三十日，诏书说："宗室列侯被王莽所废黜，先祖灵魂无所归依，朕十分哀伤。一并恢复他们的故国。如果列侯已经身亡，所在郡县将他的子孙的名字上报到尚书那里，给以封拜。"

这一年，盖延等大败刘永于沛县之西。起初，王莽末年，天下闹旱灾、蝗灾，黄金一斤换小米一斛；到这时野谷丛生，麻和菽尤其多，野蚕结茧，覆盖山岗，百姓从中得到好处。

三年春天正月初六日，以偏将军冯异为征西大将军，杜茂为骠骑大将军。大司徒邓禹和冯异与赤眉战于回溪，邓禹、冯异被击败。征虏将军祭遵攻破蛮中，杀了张满。二十三日，立皇父南顿君以上四庙。二十四日，大赦天下。闰月十八日，大司徒邓禹被免职。

冯异与赤眉战于崤底，大败赤眉，赤眉残部向南逃往宜阳，光武帝亲自率军征讨他们。十二日，驾临宜阳。十七日，亲自统辖六军，大量布置兵马，大司马吴汉的精兵排列于前，中军在其后，骁骑、武卫分列左右。赤眉看到后震惊恐怖，派出使者请投降。十九日，赤眉君臣反绑双臂，献上高皇帝玺印绶带，光武帝命令交付城门校尉。二十一日，从宜阳回到洛阳。二十二日，诏书说："群盗纵横，残害百姓，刘盆子窃据尊号，扰乱天下。朕出兵征伐，立刻土崩瓦解，10余万人束手降服。先帝的玺印归于王府。这都是仰仗祖宗之灵，士人之力，朕怎配有此荣耀！"选择吉日祭祀高庙，赏赐天下长子并将成为父亲后嗣的人以爵位，每人一级。

二月二日，祭祀高庙，接受传国玺。刘永立董宪为海西王，张步为齐王。张步杀死光禄大夫伏隆而造反。驾临怀县。派遣吴汉率领两位将军攻击青犊于轵县之西，大败并降服了他们。

三月十六日，以大司徒司直伏湛为大司徒。彭宠攻陷蓟城，自立为燕王。光武帝亲自率兵征伐邓奉，抵达堵阳。夏四月，大败邓奉于小长安，将其斩杀。冯异与延岑战于上林，击破了他。吴汉率领7位将军与刘永将领苏茂战于广乐，大败茂军。虎牙大将军盖延围困刘永于睢阳。

五月二十四日，车驾回宫。三十日，有日食。

六月七日，大赦天下。耿弇与延岑战于穰县，大败岑军。

秋七月，征南大将军岑彭率3位将军讨伐秦丰，战于黎丘，大败丰军，俘获他的将领蔡宏。

（八月）二十六日，诏书说："官吏不满六百石，下至墨绶县长、国相，有罪需处置必先请示。男子80岁以上，10岁以下，只要不是犯了不道罪，或下诏具名特捕的人，都不准囚禁。应当查问的立即接受查问。女犯出钱雇山的可以放回家。"

盖延攻占睢阳，俘获刘永，而苏茂、周建拥立刘永的儿子刘纡为梁王。

冬天十月十九日，驾临舂陵，祭祀陵园祖庙，因而摆酒于旧住宅，广招新朋旧友聚会。十一月十二日，从舂陵返京。涿郡太守张丰造反。

这一年，李宪自称天子。西州大将军隗嚣上书。建义大将军朱祐率祭遵与延岑交战于东阳，斩杀延岑的将领张成。

四年春天元月二日，大赦天下。

二月初一日，驾临怀县。二十一日从怀县抵京师。派遣右将军邓禹率领两位将军与延岑战于武当，打败了延岑。

夏天四月七日，驾临邺城。十九日，驾临临平。派遣大司马吴汉进攻五校贼于箕山，大败五校。

五月，驾临元氏。初一日，驾临卢奴。派遣征虏将军祭遵率领4位将军讨伐张丰于涿郡，斩了张丰。

六月二日，车驾还洛阳宫。

七月八日，驾临谯县。派遣捕虏将军马武、偏将军王霸围攻刘纡于垂惠。

董宪的将领贲休以兰陵城归降，董宪围困该城。虎牙大将军盖延率平狄将军庞萌援救贲休，没能成功，兰陵被董宪所攻陷。

秋天八月十日，驾临寿春。太中大夫徐恽擅自杀死临淮太守刘度，徐恽因此被处死。派遣扬武将军马成率领3位将军讨伐李宪。九月，围困李宪于舒城。

冬天十月七日，车驾回到洛阳宫中。太傅卓茂死去。

十一月十九日，驾临宛城。派遣建义大将军朱祐率两位将军围攻秦丰于黎丘。十二月二十日，驾临黎丘。

这一年，征西大将军冯异与公孙述的将领程焉交战于陈仓，打败了他。

五年春天正月十七日，车驾回到洛阳宫中。二月初一日，大赦天下。捕虏将军马武、偏将军王霸攻取垂惠。二十日，驾临魏郡。二十七日，封殷朝后人孔安为殷绍嘉公。

彭宠被他的苍头奴杀死，渔阳平定。

大司马吴汉率建威大将军耿弇进攻富平，获索贼等于平原郡，大败并降服他们。又派耿弇率领两位将军征讨张步。

三月八日，改封广阳王刘良为赵王，开始前往封国。平狄将军庞萌造反，杀死楚郡太守孙萌而东去投靠董宪。派遣征南大将军岑彭率领两位将军讨伐田戎于津乡，大败田戎。

夏四月，天旱，蝗灾出现。河西大将军窦融开始派遣使者进贡。

五月二日，诏书说："久旱伤害麦子，秋粮未能下种，朕十分忧虑。是因为将领残暴，官吏不胜任，狱中多有冤枉之人，百姓既愁又恨，而引起天气失调吗？命令中都官、三辅、郡、国释放关押的囚犯，不是犯殊死之罪的人一概不再追究，现有的囚徒免罪为百姓。务必选用和柔贤良的人为官，斥退贪婪残暴之吏各自处理好政事。"

六月，建义大将军朱祐攻取黎丘，俘获秦丰；而庞萌、苏茂围困了桃城。光武帝当时驾临蒙县，因而亲自率兵征讨庞萌等。先整顿兵马，才进而援救桃城，大败庞萌等军。

秋天七月四日，驾临沛县，祭祀高祖原庙。下诏修复西京的园陵。进而驾临湖陵，征讨董宪。又驾临蕃县，于是进攻董宪于昌虑，大败董宪。

八月六日，进而驾临郯县，留吴汉攻打刘纡、董宪等人，车驾转而攻取彭城、下邳。吴汉攻占郯县，俘获刘纡：吴汉继而围攻董宪、庞萌于朐县。

冬十月，开始回京，驾临鲁国，派大司空祭祀孔子。

耿弇等与张步交战于临淄，大败张步。光武帝驾临临淄，进而驾临剧县。张步杀苏茂来投降，齐地平定。

初建太学。车驾回到洛阳宫中，驾临太学，赏赐博士弟子各有等差。

十一月初一日，大司徒伏湛被免职，尚书令侯霸为大司徒。

十二月，卢芳于九原自称天子。西州大将军隗嚣派遣儿子隗恂入侍。交阯牧邓让率领七郡太守派遣使者进贡。诏书免除济阳两年的徭役。这一年，野生谷物逐渐减少，田地更加广泛开垦出来。

六年春天正月十六日，改舂陵乡为章陵县。世世代代免除徭役，如同丰、沛一样，没有差遣。二十一日，诏书说："去年水、旱、蝗虫为灾，粮价飞涨，民用物品缺乏。朕因百姓没有东西养活自己，忧伤地怜愍他们。命令郡国有粮食的，分发给年事已高的人、鳏夫、寡妇、孤儿、没有后代的老人和有痼疾或残废的人，无家可归贫困不能自谋生存的人，按《律》所规定的办理。二千石官员要尽力加以抚慰，不要出现失职现象。"扬武将军马成等人攻取舒城。俘获李宪。

二月，大司马吴汉夺取朐城，俘获董宪、庞萌，山东全部平定。众将军领回到京师，安排酒宴并颁行赏赐。

三月，公孙述派遣将军任满侵犯南郡。

夏天四月八日，驾临长安，首次拜谒高庙，于是逐个祭祀十一陵。派遣虎牙大将军盖延等7位将军从陇道讨伐公孙述。

五月二十一日，从长安回到洛阳。

隗嚣反叛，盖延等因此与隗嚣交战于陇缥，众将被打败。

某日，诏书说："天水、陇西、安定、北地各郡官吏百姓被隗嚣诱入歧途的人，又三辅遭赤眉之难时，犯有不道罪的人，从殊死罪以下，全部予以赦免。"

六月二十四日，诏书说："设官置吏，是为了管理百姓。现在百姓遭难，户口减少，而县级官吏设置仍很繁冗，命令司隶校尉、州牧各自核实所辖各部，裁减官员。县、国不足以安置长吏而可以合并的，上报大司徒、大司空二府。"于是分别上奏合并削减400余县，吏职裁撤，十留其一。

代郡太守刘兴于高柳进攻卢芳将领贾览，战死。起初，乐浪人王调占据乐浪郡不归服。秋天，派遣乐浪太守王遵进攻他，郡吏杀死王调投降。

派遣前将军李通率领两位将军，与公孙述的将军交战于西城，打败了他们。

夏天，有蝗灾。秋天九月四日，赦免乐浪郡犯谋反、大逆、殊死罪以下的犯人。三十日，有日食。

冬天十月十一日，诏书说："我德薄不明智，寇贼为害，强弱相陵，百姓失所。《诗经》说：'日月显示凶兆，不按其道运行。'长久考虑这一灾祸，心中很内疚。敕令公卿荐举贤良，方正各一人；百官都可以呈上密封的奏章，不要有所隐讳；各自办理职责内的事务，务必遵守法度。"

十一月某日，诏命王莽时吏民被罚为奴婢而不合乎旧有法律规定的，都释放为百姓。

十二月二十七日，大司空宋弘被免职。二十八日，诏书说："此前战事不断，费用不足，所以实行十一之税。现在军队屯田，粮食储备略有增加。命令郡国收取田租实行三十税一，如同旧制。"隗嚣派遣将领行巡侵犯扶风，征西大将军冯异抵御并击败了他。

这一年，初次废除郡国都尉官。开始派遣列侯前往各自的封国。匈奴派使者来进贡，让中郎将回报。

七年春天正月初二日，诏命中都官、三辅、郡、国释放囚犯，不是犯死罪的人，都一律不再追究他的罪。现有囚徒释放为平民。犯耐罪而逃亡的人，官吏行文免除他们的罪名。

又下诏说:"世上以厚葬为有德,薄葬为鄙陋,以至于富有的人奢侈无度,贫穷者耗尽资财,法令不能禁止。礼义不能劝阻,战乱时坟墓被盗挖,才明白厚葬的祸害。布告天下,叫大家知道忠臣、孝子、慈兄、悌弟薄葬送终的道理。"

二月十七日,废除护漕都尉官。

三月四日,诏书说:"现在国家有众多的军队,并且大多精壮勇武,应当暂且遣散轻车、骑士、材官、楼船士以及临时设置的军吏,令他们重新成为百姓。"公孙述立隗嚣为朔宁王。

三十日,有日食,光武帝避开正殿,停止军事行动,不听政事5天。诏书说:"我德薄招来灾祸,谴责见于日月,战栗恐惧,还能说什么呢!现在正在考虑自己的过失,希望能消弭灾祸。命令官吏各自负起职责,遵守法令制度,加恩惠给百姓。众官僚各自呈上密封奏章,不要有所隐讳。凡上书的人,不得称我圣明。"

夏天四月十九日,诏书说:"近年阴阳错乱,出现日食、月食,百姓有过失,责任全在我一人,大赦天下。公、卿、司隶、州牧荐举贤良、方正各一人,叫他们前往公车报到,朕将亲自召见考察他们。"

五月六日,前将军李通为大司空。二十二日,诏命吏民因遭遇饥荒战乱以及被青、徐二州贼人劫掠为奴婢或小妾的人,愿意离去或留下的,听任其便。胆敢拘留不放的,以卖人法处置。这年夏天,出现连阴雨。以汉忠将军王常为横野大将军。

八月二十六日,封前河间王刘邵为河间王。隗嚣侵犯安定,征西大将军冯异、征虏将军祭遵予以击退。

冬天,卢芳所任命的朔方太守田飒、云中太守乔扈各自举郡投降。当年,撤销长水、射声两校尉官。

八年春正月,中郎将来歙袭击略阳,杀死隗嚣守将而占领了该城。夏天四月,司隶校尉傅抗下狱死。隗嚣进攻来歙,不能攻陷城池。闰月,光武帝亲自讨伐隗嚣,河西大将军窦融率领五郡太守与车驾相会于高平。陇右溃败,隗嚣逃到西城,派遣大司马吴汉、征南大将军岑彭围困了西城;车驾进抵上邽,敌军不降,命虎牙大将军盖延、建威大将军耿弇攻打敌军。颍川盗贼侵占属县,河东郡的守军叛变,京师为之骚动。

秋天,发了大水。八月,光武帝从上邽日夜东进。九月初一日,车驾回到洛阳宫中。六日,光武帝亲自征讨颍川盗贼,盗贼全部投降了。安丘侯张步叛逃回琅邪,琅邪太守陈俊征讨并俘获了他。二十四日,从颍川回到京师。

冬天十月二十二日,驾临怀县。十一月二日,从怀县回到京师。

公孙述派兵援救隗嚣，吴汉、盖延等回到长安驻扎。天水、陇西重又叛变归顺隗嚣。

十二月，高句丽王派使者进贡。当年，有大水灾。

九年春天正月，隗嚣病死，他的将领王元、周宗又拥立隗嚣的儿子隗纯为王。迁移雁门郡吏民到太原。

三月某日，初次设置青巾左校尉官。公孙述派遣将军田戎、任满据守荆门。

夏天六月六日，驾临缑氏，登上镮辕山。派遣大司马吴汉率4位将军打败卢芳的将领贾览于高柳，战斗不利。

秋天八月，派遣中郎将来歙监督征西大将军冯异等5位将军讨伐隗纯于天水。

骠骑大将军杜茂与贾览交战于繁畤，杜茂被战败。这一年，撤销关都尉，重新设置护羌校尉官。

十年春正月，大司马吴汉率领捕虏将军王霸等5位将军进攻贾览于高柳，匈奴派骑兵援救贾览，众将同他们交战，击退了他们。修理长安的高庙。

夏天，征西大将军冯异打败公孙述将领赵匡于天水，之后，征西大将军冯异病死。

秋天八月二十五日，驾临长安，祭祀高庙，于是又祭十一陵。二十四日，进而驾临汧县。隗嚣将领高峻投降。

冬十月，中郎将来歙等人大败隗纯于落门，隗纯的将领王元逃奔蜀地，隗纯与周宗投降，陇右平定。

先零羌人侵犯金城、陇西，来歙率领众将进攻羌人于五溪，大败羌人。

十七日，车驾回到洛阳宫中。这一年，撤销定襄郡，迁移该郡百姓到西河。泗水王刘歙、淄川王刘终双双而亡。

十一年春天二月八日，诏书说："天地之性以人为贵。杀奴婢，不许减罪。"

三月九日，驾临南阳；返回的路上，驾临章陵，祭祀园陵。城阳王刘祉死了。三十日，车驾回到洛阳宫中。

闰月，征南大将军岑彭率领3位将军与公孙述将领田戎、任满交战于荆门，大败他们，俘获了任满。威虏将军冯骏围困田戎于江州，岑彭率领水军征伐公孙述，平定巴郡。

夏四月二十八日，撤销大司徒司直官。先零羌人侵犯临洮。

六月，中郎将来歙率领扬武将军马成打败公孙述的将领王元、环安于下辩。环安派遣间谍刺杀中郎将来歙。光武帝亲自率军征讨公孙述。秋天七月，临时驻扎长安。八月，岑彭击败公孙述的将领侯丹于黄石。辅威将军臧宫与公孙述将领延岑交战于沈水，大败延岑军。王元投降，车驾从长安回到洛阳。

二十六日，诏书说："烧灼奴婢之人，按律论罪。赦被烧灼的人为平民。"

冬天十月某日，下诏废除奴婢射伤人要弃市的律令。

公孙述派间谍刺杀了征南大将军岑彭。马成平定武都，依靠陇西太守马援击败先零羌，把羌人分别迁到天水、陇西、扶风三郡。十二月，大司马吴汉率领水军讨伐公孙述。

这一年，撤销朔方牧，并入并州。初次停止州牧亲自进京奏事。

十二年春正月，大司马吴汉与公孙述将领史兴交战于武阳，斩了他。

三月九日，诏命陇、蜀百姓被卖为奴婢而自己到官府鸣冤的人，以及狱官未处理的，都可免为平民。夏天，甘露降于南行唐。六月，黄龙出现于东阿。

秋七月，威虏将军冯骏攻取江州，俘获田戎。九月，吴汉大败公孙述的将领谢丰于广都，斩了他。辅威将军臧宫夺取涪城，斩了公孙恢。大司空李通被罢。

冬天十一月十八日，吴汉、臧宫与公孙述交战于成都，大败述军。公孙述受伤，夜里死去。二十一日，吴汉血洗成都，诛灭公孙述的宗族以及延岑等人。

十二月初一日，扬武将军马成代理大司空事务。

这一年，九真境外蛮夷人张游率领种族民众内附，封为归汉里君。撤销金城郡划归陇西。参狼羌侵犯武都，陇西太守马援讨伐并降服了他们。诏命边地官员力量不足以出战的就固守，追击敌虏根据敌情以决定进退，不受逗留法的约束。横野大将军王常死了。派遣骠骑大将军杜茂率各郡驰刑徒驻屯北方边疆，建筑亭候，修造烽火台。

十三年春天正月初一日，大司徒侯霸死了。二十九日，诏书说："往年已敕命郡国，地方特产不许有所贡献，现在仍未停止，非但有预先饲养选择的劳顿，还导致频频递送于路上，使所经过的地方劳扰破费。命令太官不准再接受贡品，明确告诫地方远方的膳食只用来献给宗庙，自应按照旧规定办理。"

二月，派遣捕虏将军马武屯守呼沱河以防御匈奴。卢芳从五原逃亡到匈奴。二十七日，诏书说："长沙王刘永、真定王刘得、河间王刘邵、中山王刘茂，都袭爵为王，不符合经义。以刘兴为临湘侯，刘得为真定侯，刘邵为乐成侯，刘茂为单父侯。"刘氏皇族及原封国撤销而后代封侯的共计137人。二十八日，降赵王刘良为赵公，太原王刘章为齐公、鲁王刘兴为鲁公。（三月）十一日，以殷绍嘉公孔安为宋公，周承休公姬武为卫公。省并西京十三国：广平国属钜鹿，真定国属常山，河间国属信都，城阳国属琅邪，泗水国属广陵，淄水国属高密，胶东国属北海，六安国属庐江，广阳国属上谷。

三月十二日，沛郡太守韩歆为大司徒。十七日，代理大司空事务的马成被免职。

夏四月，大司马吴汉从蜀地返回京师，于是大宴将士，并普遍慰劳将士，以策书记录下他们的功勋。功臣增加食邑重新封拜，凡365人。因外戚恩泽受封的人有45人。废除左右将军官。建威大将军耿弇被罢免。

益州传送来公孙述的瞽师、用于郊庙礼仪的乐器、葆车、舆辇，于是皇帝的车马仪仗才开始齐备。当时战争已停，天下警事较少，公文的往来和差役的调遣，力求简少，以至于仅有过去的十分之一。

二十六日，以冀州牧窦融为大司空。五月，匈奴侵犯河东。秋七月，广汉境外的白马羌首领率领他的族人内附。九月境外蛮夷进贡白雉、白兔。

冬天十二月三十日，诏命益州百姓自建武八年以来被略卖为奴婢的人，全部释放为平民；有依托他人为妾的，愿意离去，听任离去；敢于扣留不放的，按照青、徐二州的前例以略人法处置。重新设置金城郡。

十四年春正月，建完南宫前殿。匈奴派遣使者进贡，命中郎将报聘。

夏天四月二十九日，封孔子后人孔志为褒城侯。越嶲人任贵自称太守，派遣使者上报民户簿籍。秋九月，平城人贾丹杀死卢芳将领尹由来降。这一年，会稽郡发生瘟疫。莎车国、鄯善国派遣使者进贡。

十二月某日，诏命益、凉两州奴婢，从建武八年以来向所在地方官提出申诉的人，一律释放为平民，被卖者也不必偿还卖身钱。

十五年春天正月二十三日，大司徒韩歆被免职，自杀。二十九日，有彗星出现在昴星一带。汝南太守欧阳歙为大司徒。建义大将军吴祐被罢免。二十九日，有彗星出现于营室星区。

二月，迁徙雁门、代郡、上谷3郡的百姓，安置到常山关、居庸关以东。

起初，巴蜀已平定，大司马吴汉上书请求分封皇子，不许，连续几年反复上奏。三月，才诏命群臣商议。大司空窦融、固始侯李通、胶东侯贾复、高密侯邓禹、太常登等的奏议说："古代封建诸侯，用来藩卫京师。周代封侯八百，同姓诸姬氏都因此建国，辅佐王室，尊事天子，享国久长，成为后世的法范。所以《诗经》说：'大开你的领地，成为周王室的辅弼。'汉高祖圣德，君临天下，也务必亲亲，分封兄弟和诸子，不违背过去的规定。陛下圣德通贯天地，恢复刘氏基业，褒扬宿德，奖励功勋，和睦九族，功臣和宗室都蒙受封爵，大多授予广大的封地，有的拥有数县。现今皇子仰仗天恩，已能穿成人衣冠出入迎拜，陛下恭廉克让，有意压制而不让论议封爵，群臣百姓尽皆失望。应当在此盛夏吉时，定下号位，以增广藩辅，明示亲亲之道，尊宗庙，重社稷，应古法，合旧规，满足大家的心愿。臣等请求由大司空送上舆地图，由太常选择吉日，安排礼仪。"制书说:"可以。"

夏天四月二日,以太牢祭告宗庙。十一日,派大司空窦融祭告先祖,封皇子刘辅为右翊公,刘英为楚公,刘阳为东海公,刘康为济南公,刘苍为东平公,刘延为淮阳公,刘荆为山阳公,刘衡为临淮公,刘焉为左翊公,刘京为琅邪公。七日,追谥帝兄伯升为齐武公,帝兄仲为鲁哀公。

六月二十五日,重新设置屯骑、长水、射声3个校尉官;改青巾左校尉为越骑校尉。诏下州郡核实垦田亩数和户口年龄,并查实二千石长吏中徇私舞弊的人。冬天十一月初一日,大司徒欧阳歙下狱死。十二月二十七日,关内侯戴涉为大司徒。卢芳从匈奴进占高柳。这一年,骠骑大将军杜茂被免职。虎牙大将军盖延死去。

十六年春天二月,交阯女子征侧造反,占据城邑。三月三十日,有日食。

秋九月,河南尹张伋以及诸郡太守10余人,由于丈量田亩不实,都被下狱处死。

郡国大姓以及私人武装首领、群盗在各地纷纷起兵,在当地攻杀抢劫,杀害长吏。郡县派兵追击,兵马一到他们就逃散,兵马一走他们又集结在一起。青、徐、幽、冀4州尤为严重。冬十月,派遣使者到郡国,允许群盗自相揭发,5人共同斩杀一人的,免去他们的罪。官吏虽然曾经犯有拖延、回避、放纵的过失,都不追究,准允通过讨伐盗贼来弥补。州牧、郡太守、县令、县长中因治内有盗贼而不去搜捕的,又有因畏惧放弃城池、擅离职守的,都不认为是失职,只按他们俘获盗贼多少来考察政绩的优劣,唯独藏匿盗贼的一定予以治罪。于是官吏们争相追捕盗贼,盗贼一并瓦解。迁徙盗贼的首领到其他郡,分给土地和粮食,让他们安心生产。此后牛马可以安心放牧,城门可以不闭。卢芳派遣使者来请求投降。十二月某日,封卢芳为代王。

起初,王莽之乱以后,布、帛、金、粟都可以当货币用。这一年,开始通行五铢钱。

十七年春正月,赵公刘良死了。二月三十日,有日食。

夏天四月某日,巡视南方,皇太子和右翊公刘辅、楚公刘英、东海公刘阳、济南公刘康、东平公刘苍随行,驾临颍川,进而驾临叶县、章陵。五月二十一日,车驾返回洛阳宫中。六月二十九日,临淮公刘衡死了。秋七月,妖巫李广等聚众占据皖城,派遣虎贲中郎将马援、骠骑将军段志讨伐他们。九月,攻破皖城,斩杀李广等人。冬天十月十九日,废皇后郭氏为中山太后,立贵人阴氏为皇后。进封右翊公刘辅为中山王,食常山郡的赋税。其余9个国公,都依据旧封晋爵为王。

二十二日,驾临章陵。修缮园庙,祭祀旧居,视察田地房舍,摆酒作乐,颁发赏赐。当时宗室中的女性长辈由于酒喝得兴奋互相说道:"文叔小的时候恭谨诚实,待人不殷勤,只是温和罢了。今天竟能如此!"光武帝听后,大笑道:"我治理天下,也想用柔道行事。"于是为舂陵的宗室都建起祠堂。有5只凤凰出现在颍川郡的郏县。十二月,从章陵返回京师。这一年,莎车国派遣使者进贡。

十八年春二月,蜀郡守将史歆叛变,派遣大司马吴汉率领两位将军讨伐,包围了成都。

某日,巡视西方,驾临长安。三月某日,祭祀高庙,于是逐一祭拜十一陵。经过冯翊郡界,进而驾临蒲坂,祭祀后土。夏天四月十四日,车驾返回洛阳宫中。

十五日,诏书说:"当今边郡偷盗粮食50斛,论罪可判处死刑,开酷吏妄杀之路,废除此法,处理和内郡相同。"

派遣伏波将军马援率领楼船将军段志等进攻交阯征侧等人。

二十五日,驾临河内。二十九日,从河内回到京师。五月,有旱灾。卢芳重新逃入匈奴。

秋七月,吴汉攻取成都,斩了史歆等人。某日,赦免益州辖区犯殊死罪以下的罪徒。

冬天十月二十四日,驾临宜城。回归途中,祭祀了章陵。十二月十日,车驾回到宫中。这一年,废除州牧官,改置刺史。

十九年春天正月十五日,追尊孝宣皇帝为中宗。开始祭祀昭帝、元帝于太庙,祭祀成帝、哀帝、平帝于长安,祭祀舂陵节侯以下四世于章陵。

妖巫单臣、傅镇等造反,占据原武,派遣太中大夫臧宫围攻他们。夏天四月,夺取原武,斩了单臣、傅镇等人。

伏波将军马援击败交阯贼,斩了征侧等人。接着击败九真贼都阳等人,降服了他们。

闰月二十五日,进封赵、齐、鲁三国公爵为王。

六月二十六日,诏书说:"《春秋》大义,立皇后的儿子为太子。东海王刘阳是皇后儿子,应该继承大统。皇太子刘强崇尚谦让之道,愿意退居藩国地位。父子的情谊,应以不长久违背儿子的心愿为重。以刘强为东海王,立刘阳为皇太子,改名为刘庄。"

秋九月,巡视南方。二十一日,驾临南阳,进而驾临汝南郡南顿县县衙,摆酒聚会,赏赐吏民,免征汝南郡南顿县田租一年。父老上前叩头说:"皇上的父亲担任汝南郡南顿县令时间很长,陛下熟悉这个县衙,每次一来就施加厚恩,希望能降恩免征10年的赋税。"光武帝说："我享有天下重器，常常害怕不能胜任，过一天算一天，怎么敢预定10年这么远呢？"吏民又说："陛下实际上是舍不得，为什么这样谦恭呢？"光武帝大笑，又增免一年。进而驾临淮阳、梁、沛等地。

西南夷侵犯益州郡，派遣武威将军刘尚讨伐他们。越巂太守任贵谋反。十二月，刘尚袭击任贵，杀了他。这一年，重新设置函谷关都尉。修复西京的宫室。

二十年春天二月十日，返回宫中。夏天四月三日，大司徒戴涉被下狱，予议处死。大司空窦融被免职。

五月四日，大司马吴汉死了。匈奴侵犯上党、天水，直至扶风。

六月十四日，广汉太守蔡茂为大司徒，太仆朱浮为大司空。十六日，左中郎将刘隆为骠骑将军，代理大司马事务。十九日，改封中山王刘辅为沛王。秋天，东夷韩国人率众到乐浪郡内附。

冬天十月，巡视东方。二十日，驾临鲁国，进而驾临东海、楚、沛等国。

十二月，匈奴侵犯天水。二十八日，车驾回到宫中。这一年，撤销五原郡，迁移该郡吏民，安置到河东。免除济阳县6年徭役。

二十一年春正月，武威将军刘尚击败益州夷人，平定该地。

夏四月，安定属国胡人叛变，屯聚在青山，派遣将兵长史陈䜣讨伐平定了他们。

秋天，鲜卑侵犯辽东，辽东太守祭肜大败鲜卑。

冬十月，派遣伏波将军马援出塞攻击乌桓，未取胜。匈奴侵犯上谷、中山。

是年之冬，鄯善王、车师王等十六国都派遣儿子入侍皇帝，并进献贡品，请求设置都护。光武帝因中国刚刚安定，顾不上境外之事，于是送还他们的侍子，给予优厚的赏赐。

二十二年春天闰月十九日，驾临长安，祭祀高庙，于是逐一祭祀十一陵。二月某日，从长安回到京师。夏天五月三十日，有日食。

秋七月，司隶校尉苏邺死于狱中。

秋九月，地震造成地裂。下诏说："日前有地震，南阳尤为严重。大地承受物体极重，所以静而不动。而今震裂，罪在君上。鬼神不顺从无德的人，灾祸降到吏民的头上，令朕不安。令南阳不必交今年的田租和饲草。派遣谒者巡察。凡死罪囚犯在地震那天以前定罪的，减死罪一等，囚徒全都解去脚镣，穿上丝棉衣服。赐给郡中被压死的人以棺材钱，每人3000。凡人头税和拖欠的田租而房屋损坏尤其严重的，不再收取。吏民死亡，或者还压在断垣毁屋下面，而家人羸弱不能收敛的，官府就出钱粮雇人，为他们寻找。"

冬天十月十九日，大司空朱浮被免职。二十日，光禄勋杜林为大司空。

这一年，齐王刘章死去，青州发生蝗灾。匈奴薁鞬日逐王比派遣使者到渔阳请求和亲，派中郎将李茂回报。乌桓击败匈奴，匈奴北迁，大漠以南空虚。诏命撤去边郡亭候的吏卒。

二十三年春正月，南郡蛮人造反，派武威将军刘尚征伐，迁移蛮族人到江夏。

夏天五月八日，大司徒蔡茂死了。九月十三日，以陈留太守玉况为大司徒。冬天十月九日，以太仆张纯为大司空。高句丽率族人到乐浪归附。

十二月，武陵蛮人造反，抢掠郡县，派刘尚去讨伐，交战于沅水，汉军败，刘尚战死。

这一年，匈奴薁鞬日逐王比率领部下并派使者到西河郡归附。

二十四年春天正月十九日，大赦天下。

匈奴薁鞬日逐王比率领部下并派遣使者到五原塞通好，请求替汉朝抵御北匈奴。

秋天七月，武陵蛮侵犯临沅，派遣谒者李嵩、中山太守马成讨伐蛮人，未能取胜，于是伏波将军马援率领4位将军去征伐。诏令有关部门申明过去制定的阿附蕃王法。

冬天十月，匈奴薁鞬日逐王比自立为南单于，于是分化为南、北匈奴。

二十五年春天正月，辽东境外貊人侵犯右北平、渔阳、上谷、太原，辽东太守祭肜招降了他们。乌桓首领朝见。

南单于派遣使者到京都进贡，自称藩臣；又派他的左贤王打败北匈奴，开地千里。三月，南单于派子入侍。三十日，有日食。伏波将军马援等击败武陵蛮人于临沅。冬天十月，蛮人全部投降。夫余王派遣使者进贡。当年，乌桓首领率众内属，到京师朝贡。

二十六年春天正月，诏命有关部门增加百官的俸禄。千石以上，少于西汉旧制；六百石以下，比以往俸禄有所增加。

初建寿陵。窦融上书说园陵广袤，不必计较花费。光武帝说："古时候帝王的葬具，都是陶俑瓦器，木车草马，让后世的人不知道墓室的所在。太宗懂得生死真义，景帝能谨遵孝道，遭遇大乱的变故之后，而只有霸陵有幸保全，岂不是美事吗！今所建墓地不许超过二三顷，不堆土为陵，不修池，只要不存水就可以了。"

派遣中郎将段彬授予南单于玺印绶带。令他居云中，开始设置使匈奴中郎将一职，率兵保护南单于。南单于派儿子入侍，奉奏章来到京师。于是云中、五原、朔方、北地、定襄、雁门、上谷、代等8个郡的百姓回到了本土。派遣谒者分别带着驰刑徒修补整治城郭。发送尚在中原地区的边民，陆续返回各县，都赐给治装费，转运粮食供给他们。

二十七年夏天四月二十一日，大司徒玉况死。

五月十一日，诏书说："过去契担任司徒，禹担任司空，都没有'大'字。命令二府去掉'大'字。"又改大司马为太尉。骠骑大将军行大司马事的刘隆当天被罢免，以太仆赵熹为太尉，大司农冯勤为司徒。益州郡境外蛮夷率族人内属。北匈奴派遣使者到武威要求和亲。

冬天，鲁王刘兴、齐王刘石开始前往封国。

二十八年春天正月某日，徙封鲁王刘兴为北海王，把鲁国加封给东海王。赐给东海王刘强虎贲武士、骑兵仪仗、以木架钟磬设礼乐。

夏天六月七日，沛国太后郭氏死了，于是下诏郡县捕捉王侯的宾客，受牵连而死的有数千人。

秋天八月十九日，东海王刘强、沛王刘辅、楚王刘英、济南王刘康、淮阳王刘延开始前往封国。

冬天十月十五日，诏命死罪囚徒都一律叫到蚕室受腐刑，女子受宫刑。北匈奴派遣使者进贡，要求和亲。

二十九年春天二月初一日，有日食。派遣使者清理冤狱，释放囚徒。四日，赐给天下男子爵位，每人两级；赐给鳏夫、寡妇、孤儿、无子女的老人、有痼疾或残废的人，贫困不能自保的人以粮食，每人5斛。

夏天四月十日，诏命天下关押起来的死罪以下的囚犯直到一般的刑徒减去原罪一等，其余的罪可用钱财赎罪或罚劳役各有差别。

三十年春正月，鲜卑头领内属，入朝庆贺。

二月，巡视东方。十三日，驾临鲁国，进而驾临济南。闰月十三日，车驾回到洛阳宫中。有彗星出现于紫宫星区。

夏天四月九日，徙封左翊王刘焉为中山王。五月，发生严重水灾。赐给天下男子爵位，每人两级；赐给鳏夫、寡妇、孤儿、无子女的老人、有痼疾或残废的人、贫困不能自保的人以粮食，每人5斛。秋天七月某日，驾临鲁国。免除济阳县当年的徭役。冬天十一月某日，由鲁国返回京师。

三十一年夏天五月，发生严重水灾。

二十五日，赐给天下男子爵位两级；赐给鳏夫、寡妇、孤儿、无子女的老人、有痼疾或残废的人、贫困不能自保的人以粮食，每人6斛。三十日，有日食。这年夏天，闹蝗灾。秋天九月三日，诏令死罪囚犯都一律聚集到蚕室接受腐刑，女子接受宫刑。是年，陈留下了谷子雨，形状像稗草籽。北匈奴派遣使者进贡。

中元元年春天正月，东海王刘强、沛王刘辅、楚王刘英、济南王刘康、淮阳王刘延、赵王刘盱都来朝见光武帝。二十八日，巡视东方。二月十日，驾临鲁国，继而驾临泰山。北海王刘兴、齐王刘石朝见光武帝于东岳。二十二日，焚柴望祭岱宗，登临泰山，聚土为坛而祭天；二十五日在梁父打扫干净场地而祭地。三月三十日，司空张纯死。

夏天四月五日，车驾回到洛阳宫中。十一日，大赦天下。免征嬴、博、梁父、奉高等地的徭役，不交今年的田租和饲草。改年号为中元。驾临长安。二十日，祭祀长陵。五月二十八日，从长安回到洛阳。

六月二十四日，任太仆冯鲂为司空。二十八日，司徒冯勤死了。

这年夏天，京师有甘美的泉水涌出，这泉水能使人们的顽症痊愈，只是盲人、跛人不能治。又有赤草长在水边。郡国频频报告发现甘露。群臣上奏道："地神显灵而朱草萌生。孝宣帝每有嘉瑞，就改年号，神爵、五凤、甘露、黄龙，都用来纪年，这是为了把感应送达天地神灵，表彰德信。因此化为升平，称作中兴。当今天下清平安宁，灵物不断降世。陛下心存谦虚退让，推辞而不愿自应瑞征，然而怎么可以让吉祥的符应和明显的喜庆湮没而无闻呢？应当命令太史把祥瑞记录编集起来，以传后世。"光武帝不同意。他常常自谦无德，每当郡国上奏祥瑞，就压下而不接受，因此史官很少能记载下来。秋天，有3个郡国出现蝗灾。冬天十月六日，司隶校尉东莱人李䜣为司徒。

十九日，派司空告祭高庙说："高皇帝与群臣约定，非刘氏不封王。吕太后残害三个赵王，擅自封吕氏为王，仰仗社稷之灵，吕禄、吕产被诛除，天命几乎旁落，危急的朝廷重新安定。吕太后不应该配享高庙，与至尊同在祖庙。薄太后德性仁慈，孝文皇帝治国贤明，子孙仰赖他们的福荫，延续皇祚至今。上薄太后尊号为高皇后，配享地神。迁吕太后庙主到园寝，四时上祭。"

十一月三十日，有日食。这一年，初建明堂、灵台、辟雍，以及北郊兆域。宣布图谶于天下。免除济阳、南顿本年的徭役。参狼羌人侵犯武都，打败郡兵，陇西太守刘盱派兵援救武都，与武都郡兵一起讨伐反叛的羌人，大获全胜。

二年春天正月初八日，开始建立北郊，祭祀后土。东夷倭奴国国王派来使者进贡。

二月五日，光武帝死于南宫前殿，时年六十二岁。遗诏说："朕无益于百姓，全照孝文皇帝制度，后事务必节省。刺史、二千石长吏都不要离开城池，不要派属吏或用邮传上书致哀。"

当初，武光帝久在军中，讨厌战争，而且知道天下疲惫不堪，盼望生活安定。自从陇、蜀平定以后，不是紧急情况，未曾再谈论军事。皇太子曾经问起攻战的事情。光武帝说："过去卫灵公问战阵，孔子不回答，这种事不是你所该做的。"他每天一大早就上朝，日头偏西才退朝。多次召见公卿、郎将讲论经书的道理，夜半时分才睡觉。皇太子见到光武帝勤劳不怠，找机会劝说道："陛下具有夏禹、商汤的贤明，而没有黄帝、老子养性的福气，希望能保养精神，优游自宁。"光武帝说："我自己乐意这样，不为此感到劳累。"虽然亲身建立大业，却兢兢业业如同能力不足一样，所以能贤明慎重地对待国事，总揽大权，量时度力，所办的事没有什么过失。他辞退功臣而任用文官，收藏起弓箭而放马牛回归民间，虽然治国之道未能和古代圣贤的时候相比，这也算是配得上止息干戈的"武"字了。

文章华美传千古——班固

班固字孟坚。9岁，就能写文章、诵诗和赋。年长后，逐渐博贯群书，对九流百家的著作，都做彻底钻研。他学习没有一定的老师，不为章句之学，只是抓住学问的主要意义而已。他生性宽和容众，不恃己才压制别人，儒生因此而敬慕他。

永平初年，东平王刘苍因为至亲的关系以骠骑将军的名义佐理国政，开东阁，延英雄。当时班固正年少，就上书给刘苍说：

将军您以周公、邵公的德行，屹立于本朝，承继了美好明智的策略，建立了威武灵祥的称号，过去是周公有此殊荣，今天是将军，《诗经》和《尚书》所记载的，再无他人有此事了。《传》上说："必有非常之人，然后有非常之事，有非常之事，然后有非常之功。"班固我有幸生于清明之世，安乐处于视听范围之外，用蝼蚁般短浅的目光，悄悄地观察国政，真诚地赞美将军担负着千载以来的重任，踏着先圣周公的足迹，摆开舒展美好的姿态，雄踞贵宠的地位，博贯一切事务，服膺《六艺》，区分黑白是非，求善无厌，甚至对狂夫的言语也加以采择，不违背对民众的诺言。我看见您新开了幕府，广泛地延揽俊杰，四方的士人匆忙归附，甚至穿颠倒了衣裳。将军应当详细考察唐尧、唐汤对皋陶、伊尹的举荐，让无论远近都不偏废，隐居的一定得到显达，寄希望于总揽贤才，聚集明智，悠游庙堂，名声扬于当代，巨大的影响在后代将连绵不尽。

我看原来担任过司空掾的桓梁，是老成博学之儒士，在州里德高望重，已经70岁了，行为不逾越法则，是参与助祭清庙的最佳人选、当代的俊美之士。京兆祭酒晋冯，自幼修身，头白了也不改初衷，他好古乐道，具有古代美好的行为，社会上的人没有赶得上他的。扶风掾李育，通晓经典行为卓著，教授100个学生，客居于杜陵，住的茅屋，连阶梯也是土造的。京兆、扶风两个郡相继请他为官，因为家贫，他几次都借故有病而辞归了。温故而知新，议论通达明晰，遵循廉洁原则，行为和才能都兼备，虽然是前世的名儒，国家所器重的人，没有谁能与如今的韦贤、平当、孔光、翟方相比。应当让他们主持考绩，由此而让他们参与更多的事务。京兆督邮郭基，他的孝顺行为在州里很著名，经学方面受到老师同学的赞扬，政务方面的成绩有决然不同于人的效果。如果郭基能到将军身边，让他做您秉笔的僚属，那么进一步他将会如鸿鹄高飞有大用，退一步说他会在危急之时奋不顾身为国像杞梁一样战斗而死。凉州从事王雍，躬行卞严一般的节义，倘若增强礼乐方面的修养，凉州的达官贵人们就没能超过他们的了。古代的周公一举兵就有三国埋怨，说："为什么把我们安排在后面呢。"请将军尽快开府理事，以慰远方。弘农功曹史殷肃，广闻博学，才能绝伦，能够吟诵《诗经》三百篇，奉使对答如流。以上所说6位先生，都有卓越的行为、绝代的才能，他们的道德高尚闻名当代，如蒙将军征纳任用，作为将军您的辅佐，这就是孔子感叹山梁的雌雉一样，正遇上了他们的活动的好时候呵。过去卞和献宝，被施加了刖刑；屈原尽忠报国，最终自沉于汨罗江，但和氏璧却千年以后也放射出光芒，屈原的文章万代以后也受到赞赏。但愿将军继续发射照耀细微的光明，发扬周公那种太阳偏西了还来不及吃饭的勤恳精神，屈尊委威，不耻下问，让茫茫尘世之中，永远再没有卞和、屈原那种遗恨。

刘苍采纳了班固的意见。

父亲班彪亡故之后，班固回乡。班固认为班彪所续的前朝史不详细，就潜心研究，想完成父亲未竟的事业。不久有人上书明帝，告发班固私自改作国史。明帝有诏书下到郡时，逮捕了班固将他关进京兆府的监狱里。把他家的书也全部拿走了。原先扶风人苏朗造假图谶到处散布流言，关进监狱中死去了。班固的弟弟班超怕班固被郡县里拷问，自以为不难辩护清楚，就奔赴到京城上书，得到了明帝的召见。班超把班固著作的意图完全向明帝做了说明，而这时候郡里也上书说明班固著作的本意。明帝认为班固是奇才，就召他在校书部工作，任命他为兰台令史。班固与前任睢阳令的陈宗、长陵令尹敏、司徒从事孟异共同完成了《世祖本纪》。提升班固为郎官，做典校秘书的工作。他又写了功臣、平林、新市、公孙述等列传、载记28篇，上奏明帝。明帝就让他重新去完成以前他所写的著作。

班固认为汉代继承的是帝尧的气运，在这个基础上建立了皇帝的基业，帝位传到第六位皇帝汉武帝的时候，史臣司马谈和司马迁就追述皇家的功德，私作本纪，将大汉朝的历史编在百王之末，置于秦朝和项羽之侧，太初以后的事，又付之阙如不予载录，因此他研究以往的史书，搜集所闻，写成了《汉书》。而《汉书》从汉高祖写起，到汉平帝之世及王莽被诛杀结束，共12世，230年，全书条理行事，依靠并贯彻《五经》，上下博通，写了如《春秋》经一样形式的帝纪、表、志、传一共100篇。班固自永平中期受诏，潜精积思20年，到建初年间才完成。时人很重视他的书，学者加以诵读的。

班固自从为郎官以后，渐渐得到皇上的亲近。当时京师建造宫厅房室，修建城壕，而关中父老还是盼望朝廷西顾。班固有感于前代司马相如、东方朔之流创作文章，归结到讽劝，于是给皇上献上了《两都赋》。他在文中盛赞洛阳宫室制度的完美，以此来驳斥主张淫侈的理论。

后来汉章帝爱好文章，班固就更加得到宠信，多次到皇宫中给皇上读书，有时候甚至连续几天几夜。每次皇上巡视外地，他就献上赋、颂。朝廷有重大的事情议论，皇上让他诘问公卿，在皇上面前展开辩论，对班固的赏赐恩宠很厚。班固自觉有两代人的学问才识积累，而官位超不过郎官，对东方朔、杨雄对自己的议论很有感触，悔恨自己没遇上苏秦、张仪、范雎、蔡泽所处的时代，于是作《宾戏》自荐。后来升任班固做了玄武门的司马官。皇上与诸儒生讲论《五经》，班固作了《白虎通德论》，皇上又命令他把当时讨论的情况撰写成文。

当时北单于派遣使臣前来贡献，请求与汉朝和亲，皇上诏问群臣。议论的人有的认为："匈奴是善于欺骗的国家，没有归服汉朝的心意，只是畏惧汉朝的威望，被南匈奴追逼，所以希望汉朝回访，借助汉朝来安定他们众叛亲离的局面。现在我们如派遣使臣前去，恐怕会失去南匈奴亲附我们的诚意，而助成了北匈奴狐假虎威的奸诈之计，不能与北匈奴和亲。"班固议论说："我考虑，自从汉室兴起旷世历年，军事上都与夷狄纠缠，尤其是与匈奴之间的事最多。安抚、防御的方法，手段不一样，或者用政治手段与他们讲和，或者用武力征讨他们，或者卑下地迁就他们，或者他们臣服汉朝。虽然屈伸不定，原因因时而异，但是没有拒绝与他们的往来而放任他们、不与他们交接的。所以自从光武帝开始，就重新整顿原有的典制，多次派出使者，以至于使者前后相继，一直到光武帝后期，才开始暂时地断绝了与他们之间的关系。永平八年，又重新议论与他们通好。当时在朝廷上争论了好几天，不同意见杂然纷陈，多数认为匈奴通好困难，很少说与他们结好的容易的一方面。先帝（汉明帝）圣明，高瞻远瞩，于是又派出使者，与匈奴的关系恢复到跟从前一样了。以此推知，没有一世放弃而不发展与匈奴关系的。现在乌桓国来朝，向翻译官稽首；康居、月氏，自远而来；匈奴分崩离析；有名的国王来降服，西、北、南之人都前来归服，都是在没有使用武力的情况下出现了，这实在是国家与神相交通的自然的征验啊。臣愚蠢地认为应该依照过去的成例，再派使者去匈奴，这样从远处说可以继承五凤、甘露年间接待远方归服之人的精神，从近处讲不抛弃建武、永平年间实行羁縻政策的意义。外族使者来两次，我们派使者去一次，既可以说明中国是以忠、信为主的，又可以使他们知道圣明的汉朝礼义是有一定的，岂可叛背、狡猾、辜负了我们的好意呢？不与匈奴往来我不知道有什么好处，与他们通好我没有听说什么害处。假若北匈奴稍微强大，能够兴风作浪，那时候再寻求与他们通好，怎还来得及呢？不如借助现在的情势施予恩惠，从眼前和长远来制定对待他们的策略。"

班固又作了《典引篇》，叙述汉朝的德属继承。他认为司马相如的《封禅赋》，文字虽然绮丽但体裁没有什么根据，杨雄的《美新赋》，文体虽然有所根据但事实虚伪，大约是他认为达到了各方面的最高成就。

《河图》《洛书》确实、明白，是天的智慧；孔子的图书、遗命，是圣人的信任；躬行道德的根本（孝道），是端正人性；逢吉祥之代，当封禅之时，是天子所受的大命。顺从天命以创立制度，稳定人性以协和神灵，报答天、地、人之神所多次给予的福瑞，展开效法唐尧封禅的明文，这件事情重大而允当，无论醒着还是睡着都萦绕在皇上的心里。瞻前顾后，一味推让，岂不是轻视祖宗而难正天命吗？从远古开始考察，迄于今世，封禅的共有 74 人，其中虽有天下不使其封禅而假为竹素之文者，没有光扬法度而弃其文章而不封禅者，现在轮到了我们为何使其独缺（不封禅）呢！

这时候圣上（章帝）既已倾注精神，全面掌握文化，屡次访求儒者，倾听故老的意见，与他们讨论斟酌道德的渊源，探索仁义的深刻道理，以这样的行动来追求瑞符所显示的前景的完善。既听从各诸侯的直言，又根据占卜的兆辞广泛地思考。将要延续万代，宏扬光辉，振奋博大的火德，激发以往的遗风，传播浓烈的芳香，久而愈新，用而不竭，深沉浩荡的上天的大法，谁能使它完美无缺地施行呢？只有唐尧啊，只有大汉啊！班固后来因为治母丧而离职。永元初年，大将军窦宪出征匈奴，班固为中护军，并参与议事。北单于听到汉军出征的消息，派遣使者叩访居延塞，意欲与汉朝修好，朝见天子，请求汉朝派使臣。窦宪派遣班固代行中郎将的权力，率领数百名骑兵与匈奴使者一起出居延塞迎接北匈奴单于。正遇上南匈奴击破了北匈奴的王庭，班固到了私渠海，听到了这一消息，就带领众人回到了塞内。到后来窦宪战败，班固因连坐最先免去了官职。

班固对他的手下人不加管教，他的手下人不遵守法度，小吏们感到很恼火。当初，洛阳令种兢在路上行走，班固的家奴扰乱种兢的车辆马匹，小吏用手推他并向他大声呼喊。班固的家奴借酒醉而叫骂，种兢大怒。只是因为畏惧窦宪而不敢发作，只好怀恨在心。到窦宪的宾客都遭到逮捕审问时，种兢因为旧恨而抓了班固并把他关了起来，班固于是死在了监狱之中，时61岁。皇上下诏谴责种兢，种兢处罚了主其事的小吏而搪塞过去了。

班固所著的《典引》《宾戏》《应讥》、诗、赋、铭、诔、颂、书、文、记、论、议、六言等作品，留下来的共有40篇。

神勇定西域　终身献汉室——班超

班超，字仲升，扶风郡平陵县人，为人有大志，不拘小节。然而内心却孝顺恭谨，在家常干重活，吃苦耐劳，不以劳累为耻辱。很有口才，博览群书。永平五年，班超的哥哥班固被召任校书郎，班超和母亲随同哥哥来到洛阳。家里清贫，班超常常替官府抄写文书来养家糊口。抄写时间久了，枯躁乏味，苦不堪言，于是中止抄写，放下笔叹息着说："大丈夫没有别的志向，应当效法傅介子、张骞，在异域立功，以取得封侯，哪能长久在笔砚间讨生活呢！"周围的人都对他嗤嗤发笑。班超说："庸庸碌碌的人，哪能理解壮士的志向！"后来前往看相的人那里去，看相的说："尊驾，你是个布衣儒生，然而将来会封侯于万里之外。"班超询问其中的原因，看相的说："你长着燕子一样的下巴和老虎一样的脖颈，象征要飞而食肉，这是万里封侯的长相。"很久之后，显宗问班固："你的弟弟在哪里？"班固回答："替官府抄写文书，得些钱用来奉养老母。"显宗就任命班超为兰台令史，后来因事被免官。

永平十六年，奉车都尉窦固出击匈奴，任用班超充当代理司马，率军进攻伊吾，在蒲类海交战，斩获很多敌军首级而回。窦固认为他有才能，派遣他与从事郭恂一起出使西域。班超来到鄯善，鄯善王广招待班超在礼仪上非常周到，后来忽然变得疏远而懈怠。班超告诉他的下属官员说："是否觉得广的礼仪已变得淡薄了？这一定是有北方匈奴的使者来到，鄯善王对依附那方多疑不决的缘故。聪明的人能察觉将会发生的事情，何况现在的事情已经很明白了呢？"

于是，班超把侍候他们的鄯善人找来，诈他说："匈奴的使者已经来了几天了？他们住在哪里？"侍者张皇失措，实话实说。班超把侍者关了起来。然后召集36名部下到一起，与他们一起喝酒，喝到酣畅耳热的时候，趁机激怒部下说："你们同我都在偏僻遥远的西域，打算建立大功，以便趁此机会取得富贵。现在匈奴使者才来几天，鄯善王广就对我们如此无礼，如果让鄯善人把我们绑起来送往匈奴，那么我们的躯体就要作豺狼的食物了。对此怎么办呢？"部下都说："现在处于危险境地，生死关头，我们全听司马。"班超说："不入虎穴，焉得虎子！根据现在的形势，只有趁黑夜用火攻匈奴使者，让他们不知道我们的人数多少，必然会异常震惊恐怖，可以全部消灭他们。消灭了这批匈奴使者，那么鄯善就被吓破了胆，我们可以大功告成了。"大家说："此事应该和从事商量商量。"班超怒气冲天地说："成败决定于今天，从事是个普通的文官，他听了这个计划，必然恐惧，而使计谋泄露，我们将一无所成地死去。这绝不是好汉所干的！"众人一致说："好。"

天刚黑，班超就带领部下奔往匈奴的营地。恰巧天刮大风，班超命令10个人手里拿着战鼓藏在匈奴使者住房的后面，约定说："看见火起，都要立即猛力击鼓，大喊大叫。"其余的人都手里拿着兵器弩箭从两面封锁着大门而埋伏下来。班超就顺着风势点起火来，前后埋伏的人击鼓呐喊。匈奴人受惊乱窜，班超亲手格杀3人，部下斩下匈奴使者及其随从士兵30多人的首级，其余的100多人都被烧死。第二天，班超才回来告诉了郭恂，郭恂大惊，接着脸色有所变化。班超知道他的意思，举手说："你虽然没有参加这次行动，但班超怎能独吞功劳呢？"郭恂这才高兴起来。

班超于是召见鄯善王广，拿匈奴使者的首级给他看，鄯善全国为之震惊害怕。班超开导安抚鄯善王，鄯善王于是把自己的儿子送往汉朝，作为质子。班超回去以后，把这一胜利向窦固做了汇报。窦固很高兴，详细上报了班超的功劳成效，并请求重新选拔使者出使西域。明帝赏识班超的气节，下诏给窦固说："有像班超那样的官吏，为什么不派他去而要另选呢？现在提升班超为军司马，命令他继续完成未竟之功业。"班超再次受命出使。窦固打算给他增派士兵，班超说："愿率领原来跟从我的30多人就够了，如果出现了意外，人多了反而是个累赘。"这时于阗王广德刚刚攻破莎车国，于是称雄于天山南路，而匈奴派遣使者监护他的国家。班超已经出发西进，首先到达于阗。广德接见的礼仪不周。而且该国的风俗迷信神巫。神巫说："天神发怒了，问为什么要归服汉朝？汉朝的使者有一匹浅黑色的马，赶快把马牵来杀死祭我。"于阗王就派人去向班超讨马。班超回答允许让马，不过要神巫自己来牵。不久，神巫来到。班超立即斩下他的首级送给广德，并因此指责他。广德以前听说班超在鄯善时消灭了匈奴使者的事情，非常恐慌，马上攻击杀死匈奴使者而投降班超。班超重赏于阗王及其文臣武将，并乘机安抚他们。当时龟兹王建是匈奴扶持起来的，他依仗匈奴的力量，占据天山北路，并派兵攻破疏勒，杀了他们的国王，而立龟兹人兜题为疏勒王。次年春天，班超率领部下抄近的小路来到疏勒。在离兜题居住的槃橐城有90里的地方，派一个叫田虑的小官去招降兜提，班超指示田虑说："兜题本不是疏勒人，该国人一定不服从他的命令，他若不立即投降，你就把他抓起来。"田虑只身一人来到槃橐兜题的王宫。兜提看田虑位轻势弱，没有丝毫投降之意。田虑趁其不备，向前劫持并捆绑了他。兜题身旁的人因事出意外，被田虑的突然行动吓得四散逃跑了，田虑把兜题挟在腋下，纵身上马，飞一般地去见班超。班超等人立即扬鞭策马，奔向槃橐城。到了那里，班超把疏勒的文武官员召集起来，向他们宣布龟兹攻灭疏勒的霸道行径和兜题的种种暴虐行为，趁机立了被龟兹杀死的疏勒国王的侄子忠来做国王，老百姓非常高兴。疏勒新国王忠和他的官吏们一致请求班超把兜题杀掉，班超不同意，打算以此树立威信，放走了兜题。疏勒从此同龟兹结怨。

永平十八年，明帝去世。焉耆因为中国有国丧，于是攻杀了西域都护陈睦。班超孤立无援，而龟兹、姑墨几次发兵进攻疏勒。班超固守槃橐城，与忠互为首尾。尽管他们兵力单薄，仍然坚守了一年多。肃宗刚刚登极，因为西域都护陈睦刚刚战死，担心班超人单势危不能自保，下诏召班超撤回汉朝。

班超出发撤回汉朝，疏勒举国忧虑恐惧。该国都尉黎弇说："汉朝的使者一旦抛弃了我们，我们疏勒国就会再一次被龟兹灭亡。实在不忍心看见汉朝的使者离去。"说罢，就用刀自杀了。班超回到于阗，于阗的王侯以下都呼号悲泣，说："我们依靠汉朝使者如同孩子依靠父母一样，实在不能离我们而去。"互相抱着班超坐骑的脚，使班超无法前行。班超担心于阗国最终不会让他东进，又打算继续完成自己的志向，于是又回到了疏勒。疏勒有两座城在班超离开以后，又投降了龟兹，并和尉头国联合。班超逮捕斩杀了反叛者，打败了尉头国，杀了600多人，疏勒再度安定下来。

建初三年，班超统率疏勒、康居、于阗、拘弥等国军队一万多人攻打姑墨国的石城，攻破了它，斩首700级。班超打算趁机平定各国，就上疏请求增派军队，说："臣看见先帝打算开通西域，所以北面进击匈奴，西面出使各国，鄯善、于阗立即归附。而今拘弥、莎车、疏勒、月氏、乌孙、康居又愿意归附，打算共同合力平灭龟兹，打开通往汉朝的道路。如果得到龟兹，那么西域不顺从的就只有百分之一了。臣伏地自思，我出身于军队小官，实愿踏着谷吉的足迹，捐躯于偏僻遥远的边地，也许可以像张骞那样弃身于空旷的原野。从前魏绛不过是诸侯国的一个大夫，尚且能够与戎人和好，何况臣凭借大汉的声威，而连铅刀一割的用处都没有吗？前朝评议的人都说夺取西域三十六国，称为断匈奴右臂。现在西域各国，从日落之处起，没有不归化的，大小国家喜悦，献物给朝廷不断，只有焉耆、龟兹还没有归服顺从。臣以前和部下36人出使偏僻遥远的西域，备遭艰难困苦。自从孤军坚守疏勒，至今已有一年，胡夷的心理，臣很能领会。问西域大小城郭诸国，都说'依靠汉朝与依靠上天相同'。由此证验，那么葱岭之道可以打通；葱岭之道打通了，那么龟兹就可以讨伐。现在应该任命龟兹侍子白霸为该国国王，以步、骑兵几百人送他前往，与各国的军队联合，年月之间，龟兹可以擒服。用夷狄进攻夷狄，是上等的计策。臣看见莎车、疏勒的土地肥沃宽广，牧草丰盛，不比敦煌、鄯善之间的差，出征的士兵可以不费中国的粮草而自给自足。况且姑墨、温宿两国国王，是被龟兹所扶立，既不是这两国的人，更被这两国人民所厌恶，势必会有反叛、归降的事件发生。如果两国前来投降，那么龟兹不攻自破。希望下发臣的奏章，让大臣参考定计。实在有万分之一可取之处，即使死了又有什么怨恨呢？臣班超渺小，特蒙神灵保佑，暗中希望不要让我现在死去，让我能亲眼看见西域的平定，陛下举起祝贺的酒杯，告大功于祖庙，宣布大喜于天下。"此书奏上，章帝知道这件事可以成功，商议打算派给部队。平陵人徐干素来与班超志同道合，上书愿意奋不顾身辅佐班超。建初五年，于是任用徐干为代理司马，率领驰刑徒和义从1000人前往增援班超。

此前莎车认为汉军不会出塞，于是投降了龟兹，而疏勒国都尉番辰也跟着叛变。恰巧碰上徐干刚到，班超就和徐干进击番辰，大败番辰，斩首1000多级，捕获了许多俘虏。班超已经击败番辰，打算进攻龟兹。认为乌孙的兵力强大，应借助它的力量，就上书说："乌孙是个大国，有士兵10万，所以武帝把公主嫁给乌孙王为妻，到孝宣皇帝的时候，终于得到乌孙的帮助。现在可以派遣使者去招抚他们，与他们齐心合力对付龟兹。"章帝接受了这个建议。建初八年，任命班超为将兵长史，给予大将军的乐队、旗帜和仪仗。任用徐干为军司马，另外派遣卫侯李邑护送乌孙使者，赏赐大小昆弥以下官员锦帛。

李邑才到于阗，正逢龟兹进攻疏勒，李邑害怕，不敢前行，因此上书陈述西域的事情不会成功，又大肆毁谤班超拥抱爱妻、爱子，在外国过安乐的生活，没有内顾中国之心。班超听说后，叹息说："我不是曾参却遭到接二连三谗言的攻击，恐怕要受到当朝的怀疑了。"于是休退了他的妻子。章帝知道班超忠诚，于是痛切地责备李邑说："即使班超拥爱妻、抱爱子，想回国的士兵有1000多人，为什么都能同班超一条心呢？"命令李邑前往班超那里接受部署和节制调度，下诏给班超："如果李邑在你那里有可以委派的任务，可以留下来任职。"班超马上派李邑带领乌孙侍子回京师。徐干对班超说："李邑以前亲自诋毁您，打算破坏夺取西域的大计，现在为什么不遵照诏书留下他，换派其他官吏送侍子呢？"班超说："为什么话说得这样粗陋？因为李邑毁谤我班超，所以今天派遣他回去。自己问心无愧，何必担忧别人说什么！图一时内心的痛快而留下他，不是忠臣。"

第二年，又派遣代理司马和恭等4人率兵800前往班超那里，班超乘机调发疏勒、于阗的军队进攻莎车。莎车暗暗地派使者到疏勒王忠那里，以重利引诱他，忠于是反叛顺从莎车，向西守卫乌即城。班超就另立疏勒国的府丞成大充当疏勒王，全部调发没有反叛的人去进攻忠，双方对峙了半年之久，而康居派遣精兵援救忠，班超不能取胜。当时大月氏新与康居结亲，互相友善，班超就派使者多带锦帛送给大月氏王，让他去说服康居王，康居王于是罢兵，把忠带回到他的国家，乌即城就向班超投降了。

过了3年，忠说动康居王借了军队，回来占据了损中城，秘密地与龟兹策划，派使者向班超伪降。班超内心里知道他的奸计而外表装作答应他的样子。忠大为喜悦，立即率领轻装骑兵前来见班超。班超秘密地安排伏兵以等待忠。为他摆宴奏乐，喝了一会儿酒，便大声呵斥部下把忠绑起来杀掉。趁机袭击打败了他的队伍，杀死700多人，天山南路于是就畅通无阻了。

次年，班超调集于阗等国的军队25000人，再次进攻莎车。而龟兹王派遣左将军调发温宿、姑墨、尉头等国合计5万人援救莎车。班超召集将校和于阗王商议说："现在兵少难以匹敌，应付之计不如各自散去。于阗的部队从这儿向东，长史也从这里西归，等到夜里以鼓为号，听到鼓声，就各自出发。"消息传开以后，班超暗暗地嘱咐看守俘虏的士兵放松戒备，让被俘的龟兹士兵逃回去报告消息。龟兹王听闻之后大喜，自己带领一万名骑兵在西部边界截击班超，让温宿王率领8000骑兵在东部边界伏击于阗部队。班超得知两支敌军已经出发，秘密召集各部整装，鸡叫时奔赴莎车营地，胡人大惊，慌乱奔跑，追击斩首5000余级，缴获大量马匹等牲畜、钱财和物资。莎车于是投降，龟兹等国的军队因而各自退走四散，从此班超威震西域。

当初，大月氏曾经帮助汉朝进击车师有功，这一年进贡奉献珍宝、符拔和狮子，因而求娶汉朝公主做妻子，班超拒绝了大月氏王的请求，让大月氏的使者回去，因而引起了大月氏王的怨恨。永元二年，大月氏派遣副王谢率领部队7万攻打班超。班超的士兵较少，都非常害怕。班超开导士兵说："月氏虽然兵多，然而跋涉几千里翻越葱岭而来，没有给养补充，有什么担忧的呢？但应当坚壁清野，坚守不战，他们饿极自然会来投降，不过几十天就可决定胜负了。"谢于是前来攻打班超，攻不下，便放纵士兵四处抢掠，然而一无所获。班超估计他们的粮食将要用完，必定向龟兹求救，于是派遣几百名士兵在东部边界截击他们。谢果然派遣骑兵携带金银、珠宝、美玉等赠送龟兹。班超的伏兵拦击，把他们全杀死，手里拿着他们使者的首级给谢看。谢非常惊恐。马上派遣使者前来请罪，希望能让他们活着回去。班超放回了他们。大月氏为此大受震动，年年岁岁，向汉朝贡献方物。

第二年，龟兹、姑墨、温宿都来投降，于是任用班超充当西域都护府都护，徐干充当长史。任命白霸充当龟兹王，派遣司马姚光护送他。班超与姚光共同胁迫龟兹废掉国王尤利多而拥立白霸，让光带领尤利多回到京师。班超居住龟兹它乾城，徐干屯守疏勒。西域只有焉耆、危须、尉犁因为从前曾杀死过都护，怀有二心，其余的国家全部平定。

永元六年，班超于是调集龟兹、鄯善等八国兵合计7万人，以及部下和商人1400人讨伐焉耆。部队到达尉犁国界，便派遣使者晓谕焉耆、尉犁、危须说："我们都护前来，打算安抚三国，如想改过从善，应该派遣高级官员来迎接都护。我们都护自当赏赐。事情办完就回师。现在赏赐国王五色丝绸500匹。"焉耆王广派遣他的左将北鞬支牵着牛抬着酒来迎接班超。班超质问北鞬支说："你虽然是匈奴侍子，而今却掌握着国家的权力，都护亲自前来，国王不及时出迎，罪过在你。"有人向班超建议，要乘机杀掉北鞬支。班超说："不是你所能考虑得到的，这个人的权力比国王还大，现在我们还没有进入焉耆，就先把他杀了，那会使他们增疑，严加防备，扼守险要，我们难道能顺利地到达他们的城下吗？"于是赏赐北鞬支许多礼物，送他回去。广就和高级官员在尉犁迎接班超，并献上珍奇的礼物。

焉耆国有一座"苇桥"，是进入焉耆的通道，广于是封锁该桥，不打算让汉军进入焉耆国。班超改从其他道路越境。七月的最后一天，到达焉耆，离城20里，安营在大泽之中。广因出乎意料，大惊失色，于是想丢弃王城，驱赶百姓作掩护，退居山中的城堡里去。焉耆左侯元孟从前曾在京师时做质子，秘密派遣使者把这件事告诉班超，班超马上把他斩杀，表示不相信。于是约定某一天班超要和各国国王见面，还宣扬将要重加赏赐，于是焉耆王广、尉犁王汎和北鞬支等30人相跟着来见班超。焉耆国相腹久等17人害怕被杀，都逃入海里，而危须王也没有赴会。坐下来后，班超愤怒地质问焉耆王广："危须王为什么没有来到？腹久等人为何逃走？"于是喝令部下把广和汎等人当场捉拿，押到陈睦过去驻守的城址外杀掉，送首级到京师。并放纵士兵抄掠，斩首5000余级，抓获俘虏15000人、马牛羊30多万头，改立元孟为焉耆王。班超在焉耆留住了半年，安抚当地百姓。

第二年，皇帝下诏说："以往匈奴独占西域，抢掠河西，永平末年，城门白天也都关闭。先帝深深同情边民遭受敌寇杀害，就命令将帅出击西部，攻破雪山，兵临蒲类，取得车师，城郭各国受到震慑，纷纷归附，于是开通西域，设置都护，而焉耆王舜、舜的儿子忠独自策划反叛，倚仗该国有险要的关隘，杀害西域都护，并加害到都护的部下。先帝重视平民的生命，不愿再兴兵役，所以派遣军司马班超安抚于阗以西城郭各国。班超于是越过葱岭，抵达悬度，出入22年，城郭各国，尽皆臣服。改立各国国王，而安定各国的人民，不动摇中国，不烦调发士兵，使得远方夷人地区，呈现一派和平兴旺的景象，统一不同风俗的人们的心态，而行上天的诛伐，消除过去的耻辱，以报阵亡将士的仇恨。《司马法》说：'奖赏不能拖过一个月，想让人们能迅速看到做善事的好处。'封班超为定远侯，享受一千户人家的赋税。"

班超感到在偏僻遥远的西域住得已经很久，年老思念故土。永元十二年，上书说："臣听说太公封在齐国，五代死后都埋葬在周地，狐狸将死头必然向狐穴所在山丘，代郡的马不忘故乡而依恋北风。周、齐两地同在中原，只有千里之隔，何况我处在遥远荒凉的边地，小臣怎能没有依恋北风、头向故土的思念呢？蛮夷的风俗，畏惧壮年人，欺侮老年人。臣班超如狗马变老，牙齿不全，时常害怕风烛残年，经不起风霜，一旦倒下，孤魂弃于他乡。昔日苏武困留匈奴之中有19年，而今臣有幸得以奉节带印，监管领护西域，如果是以享年终老驻守地，实在无所遗恨，然而恐怕后世人有功业已就而身死异域之讥。臣不敢奢望回到酒泉郡，但愿活着进入玉门关。臣衰老多病，冒死妄言，谨派儿子班勇带着进贡礼物进入塞内。趁臣还活着的时候，让班勇亲眼看见中原的故土。"而班超的妹妹、同郡人曹寿的妻子班昭也上书为班超请求说：

妾同胞哥哥西域都护定远侯班超，有幸得以小功特别蒙受重赏，爵位列在通侯，官秩等级二千石。天恩特出，确实不是小臣所应该蒙受的。班超开始出使西域，志在为国献身，希望建立小功，以身报效。恰巧碰上陈睦败死的事变，道路阻隔断绝，班超以一身辗转在偏僻遥远的地区，晓喻开导各国，利用他们的部队，每次战斗，总是冲杀在前，身受金属武器的伤害，不怕死亡。依赖承蒙陛下的神异威灵，才得以在沙漠之地延长寿命，至今累计已达30年。至亲生离，不再相识。原来跟随他的部下不少，都已经去世。班超年龄最大，今年已经70岁了。衰老多病，头发全白，双手不听使唤。视觉、听觉不灵敏，扶着手杖才能行走。虽想竭尽全力，用来报答帝王的恩赐，但困于年迈，如狗马牙齿落尽。蛮夷的习性，狂悖忤逆，欺侮老人。而班超已朝不保夕，长久不见有人接替，恐怕会造成为非作歹人的出现，和叛逆作乱之心的滋生。而卿大夫都心怀侥幸，没有人肯作长远的考虑。如果突发暴乱，班超已是力不从心。那么对上亏损国家多世建立的功业，对下抛弃忠臣竭尽全力取得的成果。实在值得痛惜，所以班超万里上书自述心中的甘苦和焦虑，伸着脖颈眺望，至今已有3年，未见审察评议。

妾私下听说古时候15岁服兵役，60岁复员，也有休息不再任职的。由于陛下用至孝治天下，所以得到万国的欢心，不遗弃小国的臣属，何况班超已得到侯伯的爵位，所以敢冒死替班超请求怜悯，乞求班超得享余年。一旦得以活着回来，重见宫阙，使国家没有远征的顾虑，西域也无叛乱的忧患，班超得以长久蒙受魏文侯葬骨般的恩宠、田子方哀怜老马般的仁惠。《诗经》说:"人民也真劳苦啦!该让他们躺一躺。爱护京城这些人,因而安抚了四方。"班超有书信与妾活着诀别,恐怕不能再度相见。妾确实伤心班超在壮年之时竭忠尽孝于沙漠之地,疲惫衰老的时候捐躯于空旷的原野之上,实在使人哀痛怜悯。如果得不到救护,班超以后有一天遭遇变故,希望班超一家有幸能得到赵括之母和卫姬那种不受连坐的优待。妾愚直不懂大义,冒犯禁讳。

汉和帝看了班昭的书奏,被她的话所感动,于是调班超回汉。

班超在西域31年。永元十四年八月到洛阳,被任命充当射声校尉。班超平素患有胸痛病,回来以后,病情加重。和帝派中黄门探问病情,赐给医药。这年九月病死,享年71岁。朝廷怜惜他,派使者前来吊祭,所赠葬具非常优厚。子班雄继承爵位。

当初,班超被调回,任用戊巳校尉任尚充当都护。与班超办理交接事宜,任尚对班超说:"君侯在外国30余年,小人卑下而继任君侯的职位,责任重大而计谋思虑肤浅,应该对我有所教诲。"班超说:"我年老昏愦,任君多次担当重要职务,难道是班超所能够企望赶上的吗?实在不得已,愿进愚钝的建议。塞外的吏士,本来不是孝子贤孙,都是因为罪过发配到边地军营中屯田的。而蛮夷怀有鸟兽之心,难抚养而易滋事。现在你性情严急,水清无大鱼,苛察得不到属下的人附和。应当摆脱世务,自求安逸,治理简易,宽宥小过,只抓大原则就行了。"班超离开后,任尚私下对亲信说:"我认为班君会有奇异的计谋相告,今天所说平平而已。"任尚来后不到几年,西域便发生叛乱,因为失职罪被调回,正如班超所告诫的那样。

三国志

《三国志》概论

《三国志》为西晋杰出史学家陈寿所撰著,主要记叙魏、蜀、吴三国鼎立时期的历史。该书是继《史记》《汉书》之后的又一纪传体史学名著,与《史记》《汉书》以及《后汉书》并称为"前四史",共同成为我国古代二十四史之翘楚。

一

陈寿,字承祚,巴西郡安汉县(今四川南充北)人,生于蜀汉后主刘禅建兴十一年(233年),卒于西晋惠帝元康七年(297年),享年65岁。

陈寿平生才学出众,以蜀中文士入仕,故后半生仕途极为坎坷,故此《华阳国志·陈寿传》论其人生结局,如是叹曰:"位望不充其才,当时冤之。"

陈寿之世,史学著述颇为繁荣。继两汉传统,其时魏、吴两国均设有专门史官,掌管国家大事、帝王起居的记录。在曹魏,文帝、明帝曾命卫觊、缪袭草创纪传,累载书不得成,后又命韦诞、应璩、王沉、阮籍、傅玄、孙该等共同撰作,最后由王沉独就其业,成就《魏书》40卷,其书固然毛病不少,如刘知几曾说它"多为时讳,殊非实录",但其中不乏原始材料。在官修之外,尚有鱼豢私人撰作的《魏略》89卷,其书"巨细毕载,芜累甚多"(《史通·题目篇》),但资料甚为丰富。这些都为后来陈寿撰著《魏志》做好了前期的资料准备工作。在孙吴,亦曾谕令韦曜、周昭、薛莹、梁广、华核等人撰作《吴书》,其书由韦曜独终其业,计55卷。这自然也成为陈寿撰著《吴志》的主要参考资料。至于蜀汉,虽说"国不置史,注记无官"(《三国志·蜀后主传评》），但私人著述仍然颇多。这些著述也有可为陈寿撰作《蜀志》的材料。当然，《三国志》的成书，主要在于陈寿本人的辛勤收集和刻苦钻研。

陈寿在着手《三国志》的创作前，有过相当长时期的研究准备。早在他入仕晋朝任佐著作郎时，因晋制规定凡"著作郎到职，必撰名臣传一人"，他就撰有蜀汉丞相诸葛亮故事，将诸葛亮著作"删除重复，随类相从"，在平阳侯相任上时编成《诸葛亮集》24卷。其书上奏朝廷后，就备受晋武帝赞赏。此后开始了蜀汉地方史的研究。鉴于既有的前人著述《巴蜀耆旧传》"不足经远"，于是在巴蜀之外，陈寿又加入汉中人物，撰成《益部耆旧传》10篇。史称此书文辞优雅，史事翔实，"较美《史》《汉》"，"焕乎可观"（《华阳国志·先贤士女总赞》）。此外，他还撰作《释讳》《广国论》等书。晋武帝咸宁六年（280年），西晋灭吴，于是天下复归一统，三国图籍及各种文献资料，得以统一集中于洛阳，至此撰作前朝断代史的条件已臻完备，由是陈寿"乃鸠合三国史，著魏、吴、蜀三书六十五卷"（《华阳国志·陈寿传》）。在撰作《三国志》前后，陈寿还以资料汇编的形式辑录有《魏名臣奏事》40卷、《汉名臣奏事》30卷，以及撰作《古国志》50卷。累计陈寿平生著述，计达250卷（篇）以上，其中流传至今者，仅见被后世列为"正史"的《三国志》。

《三国志》记叙了自184年黄巾起义至280年西晋灭吴，近100年的历史。全书记载的内容，包括魏、蜀、吴三国形成、发展乃至消亡的全部历史过程。

根据历史发展的线索，陈寿以"实录"的形式分别成书《魏志》（亦称《魏书》）、《蜀志》（亦称《蜀书》）、《吴志》（亦称《吴书》）。其中《魏志》30卷：帝纪4卷、后妃纪1卷、宗室传2卷、列传21卷、方伎传1卷、外国传1卷；《蜀志》15卷：刘二牧传1卷、先主后主传2卷、后妃宗室传1卷、11列传卷；《吴志》20卷：吴主传2卷、妃嫔传2卷、宗室传2卷、列传14卷。另有《叙录》1卷（早佚）。三书成书次序为《蜀》先、《魏》次、《吴》后，三书合一，是为《三国志》，共计65卷。

二

《三国志》是一部纪传体的断代史。

从其成书的时间来看,在所有正史中紧承《汉书》之后,所以其创作原则和方法全以《汉书》为楷模,但不同之处在于,《三国志》仅有纪、传而无表、志。

由于《三国志》记叙的是魏、蜀、吴3个政权的历史内容,在中国历史发展行程中显示出三驾马车的轨迹,故此在3个国家的形成、发展直至消亡的史实编纂上,陈寿独创一格,分国各自为史,"原始察终",溯源导流,各自形成一个完整的体系。正因有此,我们从中看到了一种与其他"正史"不同的断限方法。

整体来看,《三国志》这部断代史,依据所叙内容,其时间所断之限,前伸东汉后延西晋各有一定的所限,给世人一个十分明白的前因后果,其榫卯构接颇为严合。

在《三国志》的创作过程中,陈寿以实事求是的态度,依据既成的历史事实,将魏、蜀、吴3个政权作为各自独立的个体看待,将它们各国历史单独成书,以示这3个政权在历史中的合法性——均以正朔承绪刘汉王朝。这就是人们所说的三国体制"正朔有三"。但从整个社会的发展走向来看,这3个政权在上承下启的过程中毕竟有所不同,故而陈寿在运笔时亦随之而予以一定的区别。

从中国历史发展走向的主航道来看,东汉之后三国并峙,三国而降西晋一统,作为断代史的《三国志》,在系年上必须有一条能贯串全书的主纲,这一主纲必须与前之汉、后之晋在系年上连接起来而无间断。因此,在三国中究竟以哪一国的君王为"纪",关系着整部《三国志》的分合自然、首尾相应。陈寿在编纂过程中选用了曹魏的系年作为全史之纲,以此来统属这三个独立的割据政权在同一时期内的种种事件。这样就有了《魏志》中的"武帝纪""文帝纪""明帝纪"等,而于其他两国国主则分别在《蜀志》和《吴志》中为他们立传。与之相应,在《魏志》中,对于刘备称帝、孙权登基之事皆不记叙,而在《蜀志》和《吴志》中,对于君王即位,则记明魏之年号,这就表明,虽说陈寿承认"正朔有三",但也显示出"正统在魏"。立魏为正统,应该说其道理最为充分。姑且不言曹魏承汉立国最早,且其所占地域在三国之中最为广大,更重要的是它在系年上上接东汉下连西晋,汉禅魏、魏禅晋,一线穿连,使汉——魏——晋这条历史发展主轴线毫无间断。所以陈寿以曹魏政权的系年作为整部《三国志》之纲,以之统摄3个独立政权自汉末至晋初这一历史发展阶段的种种事件和活动,有如一线穿珠,颗粒无遗,使人明晰可见三国鼎立的发端、形成、发展及结束的全过程。

陈寿在西晋政权下撰作《三国志》以魏为正统,既尊重历史事实,又照应政治需要。但他毕竟出身于蜀地且仕蜀汉政权多年,故在思想感情上仍然"身在曹营心在汉",比较倾向于蜀。更发人深思的是,在记叙曹丕受禅时,群臣颂功德、上符瑞者先后动辄百余人,陈寿均不予记载,反之当蜀汉先主刘备在武担登基称帝时,对其群臣请封之辞、劝进之表、告祀之文,陈寿却大书特书。而称帝即位即标志着一个国家政权的正式确立,由此可见陈寿的用心。

《三国志》,合读为一部完整的断代史,分读则为三部正史化的地方史。这一特点在二十四史中是绝无仅有的。

由于《三国志》分别为三国国别史,在资料的处理上,尤其对各书人物思想观点及有关称谓评述的记叙,自然难免矛盾冲突。对此陈寿采用了"分据各国史料实录国别史"的编纂方法,尽力跳出三国各自政治立场的圈圈,让历史事实说话,各是其所是、非其所非,故在撰作三志时实录各国原有史料的内容和语气。这样,写到哪一志时,即以这一政权的政治观点来述评其他两国所发生的种种事情。如在《魏志》中,以蜀、魏之间的战争,则记作"蜀寇魏""魏伐蜀";在《吴志》中,对魏、吴之间的争斗,则记作"吴讨魏""魏侵吴"等。依此同理,在各志中对所述政权的种种事件,就其政治观点在笔法上稍显隐晦,但于整部书中其他处录实补充。如对汉献帝逊位于魏文帝,《魏志》记为"汉帝以众望在魏",于是召集公卿百官"告祠高庙""禅位"于魏王,而在《蜀志》《吴志》两书中,对此篡逆事件,一再加以挞伐,其声讨曹氏凶奸篡盗之辞比比可见。再如三国之间的战争,陈寿于失败一方记叙较简略,而于得胜一方着笔较详尽。拿最为著名的战例赤壁之战来说，曹魏大败而退，故《魏志》关于这场战争记叙较简；吴、蜀联军取得大捷，故《蜀志》《吴志》有关传记叙述较为详备，尤其作为联军主力的孙吴军队，对其作战过程及其取胜情状，则大书特书。所有这些，一方面加强了各割据政权国别史的独立性，另一方面又要求人们在阅读《三国志》时，必须综合分析三志中的史料真情，这种"事每互见"又加强了三志的内在联系，使其有机地融为一体。

三

三国时期是一个政局动荡不安的时代，是一个乱世。而乱世出英雄，故此三国又是一个人才辈出、英雄并起的时代。陈寿的《三国志》只有纪、传，专重这一时期人物及其活动的记载。全书共记载了437人的传记。对于这么多人物，陈寿以帝王为纲、臣僚为目，以政治人物为先，其他人才为次。与此同时，还照顾到各个人物在历史舞台上出现的时序。因此，整部《三国志》的人物传记的安排，是以类合传、依时排列。

在以类合传方面，除了《蜀志》中"刘二牧传"及《吴志》中"刘繇太史慈士燮传"外，一概以帝王（包括创业者如孙坚、孙策）、后妃、宗室、文臣、武将、忠良、清名、文学、术数等来分定人物，将同类人物合为一传。如在《蜀志》中，"关（羽）张（飞）马（超）黄（忠）赵（云）传"即为武将，"许（靖）糜（竺）孙（乾）简（雍）伊（籍）秦（宓）传"即为文臣。再如《吴志》中，"吴（范）刘（惇）赵（达）传"即为术数，"王（蕃）楼（玄）贺（邵）韦（曜）华（核）传"即为文学。

在以类合传时，还注意按人物活动的时间先后列其次序。拿《吴志》为例，周瑜、鲁肃、吕蒙、陆逊应划为一类，但周、鲁、吕3人为孙吴政权的开国元勋，故合传在前，而陆逊乃后起中坚，故单独作传在后。此外，从陈寿对人物的分类安排上，还可以看出他突出政谋人物，对军事人物稍加看轻。如在《魏志》中，曹操的谋臣"程（昱）

郭（嘉）董（昭）刘（晔）蒋（济）刘（放）传"在前，而其虎将"张（辽）乐（进）于（禁）张（郃）徐（晃）传"在后。再如《吴志》，于孙吴政权的建立其军功甚大的程普等人，即安排在张昭、顾雍等政治人物之后。

以类合传、依时排列，既隐含了陈寿对历史人物的论断，也易于让世人从中取得极有价值的鉴益。对于前者，以《魏志》中对曹操的谋臣分类为例。陈寿将曹操的一批重要谋臣如荀彧、荀攸、贾诩、程昱、郭嘉、董昭、刘晔、蒋济等人，分作两传来写，即荀彧、荀攸、贾诩合为一传，其他人另合一传。之所以如此划分，是因为二荀、贾诩同于"清治德业"，至于程昱等，则"筹画所料是其伦也"。在对待曹操倾移汉祚的态度上，荀彧叔侄不以为然，荀彧甚至因有所反对而被曹操逼死，贾诩更是倾力维护汉室、营救献帝，只是在汉家天下大势已去不得已才转变态度，反之，程昱等人从一开始即追随曹操图谋汉家天下，是曹操的铁杆保"皇"派。对于后者，以《蜀志》中对刘封、彭羕、廖立、李严、刘琰、魏延、杨仪等人合传为例。虽说这7个人的经历各不相同，但有一个最为显著的共同之处，即自取祸患不得善终。试看陈寿对他们的论评："刘封处嫌疑之地，而思防不足以自卫。彭羕、廖立以才拔进，李严以干局达，魏延以勇略任，杨仪以当官显，刘琰旧仕，并咸贵重。览其举措，迹其规矩，招祸取咎，无不自己也。"如此分类，确实用心良苦，读史明智，也许正源于此。智，岂为虚言？！

四

当然，陈寿的《三国志》仍有其不足的一面，其主要表现在以下几个方面：

（一）陈寿的《三国志》，是在封建正统史观指导下写成的。为了强调这种正统，他在书中运用了阴阳和五行学说，将朝代的嬗替、皇位的禅让，看作是天意所定，即"五德相生受命"。这种"五德相生"，其运转轮回的次序为"木生火，火生土，土生金，金生水，水生木"，如此往返，循环无穷。他继承了前人"汉为火德"的观念，认为汉代气数已尽,代之者必为土德。故此三雄代汉,是以土德替取火德。为了说明这种"历史的必然",他在《三国志》中运用了大量的土德资料,来显示魏、蜀、吴出现在历史上的合理性。现以魏、蜀、吴三主称帝为例,以见其宣扬天下感应和天命论思想之一斑:在《魏志·文帝纪》中,写曹丕称帝,即言"黄龙见谯"。黄,显示土德;谯,曹氏故乡。借此说明曹魏替代刘汉乃天意所定。在《蜀志·先主传》中,写刘备称帝,即言"西南数有黄气,直立数丈"。在《吴志·吴主传》中,写孙权称帝,即言"黄龙、凤凰见",并且孙权即位之后干脆以"黄龙"为其年号。除此等外,陈寿还屡屡以童谣、占候、预言、测字等资料预兆着重大事件的发生。所有这些,反映出了《三国志》消极的一面。

(二)该书的不足之二,应是它作为一部"正史"在体例上的欠阙。如前所述,《三国志》只有纪、传而无表、志。这就造成了典章制度没有专篇叙述,并且因纪、传对此等内容往往语焉不详,故难让人对这一时期的制度革变形成完整的概念,这就给后人研究这一时期的有关内容带来了殊困。古人认为,"史之所难,无出于志"(《史通·正史篇》),可能陈寿因为资料收集得不全,故此没有作志。话又说回来,这种"不妄作"的态度还是有值得肯定之处!

(三)《三国志》中有不少疏漏之处。《三国志》虽说同时写着3个并立政权的历史事件,由于作者做到详主略次、文字简洁,故在叙事时并无重复。应该说这是《三国志》的优点之一。但也正是在这种简略之中存在着一定的脱漏,有些还是极其重要的人物和事件。拿人物来说,重要者如与华佗齐名且同时的名医张仲景、当时科学家马钧、著名书法家钟繇等人,《三国志》不着一字。再如魏晋间重要的政治人物桓范、何晏等,《三国志》也未为他们立传。拿事件来说,重要者如关系到人事制度的曹操三下求贤令、关系到赋税制度的曹操打击河北豪强令、关系到屯田制度的曹操"置屯田令"等,陈寿一概从略。如果不是裴松之在为其书作注时——加入,则如此重大的制度变革和历史变故,后人可能就不得而知了。此外,《三国志》对于当时的少数民族,除东北地区的乌丸、鲜卑、东夷有传上,其他如西部的氐、羌诸族,西域诸国,以及活跃在孙吴境内的山越、蜀汉境内的南中诸族,都没有独立作传成篇。所有这些因略而漏的情况，不能不说是《三国志》的又一缺陷。

（四）《三国志》在文采上稍有不足，以至历史人物的描写生动传神不够。在文采方面，"前四史"以《三国志》为逊。

尽管有以上几点不足之处，陈寿仍不失为"良史"，其书仍不愧为"实录"。《三国志》自撰出后，受到历代研习者的赞誉。陈寿之世，当时诸家叙三国史事之书，自《三国志》行世而渐至湮没无闻。陈寿去世后，晋梁州大中正、尚书郎范頵等人，上表向朝廷推荐《三国志》说："陈寿作《三国志》，辞多劝诫，明乎得失，有益风化，虽文艳不若（司马）相如，而质直过之。"（《晋书·陈寿传》）北魏人崔浩认为陈寿撰作《三国志》，"有古良史之风，其所著述，文义典正，皆扬于王庭之言，微而显，婉而成章。自班（固）、史（迁）以来，无及寿者"（《魏书·毛修之传》）。而南朝梁人刘勰，在其《文心雕龙·史传》篇中则说："及魏代三雄，记、传互出，《阳秋》《魏略》之属，《江表》《吴录》之类，或激抗难征，或疏阔寡要，惟陈寿《三国志》，文质辨洽，荀、张比之迁、固，非妄誉也。"南宋"为文藻思英文"的叶适，更进而认为陈寿"笔高处逼司马迁，方之班固，倡少文义缘饰尔，要终胜固也"（叶适《习学纪言序目·蜀志》）。至清代，著名史学家钱大昕则作如是论评："予性喜史学，司、班而外，即推此书，以为过于范（晔）、欧阳（修）。"（《潜研堂集·三国志辨疑序》）从前人的种种评述中，可见《三国志》的写作成就及其史学价值。

政　略

董卓乱天下

董卓之入洛阳（贾）诩以太尉掾为平津①都尉，迁讨虏校尉。卓婿中郎将牛辅屯陕②，诩在辅军。卓败，辅又死，众恐惧，校尉李傕、郭汜、张济等欲解散，间行归乡里。诩曰："闻长安中议欲尽诛凉州人，而诸君弃众单行，即一亭长能束君矣。不如率众而西，所在收兵，以攻长安，为董公报仇，幸而事济，奉国家以征天下，若不济，走未后也。"众以为然。傕乃西攻长安。语在卓传。后诩为左冯翊，傕等欲以功侯之，诩曰："此救命之计，何功之有！"固辞不受。……

（《三国志·魏志》卷十，贾诩传）

【注释】

①平津：古津渡名，又名关名。因地处小平县而得名。一名河阳津。故址在今河南巩义市西北的黄河上，为古代黄河的重要渡口。②陕：县名，汉置，三国魏同。故治在今河南三门峡市西郊附近。

【译文】

董卓入洛阳，贾诩以太尉属官的身份任平津都尉，后来升任讨虏校尉。董卓的女婿中郎将牛辅驻军陕县，这时贾诩在牛辅的部队里任职。董卓失败，牛辅又死，部队恐惧，校尉李傕、郭汜、张济等人打算把部队解散，走小路回家。贾诩说："听说长安城里有人想杀尽凉州人，而你们丢掉部队单独行动，就是一个亭长也能把你们捆起来啊！不如率领部队往西去，所到之处收集士兵，用他们攻打长安，为董公报仇，如侥幸成功，尊奉朝廷来征服天下；如果不成功，那时逃跑也不晚呢。"大家认为不错。李傕于是向西攻打长安。这件事记载在《董卓传》里。后来贾诩任左冯翊，李傕等人想根据他的功劳封他为侯，贾诩说："这是一个救命的计策，哪有什么功劳！"坚决推让不接受。

董昭献计

太祖朝天子于洛阳，引昭并坐，问曰："今孤来此，当施何计？"昭曰："将军兴义兵以诛暴乱，入朝天子，辅翼王室，此五伯①之功也。此下诸将，人殊意异，未必服从，今留匡弼②，事势不便，惟有移驾幸许耳。然朝廷播越③，新还旧京，远近跂望④，冀一朝获安⑤。今复徙驾，不厌⑥众心。夫行非常之事，乃有非常之功，愿将军算其多者。"太祖曰："此孤本志也。杨奉近在梁⑦耳，闻其兵精，得无为孤累乎？"昭曰："奉少党援，将独委质⑧。镇东、费亭之事，皆奉所定，又闻书命申束⑨，足以见信。宜时遣使厚遗答谢，以安其意。说'京都无粮，欲车驾暂幸鲁阳，鲁阳近许，转运稍易，可无县乏⑩之忧'奉为人勇而寡虑，必不见疑，比使往来，足以定计。奉何能为累！"太祖曰："善。"即遣使诣奉。徙大驾至许。奉由是失望，与韩暹等到定陵钞暴⑪。太祖不应，密往攻其梁营，降诛即定。奉、暹失众，东降袁术。三年，昭迁河南尹⑫。时张杨为其将杨丑所杀，杨长史薛洪、河内太守缪尚城守待绍救。太祖令昭单身入城，告喻洪、尚等，即日举众降。以昭为冀州牧。

（《三国志·魏书》卷十四，董昭传）

【注释】

①五伯：即五霸。春秋时实力最强的5个诸侯国。一般认为是齐桓公、晋文公、秦穆公、宋襄公、楚庄王。②匡弼：辅佐。③播越：流亡。④跂望：举足翘望。⑤获安：得到安定。⑥厌：满足；服从。⑦梁：县名。在今河南省临汝县西，当时杨奉率军驻扎于此。⑧委质：即委贽。委，委付。贽，初见尊长时所送的礼品。古人初次相见，执贽以为礼。⑨申束：一再表明。⑩县乏：县，同"悬"。县乏即匮乏，缺少。⑪定陵：县名，在今河南省叶县西。钞暴：劫掠、滋扰。⑫河南尹：官名。东汉建都洛阳，以河南为尹，掌京师。

【译文】

曹操在洛阳要朝见汉献帝，把董昭拉在一起同坐，问董昭："现在我来这里，应当用什么计谋？"董昭说："您兴义兵以诛暴乱，入朝拜见天子，辅佐王室，功劳可比五伯。这里的将军，各人情况不同，意见也不一样，不一定会听从您的命令。现在留下来辅佐皇帝，形势不利，只要把天子移到许昌去，就好多了。但朝廷流徙，刚刚返回洛阳，大家都翘首以待，希望迅速安定。现在再次迁都，不符合大家的心意。然而只有从事非常的事情，才会有非常的功劳。希望您考虑利弊。"曹操说："这本意也是如此。杨奉就在附近的梁地，听说他的军队训练有素，会不会成为我的障碍呢？"董昭回答说："杨奉缺乏同党的援助，将独来进见。您封为镇东将军和承袭费亭侯这件事，都是杨奉定的。又有书命约束，足以相信。适当的时候，派遣使者送份厚礼感谢他，安定他的思想。说'京都没有粮食，想护卫献帝去鲁阳。鲁阳临近许昌，运输比较容易，可以减除粮食匮乏之忧。'杨奉为人有勇无谋，一定不会怀疑。等到使者返回就可以确定迁都的计划，杨奉怎么能成为将军的障碍呢？"曹操说："很好。"就派使者拜访杨奉。把献帝迁到了许昌。杨奉因此而感失望，与韩遇等人到定陵劫掠献帝，曹操不理，却秘密率军攻击杨奉在梁的营地，降的降，杀的杀，很快地平定了。杨奉、韩遇失掉了部队，往东投降了袁术。建安三年，董昭升任河南尹。当时张杨为他的部将杨丑杀害。张杨的长史薛洪、河内太守缪尚守城等待袁绍的援救。曹操命令董昭一个人进城，告喻薛洪、缪尚等人，当天就率众投降曹操。董昭被任命为冀州牧。

御　人

曹操论事

安定太守毌丘兴将之官，公戒之曰："羌、胡欲与中国通，自当遣人来，慎勿遣人往。善人难得，必将教羌、胡妄有所请求，因欲以自利；不从便为失异俗意，从之则无益事。"兴至，遣校尉范陵至羌中，陵果教羌，使自请为属国都尉。公曰："吾预知当尔，非圣也，但更①事多耳。"

（《三国志·魏书》卷一，武帝纪）

【注释】

①更：经历。

【译文】

安定太守毌丘兴将要赴任，曹操告诫他说："羌人、胡人想和我们来往，自然应该让他们派人来，切记不要派人去。好人难得；不好的人势必教唆羌、胡人提出不合理的要求，以便从中自己谋利。我们不答应，便使他们失望；而如果答应，就对我们不利。"毌丘兴到达安定，派校尉范陵去羌人那里，范陵果然教唆羌人，叫他们请求让他当属国都尉。曹操说："我预料一定会这样的，我不是圣人，只是经历的事多点罢了。"

古之大教　在通人情

和洽字阳士，汝南西平人也。举孝廉，大将军辟①，皆不就。袁绍在冀州，遣使迎汝南士大夫。洽独以"冀州土平民强，英桀所利，四战之地。本初乘资②，虽能强大，然雄豪方起，全未可必也。荆州刘表无他远志，爱人乐士，土地险阻，山夷民弱，易依倚也"。遂与亲旧俱南从表，表以上客待之。洽曰："所以不从本初，辟③争地也。

昏世之主，不可黩近④，久而贴危⑤，必有谗慝间其中者⑥。"遂南度武陵。

太祖定荆州，辟为丞相掾属⑦。时毛玠、崔琰并以忠清干事⑧，其选用先尚俭节⑨。洽言曰："天下大器⑩，在位与人，不可以一节俭⑪也。俭素过中⑫，自以处身则可，以此节格物⑬，所失或多。今朝廷之议，吏有著新衣、乘好车者，谓之不清；长吏过营⑭，形容不饰，衣裘敝坏者，谓之廉洁。至令士大夫故污辱其衣，藏其舆服⑮；朝府大吏，或自挈壶餐以入官寺⑯。夫立教观俗，贵处中庸，为可继也。今崇一概难堪之行以检殊涂⑰，勉而为之，必有疲瘁⑱。古之大教，务⑲在通人情而已。凡激诡⑳之行，则容隐伪矣。"

（《三国志·魏书》卷二十三，和洽传）

【注释】

①辟：征召。②乘资：利用，借助。资，借。③辟："避"的古字。④黩近：轻易接近。黩，轻慢。⑤贴危：危险。⑥"谗慝"句：爱说坏话挑拨离间的小人。间：离间。⑦丞相掾属：丞相自己征召的协助办理具体事务的属官。正的叫掾，副的叫属，通称掾属。⑧"毛玠"句：毛玠、崔琰，人名，士族首领，曹操的重要谋士。忠清：忠直清廉。⑨先尚：首先重视。节，节操、品格。⑩大器：宝器，比喻治国的根本。⑪俭：同检，约束，要求。⑫过中：超过正常标准。⑬格物：纠正事物。⑭长吏过营：俸禄高的官吏。汉以秩二百石以上为长吏，大致为县令以上的官。营：治所。⑮舆服：车子与衣服。古代乘车、衣冠都有规定，以表明等级。⑯官寺：官署。⑰殊涂：不同的道路。比喻不同的方式方法。⑱疲瘁：弊病。⑲务：努力做到。⑳激诡：过激而离奇。

【译文】

和洽字阳士，汝南郡西平县人。被推举为孝廉，大将军征召，却不应。袁绍在冀州，派使者迎接汝南郡的士大夫，和洽独认为"冀州土地平坦，人民强悍，对英雄豪杰有利，是四方争战之地。袁本初借助它，即使能强大起来，然而英雄豪杰正在兴起，能否保全，就说不准了。荆州的刘表，无远大的志向，爱护人民，喜欢才智之士。地势险要，山平民弱，容易依靠。"于是和洽与亲戚故旧一起到南方随从刘表，刘表用上客之礼对待他。和洽说："我所以不跟随袁本初，是为了躲避争战之地。刘表这样不明时势的主子，不可太亲近了，否则时间一久，就有危险。一定有邪恶的小人从中挑拨离间。"因此就南迁到武陵郡。

太祖平定荆州后，征召和洽为丞相掾属。当时毛玠、崔琰都凭忠直清廉治事，他们选用人才首先重视节俭的品德。和洽进言说："治国之本，在于根据职位选拔人才，不能拿节俭这个标准衡量一切。过分节俭，自己要求自己还可以，如果拿这个规范一切事物，失误恐怕很多。现在朝廷有这样的议论，官员中有穿新衣、乘好车的人，就说他们不清廉；大官们到治所来，不讲究仪表，衣服皮袍破旧的人，就认为他们廉洁。以致士大夫们故意弄脏自己的衣服，隐藏他们的官服、车子；朝廷和丞相府的大官们，有的自己提着酒食到官署来。建立教化和观察社会风气，贵在恰到好处，为了便于继承和延续下去。现在推崇一种难为人人接受的行为准则，要求各种各样的人遵守，如果勉强推行下去，一定会出现弊端。古代的大教，着重在通人情。凡是过激而离奇的行为，里面常常包藏着虚伪。"

徐邈嗜酒　名见青史

徐邈字景山，燕国①蓟人也。太祖平河朔②，召为丞相军谋掾③，试守奉高令④，入为东曹议令史。魏国初建，为尚书郎。时科⑤禁酒，而邈私饮至于沈醉。校事赵达问以曹事⑥，邈曰："中圣人⑦。"达白之太祖，太祖甚怒。度辽将军鲜于辅⑧进曰："平日醉客谓酒清者为圣人，浊者为贤人，邈性修慎，偶醉言耳。"竟坐⑨得免刑。后领⑩陇西太守，转为南安⑪。文帝⑫践阼，历谯相⑬、平阳、安平⑭太守，颍川典农中郎将，所在著称⑮，赐爵关内侯⑯。车驾⑰幸许昌，问邈曰："颇复中圣人不⑱？"邈对曰："昔子反毙于谷阳⑲，御叔罚于饮酒⑳，臣嗜同二子，不能自惩㉑，时复中之。然宿瘤以丑见传㉒，而臣以醉见识㉓。"帝大笑，顾左右曰："名不虚立。"迁抚军大将军军师㉔。

（《三国志·魏书》卷二十七，徐邈传）

【注释】

①燕国：郡，国名。②河朔：古时泛指黄河以北地区。③丞相军谋掾：官名。④试守：试用。奉高：县名，在今山东泰安县东。令，县令。一县的最高行政长官。⑤科：法令条规。⑥校事赵达问以曹事：校事，官名。也作校官、校曹。曹操任汉丞相时置。是皇帝或执政的耳目。曹：古时分职治事的官署或部门。曹魏时尚书台分为五曹。⑦中（zhòng）圣人：指喝醉了酒。圣人，指酒。⑧度辽将军鲜于辅：度辽将军，官名。曹魏将军名号，官三品。鲜于辅：人名。鲜于，复姓。

原为汉末幽州牧刘虞部将，后率部降曹操。⑨坐：因而。⑩领：领，兼任。⑪转为南安：转，调任。南安：郡名。东汉中平五年分汉阳郡置。治所在今甘肃省陇西县渭水西岸。⑫文帝：即曹丕。⑬谯相：谯国之相。曹魏时，诸国各置相一人，职如太守。⑭平阳、安平：平阳，郡名。治所在今山西省临汾市西南。安平：郡、国名。治所在信都，今河北省冀州市。⑮称：颂扬。⑯关内侯：爵位名。一般封有食邑多少户，有按规定户数收取租税的权利。秦汉时置，曹魏沿之。⑰车驾：帝王的代称。此指曹丕。⑱不：通"否"。⑲子反毙于谷阳：春秋时晋楚战于鄢陵，楚王召子反谋划，子反因饮了谷阳所上之酒而醉不能往，楚军因而打了败仗。子反因此而引罪自杀。子反：楚国大臣。谷阳：即谷阳竖，子反的仆人。⑳御叔罚于饮酒：御叔是鲁国大夫。臧武仲出使晋国，经过御叔封地顺便拜访他，他却自顾饮酒，并说了一些不好听的话，因此，他被罚出加倍的贡赋。㉑自惩：自己警戒。㉒宿瘤以丑见传：相传宿瘤是齐国采桑女，颈上生了个大瘤，因号宿瘤。齐湣王认为她有德，迎立为后。㉓见识：被记得。识，通"志"。㉔抚军大将军军师：抚军大将军，官名。魏文帝曹丕置。军师：官名。二品以上将军均置军师一人，官五品，职参军机。

【译文】

　　徐邈字景山，燕国蓟县人。太祖平定黄河以北地区之后，召他担任丞相军谋掾，试用奉高县令，后来又调任为东曹议令史。魏王国建立之初，任尚书郎。当时禁止饮酒，而徐邈却喝得大醉。校事赵达向他询问曹事，徐邈回答说："中圣人。"赵达报告了太祖，太祖大为震怒。度辽将军鲜于辅为之解脱说："平日醉酒的人把清亮的酒叫做圣人，浑浊的酒称贤人，徐邈为人谨慎端正，这次是喝多了说酒话。"徐邈因此免受刑罚。后来，徐邈兼任陇西太守，又调任南安太守。曹丕当了皇帝后，他历任谯国相，平阳、安平太守，颍川典农中郎将，政绩很好，名声显著，被赐爵关内侯。文帝巡视许昌，问徐邈说："还再中圣人否？"徐邈回答说："从前子反因为喝了谷阳献的酒误了大事而自杀身死，御叔饮酒而受到处罚，我爱酒和这两个人相同，不能自己约束自己，时常还是要喝一点。然而宿瘤因为长得丑陋而见诸史传，我则因为喝醉了而被皇上记得。"文帝哈哈大笑起来，环顾左右侍臣，说："真是名不虚传。"调徐邈为抚军大将军军师。

法 制

王修执法与为人

　　王修字叔治，北海①营陵人也。年七岁丧母。母以社日②亡，来岁邻里社，修感念母，哀甚。邻里闻之，为之罢社。年二十，游学南阳，止张奉舍。奉举家得疾病，无相视者，修亲隐③恤④之，病愈乃去。初平中，北海孔融召以为主簿⑤，守高密⑥令。高密孙氏素豪侠，人客数犯法。民有相劫者，贼入孙氏，吏不能执⑦。修将吏民围之，孙氏拒守，吏民畏惮不敢近。修令吏民："敢有不攻者与同罪。"孙民惧，乃出贼。由是豪强慑服。举孝廉⑧，修让邴原，融不听。时天下乱，遂不行。顷之，郡中有反者。修闻融有难，夜往奔融。贼初发，融谓左右曰："能冒难来，唯王修耳！"言终而修至。复署功曹。时胶东⑨多贼寇，复令修守胶东令。胶东人公沙卢宗强⑩，自为营堑，不肯应发调。修独将数骑径入其门，斩卢兄弟，公沙氏惊愕莫敢动。修抚慰其余，由是寇少⑪止。融每有难，修虽休归在家，无不至。融常赖修以免。

　　袁谭在青州⑫，辟修为治中从事⑬，别驾刘献数毁短修。后献以事当死，修理之，得免。时人益以此多焉。……

　　　　　　　　　　　　（《三国志·魏书》卷十一，王修传）

【注释】

　　①北海：郡国名。治所在营陵（今山东省昌乐县东南）。②社日：古代祭祀土神的日子。③隐：怜悯。④恤：救助。⑤主簿：官名。汉代中央及郡县官署均置此职，主管文书，办理日常事务。⑥守高密：守，代理官职。高密，县名，在今山东省高密市西南。⑦执：捉拿。⑧孝廉：汉代选举科目之一，孝廉即孝顺廉洁的人。⑨胶东：国名。治所在即墨（今东省平度市东南）。⑩宗强：宗族豪强。⑪少：稍稍。⑫青州：州名。汉武帝所置十三刺史部之一。治所在临菑（今山东省

淄博市临淄北)。⑬治中从事：官名。为州刺史助理。

【译文】

　　王修字叔治，北海郡营陵县人。7岁时丧母。是社日那天死的。第二年社日，邻里祭祀土神，王修怀念母亲，十分悲痛。邻里人听到他哀泣之声，便停止了祭祀。王修20岁时，到南阳游学，在张奉家住。张奉全家得病没有人去看望。王修怜悯他们，侍候他们，等到他们的病好了才离开。初平年间，北海国孔融征召他担任主簿，代理高密县县长。高密县孙氏向来横行县里，他的族人家客经常犯法。百姓有被抢劫的，盗贼跑到孙氏家中，官吏不敢进入孙家逮捕。王修带了官吏百姓包围了孙家，孙氏抗拒坚守，官吏和百姓害怕，不敢前去。王修命令官吏百姓："胆敢不攻打的与盗贼同样治罪。"孙氏害怕了，于是把盗贼放了出来。从此地方上横行霸道的有所畏惧屈服了。王修被荐举为孝廉，他让给邴原，孔融不同意。这时天下动乱，王修没有到任。不久，郡里有造反的。王修听到孔融有难，连夜前往救孔融。盗贼刚刚发作时，孔融对左右的人说："能够冒险而来助我的，只有王修。"话刚刚说完，王修就来了。王修再次代理功曹。当时胶东的盗贼匪徒很多，又命令王修代理胶东县令。胶东人公沙卢宗族强大，自己修建了营垒壕沟，不服从政府的派遣和交纳赋税。王修独自率领几名骑士直入公沙卢家，杀了公沙卢的兄弟，公沙家族的人惊得目瞪口呆，不敢动。王修安抚慰问其余的人，从此盗贼的危害，才稍稍制止。孔融每次遇到祸患，王修即使在家休假，也从没有不去救助他的。孔融常靠王修之力而得以免除祸患。

　　袁谭在青州时，征召王修为治中从事，别驾刘献多次诋毁贬低王修。后来刘献因事应当判死刑，王修办理这件案子，刘献得以免于死罪。当时的人因此更加称赞王修的为人。

人能有改　乃至于斯

　　国中有盗牛者，牛主得之。盗者说："我邂逅迷惑，从今已后将为改过，子既已赦宥，幸无使王烈闻之。"人有以告烈者，烈以布一端①遗之。或问："此人既为盗，畏君闻之，反与之布，何也？"烈曰："昔秦穆公②，人盗其骏马食之，乃赐之酒。盗者不爱其死，以救穆公之难。今此盗人能悔其过，惧吾闻之，是知耻恶。知耻恶，则善心将生，故与布劝为善也。"闲年③之中，行路老父担重，人代担行数十里，欲至家，置而去，问姓名，不以告。顷之，老父复行，失剑于路,有人行而遇之,欲置而去。惧后人得之,剑主于是永失;欲取而购募,或恐差错,遂守之。至暮,剑主还见之,前者代担人也。老父揽④其袂,问曰:"子前者代吾担,不得姓名,今子复守吾剑于路,未有若子之仁,请子告吾姓名,吾将以告王烈。"乃语之而去。老父以告烈,烈曰:"世有仁人,吾未之见。"遂使人推之,乃昔时盗牛人也。烈叹曰:"韶乐九成,虞宾以和,人能有感,乃至于斯也!"遂使国人表其闾而异之。

(《三国志·魏书》裴注引《先贤行状》)

【注释】

①端:古布帛长度名。绢曰匹,布曰端。古绢以4丈为一匹,布以6丈为一端。唐以4丈为匹,6丈为端。②秦穆公:(公元前?—公元前621年)春秋时秦国之君。嬴姓,名任好。③闲年:隔年。④揽(lǎn):执,举。

【译文】

国内有个偷牛的,被牛主捕得,偷牛贼说:"我一时糊涂,从今以后洗手不干了,您既然原谅了我,请不要让王烈知道。"有人告诉了王烈,王烈拿了6丈布给了偷牛贼。有人问:"这个人既然做了贼,怕您知道,您反而给布,为什么呢?"王烈说:"从前秦穆公的骏马,被人盗去吃了,秦穆公还赐给盗马的酒喝。后来盗马的不惜拼命救了秦穆公的危难。现在这个偷牛贼,能够悔过,怕我知道,这是晓得做坏事可耻,知可耻,做好事的思想就有了,所以给他布以劝他从善啊。"隔了一年,一个老父挑着重担子走路,有个人代他挑行数十里,快到家了,那人把担子放下就走了,问他的名字,不说。不久,这个老父又在路上走,把剑丢了。有个人看见了,心想不顾而去,但又想,后来的人得了,剑会永远丢失了,拿着去找失主,又担心有错领的情况,于是就守在那里。到了夕阳下山的时候,失主返回来见了他,原来是前年代他挑担的那个人。老父扯着那个人的袖子说:"你从前代我挑担,不知道你的姓名,现在你又在路上守着我丢失的剑,没有遇到过你这样的好人,请你告诉我你的姓名,我将告诉王烈。"那个人告诉他就走了。老父把这个情况告诉了王烈,王烈说:"世界上有这么好的人,我还没有见过面。"于是派人寻访,原来是从前那个偷牛的人呢。王烈叹息说:"韶乐九成,虞宾以和,人能有感,竟到了这个地步呀!"就使国人表扬他的乡里,敬重他的善行。

军　事

曹操反间破马超

是时关中诸将疑繇欲自袭，马超遂与韩遂、杨秋、李堪、成宜等叛。遣曹仁讨之。……韩遂请与公相见，公与遂父同岁孝廉①，又与遂同时侪辈，于是交马语移时，不及军事，但说京都旧故，拊手欢笑。既罢，超等问遂："公何言？"遂曰："无所言也。"超等疑之。他日，公又与遂书，多所点窜，如遂改定者；超等愈疑遂。公乃与克日会战，先以轻兵挑之，战良久，乃纵虎骑夹击，大破之，斩成宜、李堪等。遂、超等走凉州②，杨秋奔安定③，关中④平。诸将或问公曰："初，贼守潼关，渭北道缺，不从河东击冯诩而反守潼关，引日而后北渡，何也？"公曰："贼守潼关，若吾入河东⑤，贼必引守诸津，则西河⑥未可渡，吾故盛兵向潼关；贼悉众南守，西河之备虚，故二将得擅取西河；然后引军北渡，贼不能与吾争西河者，以有二将之军也。连车树栅，为甬道而南，既为不可胜，且以示弱。渡渭为坚垒，虏至不出，所以骄之也；故贼不为营垒而求割地。吾顺言许之，所以从其意，使自安而不为备，因畜士卒之力，一旦击之，所谓疾雷不及掩耳，兵之变化，固非一道也。"始，贼每一部到，公辄有喜色。贼破之后，诸将问其故。公答曰："关中长远，若贼各依险阻，征之，不一二年不可定也。今皆来集，其众虽多，莫相归服，军无适主，一举可灭，为功差易，吾是以喜。"

（《三国志·魏书》卷一，武帝纪）

【注释】

①孝廉：汉代察举官吏的科目名。孝，指孝子；廉，指廉洁的官吏。汉武帝元光元年（公元前134年）初，令郡国举孝廉各一人，后合称孝廉。三国因之。②凉州：州名。西汉置。为汉武帝十三刺史部之一。辖境相当今甘肃、宁夏和青

海湟水流域，陕西定边、吴旗、凤县、略阳等县。③安定：郡名。西汉元鼎三年（公元前114年）置。治所在今宁夏固原。辖境相当今甘肃泾川、宁县、崇信、平凉、镇原和宁夏泾源、隆德、固原、西吉等县。④关中：地区名。秦都咸阳，汉都长安，称函谷关以西为关中。或以为在秦岭以北范围，包括陇西、陕北等地。⑤河东：郡名。黄河在山西地作北南流向，战国、秦、汉时因指今山西西南部为河东；魏晋以后泛指山西全省。⑥西河：地区名。战国魏地。故地在今河南安阳一带。其时黄河流经安阳之东，西河意即河西。

【译文】

　　这时关中各将领怀疑钟繇要袭击自己，马超因与韩遂、杨秋、李堪、成宜等人反叛，曹操派曹仁去讨伐他们。……韩遂要求与曹操见面，曹操与韩遂的父亲是同年孝廉，又与韩遂为同辈人，曹操与韩遂并马交谈了很长一段时间，不说军事，只谈论在京都时的一些旧事，说到投机的时候，两人拍手大笑。会见以后，马超等人问韩遂："曹操说了些什么呢？"韩遂说："没说什么。"马超等就怀疑韩遂有不可告人之密。另一天，曹操又给韩遂写信，涂改的地方很多，像是韩遂改定的。马超等人对韩遂更加怀疑。曹操于是与马超约定日子会战，先用轻装步兵挑战，战了很久，才使用勇猛的骑兵夹击，大破敌军，杀了成宜、李堪等人。韩遂、马超跑到凉州，杨秋逃到安定，关中平定了。诸将中有人问曹操："以前，贼守潼关，渭北道缺，不从河东击冯翊而反守潼关，拖延时间而后北渡，这是为什么呢？""开始时，敌人据守潼关，如果我们进入河东，敌人一定会率领部队把守各个渡口，这样，我们就无法渡过西河了。所以我故意把大军开往潼关，敌人就会使用所有的兵力，把守南面，这样使得西河的防守空虚，这样徐晃、朱灵二将能集中力量夺取西河，然后带领部队北渡黄河，敌人不能与我们争夺西河，就是因为有二将的军队在那里啊。连结车辆，树立栅栏，修筑通道通往南方，这是既做好不可战胜的准备，也显示我军力量的薄弱，给敌人以假象。渡过渭水修筑坚固的壁垒，敌人来了我不出应战，是为了使他们骄傲，所以敌人不修筑壁垒而要求割地。我顺着他们答应了。我所以顺从是想稳住他们，让他们不做防备。而我们则积蓄力量，突然发起攻击，这就叫做迅雷不及掩耳。用兵的变化无穷，本来就没有一种固定的方法啊。"起先，敌人每有一支部队到来，曹操总是喜形于色。敌人被打败之后，将领们问这是为什么，曹操答道："关中土地辽阔，如果敌人各自据守险阻，我们征讨他们，没有一二年的时间是不能克敌制胜的。现在他们集聚到一起来，人马虽然多，但是各不相属，又无统一的主帅，一战就能消灭他们，比较容易取胜，他们集中到一起来，'送货上门'，我所以很高兴。"

锦囊妙计　敌至乃发

太祖既征孙权还，使辽与乐进、李典等将七千余人屯合肥。太祖征张鲁，教①与护军薛悌，署②函边曰："贼至乃发。"俄而权率十万众围合肥，乃共发教，教曰："若孙权至者，张、李将军出战；乐将军守护军，勿得与战。"诸将皆疑。辽曰："公远征在外，比③救至，彼破我必矣。是以教指及其未合逆击之④，折其盛势，以安众心，然后可守也。成败之机，在此一战，诸君何疑？"李典亦与辽同。于是辽夜募敢从之士⑤，得八百人，椎牛⑥飨将士，明日大战。平旦⑦，辽被甲持戟，先登⑧陷陈，杀数十人，斩二将，大呼自名，冲垒入⑨，至权麾下⑩。权大惊，众不知所为，走登高冢⑪，以长戟自守。辽叱权下战⑫，权不敢动，望见辽所将众少，乃聚围辽数重。辽左右麾围⑬，直前急击⑭，围开，辽将麾下数十人得出，余众号呼曰："将军弃我乎！"辽复还突围，拔⑮出余众。权人马皆披靡⑯，无敢当者。自旦战至日中，吴人夺气⑰，还修守备，众心乃安，诸将咸服。权守合肥十余日，城不可拔，乃引退。辽率诸军追击，几复获权。太祖大壮辽，拜征东将军。……

（《三国志·魏书》卷十七，张辽传）

【注释】

①教：文体的一种，为上对下的命令。②署：题名，题字。③比：及，等到。④教指：教的意思。指，同旨。未合：指孙权部队还没有形成包围。逆击：迎战。⑤敢从之士：敢于跟张辽出击的勇士。⑥椎牛：杀牛。⑦平旦：天明时。⑧先登：冲在最前面。⑨冲垒入：冲开敌人营垒进入。⑩麾下：谓将旗之下。此处指孙权所在军营。⑪高冢：高土堆。⑫叱权下战：叱呼孙权下来决战。⑬左右麾围：左右指挥突围。⑭直前急击：迅速向前猛烈攻击。⑮拔：救出。⑯披靡：溃散。⑰夺气：丧失勇气。

【译文】

曹操征讨孙权回来之后，派张辽和乐进、李典等率7000余人驻扎合肥。曹操征讨张鲁，下令给护军薛悌，在信封上写道："敌人来了，再打开。"不久，孙权率军10万包围合肥，于是大家一起把密封的命令打开，命令说："如果孙权到来，张、李率军出战，乐率军守城，护军薛悌不得出战。"诸将都很疑惑。张辽说："曹公远征在外，等救兵赶到，敌军一定已经把我们打败了。所以命令我们趁敌军还没形成包围就迅速迎击，挫败敌人的锐气，以安定军心，这样才能坚守啊。成败的关键，就在这一战，你们有什么可疑惑的。"李典表示同意。于是张辽当晚就征募敢于跟他战斗的士卒，一共得800人，杀牛慰劳将士，第二天大战。天将亮，张辽披甲执戟，首先冲入敌阵，杀数十人，斩两将，大声呼喊自己的姓名，直冲入敌军营垒，达到孙权的指挥所。孙权大惊，大家不知如何是好，急忙登上一个高土堆，用长戟自卫。张辽呵斥孙权下来决战，孙权不敢动，望见张辽率领的部队不多，就集合部队层层包围张辽。张辽左右指挥突围，向前猛烈攻击，包围圈冲开了，张辽率领勇士数十人冲出，其余的士兵大声呼喊："将军抛弃我们吗？"张辽再次冲入包围圈，救出其余士卒。孙权的部队溃散，无敢阻挡的。从早上战斗到中午，吴军士气丧失了，张辽返回营地加修守备工事，军心安定，诸将都佩服张辽。孙权包围合肥10余天，无法攻克，就率军回去。张辽率各路军马追击，几乎把孙权捉了。曹操大大嘉奖张辽，任命他为征东将军。……

传世故事

曹操诈术世无双

　　曹操少年时就为人机警,擅长权术。他喜欢飞鹰走狗,不务正业,他叔父常在他父亲曹嵩面前告状,使他颇感头痛。后来在路上碰到叔父,他便装出脸歪嘴斜的模样,叔父很奇怪地问他怎么回事,他说突然中了恶风。叔父回家告诉了曹嵩,曹嵩吃惊之余,连忙喊来曹操,却见曹操脸面和平常一样。曹嵩问道:"你叔父说你中了风,已经好了吗?"曹操答道:"我本来就没中风,只是他看不惯我,所以才造我的谣。"曹嵩于是对弟弟产生了疑心。此后曹操再放荡,叔父告诉曹嵩,曹嵩都不再相信。曹操自此更加肆无忌惮了。

　　等到曹操成人率军领众时,他似乎明白了兵不厌诈的谋略,接人待物不实,屡以变诈成事。兴平元年(194年),曹操引兵攻打吕布,在濮阳城里中了圈套。他飞马仓皇逃窜,不幸正撞在吕布的骑兵手上。正巧吕布的骑兵不认识他,问道:"曹操何在?"曹操顺手一指,骗他道:"骑黄马逃跑的那个就是。"这些人便放过曹操,向骑黄马的追去。曹操乘机逃出城去。

　　建安十六年(211年),曹操率军西征马超、韩遂。为了击败马韩联盟,曹操采用离间之计,便在韩遂身上做起了文章。韩遂的父亲与曹操是同年的孝廉,韩遂本人又与他为同辈的故人,所以韩遂在战场上与他见面时,曹操故意和他交马欢谈多时,话题不涉及眼前的争战,只是回忆京都的故旧。谈到兴头上,曹操拍手大笑,气氛渲染得很是热烈,好像沙场变成了宴会似的。韩遂回营后,马超问他:"曹操对您说了些什么?"韩遂答道:"没说什么。"曹操对韩遂如此热情,焉能不说什么,马超心下起疑。过几天以后,曹操又写信给韩遂,信中故意涂抹了多处。马超听说韩遂有曹操的信件,又追问信的内容,韩遂便把信拿给他看。他看到上面勾勾画画的,就以为韩遂为了隐瞒什么而作了改写,因此愈加怀疑韩遂背地在与曹操搞什么勾当。曹操见离间成功,马韩联盟出现裂痕,便择日会战,把马超、韩遂等打得落荒而逃。

　　建安二十三年(218年),太医令吉本与少府耿纪、司直韦晃等造反,进攻许都,放火焚烧丞相长史王必营寨,王必受伤致死。曹操勃然大怒,把汉百官召集到邺,命令救火的站在左边,没救火的站在右边。众人以为参与救火的必然不会加罪，都站到了左边。曹操却认为"没救火的并非助长叛乱者，救火的正是奸贼"，下令把站到左边的人全都处以死刑。

一次，曹操率军讨贼平乱，仓库中的粮食不足。他私下问主粮官怎么办，主粮官答道："用小斛分配，粮食就不会不够。"他深表赞同，说道："好办法。"后来军中有人发现了分粮用的是小斛，举军哗然，都说曹操欺骗兵众。曹操便对主粮官说："现在要借你的头来压一下兵众，不然事情不好收拾。"于是杀掉了主粮官，把他的头颅挂起来示众道："行小斛，盗官谷，斩之军门。"曹操喜用变诈之术，论者以为其"矫情任算""谲敌制胜""抑可谓非常之人"。

曹操重用郭嘉

郭嘉字奉孝，是颍川阳翟人。东汉末年，群雄并起，他起初北上去投靠袁绍，不久对袁绍的谋臣辛评、郭图说："聪明的人谨慎地选择明主而事奉他，才能百举百全成就功名。袁公只是表面效法周公的礼贤下士，但不知用人的真谛。他好谋无断，想要与他共平天下大乱，成就霸业，困难至极啊！"于是离开了袁绍。

曹操起兵之初，有颍川戏志才为他谋划大业，十分器重，但是戏志才早死，曹操给荀彧（yù 郁）写信说："自从戏志才死后，我没有可以与之共同计事的人，颍、汝等地向来多出奇才，谁可以继替志才呢？"荀彧便推荐了郭嘉。召见郭嘉与他谈论天下大事之后，曹操说："能使孤成就大业的，一定是这个人。"郭嘉在晤谈出来之后也说："这才真正是我的主公啊！"曹操任他做司空军祭酒。

按照郭嘉的意见，曹操先进攻吕布，三战都大获全胜，吕布便坚守不战。当时士卒都很疲惫，曹操想引军退还，郭嘉则建议他加紧进攻，果然活捉了吕布。

孙策占据江东之后，听说曹操北攻袁绍，在官渡相持，就准备北渡长江袭击曹操后方许都。众人听说都很惊惧，只有郭嘉预言说："孙策新据江东，他所诛杀的都是英雄豪杰，那些人都有能以死力相报的故旧。但是孙策毫无防备，尽管他有百万之兵，但无异于单行于中原。如果刺客伏击他，那么他实在不过是一个人的对手。以我看来，他必定会死在匹夫的手中。"后来孙策连江还没渡过，就被许贡的朋友刺杀了。

郭嘉随曹操征讨袁绍，袁绍死后，又征战袁绍之子袁谭、袁尚于黎阳，连战连胜。诸将都要乘势进取，而郭嘉说："袁绍喜欢这两个儿子，没有立继承人，而郭图、逢纪各做他们的谋臣，必定会相互争斗。我们若进攻太急他们会团结与我军相持，若慢攻缓取他们必相互争立。不如先向南去征伐刘表，以待袁氏兄弟之变，生变后再攻取他，可一举而定。"曹操说："太好了。"于是南征，后果如郭嘉所言，谭、尚争夺冀州，袁谭被袁尚打败，逃到平原，派辛毗来请求投降。曹操回征，一举平定。因此曹操封郭嘉为洧阳亭侯。

郭嘉深通算计谋略，对事物情理言必有中。曹操常说："只有奉孝（郭嘉字）能知道孤的心意。"郭嘉38岁时，从柳城回来时病重，曹操探问多次。郭嘉死后，曹操哀痛至极，对荀攸等人说："诸位年纪都与我同辈，只有奉孝最年轻。本想在天下平定之后把后事托付给他，然而他竟中年夭折，这也是天命啊！"他在为郭嘉作的祭奠表文中说："每有大议，临敌制变。臣策未决，嘉则成之。平定天下，谋功为高。不幸短命，事业未终。追思嘉勋，实不可忘。……哀哉奉孝！痛哉奉孝！惜哉奉孝！"

后来曹操征讨荆州，火烧赤壁，他感叹说："如果郭奉孝在的话，我不会到如此地境！"平时，陈群曾经指责郭嘉行为不检点，多次在朝廷上批评郭嘉，而郭嘉却神色自若。曹操更加器重郭嘉了，但是对于陈群能够坚持正义，他也极为高兴。

司马昭之心路人皆知

魏甘露五年（260年），大将军司马昭又进位相国，封晋公，加九锡。魏帝高贵乡公曹髦（máo）见大权一天天地被司马氏夺去，特别气愤。一天，他叫来侍中王沈、尚书王经、散骑常侍王业，对他们说道："司马昭之心，路人皆知。我不能坐等被废之辱。今日我要亲自和你们去讨伐他。"王经劝阻道："从前鲁昭公忍受不了季氏，去讨伐他，结果弄得自己出逃失国，身受天下耻笑。当今大权归于司马氏之门，已经为时好久了。朝廷四方都为他拼死效力，根本不考虑逆顺之理，这也不是一天两天了。更何况陛下的兵微将少，陛下依靠什么去讨伐他？一旦动手，那还不是想除病患反而病患愈重了！大祸难测，还望陛下三思！"曹髦怒火难平，从怀中扯出黄素诏书，掷于地下，吼道："是可忍，孰不可忍！今日定当前去讨贼！"于是进入后宫去禀告太后。王沈、王业慌忙跑出宫去报告司马昭。

司马昭得信后，做好了准备。这时，曹髦仗剑登车，率领数百僮仆从宫中鼓噪而出。行至东止车门，正好遇到司马昭的弟弟屯骑校尉司马伷（zhòu）率兵堵截，曹髦的左右一顿呵斥，司马伷之兵四散奔走。接着中护军贾充又领兵在南阙下迎战曹髦等人，曹髦的僮仆被打得溃不成军，但曹髦仍然一边自称天子，一边挥剑乱砍。贾充兵不敢进逼，太子舍人成济问贾充："事态危急，怎么办？"贾充厉声道："晋公养你们这些人，正为了今日。你们还犹疑什么！"成济与其哥哥骑督成倅（cuì）便率部下向前冲去。成济边冲边回头问道："要死的？要活的？"

贾充答道："要他死！"成济一矛戳去，给曹髦戳了个透心凉。司马昭得知曹髦的死讯，吓了一跳，他自己躺到地上，说道："天下会怎样议论我呀！"太傅司马孚连奔带跑地赶往出事地点，枕着曹髦的大腿，痛哭着说："杀陛下的，是为臣之罪啊！"

曹髦被杀后，太后下诏说此儿"悖逆不道""宜以民礼葬之"，但司马昭等人却叩头请求道："臣等之心实有不忍，以为可加恩以王礼葬之。"太后恩准后，20岁的曹髦被埋在洛阳西北30里河边上，围观的百姓指着坟头说道："这就是前日被杀的天子啊！"

不久，司马昭又上书太后道："高贵乡公率领随驾的将士，挥舞兵器，鸣金擂鼓，向臣处进攻。臣恐刀兵相见，便命令将士不准伤害他，违令者以军法从事。骑督成倅弟太子舍人成济，冲入兵阵刺伤了高贵乡公，以至于他命丧黄泉。臣已依照军法逮捕了成济。臣闻人臣守节，唯有一死；侍奉天子，义不逃难。这次变故突然，转瞬祸降，臣真想虽死不辞，听凭命定。但想到高贵乡公原本打算谋杀皇太后，倾覆宗庙，臣忝居大任，义在安国，担心纵然身死，罪责却越发严重。因此，臣想遵照伊尹、周公之权，平定社稷之难，当即反复命令，不准接近他的车驾，不料成济突入阵中，以致造成大变。臣哀伤痛恨，五脏欲裂，不知殒节何地才好。按照法律规定，大逆不道者，父母、妻子、同母兄弟一起斩首。成济凶顽悖道，乱国犯法，罪不容诛。特令侍御史逮捕了成济家属，交付司法部门结案定罪。"太后看毕，下诏道："五刑之罪，莫大于不孝。一般人有不孝子，尚且告他处罚他，此儿怎么还能当人主看待呢？我是妇道人家，不明大义，还以为成济算不上大逆不道。但大将军心情恳切，出言凄怆，所以准你所奏。当颁告远近，使人均知原委。"

然而，成倅、成济兄弟两人却不肯服罪就范，他们光着膀子爬上屋顶，狂悖傲慢，恶言恶语地破口大骂。司马昭手下人无法捉住他们，只好放箭，把他们射死了事。

司马懿使诈骗曹爽

魏明帝时，司马懿官居太尉，权倾朝野。明帝卧病不起，遗诏命他与曹爽共同辅佐少子齐王曹芳。

曹爽身为宗室，与明帝关系十分亲密，受封武卫将军。明帝临终又拜他为大将军，齐王即位，改封武安侯，食邑12000千户，特别恩准他带剑着履上殿，"入朝不趋，赞拜不名"。但是，太尉司马懿乃三朝元老，年迈德高，且握有兵权，因此曹爽对他心怀畏惧，待他有如父辈，事事不敢独断专行。曹爽的心腹丁谧为其出谋划策，让其弟曹羲出面，表奏齐王封司马懿为太傅，实际上是以明升暗降之法剥夺司马懿的实权。齐王年幼无知，诏命"太尉为太傅"。曹爽又任其弟曹羲为中领军、曹训为武卫将军、曹彦为散骑常侍，其余诸弟也都以列侯的身份随身侍从，出入宫禁。明帝时受到压抑的何晏、邓飏、李胜、丁谧、毕轨等人，曹爽一律委以重任，视为心腹。自此，曹爽得以专权，处理政事很少让司马懿参与。

司马懿为了避祸就称病不出，但暗中窥伺着曹爽的举动，准备东山再起。曹爽也并不放心司马懿的动静，李胜出任荆州刺史时，曹爽特地让他去面辞司马懿，借机察看一下这位元老是否真的染病。

司马懿接见了李胜。李胜客套道，自己没有什么功劳，却蒙恩回到本州任职，此次登门辞别，不料太傅垂恩接见，实属有幸。司马懿卧在床上，叫两个婢女侍候在旁边，他伸手拿衣服，衣服却从哆哆嗦嗦的手上掉了下来；他又指着自己的嘴，意思是口渴，婢女送上粥，他拿杯的手直颤抖，粥都洒在了他胸口上。李胜见状，不禁流下了泪水，说道："如今陛下年龄尚幼，天下全仗太傅。众臣都以为太傅是旧病复发，哪里料到贵体衰弱到如此程度！"司马懿缓了几缓，好容易呼吸顺畅了一点儿，这才说道："我年纪大了，得了顽症，离死不远。您屈驾并州，并州接近胡地，好自为之，恐怕我们难再见面，叫人徒唤奈何！"李胜纠正道："我是回到本州任职，并不是并州。"司马懿仍装糊涂，还是说："您此番到并州，要努力自爱！"说话间前言不搭后语，好似连篇昏话。李胜再次解释道："我是忝还荆州，不是并州。"这回司马懿似乎明白了一点儿，说道："我到岁数了，神情恍惚，没听懂您的话。您此番还归本州任刺史，盛德壮烈，正好建功立业。现在该是与您相别的时候，我看自己气力渐衰，今后肯定无缘再会，因此想尽微力，设置薄酒，以叙生离死别之情。并让司马师、司马昭兄弟两人与您结交。请您不要离开他们，不要辜负在下的区区心意。"说着便流下眼泪，呜咽起来。李胜也跟着连声长叹，说道："我会听从太傅吩咐的，但要等待陛下敕命。"接着告辞离去。

李胜拜见曹爽，报告说："太傅说话颠三倒四，嘴巴对不准杯子，指南边为北边。还说我做并州刺史，我回答是还归为荆州刺史，不是并州。与他慢慢说，总算有认识人的时候，知道我是去做荆州刺史。他又想为我设酒送别。不能就此舍去，应该等着他饯别。"说着起了恻隐之心，流泪道："太傅病入膏肓，无可救药，令人怆然。"

曹爽信以为真。两月之后，他们兄弟几个都跟随齐王出城朝拜高平陵。司马懿见机会来到，便率兵占据了武库，扼住了洛水浮桥，然后矫皇太后之命，问罪曹爽兄弟。曹爽兄弟无能，束手就擒。

不言之教　父子清廉

胡质，三国魏淮南寿春（今安徽寿县西南）人，少时就与当时蒋济、朱绩等闻名于江淮之间。后受别驾蒋济荐举，魏太祖曹操任命他为顿丘县令。魏文帝时，升任东莞太守，在那里当了9年的官。后又任荆州刺史、征东将军，封关内侯。胡质很有才能，为官时也很有政绩，所到之处，境内太平，士子百姓生活安定。

胡质为官正直清廉，凡有朝廷赏赐或得到财帛等物，均随时分送给部下，从不归于私囊。嘉平二年（250），他老病而死，家中除了朝廷所赐的朝服和自己的书籍以外，竟没有财物。朝廷听人报告了他死后的境况，也大为感动。因为当时早于胡质一年而死的司空徐邈、卫尉田豫等为官也同样十分清廉，身后家无财物，朝廷为表彰这些清节之士，就特意下了一道诏书，诏书中表扬胡质等3人"忠清在公，忧国忘私，不营产业。身没之后，家无余财"。又赐给胡质以及徐邈、田豫等几家一些钱粮，布告天下，以表彰他们的清廉自持。

如果说教育的方法是多种多样的，那么，胡质对儿子胡威的影响是重在身教。自身的行为就是最好的榜样，胡质一生以忠清著称，其子胡威由于受到直接的家庭影响，潜移默化，也养成了清正廉洁的良好品质。当年胡质在荆州当刺史时，有一次胡威从京城去荆州探望父亲。由于胡质一贯不治产业，故家中十分清贫，胡威无钱雇车马，更谈不上带书童仆役之类，便一个人独自骑着一头驴上路。每到晚上停下住宿，胡威都要一面放驴，一面拣柴。等驴吃饱，柴也拣得差不多了，再自己烧饭吃，他却不以为苦。到荆州后，胡威在父亲那里住了10多天，便向胡质告辞，准备回家。临别时，胡质拿出一匹绢来，给儿子当做路上的花费。胡威见父亲竟会有绢匹，心中感到有些疑惑，问胡质道："父亲大人一向十分清廉高洁，不知道这匹绢是哪里来的？"胡质向儿子解释说："是我的俸禄中节余下来的，给你当做路上的盘费。"胡威这才放心收下。

当时，胡质帐下有个都督请假回家，正好赶在胡威回家之时。这个都督不敢明目张胆地提出伴送胡威回家，便先上了路，到百里之外，故意装着是偶然碰上的路伴，相随着走了数百里，路上时时帮助、照顾胡威。胡威越走越觉得奇怪，心想此人为何老是和我相伴，而且数百里路走下来，还没有要分手的意思？他知道直截了当一定问不出原因来，便略施小计，诱使这个都督说出了真相。胡威确知这位都督是有意要照顾自己时，便将父亲给的那匹绢送给他，婉言要他不必再相伴而行。后来，胡威在寄给父亲的信中特意将此事告诉胡质。胡质不但不因为这个都督照顾了自己的儿子而感激他，反而严厉责罚了这位都督，并将他除了名。做官做到如此清廉的程度，自然再也不会有各种弊端了。

由于父子俩如此清正廉洁，所以名声越来越传扬开去。胡威后来也被朝廷委了官职，先是担任侍御史、安丰太守等，后升任徐州刺史。跟父亲一样，胡威做官同样很有政绩，所任之处，民风淳厚，社会安定。

后来由魏而入晋，晋武帝时，一次胡威入朝，武帝谈起当年胡质为官的政绩，又谈起其清廉，十分赞叹。他问胡威道："你和你父亲相比，到底哪个更清廉一些？"胡威立刻回答说："我不如我的父亲。"武帝问："你父亲在哪方面胜过你呢？"胡威回答道："我的父亲清廉，唯恐为别人所知道，而我清廉却唯恐别人不知道，所以说和父亲相比，我还差得很远！"晋武帝对胡威的直率明理十分感慨，后来又升胡威为右将军、豫州刺史。到最后，更召他入朝，任命他为尚书，加以奉车都尉的官职。

尽管晋武帝一再重用他，胡威仍然敢于犯颜直谏，绝不留情。有一次，他向武帝谏言，说政令太宽，以至于许多朝廷大臣都不遵法令，晋武帝辩解说："对尚书郎以下的官员，我并没有加以姑息。"胡威答道："我所奏之事，目的哪里是要管束那些小官吏呢？正是要约束住像我这样的朝臣，才能够整治社会风气，严肃法纪！"

胡威于太康元年（280年）去世，朝廷追赠他为镇东将军，赐谥号曰"烈"。胡质、胡威父子俩一生清廉，其事迹载于史册，给后人以很大的启迪。

著书教子　名垂青史

王昶是三国时的魏国大臣，字文舒，太原晋阳（今山西太原西南）人。魏文帝时，他由中庶子转任散骑侍郎，又任洛阳典农。魏明帝即位，他官扬烈将军，封爵关内侯。后迁征南大将军，进封京陵侯，官至司空。

王昶关心民生疾苦，曾率民广垦荒地，勤劝农耕，很有政绩。他任外官时，不忘朝廷政事。他认为魏朝建立以后，继承了秦汉以来成法的弊端，不大加改革，朝政难以兴盛，于是著《治论》20余篇，阐述自己的政见。又写《兵法》10余篇，论用兵之道。他将这些均上奏朝廷，希望朝廷能够改革朝政和兵政，使国家兴旺发达。

王昶为官勤于政事，在家则很注意修身及教育子弟。他常以儒家谦抑冲和的思想要求和教育子弟，连给他们起名字也体现出这种谦冲修身的思想，如他给自己哥哥的儿子一个起名为默，字处静；一个起名为沈，字处道。给自己的儿子取名浑、深，分别起字为"玄冲""道冲"，集中地反映了他的教子思想。尤其值得一提的是，他为了教育自己的子侄们，特意作了一篇书来告诫他们。在《三国志·魏志》中，王昶的传略十分简略，而史官却将他这篇"书戒"全部载入，可见他的这篇"书戒"在人们心目中的地位。

这篇"书戒"中充满了人生的哲理，王昶在文中告诫子侄们："夫人为子之道，莫大于宝身全行……患人知进不知退，知欲而不知足……人或毁己，当退而求之于身。若己有可毁之行，则彼言当矣；若己无可毁之行，则彼言妄矣。当则无怨于彼，妄则无害于身，又何反报焉……谚曰：'救寒莫如重裘，止谤莫如自修。'斯言信矣。……其施舍务周急，其出入存故老，其论议贵无贬，其进仕尚忠节，其取人务道实，其处世戒骄淫，其贫贱慎无戚，其进退念合宜，其行事加九思。如此而已，吾复何忧哉！"全文很长，但这几句已足以见出王昶教育子侄的基本思想。他提出为子之道最要紧的是"宝身全行"，实际上就是强调要加强自身修养，不断改正自己的缺点错误。他教育子侄，不要进而不知退，欲而不知足，凡事要适可而止，知足常乐。尤其可贵的是，他提出了对待别人批评或者诽谤的正确态度，即首先要在自身找原因，冷静加以分析，然后坦然处之。"止谤莫如自修"一句，可以当做人们的座右铭。"书戒"的最后提出的9点要求，更是具体而合理。如俗语称"三思而行"，但王昶对子侄们的要求更高，告诫他们"其行事加九思"，于此也可见他的良苦用心。虽然作为一个封建时代的官员，其思想必然包含着阶级和时代的局限性，但这篇"书戒"中，可以借鉴的东西仍然还是很多的。

刘备隐晦

建安元年（196年），曹操上表奏请封刘备为镇东将军、宜城亭侯。当时刘备正与袁术相峙，吕布乘机袭取了张飞守卫的下邳，俘虏了刘备的妻子儿女。刘备引军撤至广陵，兵困粮绝，欲还小沛，于是与吕布议和。吕布让他返回徐州，一同进攻袁术。可是吕布手下众将都劝他杀掉刘备，吕布并不听从，反而把众将的主张告诉了刘备。刘备心中惊恐，想找个托身之地离开徐州。他请人劝说吕布，让他驻扎小沛，吕布准他前往。

刘备还归小沛，马上招聚离散的士卒达万人之多。吕布恨他招兵买马，亲自率兵攻打他，他只得逃奔曹操。曹操待他特别优厚，让他做豫州牧，重整旗鼓，东击吕布，没想到又为吕布部将高顺击败。建安三年十月，曹操亲自率兵征讨吕布，帮助刘备围困吕布于下邳，从而活捉了吕布。

曹操特别赏识刘备，刘备随他回许都后，曹操就表奏他为左将军，对他大加礼遇，"出则同舆，坐则同席"。曹操才高自负，蔑视群雄，而对刘备另眼相看，他认为刘备有雄才大略，决非池中之物。一次，他请刘备喝酒，大论起天下豪杰。当他问道谁可以称得上英雄时,刘备举出家门四世三公的袁绍,他不以为然地笑道:"方今天下,可以称为英雄的,只有您和我曹操啊!袁绍之流,何足挂齿!"刘备正在吃菜,一听此言,惊得勺和筷子都失手掉下。正好当时空中响了一声雷,刘备急忙遮掩道:"圣人云'迅雷风烈必变',真有道理呀。一声惊雷,竟然把我吓得这样。"

刘备为什么如此心虚呢?一是他确有角逐中原、称雄天下的野心;二是他当时秘密参与了车骑将军董承等人奉密诏诛曹操的阴谋。他既担心自己不甘蛰伏人下的野心败露,又害怕自己参与诛曹的阴谋被拆穿,所以曹操一语道破他乃"天下英雄"时,他有些情绪失控。

曹操也确实是位奸雄,他经常派密探监视在京诸将,看看是否有人聚在一起饮酒论事,如有,寻个借口把他打发了。刘备为防曹操,经常紧闭大门,在自家庭园里种芫菁,足不出户,不与别人往来。一次,曹操的密探上门窥视,等他回去报告后,刘备便对张飞、关羽说道:"我怎么会是个种菜的人呢?曹操听到报告后,肯定会产生怀疑。这个地方决不能再待了。"当天夜晚,刘备打开后院栅栏,与张飞、关羽等人轻装飞奔而去。

孔明废李严为民

南阳人李严以颇有才干称名于世。

章武二年(222年),李严被刘备召到永定宫,官拜尚书令。刘备病重将死,特地把他和诸葛亮叫到面前,遗诏命他们辅佐后主刘禅。后主刘禅即位,加封他为都乡侯、光禄勋、前将军。诸葛亮想率军驻扎汉中,便让他统领后方,屯驻江州。李严非常佩服诸葛亮的雄才大略,诸葛亮也很看重李严的性格才能,两人时有书信往来,相互引为知己。

建兴八年(230年),李严升任骠骑将军。因魏将曹真企图兵分3路进攻蜀国,诸葛亮便命李严率领两万人赴守汉中,并且表奏李严的儿子李丰为江州都督督军,接管李严在江州的军政。建兴九年,诸葛亮兵出祁山,任李严为中都护,主持后方政事及催办粮草。

当时正值阴雨天气,且连绵不断,道路泥泞难行,无法及时输送粮食。李严担心因此受责,便想出一个花招。他先派参军狐忠、督军成藩去假传圣旨,召诸葛亮撤军。等诸葛亮领旨回兵时,李严又故作惊讶,散布说"军粮充足,何以撤兵",想借此推诿自己后勤不力的责任,显出诸葛亮不愿进兵的过错。而且,他还上表欺骗后主,说诸葛亮是"伪装撤退,以便引诱敌军前来,再与之作战"。诸葛亮撤军后,把双方前前后后亲笔写下的信件公文都拿了出来,铁证如山,罪在李严。李严无言以辩，只好坦白认罪。

李严自刘备死后，劣迹渐生。诸葛亮对此早有察觉，但因他是先帝托孤重臣，自己与他又素为相知，所以一直以诚相待，对他父子委以重任，希望借以感化他。这次，李严公然欺上瞒下，贻误军机，诸葛亮觉得不能不绳之以法。于是，他上表后主，说明原委："自先帝去世后，李严在各任所，专门考虑私利，安身求名，置国事于不顾。当臣北向出兵时，想调李严兵镇守汉中，而他百般刁难，不听从调遣，并且要求出任巴州刺史以管领五郡。去年臣欲西征，想让他主管汉中，他却对司马懿等的征召表现出兴趣。臣知道他是想乘臣出兵之际逼臣取利，所以臣才表奏其子李丰主管江州，给以礼遇重位，以换取他服务于一时。李严到汉中后，总理诸事，群臣上下都怪臣待他太为优厚。其实臣之所以这样做，是因为大业未定，惩治李严的缺失还不如表彰他。然而，臣没料他到竟然本末倒置到如此地步！他的罪责，如不惩处，将危害国家。为臣不敏，余不赘言。"于是，罢免了李严的一切官职，以平头百姓的身份把他流放到梓潼郡。

事后，诸葛亮仍然感到心情沉重，李严虽有大过，但毕竟是个人才。所以，他在给李严的儿子李丰的信中，嘱他"宽慰都护（李严），勤追前缺"；如能深刻反省，今后或许"否可复通，迍可复还"。李严确实也等着诸葛亮重新起用自己，未料3年后诸葛亮魂归西天，李严知道他人再不会记得自己，因而心怀抑郁死。后人习凿齿曾有评曰："法行于不可不用，刑加乎自犯之罪。爵之而非私，诛之而不怒，天下有不服者乎！诸葛亮于是可谓能用刑矣，自秦、汉以来未之有也。"

母贤子孝

孟仁本出身寒微，最后官至吴国司空。可以说，孟仁的一生行事，全都是他母亲呕心沥血、精心教育的结果。

从孟仁幼年时开始，孟母便开始对儿子进行严格的教育。孟仁年少时便出门救学，跟从南阳学者李肃学习。孟仁的母亲真不愧是个有心人，临行前，特地为儿子赶制了一条特别厚实而又特别大的被子。旁人见她做法独特，感到迷惑，问她为什么要这么做，孟母告诉人家："我的儿子没有什么特别好的品性，可以赢得别人跟他交往。出门求学的人大多贫困，我缝这样一条大被子，就是为了让我儿子的同学可以跟我儿子同睡，以便跟我儿子结为益友，对他学习上一定会有所帮助。"话一经点明，旁人也就完全理解了孟仁母亲的良苦用心。

可喜的是，孟仁领会了母亲的良苦用心以后，大大激励了其发愤好学的精神。他读书非常勤奋，常常晚上挑灯夜读，不肯休息。他的老师李肃对他十分赞赏，当面夸奖他说："真是宰相之器！"

孟仁成人以后，开初担任骠骑将军朱据手下的小军吏，将母亲接去一道生活。他官职既卑，又很不得志，境况十分艰难。一天晚上，外面大雨，家中屋漏，难以安寝。孟仁自己倒还不觉什么，只是感到竟让自己母亲经受这样的苦楚，越想越觉得难过。他从床上爬起身来，情不自禁地流泪哭泣，向母亲谢罪。孟仁母亲却不以为意，只是勉励儿子道："只要你不忘志向，勤奋努力，受点苦不算什么，有什么值得哭的呢！"孟仁听到母亲的勉励，立即收泪止声。

　　骠骑将军朱据知道他们母子俩的困窘后，便将孟仁提升为监池司马（即管理渔业的小官）。孟仁虽家里境况贫寒，却很清廉。这时候，他的母亲已经不在他的任所，而是回老家去住了。孟仁虽身为监池司马，却会结网，又用自己结的网打鱼晒寄给母亲。他的母亲却当即将鱼干退回，并写了一封信去责备儿子道："你身为渔官，却将鱼干寄给我，难道你不懂得要避嫌疑吗？"

　　孟仁就是在其母亲的不断教育督促下逐渐成熟起来的。后来他当了县令，仍然不能将老母亲带到任上，因此每得到什么时新的食物，都要先寄回家给母亲吃，以尽孝道。孟仁母亲后来亡故，孟仁十分悲痛，不顾朝廷的法令，弃官不做，回家尽孝。幸而朝廷知道他的孝心，赦免了他的过错。事过之后，仍然让他出来做官。

　　因为有了母亲的教诲，孟仁才养成了勤奋的精神和方正的性格。

孙权论才

　　孙权占据江东，物产丰富，人杰地灵，与曹魏和刘备集团三足鼎立。

　　一次孙权和陆逊谈论周瑜、鲁肃和吕蒙时说："公瑾（周瑜字）雄伟刚烈，胆略过人，所以能够打败曹操，开拓荆州，但是太高邈了，很难有人能继承他，现在有你继承了他的衣钵。公瑾过去邀请子敬（鲁肃字）到江东来，推荐于我，我和他饮酒谈论，天下大事、帝王之业无不涉及，这是人生的一大快事。后来曹操由于俘获了荆州刘琮的残部，扬言率领数十万大军水陆共进，直攻我东吴。我请教所有的文武大臣，询问怎么对付，大家都没有办法。至于子布、文表等人，都说应该派遣使者修好和约去迎接他们。鲁肃当即驳斥说不能那样，劝我赶紧召回周瑜，委以重任，逆水而上迎击曹军，这是第二大快事。况且他决策计谋，远在子布、文表之上。后来他劝我借荆州给刘备，这是缺失之一，但是仍不足以影响他的两大功绩。古代周公用人不求全责备，所以我勿视他的缺失而看重他的长处，常常把他与东汉初年的邓禹相比。另外子明（吕蒙字）年轻的时候，我认为他只不过刚毅、果敢而有胆量而已，待到他长大成年，学问大增，眼界开阔，常有奇思大谋，可以说仅次于公瑾，只是言谈风姿赶不上他。但他谋取了关羽，胜过子敬。子敬曾经给我写信说：'帝王初起宏图大业，都有所驱除，关羽不足为虑。'这是子敬内不辨主次，外妄口大言，我也原谅了他，不随便责备他。然而他领军扎营，能做到令行禁止，军将职责分明毫无废弛，路不拾遗，他的治理也高明至极啊！"

人物春秋

命世之才济天下——曹操

太祖曹操,字孟德,是汉朝相国曹参的后代。桓帝时候,曹腾为中常侍大长秋,被封为费亭侯。曹腾养子曹嵩继承他的爵位,官做到太尉。无人知晓曹嵩原来的家世渊源。曹嵩生了儿子,这就是魏太祖武皇帝曹操。

曹操幼时机警,有应变本领,常好打抱不平,行为不检点,不注意增进自己的操行、事业。所以当时人并没觉得他有什么奇特之处,只有梁国桥玄,南阳何颙认为他不是一般人。桥玄对曹操说:"天下就要乱了,不是出色的政治家解决不了问题,能安定天下的,大概就是你了。"20岁时,他被举为孝廉,被任命为郎,转任洛阳北部尉,升为顿丘县令,又被征召入朝任议郎。光和末年,黄巾起义,曹操被任命为骑都尉,讨伐颍川盗贼。升任济南国相,济南国有10多个县,县的主官和属吏大多巴结讨好权贵外戚,贪赃受贿,胡作非为。于是曹操奏请罢免了8个官吏。禁绝不合礼制的祭祀活动。坏人逃奔境外,郡内社会秩序清平安定。很长时间之后,又被调回京城,改任东郡太守;他借口有病,返回家乡。

不久,冀州刺史王芬,南阳许攸,沛国周旌等联络地方豪强,策划废黜汉灵帝,立合肥侯为帝,把这个谋划通知了曹操,曹操拒绝参加,王芬等因此失败。

金城边章、韩遂杀死刺史、郡守,发动叛乱,有兵十几万,天下骚动。朝廷征召曹操为典军校尉。这时正碰上灵帝去世,太子即位,太后临朝听政。大将军何进和袁绍谋划诛杀宦官,太后不同意。何进就召董卓进京,想借董卓兵力胁迫太后。没等董卓到达京城,何进就被杀了。董卓到京城,废黜皇帝为弘农王,另立献帝,京都大乱。董卓奏表请求任命曹操为骁骑校尉,想和曹操共商朝廷大事。曹操于是改名换姓,从小路东行回故乡。出关后,过中牟县,受到亭长怀疑,被逮捕押送到县城,中牟县有人偷偷认出了他,为他说好话,释放了他。这时董卓已杀太后和弘农王。曹操抵达陈留,拿出家产,募集义兵,准备讨伐董卓。冬天十二月,在巳吾县开始建立军队,这一年是中平六年。

初平元年春正月,后将军袁术、冀州牧韩馥、豫州刺史孔伷、兖州刺史刘岱、河内太守王匡、渤海太守袁绍、陈留太守张邈、东郡太守桥瑁、山阳太守袁遗、济北相鲍信同时起兵,各有几万人军队,推袁绍为盟主。曹操代理奋武将军。

二月，董卓听说袁绍等人起兵，就把天子迁到长安，自己留驻洛阳，接着烧毁了宫殿。这时袁绍驻扎河内，张邈、刘岱、桥瑁、袁遗驻扎酸枣，袁术驻扎南阳，孔伷驻扎颍川，韩馥驻扎邺县。董卓兵力强大，袁绍等人谁也不敢率先进击。曹操说："发动义兵，讨伐暴乱，大军已经会合，诸位还迟疑什么呢？假使董卓听说山东发动义兵，他就凭借王室的威势，紧守二周的险要，东向控制天下，虽然他是倒行逆施，那也值得忧虑。现在他烧毁宫室，强制迁徙天子，天下震动，不知道该投向何人，这是老天要他灭亡的时刻，一仗下来天下就安定了，机会不可放过啊。"接着领兵西进，打算去占领成皋。张邈派将军卫兹分领一些军队跟随曹操到荥阳汴水，遇到董卓将军徐荣，和徐荣交战失利了，士兵死伤众多。他被流矢射中，骑的马受了伤，堂弟曹洪把马给曹操，他才得以趁夜逃开。徐荣见曹操带兵虽然少，却仍能拼命坚持一整天战斗，估计酸枣不易攻取，只好带兵回去了。

曹操到酸枣，各路军马10多万人，天天酒席聚会，不思进取之策。曹操批评他们，并给他们出主意说："你们诸位接受我的建议，让渤海太守领河内兵据守孟津，酸枣的各位将军守住成皋，占有敖仓，堵住辕辕、太谷通道，全面控制住险要地势，让袁将军率领南阳军队驻扎丹、淅，攻进武关，威胁三辅。然后各军都高筑壁垒，不出战，多设疑兵，向天下表明讨伐董卓的强大优势。以正义之师，讨伐叛逆，胜利唾手可得。现在为伸张正义而发动了军队，却又迟疑不进，让天下失望，我私下为诸位感到羞耻。"张邈等不能采纳曹操建议。

曹操兵少，于是和夏侯惇到扬州去募兵，刺史陈温、丹阳太守周昕拨给他4000多兵。返回的途中在龙亢停歇时，许多兵士叛逃了。到铚县、建平县，又招募兵士1000，进驻河内郡。

刘岱与桥瑁关系恶化，刘岱杀了桥瑁，以正肱代理东郡太守。

袁绍和韩馥策划拥立幽州牧刘虞为皇帝，曹操拒绝支持。袁绍又曾得到一颗玉印，和曹操共坐时，把玉印向他臂肘举去，让他看。曹操因此耻笑讨厌他了。

二年春，袁绍、韩馥终于拥立刘虞为皇帝，刘虞却到底也不敢接受。夏四月，董卓回长安。秋七月，袁绍胁迫韩馥攻取冀州。

黑山贼于毒、白绕、眭固等10多万人进占魏郡、东郡，王肱抵挡不住。曹操带兵进东郡，在濮阳进攻白绕，打败了他。袁绍因而表奏朝廷推荐他为东郡太守，郡治设在东武阳。

三年春，曹操驻扎顿丘，于毒等进攻东武阳。曹操带兵西行入山，进攻于毒等人的大本营。于毒闻知，放弃武阳回救。他在半路拦击眭固，又在内黄攻击匈奴於夫罗，全都把他们打得大败。

夏四月，司徒王允和吕布一起杀了董卓，董卓将军李傕、郭汜等杀了王允，进攻吕布，吕布向东败出武关。李傕等把持朝政。

青州黄巾100多万人涌进兖州，杀了任城国相郑遂，又转入东平国境。刘岱准备进攻黄巾，鲍信劝阻说："现在贼寇多到100万人，百姓都非常恐惧，士兵缺乏斗志，不能和他们硬抗啊。我看贼寇拖家带口，军队没有稳定供应，只靠临时抢夺，现在不如保存兵力，先做好防守，他想打没人和他打，想攻又攻不进来，他们势必离散解体，然后我们选拔精锐部队，占据他们的要害一进攻，就可以取胜了。"刘岱不听，坚持出战，结果被黄巾杀死。鲍信于是和兖州的属吏万潜等人到东郡迎接曹操来兼任兖州牧。接着曹操和鲍信等进兵，在寿张东攻击黄巾。鲍信奋战而死，才勉强打败了黄巾。悬赏也没找寻到鲍信尸体，大家就雕刻一尊鲍信木像，哭祭一番。追击黄巾直到济北，黄巾请求投降。冬天，接受黄巾投降士兵30多万人，随行家属100多万，曹操收编其中精锐部分，号称青州兵。

袁术和袁绍有矛盾，袁术向公孙瓒求援，公孙瓒派刘备驻扎高唐县，单经驻扎平原县，陶谦驻扎发干县，进逼袁绍。曹操和袁绍联合反击，把3支人马全都打败。

四年春，曹操驻扎在鄄城。荆州牧刘表截断袁术粮道，袁术带兵进入陈留，驻扎在封丘，黑山残余盗贼以及於夫罗等帮助袁术。袁术派将军刘详驻扎匡亭。曹操进攻刘详，袁术救刘详，曹操和袁术交战，大败袁术。袁术退保封丘。曹操包围封丘，还未来得及合围，袁术又逃奔襄邑。曹操追到太寿，决开渠水灌城。袁术逃向宁陵。曹操又追他，他就逃奔九江。夏天，曹操回师驻扎定陶。

下邳阙宣聚兵几千人，自称天子，徐州牧陶谦和他共同发兵，夺取了泰山郡的华、费，攻占任城。秋天，曹操征讨陶谦，攻占10余座城。陶谦守徐州不敢出城。这一年，孙策奉袁术命令渡江，几年之内，就占有了江东。

兴平元年春天，曹操从徐州返回。当初，曹操之父曹嵩卸任后回谯县，董卓之乱时，在琅邪避难，被陶谦杀害，所以曹操一心想着复仇东伐。夏天，派荀彧、程昱守鄄城，再一次征讨陶谦。攻占5座城，接着扩大占领地区直至东海。回师经过郯县，陶谦的将军曹豹和刘备在郯东驻扎，拦击曹操，曹操打败他们。接着攻占襄贲。对所过之处，都大加杀戮。

正当此时，张邈和陈宫反叛，去迎接吕布，郡县都起来响应。荀彧、程昱保卫鄄城，范、东阿两县坚守。曹操于是领兵回返。吕布到了，攻打鄄城没能攻下，向西转移，屯驻濮阳。曹操说："吕布一个早上就得到了一个州，但不能占据东平，切断亢父、泰山之间的通道，利用险要地形拦击我，却远远地屯驻到濮阳去，我知道他办不出什么事了。"于是进兵攻打他。吕布出兵交战。先用骑兵冲青州兵，青州兵溃逃。曹操阵势变乱，曹操冒火奔逃，从马上坠落，烧伤右手掌。司马楼异扶曹操上马，于是撤退。还没到营地就停下来了。诸将没见着曹操，都恐慌了。曹操就强撑着身体慰劳军队，下令军中加紧准备攻击器具，把部队向前开进，再一次攻打吕布军队。和吕布相持100多天。蝗灾出现，老百姓挨饿，吕布军粮也用尽了。双方各自撤兵。

秋九月，曹操回鄄城。吕布到乘氏，被乘氏县人李进打败，向东转移驻扎山阳。这时袁绍派人劝说曹操，想和曹操建立和好关系。曹操新失去兖州，军粮用尽了，想要答应袁绍要求。程昱劝阻，便接受了程昱意见。冬十月，曹操到东阿。这一年，谷子一斛50多万钱，人饿得出现吃人现象，于是曹操解散新招募的官兵。陶谦死了，刘备接替了他。

二年春，曹操袭击定陶。济阴太守吴资守卫南城，曹操没攻下来。正碰上吕布领兵来到，又打败了吕布。夏季，吕布将军薛兰、李封驻屯钜野，曹操进攻他们，吕布来救薛兰，薛兰败了，吕布逃走了，于是杀了薛兰等人。吕布又和陈宫领兵一万多从东缗来交战。当时曹操兵少，布置了埋伏，突然发动攻击，大败吕布。吕布连夜逃走，于是再一次进攻，占领了定陶，分兵平定各县。吕布东逃投奔刘备，张邈跟从吕布，叫弟弟张超携带家属守卫雍丘。秋八月，曹操围雍丘。冬十月，天子任命曹操为兖州牧。十二月，雍丘城破，张超自杀。曹操杀尽张邈三族。张邈去找袁术求救，被自己的部下杀死。兖州平定，曹操接着向东攻打陈地。

是年，长安发生混乱，天子东迁，在曹阳被打败，渡河到达安邑。建安元年春正月，曹操兵临武平，袁术任命的陈国国相袁嗣投降。曹操将要去迎接天子，有的将军怀疑这个举动恰当与否，荀彧、程昱劝他迎接。于是派遣曹洪带兵西去迎接，卫将军董承与袁术将军苌奴占据险要地势抗拒，曹洪无法前进。

汝南、颍川黄巾何仪、刘辟、黄邵、何曼等各有兵几万人，先响应袁术，后来又归附孙坚。二月，曹操进兵打败他们，杀了黄邵等人，刘辟、何仪和他们的部属全都投降。天子任命曹操为建德将军。夏六月，调任镇东将军，封费亭侯。秋七月，杨奉、韩暹带着天子回洛阳，杨奉另外在梁县驻扎。曹操接着到达洛阳，在京都设防，韩暹逃走，天子赐予曹操节钺，录尚书事。洛阳残破，董昭等劝他迁都到许县去。九月，皇帝出关东行到许县，以曹操为大将军，封武平侯。自从天子西迁，朝廷日渐混乱，直到这时，才把宗庙、社稷制度建立起来。

天子东迁时，杨奉从梁县出发企图中途拦截，没来得及。冬十月，曹操征讨杨奉，杨奉南逃去投奔袁术，曹操就攻打杨奉的梁县营地，攻下来了。在这时候，朝廷以袁绍为太尉，袁绍耻于班次在曹操之下，不肯接受太尉职位，曹操就坚决辞职，把大将军的职位让给袁绍。天子任命曹操为司空，代理车骑将军。这一年，采纳枣祗、韩浩等人建议，开始兴办屯田。

吕布袭击刘备，攻占下邳。刘备来投奔曹操。程昱劝曹操说："我看刘备有雄才大略而又很得人心，终究是不会甘居人下的，不如趁早除掉。"曹操说："现在正是招收人才的时候，杀一个人而失掉天下人心，这办法不行。"

张济从关中逃到南阳。张济死后，侄子张绣率领他的兵。二年春正月，曹操到宛，张绣投降，接着又后悔，又反叛了。曹操和他交战，被流矢射中，长子曹昂，侄子曹安民遇害。曹操于是带兵回舞阴，张绣领骑兵来抢夺辎重，曹操打败了他，张绣逃奔穰县，和刘表会合。曹操对诸将说："我接受张绣等人投降，错在没有马上就要他的人质，以至于弄到这个地步。我明白失败的原因了。你们诸位看着，从今以后，不会再有这类失败了。"于是就回许县去。

袁术想在淮南称皇帝，派人告诉吕布。吕布逮捕送信使者，把袁术的信转呈朝廷。袁术愤怒，进攻吕布。被吕布打败。秋九月，袁术侵扰陈郡，曹操东征袁术。袁术听说曹操亲自来了，丢下大军自己逃跑，留下将军桥蕤、李丰、梁纲、乐就统领军队。曹操到，打败桥蕤等将军，把他们都杀了。袁术逃过淮河。曹操回许县。

曹操从舞阴回许县的时候，南阳、章陵等县再次反叛，投向张绣，曹操派曹洪去攻打，战事不顺利，驻叶县，多次受到张绣、刘表的侵袭。冬十一月，曹操亲自南征，到达宛县。刘表将军邓济据守湖阳，曹操攻破湖阳，活捉邓济，湖阳军民投降。攻舞阴，攻下来了。

三年春正月，曹操回许县。开始设置军师祭酒官职。三月，曹操把张绣包围在穰县。夏五月，刘表派兵救张绣，抄曹军后路。曹操将要退兵，张绣带兵来追，曹操军队不能前进，就聚拢部队，缓行推进。曹操给荀彧写信说："贼来追我，我虽然一天只能前进几里，但我估计，走到安众县，一定可以打败张绣。"到了安众，张绣和刘表会师，守住了险要，曹操军队前后受敌。曹操于是趁夜在险要处开凿地下通道，把辎重全部运送过去，埋下伏兵。这时天亮了，敌人以为曹操逃走了，调动全军来追。曹操就发动埋伏的步兵夹攻，把敌兵打得大败。秋七月，曹操回许县。荀彧问曹操："事前已经预计敌必败，是怎么回事？"曹操说："敌阻拦我回撤的部队，和我身处死地的部队作战，我所以知道必胜。"

吕布又为了袁术而派高顺进攻刘备，曹操派夏侯惇救刘备，战斗不利，刘备被高顺打败。九月，曹操东征吕布。冬十月，曹操屠杀彭城军民，捉住了彭城国相侯谐。进到下邳，吕布亲自反击。曹操大败吕布，捉住了吕布猛将成廉。追到城下，吕布恐惧，打算投降。陈宫等人阻拦吕布投降，派人向袁术求援，又劝吕布出战，出战又败了，于是回城固守。曹操攻不进城，士卒劳累，打算撤兵回返。后来还是采纳荀攸、郭嘉的计策，决开泗水沂水灌城。过了一个多月，吕布将军宋宪、魏续等逮捕陈宫，献城投降。曹操活捉吕布、陈宫，都杀了。太山臧霸、孙观、吴敦、尹礼、吕豨各自都聚合了一些部队。吕布打败刘备时，臧霸等全都跟从吕布。吕布失败，捉住了臧霸等人，曹操以优厚待遇对他们予以接受，接着又割青、徐两州沿海地区委托给他们。从琅邪国、东海郡、北海国中分出一部分地区建立城阳、利城、昌虑郡。

当初，曹操任兖州牧，任命东平国的毕谌为别驾。张邈叛变的时候，张邈劫持了毕谌的母亲、弟弟、妻子、儿子；曹操向他表示歉意，让他走，对他说："你老母亲在他那里，你可离开我到他那里去。"毕谌叩头表示没有二心。曹操夸赞了他，为他流了泪。毕谌退出去以后，就逃到张邈那里去了。等到打败吕布，毕谌被活捉了，大家为毕谌担心。曹操说："一个人对父母孝顺，难道能不对君主忠心耿耿吗！这正是我所需要的人啊。"任命他为鲁国国相。

四年春二月，曹操回到昌邑。张杨部将杨丑杀了张杨，睢固又杀了杨丑，带着张杨的部队投降袁绍，驻扎在射犬。夏四月，曹操进军到黄河边，派史涣、曹仁渡黄河进攻睢固。睢固派张杨原来的长史薛洪、河内太守缪尚留守，自己带兵北去迎接袁绍求救，在犬城遇到了史涣、曹仁。相互交战，大败睢固，杀了睢固。曹操于是渡过黄河，包围射犬。薛洪、缪尚领兵投降，被封为列侯。曹军回驻敖仓。以魏种为河内太守，把河北地区事务托付给他。

当初，曹操荐举魏种为孝廉。兖州反叛时，曹操说："只有魏种不会背弃我啊。"等到听说魏种逃跑了，曹操发怒地说："魏种，只要你不南逃到越，北逃到胡，我绝不放过你！"攻下射犬后，活捉了魏种，曹操说："只是考虑到他是个人才啊！"解开了绑他的绳子并任用了他。

当时袁绍已然吞并了公孙瓒，兼有了四州的土地，兵有10多万，准备进军攻许县。诸将认为打不过袁绍。曹操说："我了解袁绍的为人。他志向大，智慧小；声色严厉，内心怯懦；好忌妒人，好争胜，但缺乏威信；兵员多，但组织混乱，隶属关系不明确；将军骄横，不听指挥，政令不统一。土地虽然广阔，粮食丰富，恰好可以变成奉送给我的礼品。"秋八月，曹操进驻黎阳，使臧霸等人进入青州攻打齐、北海、东安等地。留于禁驻扎在黄河边。九月，曹操回许县，分兵守官渡。冬十一月，张绣率兵归降，被封为列侯。十二月，曹操进驻官渡。

袁术自从在陈郡失败，日渐窘困，袁谭从青州派人迎接他。袁术想经由下邳北行，曹操派刘备、朱灵去拦击。就在这时，袁术病死。程昱、郭嘉听说曹操派遣刘备出征，对曹操说："刘备不能放出去。"曹操心中后悔，派人追赶，已经来不及。刘备没东去之前，暗地和董承等谋反，到下邳，就杀了徐州刺史车胄，宣布脱离曹操，带兵驻扎在沛国。曹操派刘岱、王忠去攻打，未能取胜。庐江太守刘勋带兵投降，被封为列侯。

五年春正月，董承等人的阴谋泄漏，都被处死。曹操将要亲自东征刘备，诸将都说:"和您争天下的,是袁绍啊。现在袁绍正要来,您却丢下袁绍去东征,袁绍趁机抄我们后路,怎么办?"曹操说:"那刘备,是人中豪杰,现在不打,必成后患。袁绍虽有大志,但遇事反应迟钝,动作缓慢。"郭嘉也劝曹操,于是向东进攻刘备,打败了刘备,活捉了刘备将军夏侯博。刘备逃奔袁绍。曹操俘虏了刘备的妻子和孩子。刘备的将军关羽驻扎下邳,曹操又攻下邳,关羽投降。因为吕狶叛投了刘备,曹操又进兵打垮吕狶。曹操回到官渡,袁绍到底也没有出击。

二月,袁绍派遣郭图、淳于琼、颜良去白马攻打东郡太守刘延,袁绍带兵到黎阳,准备渡河。夏四月,曹操北救刘延。荀彧劝曹操说:"现在我军兵少,不是敌人对手,把敌人兵力分散开来才好。您到延津做出要渡河抄他后路的样子,袁绍必然救应,然后您用轻兵奔袭白马,攻其不备,可以打败颜良。"曹操接受他的建议。袁绍听说曹军渡河,马上分兵西去救应。曹操就带兵强行军赶奔白马。离白马还有10多里时,颜良大惊,来迎战,曹操派张辽、关羽上前进攻,打败敌军,杀了颜良。于是白马之围被解,迁出白马民众,顺河西行。袁绍于是渡河追赶曹操军队,追到延津南。曹操停住部队,在南阪下扎营,派人登高瞭望,瞭望人报告说:"大约五六百个骑兵。"等了一会儿,又报告:"骑兵渐渐增加,步兵数不过来。"曹操说:"不必报告了。"就下令骑兵解下马鞍放开战马。这时,从白马运出的辎重都已上路,诸将认为敌方骑兵多,不如退回去结营自保。荀彧说:"这正是要用辎重引诱敌人,怎么要撤走?"袁绍骑兵将领文丑和刘备带五六千人先后赶到。诸将又报告:"可以上马了。"曹操说:"没到时候。"等了一会儿,敌骑渐多,有的散开奔向辎重。曹操说:"可以了。"可是大家上了马。当时曹操骑兵不到600,就坚决发动攻击,大败敌军,杀了文丑。颜良、文丑都是袁绍名将,两次战斗全被杀掉,袁绍军队震动极大。曹操回军驻扎官渡。袁绍向前推进守卫阳武。关羽逃归刘备。

八月,袁绍聚拢部队,一点儿一点儿地向前推进,紧靠沙堆扎营。

营垒东西相连几十里。曹操也展开部队和袁军一一对垒。相互交战,曹军不利。当时曹操军队不到一万,带伤的有十分之二三。袁绍又向前推进到官渡,堆土山,挖地道。曹操也在营垒里堆土山挖地道和他对抗。袁绍向曹操营内射箭,箭如雨下,走路的,都要蒙着盾牌,兵士恐惧。这时曹操军粮供应不足,给荀彧写信,和他商量想撤回许县。荀彧认为:"袁绍把全部军队集中到了官渡,打算和您决胜败。您是以最弱小的兵力抵抗最强大的敌人,若不能战胜他,就要被他战胜,这是决定天下大局的关键啊。再说,袁绍不过是一般人的强者而已,能聚集人,但不会使用。靠您的英明威武,又加上是为朝廷讨伐叛逆名正言顺,能有什么事办不成!"曹操听从了荀彧的意见。

孙策听说曹操和袁绍相持,就计划袭击许县,还没出发,就被刺客杀死了。

汝南归降的盗贼刘辟等反叛曹操响应袁绍，进攻许县附近地区。袁绍派刘备支援刘辟，曹操派曹仁击刘备。刘备败逃，曹仁接着攻破刘辟营垒。

袁绍几千辆运粮车到了前线，曹操用荀彧计策派徐晃、史涣拦击，大败袁军，把运粮车全部烧掉。曹操和袁绍对抗几个月，虽然一仗接一仗杀敌斩将，但兵少粮尽，士卒疲乏。曹操对运粮的人说："过15天为你们打败袁绍，就不再劳累你们了。"冬十月，袁绍调车运输粮食，派淳于琼等5人带兵一万多人护送。停驻在袁绍军营北40里。袁绍谋臣许攸贪财，袁绍难以满足，他就来投奔曹操，于是趁机劝曹操进攻淳于琼。曹操左右的人怀疑许攸的建议，荀彧、贾诩劝曹操采纳。曹操于是留曹洪守营，自己带步兵骑兵5000人趁夜出发，天亮就到了。淳于琼等发现曹操兵少，就在营门外列阵。曹操迅速冲击，淳于琼退保营垒，曹操就进攻营垒。袁绍派骑兵救淳于琼。身边有人对曹操说："贼骑渐近了，请您分兵抵抗。"曹操生气地说："贼在我身背后再报告！"士兵都拼命作战，大败淳于琼等人，把他们都杀了。袁绍刚听说曹操进攻淳于琼时，对长子袁谭说："乘他进攻淳于琼，我攻占他的营地，他就没有地方可回了。"就派张郃、高览攻曹洪。张郃等听说淳于琼被打垮，就来投降曹操。袁绍部队彻底崩溃，袁绍和袁谭等人弃军逃走，渡过了黄河。曹操派兵追赶没有追上。缴获了袁绍的全部辎重、图书档案和珍宝，俘虏了袁绍军队。曹操缴获的袁绍书信档案里，发现许县和前线军中人给袁绍的信，曹操将其全部焚烧了。冀州各郡大都献出城邑投降。

当初，桓帝时，有黄星在楚宋分野出现，辽东殷馗精通天文，说此后50年，应当有真人兴起于梁、沛之间，他的发展不可阻挡。到此时一共50年，而曹操打败袁绍，天下无人能与之匹敌。

六年夏四月，曹操在黄河边炫耀武力，进攻袁绍在仓亭的驻军，打败了它。袁绍回冀州后，再次收聚走散的兵士，攻取平定各个反叛的郡县。九月，曹操回许县。袁绍没败之前，派刘备攻取汝南，汝南贼共都响应刘备。曹操派遣蔡扬攻打共都，不顺利，被共都打败了。曹操南征刘备。刘备听说曹操自己出征，就逃奔刘表去了，共都等人全都溃散。

七年春正月，曹操驻扎在谯县，下令说："我发动义兵，为天下除暴乱。故乡人民，几乎死光，在故乡走一天，碰不到一个熟人，这让我非常悲痛。现在我命令，发动义兵以来，将士断绝后代的，在亲戚中找人过继给他做后代，授给他们土地，官府供给他们耕牛，设置学校教育他们。替活着的人建立庙宇，让他们祭祀死去的亲人，魂如果有灵，我死之后还有什么遗憾呢！"接着到浚仪县，整修睢阳渠，派人用太牢祭祀桥玄，曹操进驻官渡。

袁绍自从军队被打败以后，发病吐血，很快死亡。小儿子袁尚继承职位，大儿子袁谭自称车骑将军，驻扎黎阳。秋九月，曹操征讨他们，接连作战，袁谭、袁尚一次一次败退，固守自保。

八年春三月，曹操攻黎阳外城，袁军出战，曹军进击，大败袁军，袁谭、袁尚连夜逃走。夏四月，曹操进驻邺县。五月回许县，留贾信驻扎黎阳。

己酉，下令说："《司马法》说'将军败退的要处死'，所以赵括母亲请求不受赵括连累。这说明古代的将军，在外打败仗的，家中人要牵连承受罪罚。我自从派遣将军出征讨伐以来，只赏功而不罚罪，这不是国家的完善制度。现在我命令：将领出征，损耗军队的，要抵罪，作战失利的，要免官职、爵位。"

秋七月，下令说："战乱以来，已历时15年，青年人不曾看到仁义礼让的社会风尚，我很伤心。现在我命令，各郡国都要研究文献典籍，满500户的县设置校官，选拔当地学有成就的人对青年人施以教育，以便先王之道不被废弃，而有益于天下。"

八月，曹操征刘表，驻军西平。曹操离开邺县南征时，袁谭、袁尚争冀州，袁谭被袁尚打败，逃到平原县设防坚守。袁尚攻打紧急。袁谭派辛毗来找曹操，请接受投降，并请派兵去援救。诸将全都怀疑袁谭，荀彧却奉劝曹操答应他，曹操于是带兵北返。冬十月，到达黎阳，让儿子曹整和袁谭女儿订立婚约。袁尚听说曹操北来，就解了平原之围回邺县去。东平国吕旷、吕翔反叛袁尚，驻扎于阳平，率领部属投降曹操，被封为列侯。

九年春正月，渡过黄河，拦截淇水导入白沟以通粮道。二月，袁尚又攻袁谭，留苏由、审配守卫邺县。曹操进军到洹水，苏由投降。到邺县，攻城，堆土山，挖地道。袁尚的武安县长尹楷屯驻毛城，保证上党粮道的畅通。夏四月，曹操留曹洪攻邺，自己带兵进攻尹楷，打败了尹楷，然后回师。袁尚将军沮鹄守邯郸，曹操又攻取了邯郸。易阳县令韩范、涉县长梁岐带领全县投降，被封为关内侯。五月。平毁土山、地道，挖围城壕沟，决漳水灌城。城中饿死的人占据总人口的半数。秋七月，袁尚回师救邺。诸将都认为"这是回老家的部队，人人都会自动奋战，不如暂时回避。"曹操说："袁尚从大道回来，应当回避，如果顺着西山回来，这就要变成我的俘虏了。"袁尚果然顺着西山回来，在滏水岸边扎营，夜里派军队来冲邺县城外的曹军包围圈。曹操反击，赶走袁军，接着要包围袁尚军营，包围圈还没合拢，袁尚恐惧，派原先的豫州刺史阴夔和陈琳来请求投降。曹操不同意，加紧包围。袁尚夜里逃出包围，去守祁山。曹操追击袁尚，袁尚将军马延等临阵投降，袁军溃散。袁尚逃奔中山。曹操缴获了袁尚的全部辎重，得到了袁尚的印绶节钺，让袁尚部下投降的人拿给袁尚家属看，邺县城里人心浮动。八月，审配哥哥的儿子审荣，夜里打开他把守的城东门放进曹操军队，审配反击，败了，活捉了审配，杀了他，邺县平定了。曹操到墓上去祭祀袁绍，痛哭流泪，慰劳袁绍妻子，归还他们家人的宝物，赐给各种丝织品，由官府供给口粮。当初，袁绍和曹操共同起兵，袁绍问曹操："如果事情不成，那么，什么地区可以据守呢？"曹操说："您的看法呢？"袁绍说："我南面守住黄河，北面守住燕、代，联合戎狄兵力，向南争夺天下，也许可以成功吧？"曹操说："我依靠天下人的才智，用恰当方法去组织、运用他们，没有哪处地方不可以据守。"

九月，曹操下令说："河北遭受袁氏的灾难，特令不交今年的田租、赋税！"加重惩治豪强兼并贫民的刑罚，百姓很高兴。天子任命曹操兼任冀州牧，曹操辞去兖州牧。

曹操围邺的时候，袁谭攻取甘陵、安平、渤海、河间。袁尚败回中山。袁谭攻中山，袁尚逃奔故安，袁谭于是兼并了袁尚的军队。曹操给袁谭写信，责备他不遵守约定，和他断绝婚姻关系，送回袁谭女儿，然后进军。袁谭恐惧，撤出平原郡逃往南皮县据守。十二月，曹操进入平原郡，平定郡内各县。

十年春正月，进攻袁谭，打败了袁军，杀了袁谭，处死了他的妻子儿女，冀州平定。下令说："跟袁氏办过坏事的，允许改过自新。"下令百姓不许报复私仇，禁止厚葬，违者一律依法制裁。这个月，袁熙大将焦触、张南反叛袁熙、袁尚，并进攻熙、尚，袁熙、袁尚逃奔三郡乌丸。焦触等带着他们所据的县投降，被封为列侯。开始讨伐袁谭时，征发百姓凿冰通船，有的百姓畏惧苦累，逃跑了。曹操下令，以后这些人来归降，不得接受。不久，有的逃亡百姓来军营自首，曹操对他们说："允许你们投降，就破坏了军令；杀了你们，那又是杀认罪自首的人。你们赶快回去藏得隐秘一些，别让官吏抓住。"百姓们流着眼泪离去了。以后，到底还是被抓回来办了罪。

夏四月，黑山贼张燕率兵10余万投降，被封为列侯。故安的赵犊、霍奴等杀幽州刺史、涿郡太守。三郡乌丸攻打驻守犷平的鲜于辅。秋八月，曹操出征，斩了赵犊等人，又渡潞河救犷平，乌丸奔逃出塞。

九月，下令说："偏袒同伙，相互勾结，是古代圣人所痛恨的，听说冀州风俗，即使是父子也各有帮伙，称颂自己，诽谤对方。以前直不疑本没有哥哥，而世人竟说他和嫂私通，第五伯鱼三次娶的都是没有父亲的孤女，但有人却说他打过岳父；王凤专权跋扈，谷永却把他比作申伯，王商进献忠言，张匡却说他搞左道骗人，这都是以白为黑，欺骗上天蒙蔽君主的行为，我打算整顿风俗，这四种坏行为铲除不尽，就是我的耻辱。"冬十月，曹操回邺县。

当初，袁绍以外甥高干兼并州牧，曹操攻占邺县时，高干投降，就任命他为并州刺史。高干听说曹操讨伐乌丸，就在并州反叛，拘押了上党太守，发兵把守住壶关口。曹操派乐进、李典去进攻高干，高干退守壶关城。十一年春十月，曹操征讨高干。高干听说曹操来征，就留下独立活动的将军守城，自己逃进匈奴，向单于求救，单于不接纳。曹操围壶关3个月，攻下了壶关。高干于是向荆州奔逃，被上洛都尉王琰捕获杀掉。

秋八月，曹操东征海贼管承，到达淳于，派乐进、李典打败管承，管承逃上海岛。曹操割出东海郡的襄贲、郯、戚县并入琅邪国，撤销昌虑郡。

三郡乌丸趁天下大乱，攻入幽州，掳掠汉民共计10多万户。袁绍把他们的首领都立为单于，以百姓的女儿冒充自己的女儿嫁给他们。辽西单于蹋顿强大，受到袁绍优待，所以袁尚兄弟投奔他，他一次次入塞扰乱。曹操准备去征讨蹋顿，就开凿渠道，从呼沱通入泒水，命名为泉州渠，以通渤海。

十二年春二月，曹操从淳于回邺县。丁酉，下令说："我发动义兵讨灭暴乱，到现在共19年，所征必胜，难道功劳只在于我吗？是贤士大夫的力量啊。天下虽然尚未平定，我将会同贤士大夫一起去平定；但现在我独自享受功劳奖赏，我怎能心安呢？希望加紧评定功劳施行封赏。"于是大封功臣20多人，都封为列侯。其余的各按等受封。并且为死者的孤儿免除徭役负担。轻重奖赏各有差别。

曹操将北征三郡乌丸，诸将都说："袁尚是一个在逃的贼寇罢了，夷狄贪婪而不讲交情，哪能被袁尚利用呢？现在深入其境去征讨，刘备必然劝说刘表袭击许县。万一事态恶化，后悔都来不及了。"唯独郭嘉料定刘表必不能任用刘备，劝曹操出征。夏五月，到达无终。秋七月，大水泛滥，沿海道路不通，田畴请求当向导，曹操同意了。田畴带领军队出卢龙塞，塞外路断了，无法通行。于是平山填谷500多里，经过白檀，穿过平冈，到达鲜卑庭，东进柳城。离柳城只有200里了，敌人才发觉。袁尚、袁熙和蹋顿及辽西单于楼班、右北平单于能臣抵之等带领几万骑兵迎战。八月，部队登上白狼山，突然遇上了敌军，敌军声势强大。曹操辎重还在后面，披甲兵士少，都感恐惧。曹操登上高处，望见敌阵不严整，于是挥兵进攻，派张辽为先锋，敌军大崩溃，斩了蹋顿及名王以下首领，胡、汉投降的有20多万人。辽东单于速仆丸及辽西、北平各个乌丸首领，丢下本族人，和袁尚、袁熙逃奔辽东，只剩有骑兵几千人。当初，辽东太守公孙康凭仗地处偏远，不服从朝廷。等到曹操打败乌丸，有人劝曹操接着去征讨公孙康，袁尚兄弟就可以捉住了。曹操说："我正要让公孙康斩送袁尚、袁熙首级来，不需要麻烦兵士了。"九月，曹操领兵从柳城回返，公孙康就斩了袁尚、袁熙及速仆丸等，送来了首级。诸将中有人问："您回师而公孙康斩送袁尚、袁熙，这是什么原因？"曹操说："他一向畏惧袁尚等人，我紧逼，他们就要合力对我，我放松他们，他们就要自相残杀了，这是必然之势啊。"十一月，到达易水，代郡乌丸行单于普富卢、上郡乌丸行单于那楼带着他们的名王来祝贺。

十三年春正月，曹操回到邺县，开凿玄武池以训练水军。汉朝撤销三公官职，设置丞相、御史大夫。夏六月，以曹操为丞相。

秋七月，曹操南征刘表。八月，刘表去世，其子刘琮接替他的职位，屯驻襄阳，刘备屯驻樊城。九月，曹操到新野，刘琮就投降了，刘备逃奔夏口。曹操进军江陵，下令荆州吏民，废除旧制度，实行新规定。紧接着，评论荆州归降者的功绩，封侯的15个人，以刘表大将文聘为江夏太守，叫他统领本部兵马。邀请任用了荆州名士韩嵩、邓义等人。益州牧刘璋开始接受摊派给他的征调租赋徭役义务，派遣兵卒补给朝廷军队。十二月，孙权为刘备进攻合肥。曹操从江陵出发征讨刘备，到巴丘，派遣张憙救合肥。孙权听说张憙到了，就撤兵而回。曹操到赤壁，和刘备作战，不利。当时又流行瘟疫，死了不少官兵，于是领兵返回。刘备于是占有荆州、江南诸郡。

　　十四年春三月，曹操领兵到谯，修造轻便船，整训水军。秋七月，从涡水入淮水，出肥水，驻扎合肥。辛未，下令说："最近以来，多次出征，有时还遇到瘟疫，官兵死亡，不能回家，妻子失去丈夫，百姓流离失所，仁慈之人难道高兴这样吗？是不得已啊！现在下令，战死者的家属没有产业不能自己生活的，官府不得断绝食粮供应，主管官吏要抚恤慰问，以称我的心意。"为扬州郡、县委派主管官吏，开辟芍陂地区屯田。十二月，领兵回谯。

　　十五年春，下令说："自古接受天命开国及中兴的君主，何曾不是得到贤人君子和他共同治理天下呢！在他得到贤才的时候，简直不需要走出里巷，难道是侥幸碰到的吗？只是有时在上位的人不肯去求啊。现在天下还没有平定，这正是求贤之紧要关头啊。'孟公绰担任赵国、魏国的家臣是才力有余的，但不能任命为滕、薛一类小国的大夫。'如果限定只有廉洁的人才可任用，那齐桓公靠谁帮助成为霸主呢！现今天下难道没有身穿粗布陋衣，胸怀超凡见识，而在渭水边钓鱼的姜尚一类人吗？又难道没有蒙受'私通嫂嫂'恶名，确有接受贿赂事实，并且还没有得到魏无知力荐的陈平一类人吗？希望你们帮助我连最卑微的人也不要漏略，广泛发现人才。只要有才干就荐举，我好选拔任用。"冬季，建造铜雀台。

　　十六年春正月，天子任命曹操嫡长子曹丕为五官中郎将，设置官属，为丞相副手。太原人商曜等在大陵反叛，派夏侯渊、徐晃包围打败了他们。张鲁割据汉中。三月，派钟繇讨伐他。曹操派夏侯渊等从河东出发与钟繇会师。

　　这时关中诸将怀疑钟繇将要袭击自己，马超于是和韩遂、杨秋、李堪、成宜等反叛。曹操派曹仁讨伐他们。马超等屯驻潼关，曹操告诫诸将："关西兵精悍，你们坚守营垒别和他们交战。"秋七月，曹操西征，和马超等隔着潼关驻扎。曹操紧紧牵制住敌军，而暗派徐晃、朱灵等夜渡蒲阪津，占据河西扎营。曹操从潼关北渡河，还没渡过去时，马超急攻渡船，校尉丁斐于是放出牛马引诱敌兵，敌兵乱取牛马，曹操才得渡过河去，顺着河向南，边筑甬道边推进。敌兵后退，挡住渭口。曹操就多设疑兵，暗地用船运兵进入渭水。架浮桥，夜里，在渭水南岸分兵扎营。敌兵夜里攻营，伏兵起来打败了他们。马超等屯扎渭水南岸，派使者请求割让黄河西岸土地以缔结和约，曹操不同意。九月，进军渡渭水，马超等多次挑战，曹操又不应战。马超等又坚持请求割地，请求送来人质以缔结和约。曹操用贾诩计策，假装答应他们。韩遂请求与曹操相见。曹操和韩遂父亲同一年被举为孝廉，又和韩遂本人年龄不相上下，于是马头相接交谈多时，但不涉及军事，只谈京都老友往事，拍手欢笑。谈完以后，马超问韩遂："您和他说了什么？"韩遂说："没说什么。"马超等怀疑不信。另一天，曹操又给韩遂写信，多处涂改，弄得像是韩遂涂改的一样。马超等更加怀疑韩遂。曹操于是和他们定日子会战，先以轻装士兵挑战，交战很长时间，才派出勇猛骑兵夹攻，于是大败敌军，斩了成宜、李堪等人。韩遂、马超等逃奔凉州，杨秋逃奔安定，关中平定。诸将中有人问曹操："当初，敌守潼关，渭水北岸防卫空虚，您不从河东攻冯翊而反守潼关，拖延一段时间后才北去渡河，这是为什么呢？"曹操说："敌据守潼关，如果我进入河东，敌必然分守各个渡口，那样一来，西河就不能渡了。我故意大兵向潼关，敌集中全力防守南部，西河守备空虚，所以两位将军能夺取西河！其后领兵北渡，敌无法和我争西河，那是因为西河已经有了我方两位将军的部队啊。连接兵车树立栅栏，筑甬道掩护着南进，就是要形成敌方不易取胜的态势，又要向敌方故意示弱。渡过渭水后构筑坚固壁垒，敌人来了不出战，为的是助长敌人的骄傲啊。所以敌方不筑营垒而要求割地。我顺口答应，为的是顺从他的意思，使他们自己感到安全而不做战争准备。因此我能蓄积士卒战斗力，突然出击，这就是所谓迅雷不及掩耳。兵势的变化，本无固定的格式啊。"起初，敌兵每有一部到达前线，曹操就有喜色，敌兵失败之后，诸将问他一再有喜色的原因，曹操回答："关中地域长道路远，若敌各在一处据险而守，征讨他们，没有一两年不能平定。现在都来集中，他们兵虽多，但谁也不服从谁，军队没有主师，一仗就可以消灭，取得成功很容易，我为此高兴。"冬十月，军队从长安北征杨秋，围安定。杨秋投降，就恢复了他的爵位，让他留任，安抚当地百姓。十二月，从安定回师，留夏侯渊驻扎长安。

十七年春正月，曹操回到邺县。天子特许曹操朝拜时司仪宣呼行礼仪式，不须直呼其名；入朝时，不须小步快走；上殿时，可以穿鞋佩剑，就像当年的萧何一样。马超残余部队梁兴等屯驻在蓝田，曹操派夏侯渊打败了这支军队平定了地方。割河内郡的荡阴、朝歌、林虑，东郡的卫国、顿丘、东武阳、发干，钜鹿郡的廮陶、曲周、南和，广平郡的任城，赵国的襄国、邯郸、易阳等县来扩大魏郡。冬十月，曹操征孙权。

十八年春正月，曹操进军濡须口，攻破孙权的江西营地，捉获孙权都督公孙阳，领兵而回。天子下诏，把天下由十四州恢复为九州。夏四月，曹操到邺县。

五月丙申，天子派御史大夫郗虑持节册命曹操为魏公，册文说：

朕由于不修德行，少年时遭遇忧患，先是远迁在西土，后又东迁到唐、卫，在这时候，像缀旒一样任凭别人执持。宗庙没有祭祀，社稷没有确定的位置；许多坏人觊觎皇位，分裂天下。境内百姓，朕不能领有，即使我高祖创建的皇权，也都几乎要坠落在地了。朕因此日夜忧虑，潜心默念："历代祖先啊，先代辅佐大臣们啊，你们谁能怜悯我啊？"因此而感动天心，诞生了丞相，保佑我皇家平安，在艰难中给我皇家巨大帮助，朕于是有了依靠。现在将授予您典法礼仪，希望您恭敬地听我的命令。

先是董卓首先作乱，把国家推进灾难，各位州牧郡守放下本管区域的政务来拯救王室，您引导他们前进，首先进攻敌军，这是您忠于本朝的表现啊。后来黄巾违犯天道，侵扰我三州，祸乱连及百姓，您又打败他们，安定了东夏。这又是您的功劳啊。韩进、杨奉专擅朝政您就讨伐他们，消除他们制造的灾难。把朝廷迁到许都，建造京城重地，设置官府，开始祭祀，不遗弃应有的典礼制度，天地鬼神于是获得安宁。这又是您的功劳。袁术僭称帝号，在淮南胡作非为，但畏惧您的神威，您运用伟大英明的谋略，蕲阳战役，桥蕤被杀，威势南指，袁术毙命，党羽溃散。这又是您的功劳。回师东征，吕布正法，战车将返，张杨丧命，眭固服罪，张绣来降，这又是您的功劳。袁绍叛逆扰乱天道，阴谋颠覆社稷，凭恃他兵多，发动军队进犯朝廷，当这时候，国家兵力薄弱，上下恐惧，谁也没有坚定信心，您坚守保卫朝廷的大原则，精诚感动上天，发挥您的武威，运用您的神妙策略，亲临官渡，大歼叛贼。把我国家从危亡中拯救出来，这又是您的功劳。挥师渡大河，开拓疆域，平定四州，袁谭、高干，都被杀头，海盗奔逃，黑山归顺，这又是您的功劳啊。三支乌丸，两世作乱，袁尚投奔他们，占据塞北，威胁中原，您包裹马脚，挂牢车子，以防跌滑，穿隘过险，一战就消灭了他们，这又是您的功劳啊。刘表违抗朝廷，放纵胡为，不履行自己义务，王师出发，威风先到，百城八郡，屈膝投降，这又是您的功劳啊。马超、成宜狼狈为奸，占据黄河、潼关，企图作恶逞凶，您在渭南把他们打垮，献上首级万颗，接着平定边境，安抚戎、狄并与他们和好。这又是您的功劳啊。鲜卑、丁零通过几层翻译也来朝见，单于白屋也愿意臣服，愿意纳贡，这又是您的功劳啊。您有平定天下之大功，又有完美之德性，您理顺全国上下的社会政治秩序，倡导美好风俗，普遍而辛勤地施行教诲，顾惜民命，审慎处理刑狱，官吏不施残暴，百姓不怀恶意，诚恳地尊崇帝族，显扬、接续中断的封爵，以前有功有德的人，没有谁没有得到应有的安排。虽然伊尹功勋上感皇天，周公业绩光照四海，也赶不上您。

朕听说先王都分封德高功大的人为诸侯，赐给他们土地，分给他们人民，增高他们的荣誉，完备他们用以显示特权的礼器，为的是让他们能保卫王室，辅佐朝廷。周成王时，管叔、蔡叔作乱，平定叛乱以后，吸取叛乱教训，想念有功之臣，于是派邵康公向齐太公授权：在东到海、西到河、南到穆陵、北到无棣的范围之内，大小诸侯有过错，齐太公都有权征讨。把这权利世世赐予太师，使齐成为显赫于东方的大国。到襄王时，也有楚人不对周王尽义务的事发生，又命令晋文公担任侯伯，赐予他二辂、虎贲、铁钺、秬鬯、弓矢，开辟南阳大片土地，世世代代做诸侯盟主。所以周室未能灭亡，就是因为有两国可以依赖。现在您发挥大德，保卫朕的安全，顺应天命，发展大业，平定全国，没有谁不服从，功劳比伊尹、周公还高，而奖赏比齐、晋要低，朕很惭愧。我是一个渺小的人，高居万民之上，常想做皇帝的艰难，就像走近了深渊，就像在薄薄的冰面上行走，不是您帮我走过去，我没有人可以依靠。现在以冀州的河东、河内、魏郡、赵国、中山、常山、钜鹿、安平、甘宁陵、平原共10郡，封您为魏公。赐予您黑红色的土，以白茅包上，您可以去占卜吉日，建您魏国的社稷。过去在周朝时，毕公、毛公身有封国但又入朝任辅佐周王的卿，周公、召公以朝廷太师太保身份出朝兼为诸侯之伯，这种朝内朝外的重任，您都能同时担当起来。我命令您以丞相身份像原来一样兼任冀州牧。再加赐您九锡，希望您听从我的命令。考虑到您筹建制度，为人民提供行动规范，使民安居乐业，没有二心，因此赐予您大辂、戎辂各一辆，黑红色的马8匹。您鼓励农业，农民耕作努力，粮食丝帛都有积存，国家事业因而兴盛，因此赐予您衮服冕服，再配上一双赤舄。您提倡谦让，并使人民实际去做，因而年龄大年龄小的都讲礼貌，社会上下一片和谐，因此赐予您轩悬之乐、六佾之舞。您辅佐朝廷发扬汉朝风俗教化，直达四方，使远方民族改变精神面貌，中原精神生活更加充实，因此赐予您用朱红颜色漆门的特权。您深明道理，思念皇帝的困难，把有才能的人任用为官，把善良的人都提拔起来，因此赐予您在殿前纳陛的特权。您执掌国家大政，保持严肃公正不偏不倚的态度，即使一点点小的坏人坏事，都不会不加压制、放逐，因此赐予您虎贲战士300人。您严格按国家法律办事，揭露犯罪行为，触犯国法的，没有谁能逃脱惩处，因此赐予您铁和钺各一件。您高瞻远瞩，明察八方，周密地讨伐逆贼，平息全国的叛乱，因此赐予您彤弓一张、彤矢百支、秬铁弓一张、旅矢千支。您以温和恭敬为根本，孝顺友爱为美德，明智公平忠厚诚实，深深地感动了我，因此赐予您秬鬯一卤，配上圭瓒。魏国设置丞相以下各种官职，都和汉初诸侯王的制度一样。慎重啊，您要大范围地普遍地关怀您的臣民，辅助他们做好各种事务，用这些行动来完成您的伟大功德，报答、颂扬我高祖传留下来的美好天命。

秋七月，开始建立魏国的社稷宗庙。天子聘曹操的3个女儿为贵人，岁数尚幼的，就暂且留在魏国等待结婚年龄的到来。九月，建造金虎台，凿渠引漳水进入白沟以通达黄河。冬十月，分魏郡为东西部，设置都尉管辖。十一月，开始设置尚书、侍中、六卿官职。

马超在汉阳,又联合羌、胡作乱,氐王千万反叛朝廷响应马超,在兴国驻兵。曹嵘派夏侯渊讨伐马超。

十九年春正月,曹嵘开始举行"耕籍田"礼。南安赵衢、汉阳尹奉等讨伐马超,斩杀马超妻子、儿子,马超逃奔汉中。韩遂转徙到金城,又进入氐王千万的部落,率领羌、胡一万多骑兵和夏侯渊交战,夏侯渊出击,大败韩遂,韩遂逃奔西平。夏侯渊和诸将攻兴国,屠杀兴国军民。此后撤销了安东、永阳郡。

安定太守毋丘兴将去赴任,曹操告诫他说:"羌、胡想和中国交往,自然会派人来联系,你千万不要先派人到羌、胡中去联系。善良人难找到,不善良人一定会教羌、胡乱提要求,他们乘机从中取利。不听从要求,就错失了羌、胡求好的美意,听了要求则对事情没有好处。"毋丘兴到任后,派遣校尉范陵进入羌中,范陵果然给羌人出主意,叫他们自己提出要当属国都尉。曹操说:"我预先就知道会出这样事,并非我聪明,是我经历的事情多而已。"

三月,天子命令把曹操位次排列在诸侯王的上面。改授金玺、赤绂、远游冠。

秋七月,曹操出征孙权。

当初,陇西宋建自称河首平汉王。在枹罕聚集部队,改纪元,设置百官,前后30多年。曹操派夏侯渊从兴国出发去征讨。

冬十月,屠杀枹罕军民,斩宋建,凉州平定。曹操从合肥返回。

十一月,汉皇后伏氏,过去因给她的以前任过屯骑校尉的父亲伏完写信,信中说皇帝因为董承被杀而怨恨曹操,语句恶毒,事情被人揭发,因此获罪。皇后被废黜杀死,皇后兄弟也被杀死。

十二月,曹操到孟津。天子命令曹操在出行仪仗队中配备旄头骑兵,宫殿中设备钟虡。己未,曹操下令说:"一般地说,品行好的,未必能有所作为,有所作为的,未必品行好。陈平难道厚道,苏秦难道守信吗?但陈平奠定了汉朝基业,苏秦扶助了弱小的燕国。这样说来,士人有缺点,能废弃不用吗?主管部门要是明白这个道理,那么贤士就不会被遗漏丢弃,官府也就不会耽误工作了。"又说:"一般说来,刑律,是百姓的生命线啊。但军中负责刑律的,有时不是合适人选,就这样把三军生死大权交给他,我很害怕。希望选择明白法律道理的人,让他主持刑法事务。"于是,设置理曹掾属。

二十年春正月,天子立曹操二女儿为皇后。撤销云中、定襄、五原、朔方郡,在每郡原来辖区设置一个县,管理当地居民,合并原4个郡为一个新兴郡。

三月,曹操西征张鲁,到陈仓,将要从武都进入氐。氐人挡住道路。曹操先派出张郃、朱灵等打败了氐人。夏四月,曹操从陈仓出散关,到河池。氐王窦茂兵有一万多人,凭仗有险可守,不投降。五月,曹操进攻并屠杀了氐人。西平、金城诸将麹演、蒋石等人共同斩了韩遂首级送给曹操。秋七月，曹操到阳平。张鲁派弟弟张卫和将军杨昂等据守阳平关。在山腰筑城10多里，曹操攻不破，于是带兵回撤。敌兵见大军后退，守备就松解了。曹操趁机秘密派遣解𢣳、高祚等穿越险要地段，在夜间发起进攻，大败张鲁军队，斩了张鲁将领杨任。进攻张卫，张卫在黑夜中逃走。张鲁军队溃散，逃往巴中。曹操军队进入南郑，全部缴获了张鲁库藏的珍宝。巴和汉地区全都归降。把汉宁郡恢复为汉中郡，分出汉中郡的安阳县、西城县组成西城郡，设置太守。分锡、上庸为上庸郡，设置都尉。

八月，孙权围合肥，张辽、李典打败了他。

九月，巴人七姓戎王朴胡、賨邑侯杜濩带巴夷、賨民来归附。于是分开巴郡，以朴胡为巴东太守，杜濩为巴西太守，都封为列侯。天子命令曹操可以秉承皇帝旨意分封诸侯，任命太守、国相。

冬十月，开始设置名号侯到五大夫，连同旧有的列侯、关内侯，共六等，用于奖赏军功。

十一月，张鲁从巴中带着残余兵力来投降。张鲁和5个儿子都被封为列侯。刘备袭击刘璋，夺取益州，接着占有巴中。曹操派张郃去攻打刘备。

十二月，曹操从南郑返回，留夏侯渊驻扎汉中。

二十一年春二月，曹操回邺。三月壬寅，曹操亲耕籍田。夏五月，天子把魏公曹操进爵为王。代郡乌丸行单于普富卢和他部下的侯王来朝。天子下令让魏王女儿称公主，享受汤沐邑。秋七月，匈奴南单于呼厨泉带着部下名王来朝，魏王用客礼接待他，接着把他留在魏国，派右贤王去卑监匈奴国。八月，魏王以大理钟繇为相国。冬十月，魏王整训部队，接着出发征讨孙权，十一月，魏王到谯县。

二十二年春正月，魏王驻扎居巢。二月，进军驻扎江西郝溪。孙权在濡须口筑城拒守，于是魏王进逼攻打，孙权后退逃走。三月，魏王带兵回返，留夏侯惇、曹仁、张辽等驻屯居巢。

夏四月，天子命令魏王设置天子旌旗，出入称警跸。五月，建造泮宫。六月，魏王以军师华歆为御史大夫。冬十月，天子命令魏王冕上悬垂12枚旒，乘坐金根车，驾6匹马，配设五时副车。以五官中郎将曹丕为魏国太子。

二十三春正月，汉太医令吉本和少府耿纪、司直韦晃等造反，进攻许都，烧丞相长史王必的军营，王必和颍川典农中郎将严匡攻杀了吉本等人。

曹洪打败吴兰，杀死吴兰将领任夔等人。三月，张飞、马超逃往汉中，阴平氐人强端杀了吴兰，把首级送给朝廷。夏四月，代郡，上谷乌丸无臣氐等人反叛，魏王派遣鄢陵侯曹彰去打败了他们。

六月，下令说："古代埋葬死者，一定要找瘠薄的地去埋。现命令划出西门豹祠西边原上的一片地，来建造我的寿陵，就用原地高度为基点，不堆坟丘，不栽树为标志。《周礼》冢人掌管公墓土地，凡是诸侯都葬在王墓左右两侧的前方，卿大夫在后方。汉朝制度也叫做陪陵。现决定有功的公卿大臣列将，死后陪葬我的寿陵。把寿陵墓地规划得广阔一些，让陪葬的容纳得下。"

秋七月，魏王训练部队，接着西征刘备，九月，到长安。

冬十月，宛县守将侯音等人造反，逮捕南阳太守，掳略官民，据守宛县。在二十四年春正月，曹仁屠杀宛县军民，杀了侯音。

夏侯渊与刘备在阳平交战，被刘备所杀。三月，魏王从长安出发，经过斜谷派军队占据了军事要地，进军汉中，接着又到阳平。刘备据险抵抗。

夏五月，魏王带兵回长安。秋七月，魏王以夫人卞氏为王后。魏王派于禁帮助曹仁进攻关羽。八月，汉水泛滥，淹了于禁军队，于禁军队全部溃散，关羽捉了于禁，接着包围曹仁。魏王派徐晃救曹仁。

九月，魏相国钟繇因为西曹掾魏讽造反而获罪，被免职。冬十月，魏王大军回洛阳。孙权送来书信，愿以讨伐关羽作为对朝廷的报效。魏王从洛阳南征关羽，还未到前线，徐晃已经打败了关羽，关羽逃走，曹仁被解围，魏王驻扎摩陂。

二十五年春正月，魏王到达洛阳，孙权杀关羽，把关羽首级传送给朝廷。

庚子，魏王在洛阳去世，年龄是66岁。留下遗令说："天下还没安定，还不能够一切遵从古代礼制办事。埋葬以后，全部除去孝服。那些带兵驻扎戍守的，都不许离开驻屯地。各部门官吏照常做自己的本职事情。用现在流行穿用的服装装殓，不要陪葬金玉珍宝。"魏王被谥为武王。二月丁卯，葬于高陵。

鞠躬尽瘁　死而后已——诸葛亮

诸葛亮，字孔明，琅邪郡阳都县人，汉朝司隶校尉诸葛丰的后代。父亲名珪，字君贡，汉末任太山郡丞。诸葛亮自幼丧父，叔父诸葛玄是袁术任命的豫章太守，诸葛玄携带诸葛亮和诸葛亮弟弟诸葛均去赴任。恰逢汉朝改派朱皓取代诸葛玄。诸葛玄一向和荆州牧刘表有交往，就去投奔刘表。诸葛玄死后，诸葛亮亲自参加农田耕种，喜吟《梁父吟》。身高8尺，常自比与管仲、乐毅，与他们相提并论，当时人没有谁赞成他的自我评价。只有和诸葛亮友好的博陵崔州平、颍川徐庶元直认为诸葛亮的自我评价符合实际。

当时先主（刘备）屯驻新野，徐庶拜见先主，先主器重徐庶。徐庶对先主说："诸葛孔明，是条卧龙，将军是否想要见他？"先主说："您陪他一块来吧。"徐庶说："此人只能去拜见，不能委曲他来拜见将军。将军应当委屈自己前去拜见他。"于是先主就去拜见诸葛亮，先后去了3次才见到。于是屏退其他人，对诸葛亮说："汉朝陷入危机，奸臣窃取了大权，皇帝流离失所。我不考虑自己的品德能力，想在全天下伸张大义，可是智慧和办法不够，因此遭受挫折，直到今天。但我志向还没放弃，您说如何是好？"诸葛亮回答说："从董卓以来，豪杰并起，地跨几个州几个郡的，多得数不过来。曹操和袁绍相比，名声小，兵力少，但曹操终能打垮袁绍，变弱为强，这不仅是时机碰得好，也是人的谋略强啊。现在曹操拥兵百万，挟持了天子，以天子名义号令诸侯，这的确不能和他正面冲突了。孙权占有江东，已历3代，地势险要，人民拥护，贤士能人愿为他效力。这支力量可结为外援，而不能去并吞。荆州北面有汉水、沔水可供据守，远接南海的广阔地域可以提供丰盛财源，东与吴会相连，西面通达巴蜀，这是兵家必争之地，但它的主人没有能力来守护。这可能是老天为将军提供的，将军有意吗？益州地形险要，肥田沃土上千里，是座物产富饶的天然仓库，高祖凭借它建成了帝业。刘璋昏暗，北受张鲁威胁，境内人口众多，财源充沛，但不懂得关怀体贴民众，有智慧有才干的人希望得到贤明君主。将军既是皇室后代，信义天下皆知，多方招求英雄，思慕贤才如饥如渴，如能跨有荆、益两州，守住险要，西面和各支戎人和好，南面安抚夷越各族，对外和孙权建立友好关系，对内改进政治，天下形势一有变化，就派一员上将率领荆州兵力进军宛、洛，将军亲自率领益州兵力出击秦川，百姓有谁敢不用篮子盛饭、用壶装酒欢迎您的部队呢？如果真像这样了，那就可以完成霸业，汉朝就可复兴了。"先主说："说得好！"于是和诸葛亮一天比一天友好亲密起来。关羽、张飞等不高兴，先主向他们解释说："我有了孔明，就像鱼得了水一样，希望你们各位不要再说什么了。"关羽、张飞于是不复议论。

刘表长子刘琦，也非常器重诸葛亮。刘表听了后妻的话，爱小儿子刘琮，不爱刘琦。刘琦常想和诸葛亮研究自保安全的办法，诸葛亮总是拒绝，不给他出主意。刘琦于是领诸葛亮游览后花园，一同登上高楼。喝酒时，叫人把楼梯撤了，然后对诸葛亮说："现在上不连天，下不连地，话从你口中出来，只进我的耳朵，可以说了吗？"诸葛亮说："您没看到申生在内遭遇了灾祸，重耳在外获得了安全吗？"刘琦领悟其中含意，暗地谋划去外地任职的办法。正巧黄祖死了，有了外出任职的机会，就当了江夏太守。不久刘表死去，刘琮听说曹操来攻荆州，就派去使者请求投降。先主在樊城听说了，率领部下向南走，诸葛亮和徐庶都随行，被曹操追上来击溃，俘虏徐庶之母亲。徐庶向先主告辞，指着心说："本来想和您一起创建王霸大业的，是这一小块地方，现在失去了老母，这小块地方乱了，不能再对事情有所帮助了，请允许我从此和您分别。"于是就到曹操那里去了。

先主到达夏口，诸葛亮说："事情紧急，请派我去向孙将军求救。"当时孙权带兵驻扎柴桑，观望成败。诸葛亮劝孙权说："天下大乱，将军起兵占有了江东，刘豫州也在汉南招募军队，和曹操争夺天下。现在曹操大敌已破，基本控制了北方局势，接着又击破荆州，威镇四海。英雄无用武之地，所以刘豫州逃到这里。希望将军量力而行。如果能凭借吴、越兵力和中原对抗，不如早点和曹操决裂；如果不能抵挡，为什么不放下刀枪、卷起盔甲，屈膝投降称臣呢！现在将军表面装作服从，内心仍在犹豫，事情紧急而不下决断，大祸就要降临了。"孙权说："如果像您说的这样，刘豫州为什么不干脆投降他呢？"诸葛亮说："田横只不过是齐国一个壮士罢了，还坚守原则不屈辱投降呢，更何况刘豫州是王室后代，英才盖世无双，众多贤士思慕敬仰他就像水归大海一样？如果事情不成功，那是天意，怎么能向曹操投降称臣呢？"孙权激动地说："我不能拿全吴土地、10万大军，交给别人控制。我考虑定了！不是刘豫州，没有谁可以抵挡曹操。但豫州新败，能担当起这重任吗？"诸葛亮说："刘豫州军队虽在长阪战败，现在从战场回来的战士加上关羽精锐水军有一万人，刘琦会合江夏战士也不下万人。曹操军队，远来疲劳，听说追击刘豫州时，轻骑一天一夜行300多里，这就是所谓的'强弩之末其势不能穿鲁缟了。'所以兵法上禁止这样进军，说'必定会导致主帅的失败'。加上北方人不习惯水战，还有荆州民众归附曹操，是曹操用军事力量威逼的结果，不是心服。现在将军果真能派遣猛将带几万军队和豫州同心协力，则打败曹操，必定无疑。曹操失败，必然退回北方，如此则荆、吴势力增强。鼎足三分局面就确立下来了。成败关键，看您今天的决定。"孙权非常高兴，就派周瑜、程普、鲁肃等水军3万人，随诸葛亮去见先主，合力抵抗曹操。曹操在赤壁战败，带兵回返邺城。先主于是占领江南，以诸葛亮为军师中郎将，让他督察零陵、桂阳、长沙三郡事务，征调三郡赋税，供应军需。

建安十六年，益州牧刘璋派法正迎接先主，要先主攻打张鲁。诸葛亮和关羽镇守荆州。先主从葭萌出发回师攻击刘璋，诸葛亮与张飞、赵云等率兵溯江而上，分头平定郡县，和先主合围成都。成都攻克，以诸葛亮为军师将军。署左将军府事。先主外出，诸葛亮常镇守成都，确保钱粮足用，兵力充实。二十六年，部下劝先主称皇帝，先主没答应。诸葛亮劝说道："当年吴汉、耿弇等开始劝世祖称皇帝，世祖辞让，劝说好几次也没答应。耿纯对世祖说：'天下英雄敬仰归向您，把希望寄托到您身上了，如果您坚持不听从大家的建议，士大夫们就各自转回去另找主人，没有必要再跟从您了。'世祖被耿纯真挚深刻的谈话感动了，就接受了大家的建议。现在曹氏篡夺了汉朝政权，天下无主，大王是刘氏后裔，是为了延续刘氏帝统才奋起斗争的，现在接受帝号，是理所当然之事。士大夫随大王长期辛苦，也是想建点小功，如耿纯所说的那样。"先主于是即位为皇帝，任命诸葛亮为丞相，任命书说："朕遭遇家族不幸，恭敬地承接了帝位，小心谨慎，不敢安逸，希望丞相诸葛亮了解朕的意思，不要放松弥补朕的不足，帮助朕发扬伟大的汉室光辉，以照明天下。希望您努力啊。"诸葛亮以丞相录尚书事，假节。张飞死后，诸葛亮兼司隶校尉。

章武三年春，先主在永安病重，把诸葛亮从成都召去，托付后事。对诸葛亮说："您的才能是曹丕的10倍，必能安邦定国，最终完成统一大业。如果太子可以辅佐，就辅佐他，如果他不成才，您可以取而代之。"诸葛亮流着泪说："我一定竭尽全力辅佐，坚守忠贞原则，一直到死。"先主又写了一份诏书告诫后主："您和丞相共事，要把他当父亲一样看待。"建兴元年，封诸葛亮为武乡侯，设立丞相府署办理政务。不久，又兼益州牧。政事不分大小，皆由诸葛亮决定。南中地区各个郡，全都叛乱了，诸葛亮因为新遭国丧，所以没有马上派兵镇压。暂且先遣派使者出访东吴，趁便建立和平友善关系，进而结成盟国。

三年春，诸葛亮领兵南征，当年秋天全都平定，南中能提供军事物资，国家因而逐渐富饶。于是整军练武，等待机会出兵伐魏。五年，率领各路大军北驻汉中，出发前，给皇帝呈上奏疏说：

先帝创建大业未半而中途逝世了，如今天下三分，益州困难重重，这确实是危急存亡的关键时刻。但侍卫大臣在朝廷依然兢兢业业，毫不懈怠；忠诚将士在疆场依然英勇奋战，不顾个人安危，这是因为他们追念先帝的特殊恩惠，想向陛下报答啊。陛下应当广泛听取意见，以发扬先帝遗留的美德，进一步振奋志士们的精神，不应该无缘无故看轻自己，用不恰当的借口去堵塞臣下进献忠谏的途径。皇宫和丞相府的臣僚是一个整体，赏罚褒贬，不应当标准不同。如果有作恶犯法和尽忠行善的，应该交付主管官吏研究奖惩，以显示陛下处理国事的公正严明。不应该对谁偏袒，使宫内宫外有不同准则。侍中、侍郎郭攸之、费祎、董允等，这些都是善良诚实人，心怀忠贞思想纯洁，所以先帝选拔出来遗留给陛下。我认为宫里的事，不论大小，全都听取他们意见，然后施行，必定能减少缺漏，增强效果。将军向宠，性格温和善良，办事公正，通晓军事，以前试用过他，先帝称赞他"有才能"，所以大家讨论推举他为部督。我认为军营中的事全都听取他的意见，必能使将士和睦，各种人才都各得其所。亲近贤臣疏远小人，这是前汉兴隆的原因；亲近小人疏远贤臣，这是后汉衰落的原因，先帝在世时，常和我议论这些事，没有一次不对桓、灵时的情况深感遗憾。侍中、尚书、长史、参军，这些都是忠贞善良宁死也要坚持原则的人，希望陛下亲近他们、信任他们，这样，汉室的兴盛就不用花很多日子了。

我本是平民百姓，在南阳亲自从事耕作，只想在乱世里勉强保全性命，并没想在诸侯间扬名做官。先帝不在乎我低贱鄙陋，他降低身份，3次到草屋中来看望我，征询我对当世的看法，我从而受到感动，就答应追随先帝奋斗。后来遭遇失败，在军事溃退中接受重任，在艰难危险时奉命出使，从那以来已经21个年头了。先帝知道我谨慎，所以临终把大事托付给我。接受托付以来，日夜忧虑，唯恐托付的事不能实现，伤了先帝知人之明。所以五月里渡涉泸水，深入荒凉地带。现在南方已经平定，兵力已经充足，应该鼓舞、率领三军，北进平定中原。希望能竭尽我平庸的才能，扫除奸邪恶人，兴复汉朝，返回旧都，这是我报答先帝和效忠陛下的职责啊。

至于斟酌内政，除弊兴利，尽忠劝谏，那是攸之、袆、允的职责。希望陛下把消灭贼寇兴复汉朝的成效托付给我，不见成效，就治我的罪，报告先帝在天之灵。责备攸之、袆、允的怠慢，公布他们的过错。陛下也应当自己多加考虑，访询安邦治国的好办法，考察接纳正确意见，深入追念先帝遗诏。我承受大恩无限感激，现在就要远离陛下了，面对这份表章，不禁落泪，不知自己说了什么。

于是率军出发，屯驻于沔阳。

六年春，扬言经由斜谷道进攻郿县，派赵云、邓芝以作疑兵，占据箕谷，魏大将军曹真带兵抵挡赵云、邓芝。诸葛亮亲领各路兵马攻祁山，队伍整齐，赏罚严肃，号令分明，南安、天水、安定三郡反叛魏国响应诸葛亮，关中为之震动。魏明帝西行坐镇长安，派张郃抵挡诸葛亮，诸葛亮派马谡督领各路大军前行，和张郃战于街亭。马谡违背诸葛亮部署，行动失当，被张郃打得大败而归。诸葛亮迁徙西县居民1000多家回到汉中。杀掉马谡，以向将士承认错误。上疏说："我以微薄才能，占据了不应占有的高位，亲任统帅，整训三军，没能讲清制度，严明法规，没能临事警惕慎思，所以出现街亭违背部署的错误，箕谷戒备不周的过失，错误都在于我任人不当。我缺乏知人之明，考虑事情多有不明之处。《春秋》有追究主帅责任的原则，根据我的职务，应当承当责任，请允许我自己降职三级，以惩罚我的罪过。"于是以诸葛亮为右将军，代行丞相职务，所管辖事务同往常一样。

冬季，诸葛亮又从散关出击，包围陈仓，曹真率军抵挡。诸葛亮军粮用尽，只好后撤，魏将王双率骑兵追击，诸葛亮与他交战，打败了他，斩了他。七年，诸葛亮派陈式攻武都、阴平，魏国雍州刺史郭淮率兵想进击陈式，诸葛亮亲自进到建威，郭淮退回，于是平定了武都、阴平两郡。后主给诸葛亮下诏书说："街亭战役，罪在马谡，而您把罪责加在自己身上，深深贬低自己。我不便违背您的心意，听从了您的要求。前年出兵，斩了王双，今年出征，郭淮遁逃，招降氐、羌，收复两郡，威镇残暴敌人，功勋卓著。现在天下还不安定，首恶尚未铲除，您肩负重任，主持国家大事，却长久自我贬低压制，这不是光大弘扬兴复大业的办法，现在恢复您的丞相官职，希望您不要推辞。"

九年，诸葛亮取道祁山出击，用木牛运输，军粮用尽，只好退兵。和魏将张郃交战，射死张郃。十二年春，诸葛亮统率全部大军由斜谷出兵，用流马运输，占据武功的五丈原和司马懿对峙于渭水南岸。诸葛亮常担忧军粮供应不上，使自己大志不能实现，所以就分出军队就地屯田耕种，作为长久驻扎的基础，屯田士兵散住在渭水沿岸居民之间，而百姓安居，军队不扰民自利。相持百余日，当年八月，诸葛亮患重病，在军营中逝世。年龄是54岁。军队撤退以后，司马懿巡察诸葛亮的营垒故址，说："真是天下奇才啊！"

诸葛亮临终嘱咐，把他葬在汉中定军山，依山造坟，墓坑仅能放下棺柩，就以当时的服装入殓，不用殉葬品。后主下诏书说："您兼具文武才能，明智、忠厚、诚实。接受托孤遗诏，匡正辅佐朕，接续中断的汉朝，兴复衰落的皇室，志在平定大乱。于是您整顿军队，没有一年不出兵征讨，英武神奇，威镇八方。即将为第三次崛起的汉朝建立特殊功勋，建立可与伊尹、周公媲美的功勋，老天为什么不施仁慈，事情接近完成，却患病去世！我为此非常伤心，心肝像碎裂一样难受。尊崇美德，评定功勋，条列事迹，议定谥号，为的是让您的光辉照耀后世，让您青史留名、永垂不朽。现在派遣使持节左中郎将杜琼，赠您丞相武乡侯印绶，谥您为忠武侯，魂如果有灵，您将因获得这份荣誉而高兴。唉，伤心啊！唉，伤心啊！"

起先，诸葛亮自己上表给后主说："成都我家有桑树800棵，薄田15项，我后代的穿衣吃饭，会有富余。至于我在外任官，没有别的开支，随身衣食，全由官府供给。我不再另外经营产业，增加少许财富。到我死的时候，不让家中、任上有多余财物，而辜负陛下恩德。"到他死时，仍是如此。

诸葛亮擅长巧思，改进连弩，制造木牛流马，都出自他的设计。研究运用兵法，设计八阵图，都掌握住了要害之处。诸葛亮言论、教令、书信、奏议大多值得阅读，另编为一集。

景耀六年春天，后主下诏在沔阳为诸葛亮建庙。当年秋天，魏国镇西将军钟会征蜀，抵达汉川，祭祀诸葛亮的庙，下令军士不许在诸葛亮墓地左右放牧打柴。诸葛亮弟弟诸葛均，官做到长水校尉。诸葛亮儿子诸葛瞻，继承了诸葛亮的封爵。